全国高等院校物流专业创新应用型人才培养立体化系列教材

物流学

刘浩华　吴　群　王友丽　王雪峰　涂淑丽
仲　昇　杨　芳　刘志华　崔爱平　杨文俊　编著

清华大学出版社
北京

内 容 简 介

本书根据高等院校物流管理、市场营销、工商管理等管理学专业的建设需要，针对“物流学”或“现代物流概论”课程的教学需求编写而成，特点是突出物流基本知识点的阐述，强调知识点在物流实践中的实用价值，注重知识点的提炼，吸收前沿理论与实践成果，跟踪国家的新政策。在体例上，设置了引导案例、学习导航、教学建议、前沿理论与技术、实训项目、案例分析和习题，可帮助学生拓展知识面，培养创新创业能力和综合素质。

本书可作为物流管理与工程类专业(1206)、工商管理类(1202)中的工商管理、市场营销和人力资源管理等专业及经济与贸易类(0204)专业的本、专科生获取物流理论知识、了解物流发展和实践的基础性入门教材。

图书在版编目(CIP)数据

物流学/刘浩华等编著. --北京：清华大学出版社，2016 (2021.8重印)
全国高等院校物流专业创新应用型人才培养立体化系列教材
ISBN 978-7-302-42309-6

Ⅰ. ①物… Ⅱ. ①刘… Ⅲ. ①物流－高等学校－教材 Ⅳ. ①F252

中国版本图书馆 CIP 数据核字(2015)第 287041 号

责任编辑：王宏琴
封面设计：常雪影
责任校对：刘 静
责任印制：宋 林

出版发行：清华大学出版社
网 址：http://www.tup.com.cn，http://www.wqbook.com
地 址：北京清华大学学研大厦 A 座 **邮 编**：100084
社 总 机：010-62770175 **邮 购**：010-62786544
投稿与读者服务：010-62776969，c-service@tup.tsinghua.edu.cn
质量反馈：010-62772015，zhiliang@tup.tsinghua.edu.cn
课件下载：http://www.tup.com.cn，010-62795764
印 装 者：涿州市京南印刷厂
经 销：全国新华书店
开 本：185mm×260mm **印 张**：21.75 **字 数**：522 千字
版 次：2016 年 2 月第 1 版 **印 次**：2021 年 8 月第 6 次印刷
定 价：59.00 元

产品编号：063320-03

编写组成员

（按负责章节顺序排列）

姓名	学位	职称	职务
刘浩华	博士	教授	工商管理学院副院长
吴群	博士	副教授	物流管理系主任
仲昇	博士	讲师	
杨芳	博士	讲师	
刘志华	博士研究生	讲师	
涂淑丽	博士研究生	副教授	
王友丽	博士	讲师	物流管理系副主任
杨文俊	博士研究生	讲师	
王雪峰	博士	副教授	
崔爱平	博士	讲师	

FOREWORD

前　言

随着我国经济发展进入新常态，我国物流业经过多年的高速发展后，近5年来社会物流总额、社会物流总费用增长率及社会物流总费用占GDP的比率呈现持续下降趋势。这意味着我国物流业的发展也进入了新常态：8%～10%的中、高增长速度；结构不断优化升级；创新驱动。2014年，国务院发布《物流业发展中长期规划(2014—2020)》后，物流业的产业地位得到显著提升，一些细分领域，如快递物流、电子商务物流、农产品(冷链)物流、城市配送等发展迅速。在“互联网＋”战略引领下，在大数据和云技术等的支撑下，我国物流业迎来了前所未有的重大发展机遇。

基于以上实践背景并考虑以下三点原因，我们认为迫切需要编写一本新的《物流学》教材。

(1) 学科发展的需要。教育部于2012年9月颁布了《普通高等学校本科专业目录(2012年)》，在管理学学科门类下设立物流管理与工程专业类，然后又在此专业类下设物流管理和物流工程两个专业，并特设采购管理专业。从此，物流从“不入流”的学科登上了一级学科的“大雅之堂”。物流学科的新发展，需要一批精品新教材的支持。

(2) 我校(江西财经大学)自身教学的需要。首先，我校物流管理本科专业自2003年首批招生以来，迄今已经招收13届学生，“物流学”一直是该专业的主干课程。为了教授好这门课，我们先后选用过由不同学校编写的不同版本的教材，经过长期的教学实践，我们深深体会到，由于多种原因，这些教材并不真正适应我们教学的实际需要。此次编写的这本教材，将更贴近我们的教学需求，并有利于促进我校“物流学”课程的建设，进一步完善我们的教材体系。

(3) 自2014年开始，我校和国内许多其他大学一样，实施“大类招生，专业分流”改革。在此方案下，“物流学”课程被列入我校工商管理学院包括物流管理、工商管理、人力资源管理、市场营销各专业必修的大类平台课，因此，迫切需要一本适应这一改革的面向多个管理专业的基础性入门课程教材，以让更多的管理学本科生能够对物流理论与实践有一定的了解与掌握。而对于物流管理专业的学生，我们则通过其他一系列专业必修课和选修课等进行深化。

本书共分为十一章的内容，具体包括总论、物流系统与服务、物流基本功能、企业物流管理、供应链管理、物流成本、物流税收、电子商务物流、物流与供应链金融、国际物流、物流发展前沿。其中有些内容充分体现了物流理论的发展前沿，也结合了最新的物流实践，如物流税收、跨境电商物流、口岸物流、P2P供应链金融、物流园区等。全书内容按48学时安排，在具体实施教学的过程中，可以根据章节的大小灵活地分配时间。

本书由江西财经大学工商管理学院物流管理系的专业教师团队共同编写而成。其中，刘浩华负责全书内容结构设计，以及组织协调、统稿审核和修改定稿等工作，并负责第一章内容的撰写；吴群负责第二章和第十一章内容的撰写，并协助组织编写工作的具体实施。其他人员的具体分工为：仲昇负责第三章的第一节至第六节；杨芳负责第四章；刘志华负责第三章的第七节和第五章；涂淑丽负责第六章；王友丽负责第七章；杨文俊负责第八章；王雪峰负责第九章；崔爱平负责第十章。

本书的内容特点主要体现在：一是基础性，即突出物流基本理论、方法与知识点的阐述；二是实用性，即考虑涉及的知识是否在现代物流实践中有实用价值；三是简明性，即注重知识点的提炼、概括，避免长篇大论地进行资料性的知识介绍；四是新颖性，即参考最新的文献资料和数据，吸收前沿理论与实践成果，跟踪国家相关部委的新政策。

在体例上，本书各章通过设置引导案例、学习导航、教学建议、前沿理论与技术、实训项目、案例分析和多种类型的习题，可以进一步拓展学生的知识面，培养学生创新能力和综合素质。

本书主要的读者对象是物流管理与工程类专业（专业代码：1206），工商管理类（专业代码：1202）中的工商管理、市场营销和人力资源管理等专业，以及经济与贸易类（专业代码：0204）专业的本科生。本书可以作为他们获取物流理论知识、了解物流发展和实践的基础性入门教材。

在本书的编写过程中，我们参阅了大量中外同行专家学者的有关著作、论文、报告以及相关行业标准等，为了充分尊重原作者的劳动成果和知识产权，我们将所参阅的文献分章予以详细列出，以便读者可以追本溯源，扩大阅读面。但是，难免会由于疏忽致使个别被引用的内容没有列在参考文献中。若存在这种情况，我们在这里对原作者或版权所有者表示诚挚的歉意，并希望获得谅解。

此外，由于时间、资料和水平所限，书中难免会存在一些不足甚至错误之处，恳请广大读者来信批评指正（电子邮箱：717548347@qq.com），以便再版时加以改正。

刘浩华
江西财经大学工商管理学院（麦庐校区）
2015 年 12 月 1 日

CONTENTS

目 录

CHAPTER 1

第一章

总　论

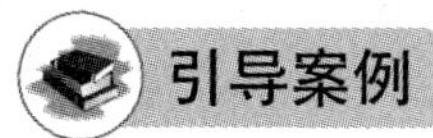

中国古代物流

1. 唐朝：贵妃嗜荔枝

著名诗人杜牧曾经写了一首名为《过华清宫》的绝句："长安回望绣成堆，山顶千门次第开。一骑红尘妃子笑，无人知是荔枝来。"据《新唐书·杨贵妃传》记载："妃嗜荔枝，必欲生致之，乃置骑传送，走数千里，味未变，已至京师。"

2. 北宋：丁谓修皇宫

1015年，一场大火吞噬了北宋皇宫，整个皇宫变成了断壁残垣。事件发生后，宋真宗令宰相丁谓负责皇宫的修建。

丁谓受命之后，为三件难办的事而烦恼：一是盖皇宫要很多泥土，可是京城中空地很少，取土要到郊外去挖，路途遥远，还得花很多的劳力；二是修建皇宫需要的大批建筑材料都需要从外地运来，而汴河在郊外，离皇宫较远，从码头运到皇宫还是个问题；三是清理废墟后，很多碎砖、破瓦等垃圾运出京城同样很费事。

为此，他想出了一个解决方案，可实现统筹兼顾，巧妙安排财力、物力、人力和时间。这个方案就是：先叫劳工们在皇宫前的大街上挖深沟，挖出来的泥土作为施工用土，这样就避免到郊外去挖了。当施工用土充足了，大街上出现了一条宽阔的深沟。然后，掘开汴河河堤，将河水引入深沟，实现与汴河的连通，通过船运将建筑材料运至皇宫。

一年后，新皇宫落成，又将汴河河堤的缺口堵住，将深沟里的水排回汴河之中。待深沟干涸时，大量瓦砾灰土被填到深沟中，一条宽阔、平坦的大道重又呈现在皇宫之前。

案例解析

第一个例子的作者写此诗的本意是抨击当时的统治者骄奢淫逸和昏庸无道，不惜动用大量民力满足一己之私，但同时也反映了当时荔枝"物流"的快速性。第二个例子则体现了古人在大型建筑施工时是如何合理使用物流以提高效率的。

以上两个简例仅是中华民族几千年历史长河中有文字记载的"物流"活动之沧海一粟。事实上，中国的物流活动古已有之。从《礼记·王制》论述的"国无九年之蓄，曰不足；无六年之蓄，曰急；无三年之蓄，曰国非其国也"可知，西周时人们就认识到仓储的重要作用。此后，秦朝实施"车同轨"，西汉开辟"丝绸之路"，三国应用"木牛流马"，隋朝开辟大运河使唐宋乃至千秋万代受益。

案例思考

从以上历史知识片段中,你认为古代哪些"物流"活动可能与现代物流有关?

案例涉及的主要知识点

快递　冷链物流　物流系统　仓储　运输　国际物流　物流标准化

学习导航

- 掌握物流概念演化的阶段并了解各阶段的主要事件。
- 掌握物流概念的核心内涵并区分传统物流与现代物流的差异。
- 理解"四流"的内涵及其相互关系。
- 了解物流的一些常见分类并理解其内涵。
- 掌握物流产生的四种经济效用的实质。
- 掌握物流学发展的渊源及了解主要历史事件。
- 了解物流学的演变、发展、研究对象与方法。
- 掌握物流学研究对象中的六大要素及重要理论学说。

教学建议

- 备课要点:物流概念的演化阶段、物流定义、传统与现代物流的区别、"四流"的含义及其关系、物流分类与效用、物流学的渊源与发展、物流系统六要素、重要物流理论学说。
- 教授方法:案例,讲授,实证,启发式。
- 扩展知识领域:21世纪中国物流发展现状。

第一节　物流的概念与分类

一、物流概念

(一) 产生和演化

自从有了人类历史就有了物流活动。而物流概念是人类文明发展到20世纪初才产生的,并且随着物流活动的发展而不断演化。从一定意义上说,原始形态的物流活动在伴随人类生产、生存、交换、工程建设和军事等活动的同时就产生了,那时就有了运输和储存或保管。限于当时的生产力水平,物流的规模和效率很低下,没有引起人们的重视。

概括来讲,物流概念从20世纪初的实物配送(Physical Distribution,PD)阶段到20世纪80年代的物流(Logistics)阶段,再到21世纪的供应链管理(Supply Chain Management,SCM)阶段,其内涵从窄小到宽泛、从局限于企业内部到突破企业边界,与此同时,物流理论与实践也逐步由传统向现代演进。

1. PD阶段

美国是最早提出PD概念并付诸实践的国家。早在1901年,格鲁威尔(J. F. Growell)在美国政府报告《关于农产品的配送》中,首次论述了影响农产品配送的种种因素。

1915 年，阿奇·萧(Arch W. Shaw)认为，在市场配送(Market Distribution)中，存在两类活动：一类为创造需求，即通过广告、促销、市场分析、销售网络等手段，让更多的人购买企业的产品；另一类叫实物配送，即如何更省钱、更及时地将客户订购的产品送到他们手中。物资经过时间或空间的转移，会产生附加价值。创造需求的一系列活动和实物供应之间的关系表明，存在相互依赖性和平衡性两个原则。这些活动中的任何一项与同类中的其他活动协调失败，以及与其他类别的活动协调失败，必然打破力量平衡，以至于难以实现有效配送。20 世纪 20 年代初，美国著名营销专家弗雷德·E. 克拉克(Fred E. Clerk)首次将 PD 这一概念作为市场营销的要素加以研究，将市场营销定义为商品所有权转移所产生的各种活动，包含 PD 在内的各种活动。1935 年，美国销售协会最早将 PD 定义为：PD 是包含于销售之中的物质资料和服务，以及从生产地到消费地流通过程中伴随的各种活动。1963 年成立的美国实物配送管理协会(National Council of Physical Distribution Management，NCPDM)对 PD 定义为：PD 是为了计划、执行和控制原材料、在制品库存及成品从起源地到消费地的有效率地流动而进行的两种或多种活动的集成。这些活动可能包括但不限于顾客服务、需求预测、交通、库存控制、搬运、订单处理、配送规划、零件及服务支持、工厂及仓库选址、采购、包装、退货处理、废弃物回收、运输、仓储管理等。它不是一项孤立的活动，而是由相互作用的各项目构成的复杂系统。显然，这一概念比美国销售协会的概念扩大了，不仅包括销售物流，而且涉及采购或供应物流，以及逆向物流。现在的美国供应链管理专业协会(Council of Supply Chain Management Professionals，CSCMP)于 2013 年 8 月更新的《供应链管理术语》对 PD 的定义是："与完成品从制造工厂到仓库再到客户相关的移到与储存活动。"显然，这个定义强调的是企业销售物流，强调的是运输与储存两大支柱。

1956 年，日本政府组织了一个赴美考察团，发现 PD 涉及大量流通技术，非常有利于提高流通效率，于 1958 年发表《流通技术专门视察团报告书》，其中引入了 PD 概念，并将 PD 作为"流通技术"解释。PD 这一概念推出后，引起了日本社会有关部门的重视。1964 年，通商产业省将"物的流通"作为政府产业政策的一个重要组成部分加以阐述，首次将 PD 表述为"物的流通"。次年，日本政府以"近代化过程中的物的流通" 为副标题发表了第二次运输白皮书。20 世 70 年代，日本产业构造审议会对 PD 做出了一个权威性定义：物的流通，是有形、无形的物质资料从供给者手里向需要者手里物理性的流动，具体是指包装、装卸、运输、保管以及通信等诸种活动。这种物的流通与商流相比，是为创造物质资料的时间性、空间性价值做出贡献。在平原直先生的建议下，"物的流通"简称为"物流"。

据有关资料显示，20 世纪 60 年代初，典型的企业组织结构如图 1-1 所示。由此，我们可以看到实物配送分布于许多不同的部门：一是会计部门可能只提供关于付给公共承运人的运输成本，不能按地点或客户类别分离出这一成本，而且很难获得私营的大规模车队的运输成本；二是营销部门管理着运输部，然而，在日常运营中，似乎运输部部长在运输决策方面具有相当大的自主权。这意味着他们重视的是部门内部的效率，而不考虑整个运输系统的利益。图 1-2 显示了当时典型的实物配送网络。

2. Logistics 阶段

随着经济的发展和人们认识的深入，PD 的内涵已经无法涵盖"物的流通"的全部内容，这一概念需要扩展到 Logistics 阶段。

正如人们所熟知的，Logistics 是一个与战争密切相关的概念。在军事领域，这个词被

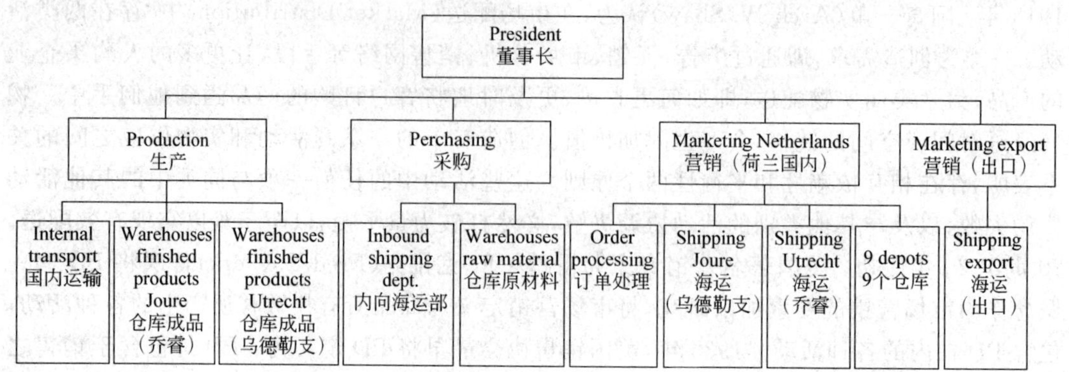

图 1-1 20 世纪 60 年代初典型的西方组织结构

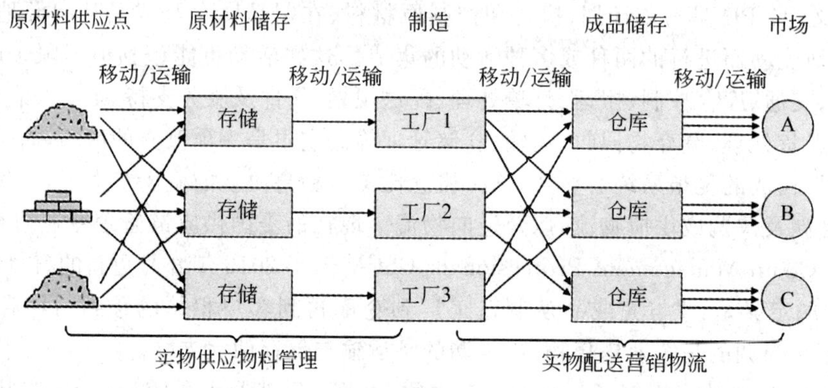

图 1-2 20 世纪 60 年代初典型的西方实物配送网络

翻译成“后勤”。后勤对于战争的重要性，在《孙子兵法》中就有论述，如“是故军无辎重则亡，无粮食则亡，无委积则亡”，“国之贫于师者远输”。另外，中国古代还有“兵马未动，粮草先行”的著名论断。甚至有人提出，美国独立战争中英国的失败可能主要是因为后勤失败。在战争最激烈时，远在海外的英军达 12 000 人，而后勤保障品的管理完全不得力，影响了作战方针和部队士气。美国海军陆战队中校索普(George Cyrus Thorpe，1917)出版的《理论后勤学——战争准备的科学》，应用了 Logistics 这一概念。1927 年，美国学者拉尔夫·波索迪(Ralph Borsodi) 在《流通时代》一书中用 Logistics 替代原来的 PD，但这一术语并没有得到广泛认同。直到第二次世界大战时，由于大规模调运军事物资的复杂性，科学家开始应用运筹学来论证其在分析军事后勤问题的价值。美国军队使用的军事术语 Logistics 包括了物资、人员和装备的获得、维护和运输等活动。1983 年，美国前海军部长约翰莱曼讲了一句著名的话——外行谈战略，内行谈后勤，这再一次反映了后勤在战争中的重要性。

美国在军事领域对 Logistics 概念的推崇及实践活动，得到企业界与理论界的认同，并且引入商业领域，在内涵上由军事性转为商业性，既有合理的摒弃也有具有时代特性的拓展。20 世纪 50 年代，通用汽车公司首次引入 Logistics 概念，以实现各地工厂的零部件运输到组装厂的物流合理化。20 世纪 70 年代开始，Logistics 这一术语大量出现在文献上，与 PD 概念出现了很大区别。20 世纪 80 年代，物流开始发生突变。在 20 世纪 80 年代初出现的个人计算机，为计划人员提供了巨大帮助以及新的绘图规划环境，导致大量新技术出现，如基于界面的灵活的电子表格和地图，这使得物流规划和实施技术得到巨大改进。物流开始广泛被业界认为是很昂贵、很重要、很复杂的活动，企业高管开始意识到，如果愿意投资于专业人员培训和新的技术方面，物流是有机会大大提高财务绩效的领域。1985 年，美国的 NCPDM 正式更名为美国物流管理协会(Council of Logistics Management，CLM)。

3. SCM 阶段

供应链管理(SCM)这一术语起源于 20 世纪 80 年代初，90 年代被广泛使用。英国顶级物流咨询专家奥利弗(Keith Oliver)最早提出了供应链(Supply Chain)和供应链管理这两个词，且因此而闻名。首次公开使用它们是 1982 年 6 月 4 日在一次与金融时报的访谈。当时，奥利弗对供应链管理的定义是：计划、实施和控制供应链活动，以尽可能有效率地满足客户的需求。供应链管理跨越了原材料、在制品库存和最终产品从起始点到消费点的所有移动与储存。自那以后，几乎所有的供应链著作的作者都提出了他们自己的定义，有的有些小的变化，有的则增加了些细节，但几乎所有人的定义都接近奥利弗的原始定义。奥利弗和韦伯(Weber)还全面解释了供应链管理与物流之间的差别以及供应链管理的战略性质。供应链管理的一个关键特征是协调相互依赖的组织间的活动，因此又可以将供应链管理定义为：管理与上游供应商和下游客户的关系，并以较少的供应链总成本来为最终市场创造附加价值。人类进入 21 世纪后，供应链管理已经成为公认的物流发展趋势，尤其是在西方发达国家。2005 年 1 月 1 日，美国物流管理协会(CLM)正式更名为美国供应链管理专业协会(CSCMP)，这标志着全球物流已经跨入供应链管理时代。2005 年，由托马斯·L. 弗里德曼(Thomas L. Friedman)撰写、出版了享誉全球的著作 *The World Is Flat: A Brief History of the Twenty-First Century*(《世界是平的：21 世纪简史》)，因其将供应链喻为碾平世界的第七大动力而进一步吸引地球人的眼球。在新的经济格局下，物流不仅本身是一个大系统概念，而且又是供应链管理这个更大系统的一部分。

图 1-3 显示了物流概念三个阶段的演化历程。从此图可以看出，与 PD 同时存在的另一个概念是物料管理，包含需求预测、采购、需求规划、生产规划、制造库存等内容。

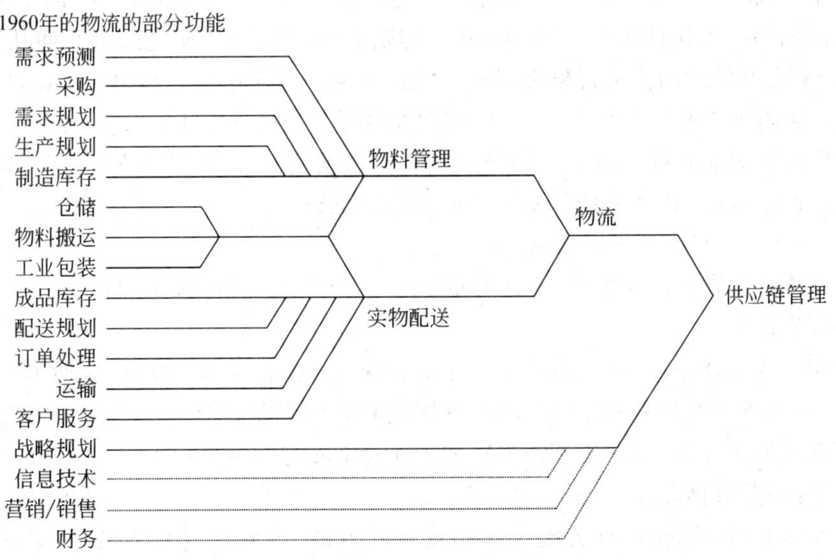

图 1-3 物流概念的演化：从 PD 到 SCM

（二）辨析

1. 主要国家对物流的定义

美国、日本、德国、荷兰等，是全世界物流较发达的国家，这些国家对物流（Logistics）的定义有所不同。

美国物流管理协会（CLM）1985年的定义是："物流是对货物及相关信息从起源地到消费地的有效率、有效益的流动和储存进行计划、执行和控制，以满足客户需求为目的的过程。该过程包括进向、去向、内部与外部的移动以及以环境保护为目的的物料回收。"美国对物流的认识也在不断发展中，但是总的来看，物流的定义变化不大。2013年8月，CSCMP在最新版的《供应链管理术语》中完全沿用了2006年10月的定义：物流是对货物、服务和相关信息从起源地到消费地有效率、有效益的运输和储存所进行的计划、执行和控制，以满足客户需求为目的的过程。这一定义包括进向、去向、内部和外部的移动。

日本日能综合研究所于1981年在《物流手册》上的定义是，物流是物质资料由供给者向需求者的物理性移动，是创造时间价值和场所价值的经济活动。从范畴看，包括包装、装卸、保管、库存管理、流通加工、运输、配送等诸种活动。东京大学教授林周二在《现代"物"的流通》中的定义是："物流是指克服时间和空间间隔，联结供给主体和需求主体包括废物在内的一切资材的物理性移动的经济活动，具体地说有运输、保管、搬运等物流流通活动及与之相关的信息活动。"

欧洲物流协会（European Logistics Association，ELA）于1994年颁布的《物流术语》（*Terminology in Logistics*）定义："物流是在一个系统内对人员和商品的运输、安排（arrangements）及与此相关的支持活动进行计划、执行和控制，以达到特定的目的。"ELA将物流定义为一个由物料流和工作顺序构成的二维矩阵。其中，物料流由采购、物料管理和实物配送三个业务功能组成；工作顺序则由顾客服务、运输、仓储/物料搬运、物料计划与控制、信息系统与支持及管理等构成。

我国于20世纪70年代末从日本引入物流概念。还有一种观点认为，以PD表现的物流传入我国的另一条途径是20世纪80年代初随着"市场营销"理论的引入而从欧美传入。此后，不少学者开始对物流进行研究，如王之泰、吴清一等均在其著作中提出过自己的定义。2001年，我国颁布的第一个并于2006年修订的国家标准《物流术语》将物流（Logistics）定义为：物品从供应地向接收地的实体流动过程。根据实际需要，将运输、储存、装卸、搬运、包装、流通加工、配送、信息处理等基本功能实施有机结合。

2. 传统物流与现代物流的区别

一般将PD看成是传统物流，而将Logistics看成是现代物流，简称物流。那么，这两个术语有何区别呢？

Logistics与PD相比，两者的基本功能都由保管、运输、搬运、包装、流通加工及信息活动等构成，而且都涉及计划和控制两项管理职能和实施职能。但是，它们在深度和广度上都有显著区别。通过比较1963年NCPDM对PD的定义与50年后CSCMP对Logistics的定义，可以发现一些具体差异。

（1）范围不同。Logistics突破了商品流通的范围，不限于物品的销售、采购和回收过程，而是将物流的范围扩大到了生产领域。而PD不涉及生产物流。

（2）目的不同。Logistics的目的是"满足客户需求"，即外部客户导向。而PD的目的是“有效率的流动”，即内部成本导向。

(3) 实现目的的方式不同。Logistics 实现目的的方式是“有效率、有效益的运输和储存”，既强调物流活动的低成本，又强调物流活动的高产出。而 PD 重在成本的降低，注重局部活动的最优化。

(4) 对象不同。Logistics 不仅涉及对表现为原材料、零部件、在制品、半成品库存及成品等实物流动的管理，还涉及无形的服务及相关信息的管理。而 PD 只涉及具有实物形态的货物流动的管理。

(5) 集成度不同。Logistics 扩大到企业内部各项物流功能的集成，而 PD 仅局限于某几种实物流动基本功能的集成。

当 Logistics 进一步发展到集成物流或一体化物流(Integrated Logistics)时，集成的范围更加广泛。集成物流是一种综合的、系统的供应链整体观，它将整个供应链看成是一个单一的流程，从原材料供应一直到成品的配送。所有构成供应链的功能均作为一个单一的实体管理，而不是分别管理各个功能。

3. 物流与流通及其各要素的区别

物流与流通及其各个要素是既密切相关又相互区别的概念。其中，流通是一个大概念，包含物流、商流、资金流与信息流(简称“四流”)，真正意义上的现代流通应是“四流”的高度统一，它们一起构成现代流通的完整过程。为了区别物流与流通及其他三个要素，以下对这些概念及其相互关系进行阐述。

1) 流通

按马克思的观点，社会再生产过程包括生产、分配、交换(流通)、消费，认为“资本主义生产过程，就整体来看，是生产过程和流通过程的统一”，并将流通定义为“商品所有者的全部相互关系的总和”。

这里的流通，指的是商品流通。它是指商品或服务从生产领域向消费领域的转移过程。作为联结生产者与消费者纽带的流通，一个完整的流通活动，通常包含了商品销售过程中商流、物流、资金流与信息流的统一(见图 1-4)。商流是商品从卖方所有转变为买方所有，解决所有权的更迭问题；物流是实现商品位置的转移，创造空间与时间效用。伴随着商流和物流，会发生资金的支付与各类信息的流动，从而形成资金流与信息流。

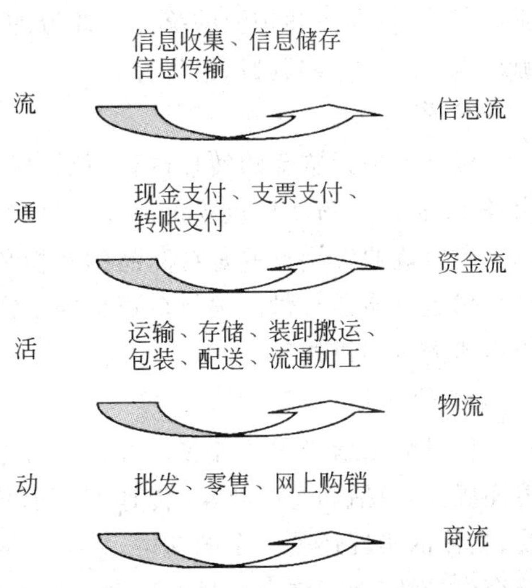

图 1-4　流通活动的组成要素和主要活动

流通业已经成为产业，是第三产业的基础和主要组成部分，包括交通运输业、批发零售业、物资供销业、仓储业等。随着改革开放的不断深入和社会主义市场经济体制的逐步完善，我国流通业取得长足发展，交易规模持续扩大，基础设施显著改善，新型业态不断涌现，在促进生产、引导消费、推动经济结构调整和经济增长方式转变等方面的作用日益突出。现代流通方式加快发展，流通业已经成为国民经济的基础性和先导性产业。但是，我国流通领域仍然存在流通企业规模偏小、组织化程度低、现代化水平不高、市场体系不够完善等问题，迫切需要树立和落实科学发展观，建设大市场、发展大贸易、搞活大流通、加快推进内外贸一体化和贸工农一体化，促进经济结构调整和经济发展方式转变。我国正在依托交通枢纽、生产基地、中心城市和大型商品集散地，构建全国骨干流通网络，建设一批辐射带动能力强的商贸中心、专业市场以及全国性和区域性配送中心，向统一开放、竞争有序、安全高效、城乡一体的现代流通体系的方向发展。

现代流通的方式表现为批发零售、连锁经营、统一配送、电话购物、电视购物、电子商务和农产品的农超对接、农批对接、农校对接、展销中心、直销店等产销衔接方式，以及由此形成的综合超市、大卖场、便利店、网上商城、直营连锁和特许连锁等新型流通业态。

商品流通渠道包括直接渠道和间接渠道。直接渠道的典型模式是：生产者——消费者。商品交换没有中间人介入，产销结合在一起。这种渠道既存在于简单商品生产时代，也存在于生产力水平发展到一定阶段之后，尤其是信息时代电子商务的加速发展，使得生产者与消费者的接触越来越方便，产销对接更容易实现。间接渠道是指产销发生分离，中间有一个或多个中间商业环节。如日本医药品流通渠道中 97%的医药品是经药品批发商进行销售的。它与发达的商品流通形式相对应，具体形式是：①生产者——零售商——消费者；②生产者——批发商——零售商——消费者；③生产者——产地采购批发商——中转批发商——销地批发商——零售商——消费者。

直接渠道与间接渠道，构成商品流通渠道体系。它们的并存与正常运转是市场经济健康发展的重要条件。

2）商流

商流是指商品通过买卖活动而发生的价值形态变化和所有权的转移，在商品流通过程中，需要不断地完成由商品到货币和货币到商品的变化，这种变化既涉及商品价值形态的转换、商品所有权的转移，又涉及商品实体的位置移动。前者为商流，后者为物流。因此，商品流通过程，是商流和物流的统一。商流的具体内容包括市场需求预测、计划分配与供应、货源组织、订货、采购调拨、销售等。

3）资金流

资金流是指资金的转移过程，包括付款、转账等过程，是整个流通活动的目的。在电子商务中，资金流扮演着重要角色。客户在网上选购商品或服务，之后采取安全的方式在线支付。资金流的发生有的是在商品的实物和所有权转移后，有的是在这些过程之前，即既可能是后付也可能是预付。银行在资金的正常流通中扮演着十分重要的角色，是任何电子商务资金流的核心机构。

4）信息流

信息流是指采用各种方式来实现信息交流，从面对面的直接交谈到采用各种现代化的传递媒介，包括信息的收集、传递、处理、储存、检索、分析等渠道和过程。无论是商品的交换、物流的实现还是资金的支付，无论是事前、事中还是事后，也无论是企业内部、外部还是整个供应链，无不涉及信息的流动。信息流涉及商品信息提供、促销、技术支持、售后服务等内容，涉及需求计划和预测、生产计划、采购计划，涉及货物品种、数量、运输方式、费率，也涉及询价单、报价单、付款通知单、转账通知单等商业凭证及买方的支付能力和信誉等。在信息时代，集成先进技术的各种模式、平台的电子商务迅速发展，为商品交易活动信息流的畅通创造了极好的条件。

5)“四流”的关系

一般而言，商流是物流、资金流和信息流的起点或前提，没有商流就没有物流、资金流和信息流。反之，没有物流、资金流和信息流，商流也达不到目的。“四流”之间有着密切的且有时是互为因果的关系。概括地说，商流是目的，资金流是条件，信息流是手段，物流是归宿。其中，商流与物流关系呈现相互结合、相互分离、相互制约三种状态。一般情况下，商流和物流是结合在一起的，这时商品所有权的转移引起商品实体的运动；但也可以相互分离，这一点将在后面“商物分离”中详细阐述。当商流不合理导致物流不合理，或者物流不畅通导致商流停滞，就变成了相互制约，导致流通渠道不畅。物流要完成商流活动中商品实体的运动，需要信息流识别各种需求在物流系统中的状态。而资金流在所有权更迭过程中发生，可认为从属于商流。

例如，买方 A 公司与卖方 B 公司经过商谈，达成了一笔商品供需协议，确定了供货价格、品种、数量、交货时间与地点、运输方式、保险、支付条件等，并签订了正式合同，这就意味着开始了商流活动。要履行这份合同，下一步就要进入物流过程，包括货物的分拣、包装、搬运装卸、保管和运输。如果商流和物流都顺利完成了，A 公司就要按合同中的支付条件进行付款和结算，即进入资金流过程。无论是买卖交易，还是物流和资金流，都离不开信息的流动。

二、物流的分类

根据不同的标志和目的，物流有多种分类。以下是经常使用和在文献、网络上经常出现的一些分类和涉及的术语。

（一）按层次分类

根据物流活动发生的层次可以将物流分为社会物流、行业物流和企业物流。

1. 社会物流

社会物流是指以全社会为范畴，因采购、销售、回收及废弃而发生的物流经济活动。它处于宏观层次，涉及商品在流通领域所发生的所有物流活动。

2. 行业物流

我国的国家标准没有给出行业物流（或产业物流）的定义。但是，顾名思义，行业物流是指在一个行业内部发生的物流活动，处于中观层次。在行业物流活动中，相互竞争又相互合作的物流主体常常会使用共同的运输系统和仓库实行统一配送，使用共同的物流中心等基础设施，使用共同的物流公共信息平台，以实现物流的规模经济效益。行业物流的具体表现如服装行业物流、烟草行业物流、汽车行业物流、医药行业物流等，再如商贸物流、工业物流、农业物流、军事物流等。以近年来成为热点的商贸物流为例，商务部等部门印发的《商贸物流发展专项规划》（商商贸发〔2011〕67 号）明确它是“指与批发、零售、住宿、餐饮、居民服务等商贸服务业及进出口贸易相关的物流服务活动”，并属“产业物流，是商品流通的重要组成部分”。

3. 企业物流

企业物流是指生产和流通企业在经营活动中所发生的物流活动，处于微观物流层次。根据物流活动发生的先后顺序，企业物流又可划分为供应物流、生产物流、销售物流、回收物流和废弃物物流。企业物流的运作过程因生产与经营产品的不同而不同。对于生产企业，企业物流一般起于原材料、零部件等实体输入要素的采购，经检验、入库和储存，然后流向生产车间，并在各工序间流转，再经制成品检验、入库等环节，最后终于成品送达用户，全过程完成。当产生需要退回的不合格品或需要回收的包装等材料以及产生需要处理的废弃物时，还将涉及回收物流和废弃物物流。对于商业流通企业，企业物流始于进货或者商品送达，经清点、检验、入库甚至流通加工等环节后，终于商品交付给消费者的全过程。

CSCMP 在 2013 年 8 月版的《供应链管理术语》对企业物流(Business Logistics)的定义是："以有效的方式，从供应商开始，经本企业一直到客户(市场)，系统和协调地提供一系列活动，包括实物(原材料、零部件和成品)移动和储存以及包装、订单处理等相关活动，从而使企业贡献于其明确的目标。"

(二) 按范围分类

根据物流活动发生的空间范围，物流可分为地区物流、国内物流和国际物流。

1. 地区物流

地区物流(或区域物流)，是指发生在某一个地区(或区域)范围之内的物流活动。地区有大有小，以我国为例，可以按行政区域划分东北、华北、西北、西南、华南、华东、华中、港澳台地区等，可以按地理位置划分为长江三角洲地区、河套地区、环渤海地区、珠江三角洲地区，还可以按城市群划分，如长江中游城市群包括武汉城市圈、环长株潭城市群、环鄱阳湖城市群。

地区物流又可以划分为城市物流与农村物流，前者发生在一个城市内部，常称为城市配送，后者发生在农村内部。如果将地区物流扩展到突破城市和农村的边界，这样的物流活动则可称为城际物流与城乡物流。

2. 国内物流

国内物流是指在一个国家内部发生的物流活动。这是一个相对于国际物流的概念。当货物涉及进出口时，"境内关外"意味着在国境内海关辟出一个专门区域，进出货物就相当于进口和出口。在该区内，货物可以享受免关税、增值税、流通税的优惠政策，大大提高通关速度和便利程度。因此，在这种情况下严格来说，物流活动虽然发生在国内，但却是在关外，因此，不能算作国内物流，而应算作国际物流。

3. 国际物流

国际物流是指跨越不同国家(地区)之间的物流活动。国际贸易会导致商品实体从一个国家(或地区)流转到另一个国家(或地区)。随着全球经济一体化，全球采购、全球生产与全球销售已经成为跨国公司的必然选择，从而极大地推动国际贸易和国际物流的发展，而且两者相互促进，形成一种紧密相关的共生体。

(三) 按作用分类

根据物流的不同作用，可以将物流分为供应物流、生产物流、销售物流、逆向物流(含回收物流和废弃物物流)等。

1. 供应物流

供应物流是指提供原材料、零部件或其他物料时所发生的物流活动。涉及的活动有采购、进货运输、仓储、库存管理、用料管理和供应管理，也称为采购物流，采购是供应物流与社

会物流的衔接点。对于生产企业来说，它是企业为保证生产的顺利、高效进行，不断组织原材料、零部件、燃料、辅助材料供应的物流活动。不仅要实现供应目标，而且要尽可能地降低物流成本、提高质量，因此，是企业物流的关键组成部分。

2. 生产物流

生产物流是指企业生产过程中发生的涉及原材料、在制品、半成品、产成品等所进行的物流活动。原材料、燃料、零部件投入生产后，经过下料、发料，运送到各加工点和存储点，以在制品或半成品的形态，按规定的工艺过程和路线，借助运输或搬运工具与设备，从一个生产单位(仓库)流入另一个生产单位(仓库)，最后形成成品离开生产线进入企业的仓库或直接下线发送进入流通领域。生产物流是制造产品的生产企业所特有的活动，生产中断也意味着生产物流中断，反之亦然。生产物流的合理化对企业生产秩序和成本有很大影响。

一般而言，根据发生的顺序，生产物流的职能包括：确定物料需求的时间和数量，确定所需物料的来源，物料的运输管理，物料的接收以及仓储管理，物料的库存计划以及仓储管理，生产线的物料配送时间、数量和地点。生产物流主要在企业内部发生，目的是保持持续稳定的生产，基本工作是按照物料需求计划的指令，准时保量准确地将生产所需物料配送到现场、生产线或各工作中心。

3. 销售物流

销售物流是指企业在出售商品过程中所发生的物流活动。这里的企业包括生产企业和流通企业，它们出售商品时，商品在供方与需方之间进行实体流动。它的环节包括产品包装、产品储运、装卸搬运、运输与配送、物流信息管理，有时还涉及流通加工、客户服务、网络规划与设计。它的起点一般是企业的商品仓库，经过分销，完成长距离、干线运输，再经过配送完成市内和区域范围的物流活动，最终到达企业、商户或最终消费者手中。它与企业销售系统相配合，共同完成商品的销售任务。销售物流可以通过本企业自营完成，可以由第三方物流企业完成，也可以由客户进厂自提完成，不过，最后一种容易导致厂内交通拥堵、治安管控难度加大等问题。销售物流是一个逐渐发散的物流过程，与供应物流的收敛过程形成一定程度的镜像对称。它是企业物流与社会物流的又一个衔接点。

4. 逆向物流

逆向物流(reverse logistics)是指物品从供应链下游向上游的运动所引发的物流活动。它关注的是产品或资源销售或交付给客户后的移动和管理。严格来说，它包括两部分：回收物流(returned logistics)和废弃物物流(waste material logistics)。前者可认为是狭义的逆向物流，包括这两者的被认为是广义的逆向物流(reverse logistics)。逆向物流的最终目标是减少资源使用，并实现减少废弃物的目标，同时使正向物流及回收物流更有效率。

(1) 回收物流指不合格品的返修、退货以及周转使用的托盘和集装箱等包装容器从需方返回到供方所形成的物品实体流动。

(2) 废弃物物流指将经济活动中失去原有使用价值的物品，根据实际需要进行收集、分类、加工、包装、搬运、储存等，并分别送到专门处理场所的物流活动。这些物品既有生产过程的边角余料、废渣废水及未能形成合格产品而失去使用价值的物质；又有流通过程产生的废弃包装材料；还有消费领域中产生的垃圾等。这些垃圾中的相当一部分在循环利用过程中，基本或完全丧失了其使用价值，最终形成无法再利用的废弃物，它们被处理后，再返回到自然界，从而形成废弃物物流。废弃物物流强调的是环境保护，关注的不是企业经济效益而

是社会效益，向社会展示的是企业责任与形象。

（三）按流体分类

按物流活动特定的流体或者实体进行分类，可以划分为很多类。这样分类主要是因为这些实体具有一些不同于其他实体的特点，如需要特定的运输条件、装卸搬运设备、保管条件、物流或配送中心。常见的有粮食、钢铁、水泥、铁矿石、煤炭等大宗商品物流，以及农产品、烟草、医药、家电、图书等物流。随着物流产业的不断发展，市场将划分得越来越细，关注这些细分市场将是未来物流发展的重要方向。

（四）按主体分类

按照物流活动的承担主体，可将物流划分为自营物流、专业子公司物流、第三方物流和第四方物流。

1. 自营物流

自营物流是指企业依靠自身的物流资源开展物流活动。由于其既可以是卖方、生产者或供应方销售商品给买方时运用自身的物流资源进行的物流活动，也称为第一方物流；也可以是买方、销售方或流通企业采购卖方、生产者或供应方商品时运用自身的物流资源进行的物流活动，也称为第二方物流。在计划经济体制下，大多数企业都自备车队、仓库、场地、人员，自给自足地进行物流活动。当前在我国社会主义市场经济的初级阶段，仍然有相当多的企业完全或部分地采取这种物流模式。

2. 专业子公司物流

专业子公司物流是指企业传统物流功能从母公司剥离组成一个独立的专业化实体，从而为母公司开展专业化物流活动。与传统的自营物流相比，它更注重对物流过程一体化的管理和物流资源的合理化配置。除保障母公司外，一些实力较强、规模较大的专业化子公司还为同行其他企业提供第三方物流服务。因此，这种模式介于自营物流与第三方物流之间。

3. 第三方物流

第三方物流(3PL)是指独立于供需双方，为客户提供专项或全面的物流系统设计或系统运营的物流服务模式。这个概念与外包相关，即将企业物流活动的部分或全部外包给一个或多个专业公司。

第三方物流这一术语最先是美国用于20世纪70年代初，以在运输合同中识别整合营销公司(IMC)。那时，运输合同只有两方，即货主方和承运方。当IMC作为中介公司从货主方接收货物然后交给铁路承运人而加入到合同中时，它就成了合同的第三方。该定义已经得到发展，现在，每个提供某种物流服务的公司都称自己为第三方物流。为了提高物流效率以及降低物流成本而将非核心业务的物流活动外包给专业物流公司是跨国公司管理物流的通行做法。理想情况下，这些服务是一体化的或由公司“打包”提供。公司提供的服务包括运输、仓储、越库配送、库存管理、包装和货物转运。

4. 第四方物流

第四方物流(4PL)由埃森哲公司(Accenture)于1996年作为商标注册并定义为“它是一个供应链集成商，聚集和管理企业自身的和互补服务提供商的资源、能力与技术，目的是提供综合的供应链解决方案”。与第三方物流相比，第四方物流的区别在于：①它通常是一个独立的实体，既可以是作为合资企业而建立，也可以是根据主要客户与一个或多个伙伴签订的长期合同而建立；②它是客户与多个物流服务提供商之间的单一接口，即客户只需要联系第四方物流企业并将业务交付给它就可，其他的事由它来做或联系合作伙伴做；③理想情况下客户供应链的所有方面都由它来管理；④在现有架构中，一个大型的第三方物流服务提供商有可能成为一个第四方物流企业。

（五）按流向分类

按照物流的方向可以分为正向物流和逆向物流。正向物流包括内向（或进向）物流、外向物流（或出向）。

1. 内向物流

CSCMP 于 2013 年 8 月出版的《供应链管理术语》对内向物流（Inbound Logistics）的定义是：物品从供应商流向生产流程或储存设施，相当于供应物流。波特的价值链模型（见图 1-5）中，内向物流和外向物流均被认为是企业创造价值的基本活动，以建立和维持竞争优势。这里的内向物流是指安排材料、零部件和（或）成品库存从供应商移动到制造或装配厂、仓库或零售店。

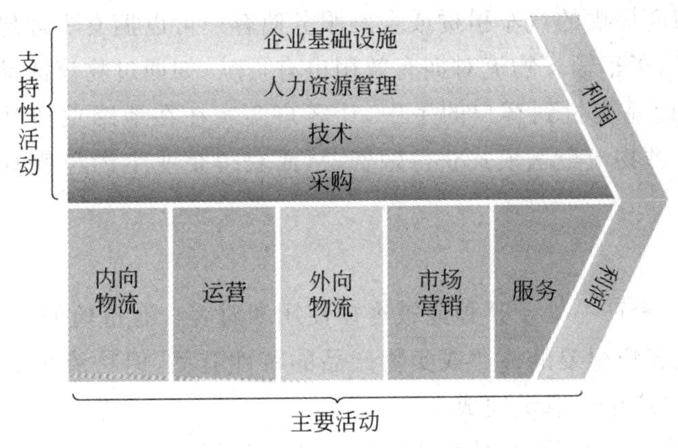

图 1-5　迈克尔·波特的价值链模型

2. 外向物流

CSCMP 于 2013 年 8 月出版的《供应链管理术语》对外向物流（Inbound Logistics）的定义是：产品从生产线流向最终用户所发生的移动与储存等相关物流活动，相当于销售物流。波特的价值链模型中的外向物流是指从生产线终端到最终用户，与最终产品的储存和移动及有关信息流相关的流程。

前沿理论与技术

除上述分类涉及的物流术语外，其他一些常见的术语还包括绿色物流、应急物流、人道主义物流（Humanitarian Logistics）、准时制物流（JIT Logistics）、集成物流、保税物流、口岸物流等。

第二节 物流的效用

效用(utility)是一个经济学概念,简言之就是满足,更准确地说,是指消费者如何在不同的物品和服务间进行排序。而通常情况下,可将效用理解为一个人从消费一种物品或服务中得到的主观上的享受或有用性。经济学家用它解释理性的消费者如何将有限的资源分配在能给他们带来的最大满足的各种商品上。物流的经济影响可用经济效用(economic utility)这个概念来描述,即一个产品在满足客户需求方面所具有的价值和有用性。四种一般的经济效用包括拥有效用(possession utility)、形质效用(form utility)、空间效用(place utility)和时间效用(time utility)。

一、拥有效用

拥有效用来自客户能够占有产品而带来的价值或有用性,受到产品有关的支付条件的影响。如信用卡或借记卡使客户可以不必提供现金或现金等价物就可以方便地获得拥有效用。同样,汽车经销商提供的汽车租赁或金融服务使客户可以拥有更理想的车型,客户就不必等到存够钱付现购买车辆。物流对拥有效用也有贡献,如通过物流活动,可以将已经完成所有权转移的实体商品交付到客户的手中,让客户实实在在地感觉到对商品的实际占有。此外,还可以通过各种物流金融模式获得融资,从而获得企业生产经营所需要的原材料、零部件等。

二、形质效用

形质效用是指一个产品处于某种能被客户使用和对客户有价值的形态。尽管形质效用一般与生产或制造、客户想要的核心或实物产品的特性有关,但物流也对其也有贡献,形质效用通常可由配送渠道中的成员完成。

流通加工是物流的重要活动,是生产过程在流通领域的继续。这是一种完善、补充、增加性质的加工活动,不创造商品主要实体,不改变商品的使用价值,但它会创造商品的形质效用,即加工附加价值。

三、空间效用

产品从价值低的地方运输到价值高的地方,便可创造空间效用。之所以如此,是因为商品供应与需求存在空间间隔,且在不同地理位置有不同的价值。物流在以下两种情况下创造空间效用。

(一)从集中生产场所流入分散需求场所

现代化大生产往往具有集中生产的特点,即集中于某一个地域,这既有天然的地理资源的原因,也有人为的生产力布局的结果,还有基于比较优势及劳动力成本的选择。在局部区域集中生产的产品可以覆盖大范围的需求地区,甚至一个或多个国家的需求。通过以运输为主的物流活动将产品从集中生产的低价值地区转移到分散于各地的高价值地区可以获得更高的价值。如“西煤东运、西棉东送、北煤南运、北粮南调”就是将集中在我国西部的棉花和煤炭、北部的煤和粮食,通过物流转移到广大分散的东部、南部等需求地区,从而满足这些地区对这些大宗物资的需要,创造了空间效用。

（二）从分散生产场所流入集中需求场所

现代工业制造的一个重要趋势是外包，如飞机、汽车的制造，制造商不是自己生产成千上万的零部件，而是从世界各地许多分散的供应商那里采购需要的零部件、子系统，最终在一个或几个集中的工厂将这些分散的零部件、子系统组装成成品。在这种情况下，物流也能够创造空间效用。

四、时间效用

时间效用是指在客户需要的时间获得产品。商品的供应与需求之间存在时间间隔，物流在克服这种时间间隔的过程中创造时间效用。认识到不同的产品对时间有不同的敏感性是很重要的，如同样是延迟三天交货，但一箱香蕉的后果会比一箱铅笔的后果要严重得多。物流创造时间效用有以下三种情况。

（一）缩短物流时间

缩短物流时间，从而缩短交货提前期，可获得多方面的好处，如快速响应客户需求，加快资金周转。尤其对于采用准时制(JIT)生产系统的制造企业或生鲜农产品等对时间敏感的商品来说，物流在创造时间效用方面具有巨大的价值和潜力。马克思从资本角度曾指出："流通时间等于零或越接近零，资本的职能就越大，资本的生产效率就越高，它的自行增值就越大。"这里所说的流通时间，实际上就是指物流时间。所以，加快物资周转、缩短物流时间可取得可观的时间效用。

（二）克服时间间隔

在经济社会中，商品的需求和供给普遍存在时间间隔，即需求和供给不在同一时间发生。以粮食、水果等农作物的供给为例，它们的生产、收获由于存在季节性和周期性，这就决定了它们的供给集中在某一段时间，但是人们的消费需求每天都在发生，所以，供给和需求不可避免地会出现时间间隔。如何克服这个时间间隔，保证商品的使用价值不降低且满足人们全年的需求，正是物流中的储存、保管功能要解决的问题。在储存、保管过程中，物流创造了时间效用。

（三）延长时间差

通常情况下，加快速度、缩短时间是物流活动的客观要求。但是，有时人们可能会反其道而行之，人为、能动地延长物流时间来创造效用。例如，当预测某种商品未来价格看涨，企业可能会大量购买并储存，以便将来使用或出售，从而降低采购成本，获得更高的销售利润。"囤积居奇"即是这个意思。

运输对于企业来说是更关键的经济活动。通过将商品从采购地转移到需求地，运输提供必要的服务，将一个企业与其供应商和客户联系在一起。它是物流功能中的一项基本活动，提供空间和时间两方面的经济效用。为什么中东人消耗的纯净水比用在他们汽车里的汽油还贵而我们使用的汽油贵得让许多人难以承受呢？恐怕除了经济学中的"稀缺"概念起了作用之外，运输、储存等物流活动也扮演了非常重要的角色。通过与库存计划人员密切合作，运输专业人员可以在客户需要的时间和地点将产品送到。关于运输的作用，马克思曾指出："除了采掘工业、农业和加工工业以外，还存在第四个物质生产领域……这就是运输业。""它表现为生产过程在流通过程内的继续，并且为了流通过程而继续。"这意味着，运输是创造价值的,即创造效用。

第三节 物 流 学

一、诞生和演变

(一) 物流学的诞生

一门学科的诞生应以什么样的准则划分呢?托马斯·库恩(Thomas Kuhn,1970)在其著名的《科学革命的结构》一书中提出,科学由一系列外部表现和一些共享的、概念性的、本质的联系所确定。就外部表现而言,必须要具有一群对某一类事实和问题有共同兴趣的、拥有相似教育经历和专业启蒙的专家所形成的"学术界"及共享成果的专业技术期刊和会议。

通过查阅大量文献追踪物流学发展的早期渊源,发现它根源于军事与市场营销,并且形成于20世纪60年代的美国。

1. 军事渊源

物流的诞生可以追溯到希腊与罗马帝国的古代战争时期,当时,头衔为"Logistikas"的军官负责资源供应和分配方面的勤务,这样,士兵就可以从其军事基地有效地移动到新的前沿阵地,并可能成为决定战争胜负的关键因素。

Logistics这一术语的词源和历史根源是希腊语λòγοζ(理性,意为"原因"与"理性的"),拉丁文locare(意为"安排"和"定价"),法文loger(意为"接待客人或士兵")。瑞士裔法国军事理论家安托万·亨利·约米尼(Antoine-Henri Jomini,1838)在其经典军事战略著作《战争艺术提要》中首次明确且详细阐述后勤(Logistics)是为士兵提供保障的军事职能的思想。基于军需官的18项主要职责包括"为调动军队准备好所有必要物资",他将后勤作为确保"为作战行动供应人员和物资"的一项职能,这一基本思想目前已经证明是此术语最早的使用。但是,该书刚出版时并没有引起注意,几年后被译成英文进入美国军校的课堂和文献中,后勤才成为军事术语。

后勤作为战争准备和持续维持军队战斗力的一个关键职能,其发展线索延续到20世纪。后面做出里程碑贡献的人包括撰写了《理论后勤学:战争准备的科学》的美国军官索普(1917)及对该书进行过讨论的阿德米拉尔·亨利(Admiral Henry,1954)。索普提出战略、战术、后勤三位一体的结构,强调后勤当然的职能就是提供战争的一切手段,即人力和物力手段。强调后勤"应被承认是一门科学",并批评只谈战争科学而"闭口不谈后勤"的军事家是对战争和后勤"一无所知"。后勤在军事行动中得到重视是在第二次世界大战期间,当时由于大量战争物资需要从供应地输送到前线,就必须将各个环节作为一个系统来考虑。这种以系统的观念解决军事后勤问题的行为,是军事后勤学和物流学的萌芽。著名经济学家奥斯卡·摩根斯特恩(Oskar Morgenstern,1955)论述了后勤的本质与发展后勤理论的可能性,美国著名后勤学家亨利·艾克尔斯(Henry Ackles,1959)又出版了《国防后勤学》,他们的成果对于军事后勤的发展及引发对建立物流学的可能性的讨论都具有里程碑意义,尽管当时这些理论的应用还严格限制在军事领域。

世界著名的牛津英文词典对Logistics的定义是:与采购、维持和运输物料、人员和设施有关的军事学的子学科。这一定义再一次显示出物流的起源与军事学有千丝万缕的联系。

2. 市场营销渊源

物流的许多问题过去都归在市场营销领域。与军事应用非常不同,物流的含义来自于经济领域中最早研究的问题:经济价值和财富是如何创造的?增加生产和商品供应的基本经济活动与机制是什么?人们的需要与需求是如何得到满足的?这些问题在18世纪亚当·斯密(Adam Smith)的《国富论》中被提出和研究,为现代物流学奠定了概念基础。

英国经济学家阿尔弗雷德·马歇尔(Alfred Marshall)在其《经济学原理》中认为,"人不能创造物质",使事物对人们有用及有价值的经济活动是"移动"(movement)、"安排"(arrangement)和"重新安排"(rearrangement)。并认为通常意义上,经济价值创造不是以生产为中心的,而是以移动和安排自然物质的活动为中心的,这些活动现在认为是物流的核心。

商业领域的物流文献,最早要追溯到约翰·格鲁威尔(J. F. Growell)在美国政府的报告《关于农产品的配送》,该报告首次论述了影响农产品配送成本的各种因素。

韦尔德(Weld)认为,系统地创造和增强四大效用是企业市场营销职能至关重要的任务。其中,"形质效用"与阿尔弗雷德·马歇尔的"安排"和"实物的形成"是一致的,即现代术语"制造"的结果。但那时,时间、空间和拥有三大效用是通过基本的物流职能如储存、运输、包装、分拣、集并等创造的,尽管那时在满足客户和市场需求方面没那么重要。

物流作为一个商业概念是从20世纪50年代才发展起来的。由阿尔弗雷德·马歇尔与韦尔德的观点可知,物流活动在经济价值创造过程中具有不可或缺性以及在产品的成功营销中具有关键作用的思想很早就树立起来了。接下来,康弗斯(Converse)论述了实物配送的重要性,认为实物配送是营销的"另一半"。他的观点引起了商业和学术界的广泛兴趣。

然而,直到20世纪60年代,美国的一些商业和经济文献中才出现这些观点而促使这些观点出现的历史动力来源于一场开始于第二次世界大战后的美国且很快波及世界其他部分的"营销革命"。有效生产稀缺商品的能力不再是商业成功的决定因素。相反,用多种可选方案吸引和服务客户以满足其需要的能力成为经济成功的关键。实物配送和物流,即系统地创造空间、时间和拥有效用,被认为是营销成功的关键要素。以前被管理人员和学术界认为是相当次要的问题且由彼得·德鲁克(Peter F. Drucker)称之为"码头发货仓库中的乌合之众"管理的运输和仓储活动,成为一个新兴学科的核心。

建立实物配送观念的里程碑以及在"营销物流"和"企业物流"方面开始有组织研究的是麦基(Magee)在哈佛商业评论上的文章"配送物流",以及斯马凯伊、鲍尔索克斯和莫斯曼(Smykay,Bowersox,Nossman)合著的第一本教材《实物配送管理》。1961年,密歇根州立大学和俄亥俄州立大学分别在大学部和研究生院开设了物流课程,成为世界上最早把物流管理教育纳入大学学科体系中的学校。但是,似乎是德鲁克(1962)《经济的黑暗大陆》一文及他在管理界享有的盛誉才开始引起人们的广泛关注,认为有必要在这个领域进行系统科学的研究。不久后,其他学者也开始跟随研究。实物配送和物流在学术机构和专业协会的有组织研究行为,包括美国1963年成立了NCPDM(后来改为CLM,现为CSCMP),集中了各方面的物流专家,并提供教育培训活动;1970年创办《实物配送国际期刊》,并出版了名为《实物配送专题》的一系列论文。《实物配送国际期刊》是当今物流领域首屈一指的《实物配送与物流管理国际期刊》的前身。

在物流学作为市场营销学的一个子学科的早期发展阶段,研究关注点集中在如何提高产品对客户的“可得性”、“效用”和“价值”上，即围绕运输（创造空间效用），储存和仓储（创造时间效用），订单分拣、包装、集并、变更及物品的安排（创造拥有效用）这些一般的经济活动探索和系统分析。

（二）物流学的演变

物流学的概念出现以后，从美国开始传播，在日本得到迅速发展，20 世纪 70 年代后，在欧洲和其他国家也出现了一些出版物和研究机构。之后，许多其他国家也建立起数量不断增长的研究协会和团体。

到 20 世纪 80 年代，一些新的思想，如 JIT 生产、精益采购和生产成为新的研究热点。1985 年，NCPDM 更名为 CLM 的原因是“反映正在发展的学科，包括内向、外向和逆向的产品和服务流以及相关的信息流”。1982 年，基斯·奥利弗（R. Keith Oliver）与迈克尔·韦伯（Michael D. Webber）提出供应链管理概念，并在 20 世纪 90 年代中期获得巨大的发展，供应链管理理论如今已成为现代物流学的核心理念之一。

物流现在虽然已经发展为一门艺术与科学，然而它并不能称为严格意义上的科学。物流学既没有一个确切定义的框架，也不以与生俱来的技能为基础。物流管理者是基于其教育经历、技能、过去的经验和直觉履行其职责的。创立于 1978 年的德国物流协会对物流的定义是：“物流学是一门应用导向的学科。它对经济网络系统和为人们创造价值的穿越时空的对象流（具体为货物、信息、资金流以及人流）进行模拟与分析，目的是通过公认的科学方法为设计、实施和动用（mobilization）这些网络系统和流提供建议。其科学问题主要与这些网络系统的设计和组织有关，并与流的动用和控制有关。物流学的最终目的是在平衡实现经济、生态和社会目标方面取得进步。”

（三）物流学在中国的发展

1979 年 6 月，我国曾派代表团参加在日本举办的第三届国际物流会议，并首次将物流概念引入中国。自此，一批学者开始学习、研究、引进日本和欧美的物流理论，推广物流理念，陆续出版了一批物流理论著作。部分大专院校还开设了物流专业课程，由单纯引进到独立开展研究，理论水平不断提高。

1993 年 7 月，我国开始将物流管理专业（020210）列入本科专业目录，设置在工商管理类下面。到 1998 年共有 15 所高等学校开设了物流管理专业。但是，1998 年 7 月新修订的本科专业目录将物流管理专业取消。2000 年，北京物资学院被教育部批准重新设立物流管理本科专业；2001 年，又新增 6 所高等院校设立该专业，并招收物流工程专业的本科生。教育部于 2012 年 9 月在 1998 年印发的《普通高等学校本科专业目录（1998）》基础上进行了修订，形成了《普通高等学校本科专业目录（2012）》。该目录在管理学学科门类下设立物流管理与工程专业类，然后又在此专业类下设物流管理和物流工程两个专业，并特设采购管理专业（见表 1-1）。而在 1998 年版的目录中，物流管理（110210W）和物流工程（081207W）两个专业均只作为目录外专业分别设在管理学门类工商管理专业类下和工学门类交通运输专业类下，当时没有采购管理专业。这次调整，反映出教育部对物流学科的重视，也为各普通高等学校实施人才培养、安排招生、授予学位、指导就业、教育统计和人才需求预测等工作提供了重要依据，更说明物流学并不是只具有管理学属性或管理学与工学属性。

表 1-1 《普通高等学校本科专业目录(2012)》关于物流学科专业的调整

专业代码	学科门类、专业类、专业名称
12	学科门类：管理学
1206	物流管理与工程类
120601	物流管理
120602	物流工程(注：可授管理学或工学学士学位)
120603T	采购管理

截至 2014 年,经教育部备案或审批设置的物流管理本科专业本科院校多达 389 所,设立物流工程本科专业的院校为 89 所。

目前,我国建立了众多的物流研究咨询机构和物流行业协会、相关网站,拥有一大批专职研究人员,出版了一大批物流专著和教材,创办了一些物流期刊和报纸,其中,《中国流通经济》、《物流管理》、《物流技术》和《物流时代》等专业期刊以及《现代物流报》等报纸具有较广泛的影响。这些均为物流学的进一步发展创造了有利条件。

二、学科性质

物流学是人类物流活动实践发展到一定历史阶段才产生的一门学科,并已经发展成为一个跨学科的领域,是一个集经济学、管理学、工学和理学等于一身的交叉综合性新兴学科。物流涉及的每个学科都有自己的观点并总结出了自己的一套方法、概念和工具。经济学方面,涉及物流资源的配置与优化、物流市场的供给与需求、物流金融与投资、物流产业的发展与增长等问题,这些问题的解决都有赖于经济学理论在物流领域中的具体应用。管理学方面,涉及物流计划、组织、协调、考核、评估、控制等管理职能,这些问题都需要管理学理论的指导。工学方面,许多物流基础设施和运输工具及各种物流技术设备都拥有较高的技术含量,一切现代工程技术都有可能在其中得到应用,因此,物流学涉及工学类的许多专业类别,如材料、机械、计算机、土木、轻工、材料、交通运输等。理学方面,由于物流流体的物理、化学、生物属性往往具有不同的特征,因此需要运用数学、物理、化学、生物学理论知识指导,以便在运输、装卸、保管等物流活动过程中采取正确的保护措施。为了能够用数量特征来反映一定时期物流发展的规模、速度、水平,还要用到理学中的统计学知识。此外,物流学还与其他许多学科有关,如哲学、法学甚至历史学等。

在特定的情况下,物流学的学科属性有其侧重点。例如,从宏观经济角度来看,物流学的学科属性主要是经济学;从微观企业管理角度看,物流学的学科属性主要是管理学属性;而从物流运作角度看,物流学的学科属性兼具经济、管理及工学属性。

物流学涉及国民经济生产、流通、分配和消费领域的各个部门。由于各物流环节之间存在着相互关联、相互制约的关系,它们都是作为系统的一部分而存在的,因此,系统科学是物流学产生的基础,系统性则是物流学的最基本特征。而且,由于物流学的实践性和应用性强,它还属于应用科学的范畴,许多相关学科的研究成果在物流领域中得到应用,且具有广泛的应用前景。

三、研究对象

物流学的研究对象是物流系统及其中贯穿流通和生产领域的一切“物的动态流转过程”(即物料流)和相关信息流。德国的 R.尤尼曼指出:“物流学是研究对系统(企业、地区、国家、国际)的物料流及有关的信息流如何进行规划与管理的科学理论。”物流学研究的基本问题之一是如何降低物流活动成本及如何提高物流服务水平,而且最好是两者兼得。

物流学的研究对象可具体化为反映物流本质特征且普遍存在的六大要素:流体、载体、流向、流量、流程、流速。任何物流系统都包含这六个要素。

(一) 流体

流体是指物流中的“物”,即物质实体,包括生产领域的在制品、半成品、成品以及流通领域的商品,甚至逆向物流领域的退货、可利用的包装物和边角料以及不能回收利用的废物。不同的流体可能具有不同的自然属性和社会属性。自然属性是指其物理、化学、生物属性,如易碎、易燃、易爆、易腐、易挥发、放射等。物流的重要使命之一就是要根据流体的不同自然属性保护好流体,因此,在实物流动过程中要合理安排运输、保管、装卸等作业,使其使用价值不因物流而受损坏。社会属性是指流体所体现的价值属性、社会效益及生产者、采购者、物流作业者与销售者之间的各种关系。因此,物流的重要使命之二是在物流过程中要保护流体的社会属性不受损害。

根据流体的自然属性(重量或体积)和社会属性(价值),可计算出流体的价值系数:

$$V_C = \frac{V}{T} \quad 或 \quad V_C = \frac{V}{C} \tag{1-1}$$

式中:V_C表示价值系数,元/吨或元/立方米;V 表示商品价值,元;T 表示商品重量,吨;C 表示商品体积,立方米。

流体的价值系数可以反映商品的运费承载能力,当系数越大时,说明运费承载能力越强,在选择运输方式和工具时,越有可能选择运价高、速度快、服务要求高的方式和工具。前一个公式更适用于重货,后一个公式更适用于轻货。系数的高低还对货物保险条款的确定有重要参考价值。计算一个区域内或区域之间的流体价值系数并进行对比研究,有助于发现物流的结构是否合理、流向是否平衡,进而推断产业结构、贸易结构与生产力布局是否合理。

(二) 载体

载体指流体借以流动的设施和设备。第一类载体指固定的基础设施,包括铁路、公路、水路、港口、车站、机场、物流中心、配送中心、物流园区等;第二类载体指可以移动的设备,包括汽车、火车、船舶、飞机等运输工具、集装箱和托盘等运输设备及叉车等装卸搬运设备等。物流载体的规模、质量、结构状况,可以反映物流系统完善的程度、技术水平,直接决定物流的质量、效率和效益。物流业之所以成为资金密集型产业,就是因为这些载体要占有和消耗大量资金,是物流学需要重点研究的一个方面。

(三) 流向

流向是指流体从起点到终点的流动方向。流体要从起点流动到终点,可能会有多个方向、多条线路、多种运输方式可以选择,如何在成本、时间的约束前提下,在一个复杂的网络中实现物流的目标,往往需要运用运筹学的优化方法加以计划或规划。物流的效率和效益的取得,一般依赖于双向平衡的物流,只有这样,运输的实载率(约为行程利用率与吨位利用率的乘积)才可能提高。合理确定物流的流向,尤其是组织双向物流,是物流计划人员的重要任务。起讫点间的物流是否平衡,是企业建立物流基础设施决策的关键依据之一。通过研究流向并准确掌握流向的变化规律，物流学可以帮助物流管理者合理配置物流资源、规划物流流向，从而实现降低物流成本、加快物流速度的目的。

（四）流量

流量是指通过载体或由载体承担的流体在一定流向上的数量表现。流量与流向是不可分割的。从物流管理角度看，两个起讫点间的物流平衡，不仅要看是否是双向的，而且要看是否双向平衡，即在特定时间从 A 点到 B 点的去程货物与从 B 点到 A 点的回程货物在数量上是否大致相等，并且能够使用同样的运输工具。理想状况的物流应该是在所有流向上的流量都均匀分布，这样，物流资源便可得到最高程度的利用率，但这对物流设施设备及组织管理有很高的要求。实际上，一定时期内，某个企业在一个流向上的流量是很难达到均衡的，合理配置资源、借助或建立物流信息平台积极组织货源、科学规划物流作业、建立合理的物流运行机制以及竞争企业间有效开展合作等措施均有助于消除物流在流向和流量上的不均衡，从而大大提高运输工具的实载率，降低物流成本，减少排放，提高效率。

（五）流程

流程是指由运输工具和设备承载的流体在一定流向上移动的距离。在运输作业中，货物流程与流量的乘积表现为周转量（单位：吨公里）。在满足客户时间要求、考虑道路通行性的前提下，完成同样的物流运输任务，应尽可能缩短流程。因此，当道路网络复杂时，运筹学中的最短路径等方法常用于路径的优化。“近路不走走远路”的迂回运输，常被认为是不合理运输的重要表现形式。流程的长短还是决定运输方式选择的重要影响因素之一。

（六）流速

流速是指单位时间流体移动的空间距离长短。它是流程与完成该流程所花费时间之比值．流体在转移过程中主要处于两种状态，即运输和储存。由于储存需要花费时间但在不考虑短距离搬运的情况下并不发生空间位移，因此，它成为影响物流流速的关键因素。运输方式、工具、线路网络、物流节点能力、装卸搬运方式和设备等也会对流速产生影响。对于时间敏感的市场，高的物流响应速度是赢得并保留客户的有力武器。

物流的六要素之间有极强的内在联系。如流体的自然属性决定载体的类型，载体的类型又对流向、流量、流速产生影响。因此，物流管理人员只有处理好它们之间相互依赖、相互制约的关系，才能有效地实现物流活动乃至物流系统的目标。

四、研究方法

物流学的研究方法集经济学、管理学、工学和理学研究方法之大成，具体采用什么研究方法需依研究的对象、内容、目的及数据的可获得性而定。其中，定性分析与定量分析、系统分析是具有代表性的方法论。

（一）定性分析与定量分析方法

定性分析就是对物流研究对象进行质的分析，分析者依据物流研究对象的属性和在运动中的矛盾变化，从其内在规律性，凭借普遍承认的公理、演绎逻辑、历史事实以及直觉、经验，直接抓住物流研究对象的矛盾的主要方面，运用归纳与演绎、分析与综合、抽象与概括等方法，对获取的资料进行去伪存真、去粗存精、由此及彼、由表及里的思维加工，对研究对象的性质、特点、发展变化规律、原因做出判断，从而达到认识物流本质、揭示物流关系和规律的目的。定性分析包括三个过程：分析综合、比较、抽象概括。通过参与观察、深度访谈等方式获取第一手资料，或对大量历史事实、生活经验材料，使用文字语言进行描述、阐释研究对象。定性分析方法包括归纳分析法、演绎分析法、比较分析法、结构分析法等，具体方法如德尔菲法、头脑风暴法等。定性分析虽然能够在一定程度上解释物流现象，但是，却缺乏深入思考的基础，因为在很多情况下，物流的内在规律与关系超出了人们的认知能力。当数据资料缺乏或分析者数学功底较弱时，常常采用定性分析方法。

定量分析是通过运用统计数据、建立数学模型并用数学模型计算出研究对象的各项指标及其对物流领域中的数量关系、数量特征和数量变化进行分析的方法，揭示与描述物流系统中各组成要素的相互作用与发展趋势。它使用数学语言进行问题、过程和结果的描述。马克思认为："一种科学只有在成功地运用数学时，才算达到了真正完善的地步。"因此，物流学作为一门学科，如果不能使用定量方法进行研究，它也就成不了一门真正意义上的学科。使用定量分析，可使得认识对象由模糊变清晰、由抽象变具体。定量分析包括运用回归分析、时间序列分析、决策分析、优化理论、投入产出分析、博弈论等规划最优运输路线、库存、物流网络，建立最优模型。

定性分析与定量分析的不同点是：①着眼点不同，定性分析着力于事物质的方面；定量分析着力于事物量的方面；②层次不同，定量分析是为了更准确地定性；③依据不同，定量分析依据的主要是调查得到的现实资料数据，定性分析依据的是大量历史事实和生活经验材料；④手段不同，定量分析主要运用经验测量、统计分析和建立模型等方法，定性分析则主要运用逻辑推理、历史比较等方法；⑤学科基础不同，定量分析是以概率论、社会统计学等为基础，定性分析是以逻辑学、历史学为基础；⑥结论表述形式不同，定量分析主要以数据、模式、图形等表达，定性分析结论多以文字描述为主。定性分析与定量分析的共同点是：一般都是通过比较对照来分析和说明问题的，包括对各种指标的比较或不同时期同一指标的比较，以反映出数量的多少、质量的优劣、效率的高低、消耗的大小、发展速度的快慢等。

定性分析与定量分析应该是结合的、统一的、互补的。定性分析是定量分析的前提，要先确定所要研究对象的性质，没有定性的定量是盲目且毫无价值的。定量研究过程中，分析者可借助定性分析确定现象发生质量的数量界限和引起质变的原因。定量使得定性更加科学准确，可使定性得出更加深入、广泛、准确的结论。因此，使用定性分析与定量分析的逻辑是由定性到定量再升华到定性，只有两者完美地结合，才能真正取得最佳分析效果，揭示出事物的本质和规律。

（二）系统分析方法

物流是系统分析方法应用的经典领域。系统方法认为，企业的营销、生产、财务和物流等主要职能部门之间存在相互依赖性，各职能部门的目的和目标与企业的目的和目标是一致的，因此，应从整个企业范围考虑目标的实现。将系统方法应用于物流领域，既意味着由于各公司的目的和目标是不同的，所以，一个物流系统不能适用于所有的公司；也意味着一个职能部门制定决策时要考虑对其他职能部门的潜在影响。例如，即将来临的某个节日的销售量扩大5倍，从物流角度，不仅意味着要考虑到有更多的商品需要识别、运输、储存、分拣、包装和跟踪；还意味着物流经理要平衡物流职能内部各物流活动的关系，以确保一项活动的实施不以损害其他活动为代价，因为各物流活动之间也是相互依赖的。

基于系统方法论的一种具体方法是总成本法。即将各项物流活动看作一个整体而非个体，在理解各物流活动之间存在成本的效益背反（即一项物流活动的变化会导致一些成本的增加和另一些成本的降低，也叫成本权衡，英文表达为 trade-off）关系基础上，追求物流总成本的最低。该方法的关键在于制定物流决策时，考虑所有相关成本项目，以最低的总成本找到支持企业的一定客户服务要求的方法。如快递会增加运输成本，而同时也会降低包括库存持有成本在内的其他成本，因此，降低了物流总成本且没有影响到客户服务水平。由于供应链是扩展的企业，是比单个企业更大的系统，从追求企业范围内的物流总成本最低还可以延伸到追求包括上下游在内的供应链总成本最低。

当前，基于数学、系统论、信息技术和工程的方法远比采用组织行为学中"较软"的概念、模型和方法研究物流取得的成果多。而采用法律、政治学领域知识的研究刚刚开始，预期它们在复杂网络中关于对合同、制度和跨文化等的安排中有很大的应用潜力。

五、重要理论学说

（一）商物分离

在社会经济活动中，尤其是在生产力水平较低的农业社会，商流与物流结合在一起是一种普遍的现象。在商流与物流结合的情况下，商品进行一次交易，实体就运动一次，商流与物流方向一致，只是运动形式不同。第二次世界大战后，流通过程中"所有权转移"与"实物流通"两种形式出现了明显的分离，简称"商物分离"。"商物分离"是指商流与物流按照各自的规律和渠道独立进行运动。它是物流科学赖以存在的先决条件。"商物分离"前后商流与物流的运动轨迹如图 1-6 所示。在分离前，生产商将商品生产出来后，所有权经三次转移到了用户手中，且需要将商品从生产者的仓库运送到经营者 A（如批发商）的仓库，再运到经营者 B（如零售商）的仓库，用户购买后，对于大件商品，最后还要将其送到用户指定的地点（如家庭）。而分离后，虽然所有权同样转移三次，常见的物流运动轨迹是从生产者仓库直接到经营者 B 仓库，这样，物流路径就比分离前大大缩短，节约了物流时间与成本。当然，这是一种极端的情况，更为常见的情况可能是既有结合又有分离。如在前两个环节分离，即生产者的物流到经营者 B，而在最后一个环节结合。商流与物流的互相分离，一般有以下几种情况。

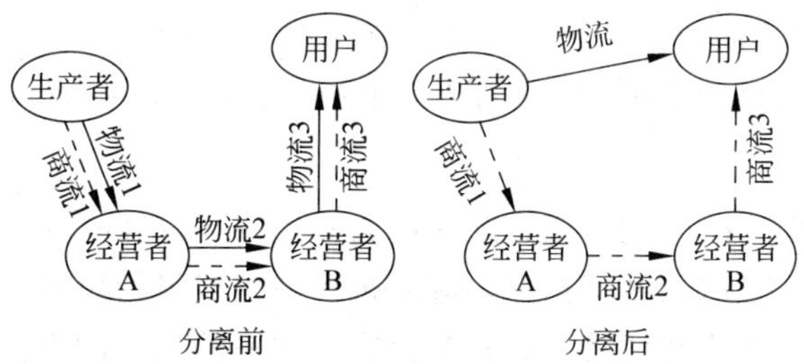

图 1-6 "商物分离"前后商流与物流的运动轨迹

1. *商流在前，物流在后*

商流活动发生之后，才产生物流活动。假设你是一个消费者，到商场去选购一台大屏幕彩电，选择某一型号彩电并在收银台付款并获得交款凭证后，你就获得了该彩电的所有权，即完成了商流的活动。然后，商家一般会在数日内安排车辆将同区域内客户已经购买的家电配送过来。另一个例子是定制产品的预购。首先，买卖双方进行一系列交易活动，如商务谈判、签订合同、交付定金或预付全部货款等。这时产品可能还没有生产出来，当然也不会有该产品的物流。产品生产出来后，需要一系列物流活动，包括商品包装、装卸搬运、运输、保管等，才能从产地转移到销地的用户手中。

2. 物流在前，商流在后

商品的赊销就属于这种情况。赊销往往发生在买方力量强大或卖方为了更好地促进自身商品的销售或为了支持下游资金实力弱小的企业的情况下。在商品赊销的条件下，卖方先将商品通过物流发送给买方，买方验货无误后或者买方销售该商品获得销售款后再给卖方付款。在付款之前，商品的实际所有权仍然属于卖方，即没有发生所有权的转移，物流是在商流之前发生的。

3. 商流迂回，物流直达

在商业活动中，交易的对象往往不是商品实物本身，而是承载商品所有权的凭证，凭证的多次易手，并不需要商品实体也跟着依次从一个卖方的仓库转移到另一个买方的仓库，而是可以从最初的卖方仓库直接运送到最后的买方。在这种情况下，商流是迂回、接力完成的，而物流按照自身的规律直达供货，省去了多次转运、储存等物流活动导致的商品损失和物流成本。

4. 线上商流，线下物流

随着计算机和网络技术的发展，传统的通过实体店铺销售商品的模式受到很大挑战，各种模式的电子商务已经成为一种不断逆转的方式影响着企业的采购和销售活动以及消费者的购买行为。在开放网络环境下，买卖双方不直接谋面就可以进行各种交易活动，实现线上谈判、线上购物、线上电子支付，即在线上就可以完成商流活动。但是，无论电子商务多么发达，最终交易的实物还必须通过线下的物流送达到买方手中。也许你是从一个大型的拥有多个物流中心或配送中心的企业采购商品，但你需要的商品很可能是从离你最近的中心运送过来的，以实现快速配送及降低物流成本。

5. 只有商(物)流，没有物(商)流

只有商流而没有物流的情况至少有两种：一是房产买卖，一处房产，可以经过一次甚至多次交易，但不存在物流活动；二是商品投机活动，一宗商品可以经过多次易手，商流不断进行，但不存在商品实物的流动。

只有物流而没有商流的情况也普遍存在，如农民农副产品的自给自足。

（二）“黑暗大陆”

被誉为“现代管理学之父”的美国管理学权威德鲁克(Drucker)1962年在《财富》杂志上发表题为《经济的黑暗大陆》的文章指出，“流通是经济领域里的黑暗大陆”，将物流比作“一块未开垦的处女地”，并指出物流是企业有机会提高效率的最后的真正领域之一，强调应高度重视流通及流通过程中的物流管理。德鲁克所说的“黑暗大陆”主要是指尚未认识、了解、开发的领域，这里泛指流通这一特定领域，但由于流通领域中物流活动及其导致的物流成本的模糊性特别突出，是人们认识不清的领域，是最被忽视和最有前途的商业领域，所以“黑暗大陆”学说主要针对物流而言。这一理论提出后，激励人们在理论和实践中不断探索这个领域。

流通之所以被称为“黑暗大陆”，一个主要原因是财务会计制度把生产经营费用大致划分为生产成本、管理费用、营业费用、财务费用，然后再把营业费用按各种支付形态进行分摊。这样，在损益表中所能看到的物流成本只占整个销售额的极少部分，物流的重要性显现不出来，导致物流管理得不到应有的重视。因此，加强物流成本管理是挖掘潜在盈利能力的重要渠道。

（三）物流冰山

20 世纪 60 年代，日本早稻田大学西泽修教授提出"物流冰山"说。他在研究物流成本时发现，现行财务会计制度和会计核算方法都不可能掌握物流费用的实际情况，因此人们对物流费用的了解一片空白，甚至有很大的虚假性，就如一座冰山，大部分沉在水面之下的黑色区域是看不到的，而露出水面可以看到的仅是冰山一角。一般情况下，现行企业会计科目只把支付给外部运输企业、仓储企业或储运企业等包括运费、保管费在内的外包费用列入成本，但这部分费用很少，只占整个物流成本的 30%，是所有物流费用的冰山一角。而企业内部大量发生的物流基础设施建设费、包装费、装卸费、人工费及利用自身车辆、仓库、搬运机械设备进行运输、保管、搬运的费用都没计入物流费用科目内，它们混杂在材料费、制造成本、销售费和管理费之中，所以很难统计，根本就看不到物流费用的全貌。西泽修将这种现象形象地比喻为"物流冰山"（见图 1-7）。西泽修用物流成本的具体分析论证了德鲁克的"黑暗大陆"说。这一理论的出现对企业更加清晰地认识物流成本和物流成本的管理具有很好的指导作用。

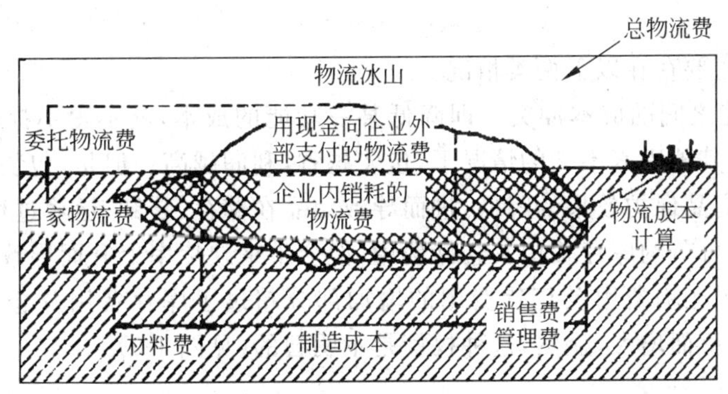

图 1-7 西泽修的"物流冰山"说

（四）第三利润源

西泽修在其著作《物流——降低成本的关键》中指出，企业的利润源是随时代发展与企业经营重点的转移而变化的。20 世纪 50 年代初，在美国经济援助和技术支持下，处于工业化大生产时期的日本企业很快实现了机械化、自动化生产，降低制造成本成为经营重点，也被西泽修称为"第一利润源"。然而，大量产品导致市场泛滥，需要大量销售。于是，1955 年从美国引进市场营销技术后，日本跨入市场营销时代，增加销售额成为企业的经营重点，即"第二个利润源"。1965 年起，开始重视物流，1970 年开始，产业界大举进军物流，日本又跨入了物流发展时代。这时，降低制造成本已经有限，增加销售额也已走到尽头，企业热切地想寻求新的利润源，物流成本的降低使"第三利润源"的提法恰恰符合当时企业经营的需要。因"第三"隐有"未知"的含义，所以"第三利润源"是一个未知的领域。不仅推动了当时日本物流的发展，也对我国和亚太地区的物流发展产生了重要影响。这一学说于 1970 年提出并广受关注，1979 年被原国家物资总局组织的赴日考察团带回我国，并在考察报告中对此有过介绍。西泽修的"第三利润源"说如图 1-8 所示。

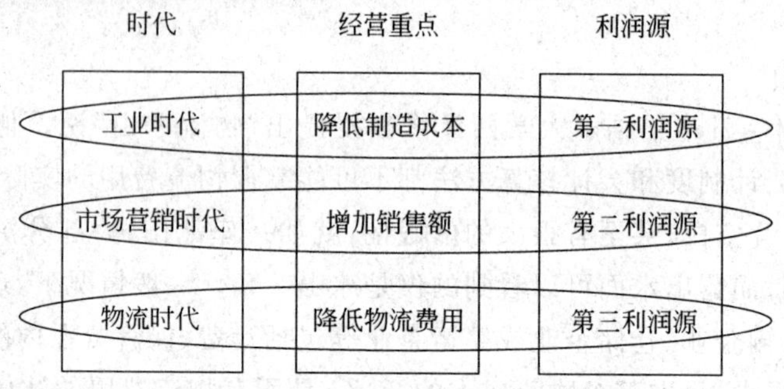

图 1-8　西泽修的"第三利润源"说

（五）效益背反

"效益背反"(trade-off)是指一种物流活动的高成本，会因另一种物流活动成本的降低或效益的提高而抵消的相互作用。

物流包括运输、储存、包装等若干功能要素，它们之间存在损益的矛盾，即某一个功能要素的优化导致利益发生的同时，可能使得另一个或几个功能要素的利益遭受损失，反之亦然。

"效益背反"主要存在以下两类情况。

(1) 物流功能之间的成本冲突。即降低某一功能的成本，就不得不提高其他相关功能的成本。例如，在其他因素不变的情况下，包装越省，利润越高。但是，包装节省后会导致商品进入流通之后商品保护效果的降低，进而导致商品在储存、装卸、运输过程中损失的增加。再如，库存的减少可节约库存费用及仓储费用，但会带来缺货率上升而导致运输费用及订货费用的增加。如果运输费用及订货费用的增加部分超过了库存费用及仓储费用的减少部分，总的物流成本反而增大，显然，这种权衡是不明智的(见图 1-9)。

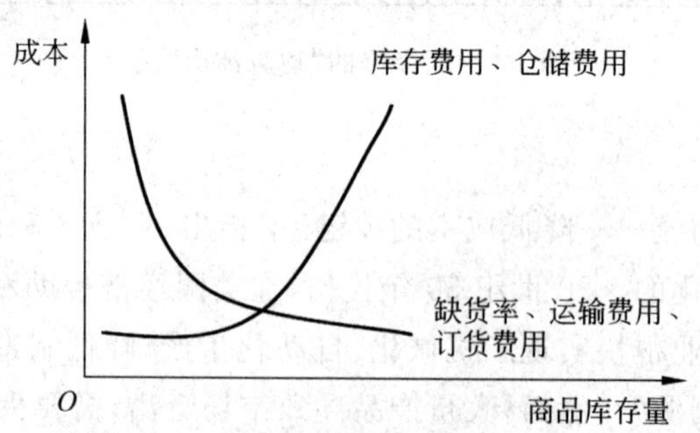

图 1-9　物流成本的"效益背反"

(2) 物流服务水平与物流成本之间的冲突，即两者会同方向发生变化。如小批量即时配送可以提高服务水平，但同时会增加配送成本。

基于"效益背反"理论，单独地优化物流的某一个或几个功能要素得到的结果只能是次优化，要使得物流总成本最低或效益最大化，必须深入理解各功能要素及其内在联系，要树立"物流是一片森林而非一棵棵树木"的系统论观,将包装、运输、保管等看成一个整体来认识物流,进而有效解决"效益背反"问题,追求整体效果。

(六) 其他学说

除了上述五种常见的学说外,随着人们对物流认识的深入,还产生了其他一些学说,包括成本中心说、利润中心说、服务中心说和战略说等,它们分别从一个角度阐释了物流的重点所在或物流的重要性。

1. 成本中心说

"成本中心说"是指人们对物流的关注点主要是降低成本。物流是"降低成本的宝库"是这种认识的形象表述。在这种认识下,在整个企业战略中,物流只对营销活动成本发生影响,物流是企业成本的重要产生点,因此,解决物流问题,主要不在于要搞合理化、现代化和支持保障其他活动,而是通过物流管理和物流的各项活动降低成本。该学说没有将物流放在主要位置尤其是企业发展战略的主导位置,过分强调成本的降低将影响物流本身的进一步发展。

2. 利润中心说

"利润中心说"是指物流可以为企业提供大量直接和间接利润,是形成企业经营利润的主要活动。而且,物流也是国民经济中创造利润的主要活动。

3. 服务中心说

"服务中心说"是指物流活动最大作用在于提高企业对用户的服务水平进而提高企业的竞争能力,而不在于为企业节约消耗、降低成本或增加利润。这一学说特别强调物流的服务职能,有利于形成企业战略发展能力。在个性化、定制化越来越盛行的今天,谁能为客户提供卓越的物流服务,将在战略上创造不同于竞争者的差异化核心竞争力,有助于保持持续的竞争优势。

4. 战略说

"战略说"是指物流是企业发展的战略而不是一项具体任务。"战略说"在战略的高度看待物流问题,将物流与企业的生存发展直接联系起来,不追求具体活动的效益,而立足于总体效益,着眼于长远效益。因此,企业、地区、国家甚至由不同地区或国家构成的经济联盟都应加强物流的战略规划、投资,在更宽广的时空范围内考虑物流问题,将物流看成一种战略竞争武器。

实训项目

- 实训内容:物流认知实训。
- 实训手段:视频片段、实物图片展示。
- 实训目的:了解物流发展历史和现状、主要功能、操作流程。

练习题

一、单项选择题

1. 物流概念是(　　)才产生的。

A. 20 世纪初　　B. 20 世纪末　　C. 19 世纪初　　D. 19 世纪末

2. (　　)发生在物流领域。

A. 第一利润源　　B. 第二利润源　　C. 第三利润源　　D. 第四利润源

3. 物流概念的发展按时间顺序包括的三个发展阶段及相对应的三个美国行业研究协会分别是(　　)。

A. PD,CLM;Logistics,NCPDM;SCM,CSCMP

B. PD,NCPDM;Logistics,CLM;SCM,CSCMP

C. PD,CSCMP;Logistics,CLM;SCM,NCPDM

D. Logistics,CLM;SCM,CSCMP;PD, NCPDM

4. 日本(　　)年代从(　　)引入 PD 概念。

A. 20 世纪 70 年代　美国　　B. 20 世纪 50 年代　欧洲

C. 20 世纪 50 年代　美国　　D. 20 世纪 70 年代　欧洲

5. 废弃物物流强调的是(　　)。

A. 经济效益　　B. 成本效率　　C. 服务质量　　D. 环境保护

二、填空题

1. 日本早期将 PD 表达为________。

2. 商品流通渠道包括________和________。

3. 商流是指商品通过买卖活动而发生的价值形态变化和________的转移。

4. 现代的流通概念包括________、________、________和________。

5. ________是一个比物流更大的系统概念,物流是其中的一部分。

6. ________是供应物流与社会物流的衔接点。

7. ________是企业物流与社会物流的又一个衔接点。

8. 物流学是一门________学科。

9. ________是指产品在客户需要的地点可获得,________是指在客户需要的时间获得产品。

10. 物流学发展的早期渊源,发现它根源于________与________,并且形成于 20 世纪 60 年代的________。

三、判断题

1. 供应链管理曾经被作为市场营销的一个要素加以研究。 (　　)

2. 我国 20 世纪 70 年代末从日本引入物流概念。 (　　)

3. “境内关外”的物流活动属于国内物流。 (　　)

4. 供应链管理(SCM)术语起源于 20 世纪 90 年代初。 (　　)

5. Logistics 是一个与战争密切相关的概念。 (　　)

四、简答题

1. 我国国家标准《物流术语》(GB/T 18354—2006)对物流的定义是什么?

2. 逆向物流及其组成部分回收物流与废弃物物流的定义分别是什么?

3. 在理解其实质内容的前提下,比较传统物流(PD)与现代物流(Logistics)有何不同点。

4. 物流的效用包括哪几种？主要由什么物流功能创造？

5. “商物分离”、“物流冰山”和“效益背反”学说的含义是什么？

本章参考文献

[1] 张敏，林略. 物流学[M]. 北京：清华大学出版社，北京交通大学出版社，2011.

[2] ARCH W SHAW. Some Problems in Market Distribution[M]. Cambridge，MA：Harvard University Press，1915.

[3] FRED E CLARK. Principles of Marketing[M]. New York：Macmillan Company，1922.

[4] T A BROUWER，DOUWE EGBERTS，HOLLAND. Evolution of the physical distribution concept—a case history [J]. International Journal of Physical Distribution，1972，2(1)：33-36.

[5] DOUGLAS LONG. International Logistics：Global Supply Chain Management [M]. Dordrecht：Kluwer Academic Publishers，2003.

[6] MARTIN CHRISTOPHER. Logistics & Supply Chain Management [M]. 4th ed. Upper Saddle River，NJ：Prentice Hall，2011.

[7] OLIVER R K，WEBBER M D. Supply-chain management：logistics catches up with strategy[M]// CHRISTOPHER M. Logistics-The Strategic Issues. London：Chapman & Hall，1992.

[8] 托马斯·弗里德曼. 世界是平的——21世纪简史[M]. 何帆，肖莹莹，郝正非，译. 长沙：湖南科学技术出版社，2006.

[9] KATE VITASEK. Supply Chain Management Terms and Glossary [S]. Lombard，Illinois：CSCMP，2013.

[10] 王健. 现代物流概论[M]. 2版. 北京：北京大学出版社，2012.

[11] 周利国. 物流学[M]. 北京：清华大学出版社，2011.

[12] 蒋长兵. 物流概论[M]. 北京：电子工业出版社，2012.

[13] 中华人民共和国国家质量监督检验检疫总局，中国国家标准化管理委员会. 社会物流统计指标体系(GB/T 24361—2009)[S]. 北京：中国标准出版社，2009.

[14] 中华人民共和国国家质量监督检验检疫总局，中国国家标准化管理委员会. 物流术语[S]. GB/T18354—2006. 北京：中国标准出版社，2006.

[15] PORTER，MICHAEL E. Competitive Advantage：Creating and Sustaining Superior Performance[M]. New York：Free Press，1985.

[16] 保罗·萨缪尔森，威廉·诺德豪斯. 经济学[M]. 萧琛，译. 18版. 北京：人民邮电出版社，2008.

[17] PAUL R. MURPHY，DONALD WOOD. Contemporary Logistics [M]. 11th ed. Upper Saddle River，NJ：Prentice Hall，2014.

[18] 甘卫华，尹春建，曹文琴. 现代物流基础[M]. 北京：电子工业出版社，2010.

[19] PENELOPE POULOU. Break Through Movie Reveals Wondrous Underwater World[EB/OL]. [2015-04-10]. http://www. 51voa. com/VOA _ Standard _ English/breakthrough-movie-wondrous-underwater-world-62375. html.

[20] PENELOPE POULOU. Historical Development of Logistics[EB/OL]. [2015-03-02]. http://www. dhl-discoverlogistics. com/cms/en/course/origin/historical_development. jsp? pdf=1.

[21] 迈克尔·胡格斯. 供应链管理精要[M]. 刘浩华，译. 北京：中国物资出版社，2010.

[22] MIKE MACRAE. The First World War and the Birth of Modern Logistics[EB/OL]. [2014-08-13]. http://lidd. ca/the-first-world-war-and-the-birth-of-modern-logistics/.

[23] PETER KLAUS,STEFANIE MüLLER. Towards a Science of Logistics: Milestones along Converging Paths . [2015-04-08]. http://www. springer. com/cda/content/document/cda _ downloaddocument/ 9783642279218-c1. pdf? SGWID=0-0-45-1330639-p174285259.
[24] MOHD. SHAMIM. Encyclopaedia of Logistics Management[M]. Mumbai, IND: Himalaya Books Press Ltd. , 2009.
[25] CONVERSE, PAUL D. The Other Half of Marketing[C]. Proceedings of the 26th Annual Boston Conference on Distribution, 1954: 310-314.
[26] DELFMANN, WERNER, et al. Towards a Science of Logistics: Cornerstones of a Framework of Understanding of Logistics as an Academic Discipline[J]. Logistics Research, 2010, 2(2): 57-63.
[27] 吴承健,傅培华,王姗姗. 物流学概论[M]. 杭州:浙江大学出版社,2013.
[28] DRUCKER, PETER F. The Economy's Dark Continent[J]. Fortune, 1962(4): 265-270.

CHAPTER

第一章

物流系统与服务

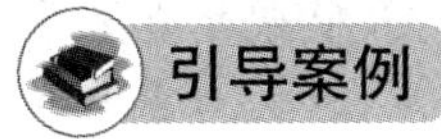

TNT惠普物流服务

1999年开始，TNT物流公司成为惠普的第三方物流(3PL)管理商，负责管理零部件仓库和来自世界各地供应商货品的进口运输。随着惠普开始减少直接开支，允许低成本服务商接管原来由惠普自己管理的一些事务，TNT的业务范围逐步扩大。

现在TNT做的所有工作，过去都是惠普自己做的；与使用惠普自己的员工相比，TNT的开支要节省40%，而且TNT更多使用临时工和兼职人员，这样可以根据订单的多少自如伸缩。

惠普在罗斯韦尔的物流合同是由具有25年物流经验的大卫·埃尔韦负责的。1994年到1999年期间，埃尔韦代表4家3PL公司管理惠普的物流业务，除了TNT物流公司外，另外3家分别是Roadway物流公司、Caliber物流公司和联邦快递物流公司。这3家公司后来由于种种原因没能继续获得惠普的物流合同，其中最主要的一个原因是不能培育与惠普公司合作的业务伙伴关系。尽管在外包合同中，减少成本、提高效率是最终目标，但是，人际关系也是非常重要的。

TNT管理着惠普的11座仓库，每年的营业额约2600万美元，位于罗斯韦尔的工厂在其中占大部分。罗斯韦尔占地80万平方英尺，由于仓库和生产线是在同一处，所以罗斯韦尔的经营采取的是“同址”运营。目前在其他许多公司，零部件还需要在仓库和工厂间运来运去，既耗时又费钱。而在罗斯韦尔，配送零件通常只需一辆叉车跑一趟来回。接到要求提取某一零部件的提货单后，一名TNT员工就会在排满了8000种库存产品的巨大货架上找到所要的零部件，然后更改库存记录，最后把零件送到组装线上。通常这只需要30分钟。但在过去，由于仓库和厂房遍布罗斯韦尔全城，运送一趟通常需要两三个小时。这种运营节省的不仅是时间，而且是产品的损耗和破坏。

TNT物流公司除了管理上千万美元的库存，还从惠普员工手中接过了运输管理业务，这在惠普公司历史上尚属首次。TNT将过去众多的运输商减少为寥寥几家。其中Eagle物流公司负责重型产品的空运；安邦快递公司则运送小部件；Schneider公司、US Freightways、Con-Way公司和联邦快递货运公司负责惠普国内运输的70%；Expeditors公司承担亚洲地区的空运，并且是惠普在亚欧地区的货运代理；德迅公司(K&N)在欧洲空运中发挥作用。

在TNT管理运输之前，惠普产品的国际空运通常耗时17天，国内空运需要7～8天，供应商为了赶上配送时间，通常要加夜班。如今，TNT保证在美国境内的运送时间是1～4天，国外的运送时间是4天，99%的产品运送都能按时送达。如果中间出了岔子，惠普将和TNT一起来解决，保证零部件按时送达。

案例解析

TNT的运输经理就像是沟通惠普采购经理和公司供应商的桥梁。TNT从惠普手中拿到订单后，联系供应商，确保零部件能及时送到惠普的工厂，中间具体的运输过程就是承运商的事了。每周，TNT都对每一条产品线上的国内和国际运输费用开出清单，这在惠普历史上也是从未有过的。仅仅在与惠普合作的头6个月，TNT就通过减少加急运输，为惠普节省了250万美元。另外，TNT还通过减少运输商的使用、改变运输方式，帮惠普省下了400万美元。同时，TNT还利用旧垫板，而不是像原来租用带垫板的面包车，这又为惠普在半年内省下了50万美元。过去，惠普要租赁大量飞机保证及时运输，但现在TNT只在为了保证生产线继续运转的紧急情况下才使用空运，其余情况下都通过公路运输。

惠普自身也在进行着变革，公司原来的物流经理都离开了原有岗位。惠普与康柏合并之后，新公司使用的3PL供应商有30多家，遍布全球。新公司希望再把这一数目减至15家。合并后，公司对所有的3PL公司都进行合同评估，公司内部对于运营的集中化程度分歧很大。过去惠普都是对每一地的物流单独管理，但现在人们对于本地化还是集中化持有不同的意见。对于TNT来说，必须让当地工厂经理和总部的决策者双方都满意。过去惠普是反对外包的。而在康柏，外包是企业文化的一部分。在合并过程中，TNT必须加倍小心，因为他们通常是和那些在惠普有二三十年工龄的老员工打交道。

现在惠普康柏已合二为一了，双方的物流业务正慢慢融合。如果康柏在物流方面占上风的话，对3PL来说，将会有更多的外包机会，而且业务会越来越集中到少数企业中。

TNT物流公司还替康柏管理着5个卫星枢纽，这和惠普在罗斯韦尔的情况大不相同。这5个仓库的库存由供应商管理，TNT并不掌控库存。而在罗斯韦尔，惠普掌握所有的库存。

惠普之所以最后选定TNT，并不是因为价格，而是TNT的作风。由于经济下滑、高科技企业受挫，惠普必须紧缩开支。惠普将邻近罗斯韦尔的一个80万平方英尺的仓库关闭，将一些生产线转移到罗斯韦尔，实际产量比3年前增加20%，但开支增幅只有6%。

TNT物流公司和惠普之间签订了一个颇具激励性的合同，TNT必须在不提价的前提下，达到一系列指标。当TNT成功地把成本减少了12%时，把其中的4%作为奖励给予TNT的员工。成本得以缩减，很大程度上得益于TNT在200多名员工中进行的交叉培训。

案例思考

通过该案例，你认为企业可通过哪些措施提高物流服务？

案例涉及的主要知识点

物流服务　供应商合作　外包　供应商选择　供应商管理

学习导航

- 掌握系统的含义及物流系统的概念、特征。
- 学会分析物流系统的构成要素。
- 了解物流系统设计的基本内容。
- 掌握物流服务的概念及特点。
- 了解物流服务的分类。
- 学会物流服务模式的选择。

教学建议

- 备课要点：物流系统的构成要素、物流系统的设计、物流服务模式的案例介绍。
- 教授方法：案例、讲授。
- 扩展知识领域：物流系统优化原理。

第一节 系统概述

一、系统的概念

系统是由两个以上相互区别或者相互作用的单元有机结合、完成某一功能的综合体。因此，系统由两个或两个以上要素组成；各要素间相互联系，使系统保持稳定；系统具有一定结构，保持系统的有序性，从而使系统具有特定的功能。

二、系统的特点

系统一般具备四个基本特征，即整体性、相关性、目的性和环境适用性。系统的整体性是指各个部分结合在一起表现出来的整体功能要大于各个组成部分功能的简单叠加。相关性是指系统的各个组织部分存在一定的内在联系。目的性是指系统具有将各个要素集合在一起的共同目的。环境适应性是指系统与环境是相互储存的，系统必须适应外部环境的变化。

三、系统的一般模式

系统是相对于外部环境而言的，外部环境向系统提供劳力、手段、资源、能量、信息等，成为“输入”。然后，系统应用自身所具有的功能，对输入的元素进行转换处理，形成有用产品，再“输出”到外部环境供其使用。输入、转换、输出是系统的三要素。另外，由于外部环境的影响，系统的输出结果可能偏离预期目标，所以系统还具有将输出结果信息反馈给输入的功能。系统的一般模式如图 2-1 所示。

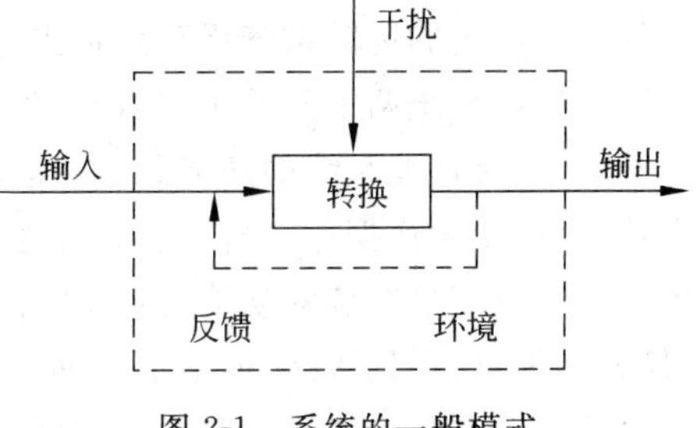

图 2-1 系统的一般模式

第二节 物流系统

一、物流系统的概念

（一）根据物流系统目标形成的物流系统概念

关于物流系统，目前没有一致的定义。日本学者菊池康指出，物流系统是“为有效地达成物流目的的一种机制”，并将物流系统作了如图 2-2 所示的总结。

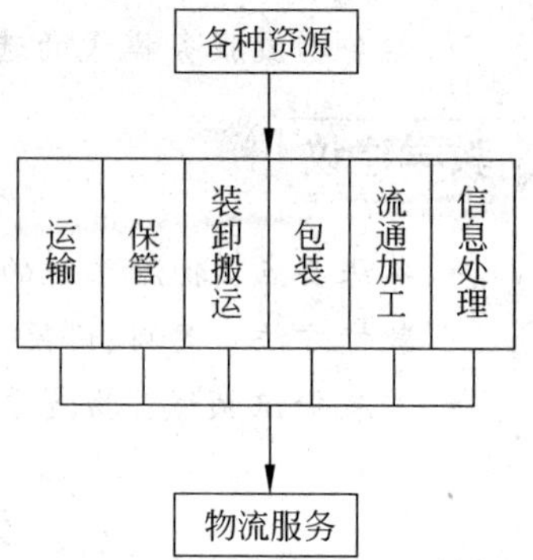

图 2-2 物流系统目标

物流系统首先要有明确的实现目标。构筑物流系统的目的可以归纳为以下几个方面：

（1）将商品按照规定的时间、数量送达目的地；

（2）合理配置物流集散地，维持适当的库存；

（3）实现装卸、保管、包装等物流作业的高效化和规范化；

（4）维持合适的物流成本；

（5）实现从下订单到交货全过程信息的顺畅流动等。

物流系统的另一个关键点是“构成要素的有机结合体”。物流系统的构成要素分为两大类，一类是节点要素，另一类是线路要素，即仓库、物流中心、车站、码头、空港等物流据点以及连接这些据点的运输线路构成了物流系统的基本要素。这些要素有机结合在一起，相互联动，无论哪个环节的哪个要素发生了偏差，物流系统的运行都会发生紊乱，也都无法达成物流系统的目的。

由此，物流系统的定义可以表述为：物流系统是指在一定的时间和空间内，由所需位移的物资、包装设备、装卸搬运机械、运输工具、仓储设施、人员和通信联系等若干相互制约的动态要素构成的具有特定功能的有机整体。

（二）根据物流的构成形成的物流系统的概念

为了使传统的运输系统更高效地进行物流服务，物流系统强调其构成包括物流作业系统和物流信息系统两个分系统，如图 2-3 所示。

其中，物流作业系统的功能是：在运输、保管、搬运、包装、流通加工等作业中使用种种先进技术，并使生产据点、物流据点、配送路线、运输手段等要素网络化，以提高物流活动的效率。而物流信息系统的功能是：在保证订货、进货、库存、出货、配送等信息的畅通的基础上，使通信据点、通信线路、通信手段网络化，以提高物流作业系统的效率。

物流作业系统和物流信息系统之间是一种相互交融的关系。物流系统在物理上主要表现为物流作业系统，而物流作业不同阶段和不同层次之间必须通过信息流紧密地联系在一起，因而总存在着对物流信息进行采集、传输、存储、处理、显示和分析的物流信息系统。

（三）物流系统概念的总结

物流系统是一个动态系统，可大可小。按照事物和活动之间的相关性，有着共同目的的相关组成部分都可以划归为一个系统，从这个意义上讲，上述观点都有其合理性。然而，对事物的认识要有针对性，为了提出合理的解决方案，必须对范围加以界定。“物流是一个系

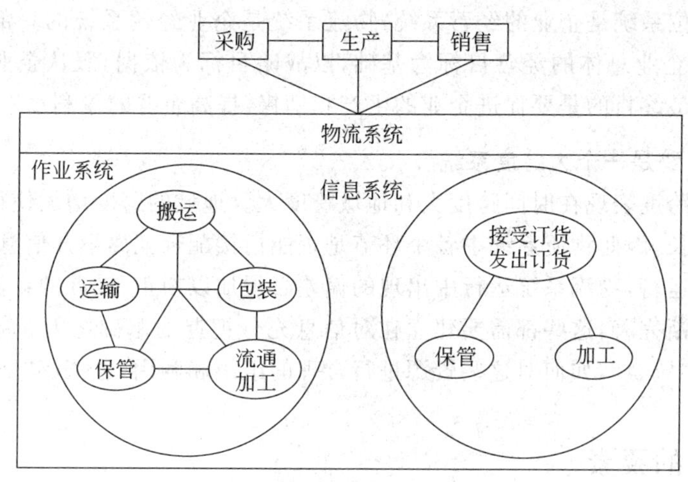

图 2-3 物流系统示意

统”,这可以从两个层面理解,一是微观物流系统,二是宏观物流系统。微观物流系统重在考虑物流活动的构成要素和物流运行,应该将道路、机场、码头等公共物流基础设施作为环境要素看待;对于宏观物流系统而言,微观物流系统只是其子系统。所以,物流系统包括宏观物流系统和微观物流系统。宏观物流系统是指以社会物流作为考察对象系统,它是一个由基础设施、物流活动、物流管理、物流政策法规、物流技术与物流标准等子系统构成的大系统。微观物流系统是指以物流活动为中心,将与之密切相关的各种要素整合在一起而形成的以提高顾客满意度和降低企业成本为目的的物流系统。此外,微观物流系统也由很多子系统构成。

二、物流系统的特点

物流系统的运行对象可以是全部社会物质资源,资源的多样化带来了物流系统的复杂化。物流系统具有一般系统的共性,主要包括以下几个方面。

(一) 物流系统是一个“人机系统”

物流系统由物流劳动者、货物、港口车站、搬运机械、装卸机械、仓库、运输设备等构成。

(二) 物流系统是一个多目标系统

物流系统是一个多目标的函数系统,系统的总体目标是实现物资的空间转移,并使这种转移过程的成本最小。但在实现这一目标的过程中会出现一些矛盾,这就是所谓的“效益背反”现象。这是指在系统中,如果通过调整获得了某一方的利益要以牺牲另一方的利益为代价的相互排斥的状态,这种状态在物流系统中随处可见。例如,为了获得时间效益可以进行空运,但提高了运输成本;仓库中货物的高层堆码能够提高保管效率,但却降低了货物拣选等作业的效率。掌握“效益背反”的原理,协调系统中的各子系统,可以减小它们之间的干扰和影响,建立每个子系统的目标函数,得到物流系统多目标函数的优化结果,使物流系统的整体经济效益得到提高。

(三) 物流系统是一个可分系统

作为物流系统,无论其规模多么庞大,都是由若干个相互联系的许多子系统组成的。企业物流系统的上位系统是企业的经营系统,物流系统是企业经营系统的一部分。物流系统目标的设定要以企业总体的经营目标为基础,以战略目标为依据,服从企业总体发展的要求。企业物流的最终目的是要促进企业的生产和销售,提高企业的盈利水平。

(四)物流系统是一个大跨度系统

物流系统的跨度表现在时间跨度大和地域跨度大。地域的跨度增大使得物资在流通领域运转的时间变长,因此物流系统中各个环节是否能衔接配合就离不开信息功能,为使物流系统按预定目标运行,物流系统运行中出现的偏差必须加以纠正,设计的物流系统在运行的过程中也需要不断完善,这些都需要建立在对信息充分把握的基础之上。同时物流系统中有大量的"人"和"资金",如何对这些资源进行合理的组织和利用,也依赖"信息流"的有效收集、处理和控制。

三、物流系统的要素

任何物流系统都是由各种要素构成的,物流系统的要素包括一般要素、功能要素、软件要素和硬件要素,如图 2-4 所示。

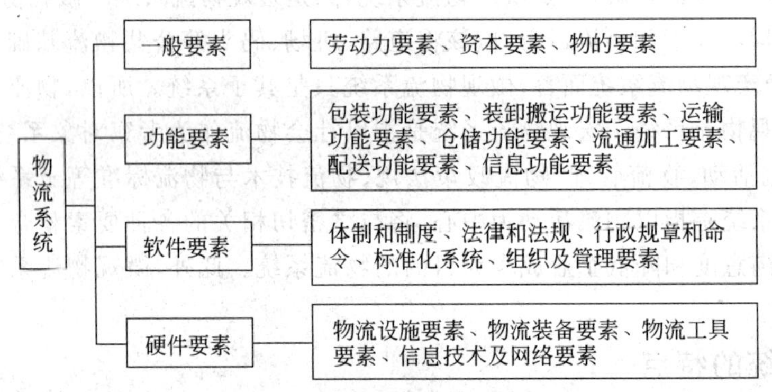

图 2-4 物流系统的要素构成

(一)物流系统的一般要素

物流系统的一般要素也就是物流的基础要素,是由人、财、物构成的,即包括劳动力要素、资本要素、物的要素。其中劳动力要素是第一要素。资本要素是指伴随着物流交换的过程而出现的资金流动的过程,同时物流系统的建设也需要大量的资金投入。物的要素包括物流系统的劳动对象和实现物流服务必需的辅助工具。物流系统的一般要素如图 2-5 所示。

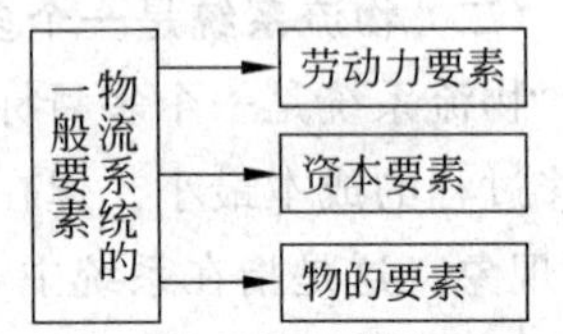

图 2-5 物流系统的一般要素

1. 劳动力要素

劳动力要素是所有系统的核心要素,其他功能要素的实施效果最终将体现在劳动力要素的规范程度和执行效力,是建立一个合理化物流系统并使其有效运转的根本所在。

2. 资本要素

物流伴随货币流的交换,流通本身实际上就是以货币为媒介实现交换的物流过程。企业生产过程中的物流活动,实际上也是资金流动的过程;同时,物流服务本身也需要以货币为媒介；物流系统的建设也需要大量资本的投入和运作。资本是物流系统建设不可或缺的要素之一。

3. 物的要素

物的要素包括物流系统的服务对象，即各种"物流"。物流系统不仅包括"物"的流转过程，还包括实现"物流"所必需的劳动工具和劳动手段，如各种物流设施、工具，各种消耗材料等。

（二）物流系统的功能要素

物流系统的功能要素是物流系统所具有的基本功能。这些基本功能有效地组合、联结在一起构成物流的总功能，共同合理有效地实现物流系统的总目标。物流系统的功能要素从物流系统的机构角度来看，也是物流系统的功能子系统，如图 2-6 所示。

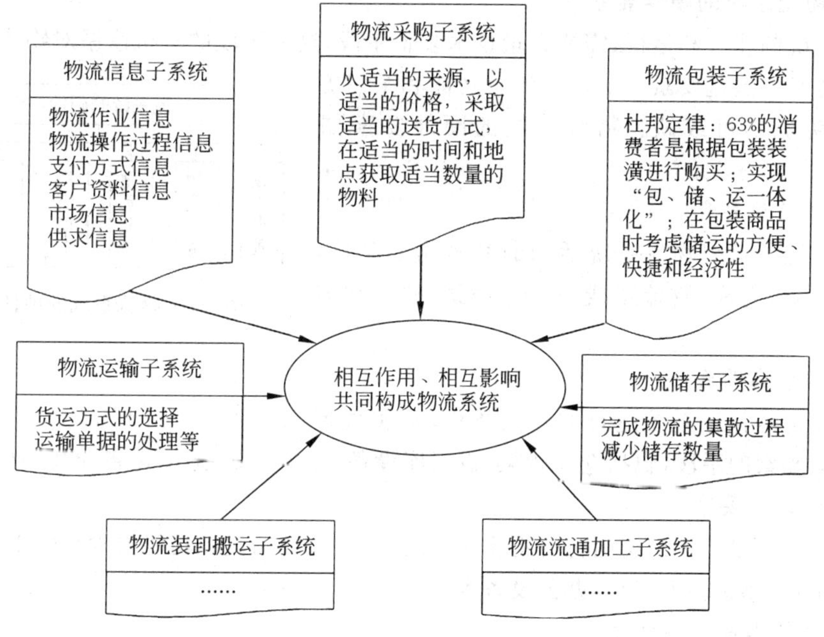

图 2-6　物流系统的组成

（三）物流系统的软件要素

物流系统的建立需要借助很多支持系统。尤其是处于复杂的社会经济系统中，要明确物流系统的地位就要协调其与其他系统的关系。这些非物质系统的支持要素，称为物流系统的软件要素。

1. 体制和制度

物流系统的体制和制度决定了物流系统的结构、组织、领导、管理方式。国家对其控制、指挥、管理的方式以及这个系统的地位、范畴，是物流系统的重要保障。有了这个支持条件，物流系统才能在国民经济中确立地位。

2. 法律和法规

物流系统的运行，不可避免地涉及企业或人的权益问题。法律、法规一方面限制和规范了物流系统的活动，使之与更大的系统相协调；另一方面为物流系统的正常运转提供了保障。合同的履行、权益的划分、责任的明确等都需要依赖法律、法规的维系。

3. 行政规章和命令

物流系统与一般系统的差异在于，物流系统关系国家军事、经济命脉，所以，国家和政府的行政规章、命令等行政干预手段也往往成为支持物流系统正常运转的重要支柱。

4. 标准化系统

标准化系统是保证物流环节协调运行、物流系统与其他系统在技术上实现联结的重要支持条件。

5. 组织及管理要素

组织及管理要素是物流系统的“软件”，起连接、调运、协调、指挥其他要素以保障物流系统目标实现的作用。

（四）物流系统的硬件要素

物流系统的建立和运行，需要大量技术装备手段，这些手段的有机联系对物流系统的运行有决定意义。这些要素对实现物流总功能和某一方面的单一功能不可或缺。物流系统的硬件要素如图 2-7 所示。

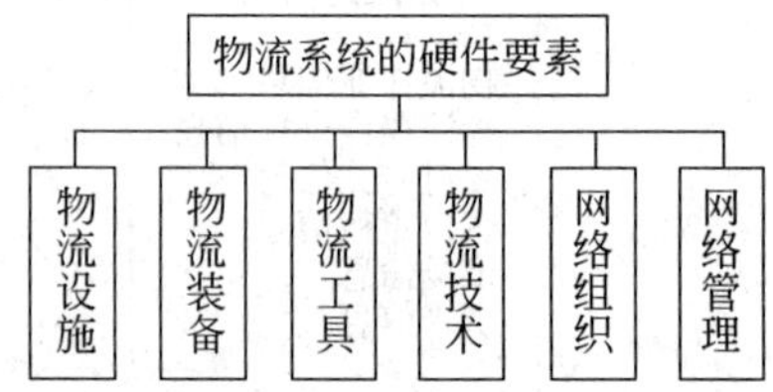

图 2-7 物流系统的硬件要素

1. 物流设施要素

物流设施是组织物流系统活动的基本物质条件，包括物流中心、仓库、物流路线、建筑、公路、铁路和港口等。

2. 物流装备要素

物流装备是保证系统运行的物质条件，是实现各个物流功能要素的手段，包括仓库货架、进出库设备、加工设备、运输设备和装卸机械等。

3. 物流工具要素

物流工具也是物流系统运行的物质条件之一，是完成物流各功能要素具体工作的手段，包括包装工具、维护保养工具、办公设备等。

4. 信息技术及网络要素

信息技术及网络是掌握和传递物流信息的手段。在现代物流系统支持要素中，它的地位越来越重要。不同的物流系统，需要选择不同的信息水平和信息技术，根据所需信息水平的不同，来决定包括通信设备及线路、数据传递设备和计算机及网络设备等物流装备水平。

（五）物流系统的流动要素

物流系统有六个流动要素：流体、载体、流向、流量、流程和流速。

四、物流系统的构成

（一）包装子系统

包装子系统在整个物流系统中是一个重要环节，是确保货物储运安全、产生价值的必要基础之一。包装子系统贯穿整个“物流”过程，与其他几个子系统存在交互关系。

包装子系统根据货物的不同可分为工业包装和商业包装。在运输、配送过程中，为了保护商品，对商品进行的拆包再包装和包装加固等业务活动也属于包装的业务范畴。

包装系统应根据货物的不同性质和要求采用不同的包装机械、包装技术和包装方法，应注意考虑以下几个方面的问题：

(1) 选择合适的包装机械，提高包装的质量和效率，考虑顾客使用的便携性；

(2) 加强包装技术的研发力度，改进包装方法，促进包装的标准化和系列化；

(3) 节约包装材料，降低包装费用，提高包装效益。

(二) 装卸搬运子系统

装卸搬运子系统是贯穿整个"物流"的另一个基础。特别是运输与仓储工作，时刻都离不开装卸搬运工作。在物流系统中，装卸本身虽然不能产生价值，但是货物装卸质量的高度直接影响货物的使用价值，并对节省物流费用有很大的影响。所以装卸搬运系统应根据作业现场、使用器具以及货物流量的大小综合设计，注意考虑以下几个方面的问题：

(1) 选择合适的装卸搬运机械器具，保障装卸搬运的效率与质量；

(2) 提高装卸搬运的机械化程度，减小劳力强度，使装卸搬运更安全、省时、省力；

(3) 协调装卸搬运作业程序，协调其与其他子系统的同步性，节约物流费用。

(三) 运输子系统

运输子系统是实现物流目标的标准功能，直接衍生物流的空间效益。运输时物流业务的中心活动。虽然运输过程不改变物品的形态和数量，但物流子系统通过运输解决物品在生产地点和消费地点之间的空间转移问题，创造商品的空间效用，满足多样化的社会需求。

运输子系统应根据负担的业务范围、货运量的规模及其他子系统的协调关系，综合考虑以下几个方面的问题：

(1) 选择最佳的运输方式和最优化的运输路径，配置适当的运输工具，缩短运输时间，提高运输效率；

(2) 制订有效的运输计划，增强运输作业的连续性，节约运输费用；

(3) 提高服务水平，保证运输安全和运输质量。

(四) 仓储保管子系统

仓储子系统实现物流的储存功能，解决物流供应与需求在时间上的差异，保障物品不受损害，创造物流的时间效用，是物流活动的一项重要业务。仓库是物流的一个中心环节，是物流活动的一个基地。对储存系统进行设计时，应根据仓库所处的地理位置、周围环境及物流量的多少、进出库频度，考虑以下几方面的问题：

(1) 对仓库的建设进行合理布局，最大限度地利用仓库容积；

(2) 注意货物堆码、存放的科学性，有利于在库物品的保养防护，保障在库物品的安全；

(3) 加强入库验收、出库复核力度，加快出、入库时间，降低保管费用，合理储存，防止缺货与挤压，保障进出库的便捷性。

(五) 流通加工子系统

流通加工主要是指在流通领域中的物流过程中的加工，是为了销售或运输、提高物流效率、使物品更加适应消费者的需求而进行的加工，如大包装化为小包装、大件物品改为小件物品等。生产过程中也有一些外延加工，如钢材、木材等的剪断、切割等。流通加工系统的设计，应根据加工物品、销售对象和运输作业的要求，考虑以下几方面的问题：

(1) 选择适当的加工场所，采用合理的加工机械配置，提高加工质量；

(2) 加强加工技术、方法的研究，明确加工作业流程，节约加工物料，降低加工费用；

(3) 对加工产品适销情况进行及时反馈。

(六) 配送子系统

配送和运输的活动对象都是大量物流服务的接受者,配送和运输都是对"物"的空间位置的转移。配送基本上是在地区范围内的小批量、多批次、多品种的物资转移,如从批发企业或物流中心、配送中心到零售商店和用户的配送服务,属于二次运输、终端运输。设计配送系统时,应根据配送区域、服务对象和物流量的大小,考虑以下几方面的问题:

(1) 选择合适的配送中心地址;

(2) 对配送中心作业区,包括收货验收区、货物保管区、加工包装区、分货拣货区、备货配送区进行合理布置;

(3) 合理规划配送车辆的配置、选择配送路线;

(4) 选用合理的装卸搬运机械,进行配送作业的合理化设计,制定配送作业流程;

(5) 加强配送及时性,降低配送费用,提高配送服务水平。

(七) 信息处理子系统

信息处理子系统既是一个独立的子系统,又是物流总系统的一个辅助系统。它的功能贯穿物流各子系统业务活动之中,物流信息系统支持着物流各项业务活动。信息传递把运输、储存、包装、装卸搬运、配送、流通加工等业务活动联系起来,使其协调一致,以提高物流整体作业效率,取得最佳经济效益。当然,物流信息系统又有一些子系统,如运输信息系统、储存信息系统、销售信息系统等,都分别配合对应于系统的业务进行活动,发挥其应有的作用。

五、物流系统分析与设计

(一) 物流系统的分析

物流系统分析是指在一定时间、空间内,把其所从事的物流事务和过程作为一个整体处理,以系统的观点、系统工程的理论和方法进行分析研究,以实现其空间和时间上的经济效应。

1. 物流系统分析的范围及衡量标准

物流系统分析所涉及的问题范围很广。它研究的主要问题是如何使物流系统的整体效应达到最优化。由于系统分析需要的信息量大,为了准确地收集、处理、分析、汇总、传递和储存各种信息,应根据分析目标的需求和特点确认衡量目标,采用多种数据处理方法和计算机技术,并将不同系统目标和方案效果进行比较分析,为系统评价和系统设计提供足够的信息和依据。

2. 物流系统分析的要素

进行物流系统分析时,必须把握以下几点:

(1) 明确目标期望;

(2) 确定为实现预期目标所需要的设备、技术等相应的资源条件;

(3) 评估实施各种可行性方案所需要的资源、费用和产生的效益;

(4) 建立各种替代方案模型,在模型中明确目标、技术条件、环境条件、时间、费用以及各要素之间的关系;

(5) 建立一定的判别准则以选择最优方案。

上述论点可以归纳为五个基本要素：目的、可行性方案、模型、费用和效益、评价基准。

3. 物流系统分析的过程与步骤

物流系统分析采用逻辑思维推理的方法，在分析时往往通过回答一系列问题获得答案，可以归纳成解决问题的“5W1H”，即 Why、When、Where、What、Who、How。具体如表 2-1 所示。

表 2-1　系统分析方法

项　目	为什么	应该如何	对　　策
目标对象	为什么提出这个问题 为什么从此入手	应提什么 应找哪个	产出工作中不必要部分
地点 时间 人	为什么在这里做 为什么在这时做 为什么由此人做	该在何处做 应何时做 应由谁做	合并重复的工作内容，要考虑重复组合
方法	为什么这样做	如何去做	使工作简化

物流系统分析的步骤如图 2-8 所示。

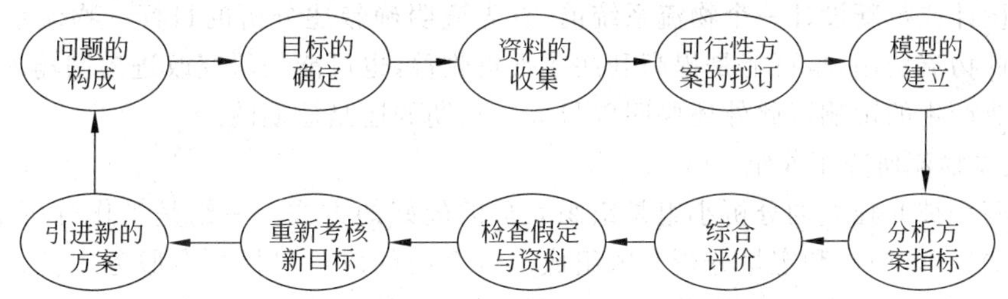

图 2-8　物流系统分析步骤

(1) 明确物流系统的问题和目标。确定分析的问题后，首先将问题做系统化与合乎逻辑的叙述，目的在于确定目标、说明问题的重点及范围，以便进行分析研究。

(2) 收集有关物流资料并探索各种可行方案。提出问题后，就要拟定大纲和确定分析方法；然后依据已收集的有关资料找出其中的相互关系，寻求并提出解决问题的各种可行的方案。

(3) 分析对比各种物流可行性方案。建立物流系统的各种模型，利用模型预测每一种方案可能产生的结果，并根据其结果，将各个方案进行定量和定性的综合分析，以显示每一项方案的利弊得失和成本效益。

(4) 综合分析与评价。全面分析对比各个方案的定量和定性的分析结果，同时考虑各种有关的无形因素，将所有因素综合考虑研究，获得结论或评价。

(5) 对方案进行检验与核实。由决策者根据目标要求，鉴定所得结论，检验方案是否令人满意，如不满意应对方案进行修改和完善，甚至重新定义问题，不断修改完善。

(6) 实施计划。根据分析的结果，按照选定的方案对物流系统进行具体实施，制订实施计划。

（二）物流系统的设计与实施

1. 物流系统的设计过程

设计一个物流系统的逻辑程序可用图 2-9 简要表述。

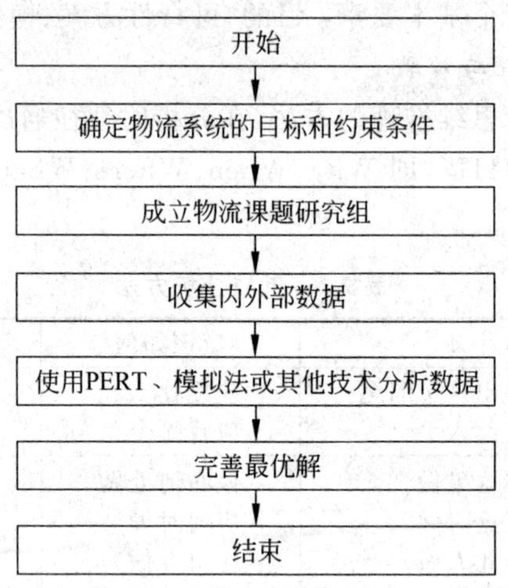

图 2-9　物流系统设计过程

1）确定目标和约束条件

开始设计或重新设计一个物流系统前，首先应明确叙述分析的目标。物流系统的目标可能是降低物流费用，也可能是提高利润或投资收益，也可能是研究改进控制输入物流后对装配线作业产生的影响。此外还要明确目标是长期的还是短期的。

2）成立物流研究工作组

成立两个彼此独立的分析小组是组织人员的较好的方式。一组是工作分析组，由有关职能领域的经理、职员和定量分析专家组成。这个组的成员包括顾客服务主任、运输经理、仓储主任、采购主管、生产调度、其他相关部门经理及聘请的外部的管理专家。这个组的职责是实际分析、试验、设计和完善新系统。另一组是由市场营销、法律、财务、生产、人力资源等部门的有关人员组成的一个管理监督委员会，代表公司更广泛、更全面的观点和看法，该组的工作是为分析小组澄清和详细阐明系统目标提供咨询，并要求工作小组对他们采取的措施做出说明。

3）收集内部和外部数据

内外部数据主要包括产品、现有设施、顾客、供应链及竞争对手的详细数据信息。

4）数据分析

对整个系统进行分析时，由于数据量通常很大，因此必须采用比较复杂的方法，如系统分析技术中的模拟法、PERT 法（Program Evaluation and Review Technique，PERT）等。

5）设计的完善

系统设计的最后工作是对研究结果进行完善，对于大多数物流系统来说，变化太快的一次性的全面整改影响太大，甚至会出现顾客服务功能的中断、订单遗失、货物发运出错、缺货频繁等问题。

第三节　物流服务

一、物流服务的概念

我国国家标准《物流术语》（GB/T 18354—2006）将物流服务定义为：为满足客户需求

所实施的一系列物流活动过程及其产生的结果。由此可见，物流服务以顾客为对象、以产品或服务为依托，可以看作是一种活动或过程。事实上，物流服务本身就是一种顾客服务，物流管理的实质就是在顾客满意的前提下，在权衡服务与成本的基础上，向顾客提供高效及时物流服务的过程。

二、物流服务的特点

从本质和内容看，物流服务与其他社会经济活动相比有许多不同之处，这些不同给物流企业的经营带来了重大影响，具体来讲，物流服务的主要特点有以下几个方面。

（一）从属性

客户的物流需求不是凭空产生的，而是以商流的发生为基础，伴随商流而产生的，针对这样的需求提供的物流服务，显然具有从属性。

（二）无形性

服务与有形商品最本质的区别就是它具有无形性。顾客选择服务产品的主要依据在于服务提供者的声誉。因此，物流服务企业应该非常重视企业声誉，视声誉为生命，绝不能为了短期和暂时的利益而丢掉企业赖以生存的信誉。

（三）即时性和非储存性

物流服务属于非物质形态的劳动，它生产的不是有形产品，而是一种伴随销售和消费同时发生的即时服务，这就决定了它具有即时性和非储存性的特性。

（四）移动性和分散性

物流服务的客户对象分布广泛，而且大多数是不固定的，所以，物流服务具有移动性和分散性特征。由此往往会产生局部的供需不平衡，或者给经营管理者带来一定的难度。

（五）需求波动性

由于物流服务的移动性和分散性，所以其需求的方式和数量都是多变的，有较强的波动性，易于造成供需失衡。该特点往往成为导致物流企业劳动效率低、成本高的重要原因。

（六）可替代性

一般企业都有可能具有自营运输、自家保管等自营物流的能力，这种自营物流的普遍性，使物流企业从量和质上调整物流服务的供给能力变得相当困难。

（七）不稳定性

物流服务的不稳定性是在服务传递的过程中发生的。物流管理者不可能消除这种属性，只能在顾客和服务提供者之间寻求一定的平衡，这是管理物流服务不稳定性的一个根本基点。

三、物流服务的种类

（一）基本物流服务

基本物流服务是指常规物流服务，是许多物流服务商都能提供的基础服务，通过资源整合，为企业提供运输、仓储、装卸、实物配送等基本服务。

1. 运输功能

运输功能是物流服务的基本服务内容之一。物流的主要目的就是要满足客户在时间和地点两个条件下对一定货物的需求，时间的变换和地点的转移是实现物流价值的基本因素。

2. 保管功能

它是物流服务的第二大职能，它实现了物流的时间价值。

对于企业来说，保管功能是通过一定的库存来实现的。与运输一样，企业既可以构建自己的仓库或租用仓库实现保管功能，也可以交给 3PL 公司来完成这项功能。

3. 配送功能

配送是将货物送交收货人的一种活动，目的是要做到收发货经济，配送过程更为完善，保持合理库存，为客户提供方便，降低缺货的危险，减少订、发货费用。

4. 装卸功能

装卸的目的是为了加快商品的流转速度，作业中使用装载、卸载、提升、运输、码垛等装卸搬运机械，要求提高装卸搬运作业效率，减少商品破损。

5. 包装功能

物流包装作业的目的不在于改变商品的销售包装，而在于通过对销售包装进行组合、拼配、加固，形成适于物流和配送的组合包装单元。

6. 流通加工功能

流通加工的主要目的是方便生产或销售，专业化的物流中心常常与固定的制造商或分销商进行长期合作，为实现物流与生产或销售的衔接而替制造商或分销商完成一定的标志加工作业，比如贴标签、制作并粘贴条形码等。

7. 信息服务功能

由于现代物流系统的运作已经离不开现代信息技术，因此可以将物流各个环节及各种物流作业的信息进行实时采集、分析、传递，并向客户提供各种作业明细信息及咨询信息，这是相当重要的。

（二）增值物流服务

竞争的加剧，不但要求物流企业在传统的运输和仓储服务上有更严格的服务质量，同时还要求它们广泛拓展物流业务，提供不同类型的增值服务。

增值物流服务是指在完成物流基本功能基础上，根据客户需求提供的各种延伸业务活动。即提供功能性物流服务的企业根据货主企业的要求在保证单一物流功能低成本运作的基础上，所进行的货物拆拼箱，重新贴签，重新包装、分类、拼货、零部件配套，产品退货管理，组装、配件组装，测试和修理等服务。

1. 增加便利性的服务

一切能够简化手续、简化操作的服务都是增值性服务，简化并不是说服务的内容简化了，而是以前需要消费者自己做的一些事情，现在由物流服务提供商以各种方式代替消费者做了，从而使消费者获得的这种服务变得简单方便。在提供物流服务时，推行一条龙、门到门服务，提供完备的操作或作业提示，免费培训、维护，省力化设计或安装，代办业务，24 小时营业，自动订货、传递信息和转账，物流全过程追踪等都是对客户便利性的增值性服务。

2. 加快反应速度的服务

快速反应是指物流企业面对多品种、小批量的买方市场，不是储备了“产品”，而是准备了各种要素，在客户提出要求时，能以最快速度抽取要素，及时“组装”，提供所需服务或产品。

快速反应已经成为物流发展的动力之一。加快反应速度不仅是对快速运输的一种要求，要体现在比如修建高速公路、铁路提速、制定新的变通管理方法、将汽车本身的行驶速度提高等方面。

3．降低成本的服务

降低成本的服务是指通过增值物流服务，寻找能够降低物流成本的解决方案。可以考虑的方案包括：采用第三方物流服务；采取物流共同化计划；采用比较适用且投资较少的物流技术和设备设施；推行物流管理技术，如优化技术、库存管理技术、条形码技术和信息技术等。

4．延伸服务

延伸服务是指运用计算机管理，向上延伸到市场调查与预测、采购及订单处理；向下延伸到物流咨询、物流系统设计、物流方案的规划与选择、库存控制决策建议、货款回收与结算、教育与培训等。这些延伸服务是最具有增值性，但也是最难提供的服务。能否提供此类增值服务已成为衡量物流企业竞争力的重要标准。

前沿理论与技术

除上述分类涉及的基本物流服务与增值物流服务外，还有一些常见的热点服务，包括应急服务、精准服务、敏捷服务、完美服务等。

四、物流服务模式的分类

不同顾客不仅对物流服务内容的需求有所不同，而且在物流服务水平上的要求也会有所差异。事实上，物流企业在制订服务方案时，不仅要充分考虑以上两方面要求，还应针对不同顾客的个性化需求，选择合适的物流服务模式。

（一）物流经营服务模式

1．行业物流服务模式

行业物流服务模式是通过运用现代技术手段和专业化的经营管理方式，在拥有丰富目标行业经验和对客户需求深度理解的基础上，在某一行业领域内，提供全程或部分专业化物流服务的模式。这种经营模式的主要特点是将物流服务的对象分为几个特定的行业领域，然后对这个行业进行深入细致的研究，掌握该行业的物流运作特性，提供具有特色的专业服务。

在我国，行业物流服务是近几年才开始逐步兴起的，在此过程中，服装、家电、医药、图书、日用品、汽车、电子产品等行业或领域纷纷释放物流需求，极大地丰富了我国物流市场，刺激了我国行业物流服务的发展。

2．项目物流服务模式

项目物流是指为具体的项目提供全程物流服务的模式。我国的项目物流需求主要集中在一些重大基础设施项目或各类综合性会展上，如三峡工程、秦山核电站、国家体育馆等基建项目，以及奥运会、世博会、广交会、高交会等大型会展项目，都需要综合完备的物流服务。提供该类服务的物流企业必须具备丰富的物流运作经验和强大的企业实力。

3．定制式物流服务模式

定制物流服务是指针对某个特定的客户制订完全个性化的物流服务方案。这种服务可以为客户提供从原材料采购到产成品销售过程中所有环节的全程物流服务，服务范围涉及储存、运输、流通加工、包装、配送、物流咨询等全部业务内容，甚至还包括订单管理、库存控制、供应商关系管理等在内的其他增值性服务。

4. 物流服务延伸模式

物流服务延伸模式是指在现有物流服务的基础上，通过向两端延伸，向客户提供更加完善全面的物流服务，从而提高物流服务的附加价值，以满足客户高层次物流需求的经营模式。

5. 物流管理输出模式

物流管理输出模式是指物流企业以物流管理与物流运作的技术为资本，通过接管客户企业的物流资产或者成立合资物流公司的方式，来满足客户企业物流需求的服务模式。

6. 物流连锁经营模式

物流连锁经营模式是指特许者将自己所拥有的商标、商号、产品、专利和专有技术、经营方式等以特许经营合同的形式授予被特许者使用；被特许者则按照合同的规定，在特许者统一的业务模式下从事物流经营活动，并向特许者支付相应费用的物流经营模式。

7. 物流咨询服务模式

物流咨询服务模式是指利用物流企业的专业人才优势，深入客户企业内部，为其提供市场调查研究、物流系统规划、物流成本控制、业务流程再造等相关服务的经营模式。

（二）企业物流服务模式

1. 自营物流模式

自营物流主要是指工业或商业企业自己经营的物流。具体来说是企业为了实现其顾客满意的价值，为提高顾客满意度、忠诚度，提高企业品牌价值，从而自建物流体系的行为。此模式适用于具有一定物流资源的传统企业。代表企业有沃尔玛集团、海尔集团、联邦软件。

1）自营物流存在的优势

（1）掌握控制权。企业自营物流，可以根据掌握的资料对物流活动的各个环节进行有效的调节，能够迅速取得供应商、销售商以及最终顾客的第一手信息，解决管理物流活动过程中出现的问题，以便随时调整自己的经营策略。通过自营物流，企业可以全过程有效控制物流系统的运作。

（2）避免商业秘密的泄露。一般来说，企业为了维持正常的运营，对某些特殊运营环节必须采取保密措施，比如原材料的构成、生产工艺等。当企业将物流业务外包，特别是引入第三方物流经营其生产环节中的内部物流时，其基本的运营情况就不可避免地向第三方公开。企业物流外包，企业经营中的商业秘密就可能会通过第三方物流泄露给竞争对手，动摇企业的市场竞争力。

（3）降低交易成本。企业靠自己完成物流业务，就不必对相关的运输、仓储、配送和售后服务的费用问题和物流企业进行谈判，避免了交易结果的不确定性，降低交易风险，减少交易费用。

（4）盘活企业原有资产。目前在中国生产企业中拥有铁路专用线的企业占了3%，拥有机械化装卸设备的企业占了33%，73%的企业拥有自己的仓库，而拥有汽车车队的企业更是达到了73%。企业选择自营物流的模式，在改造企业经营管理结构和机制的基础上使原有物流资源得到充分的利用，盘活原有的企业资产，为企业创造利润空间。

(5) 提高企业品牌价值。企业自营物流，能够更好地控制市场营销活动。一方面，企业可以为顾客提供优质的服务，顾客能更好地熟悉企业、了解产品，让顾客感受企业的亲和力，切身体会企业的人文关怀，提高企业在顾客心目中的形象；另一方面，企业可以最快地掌握顾客信息和市场发展动向，从而根据顾客需求和市场信息制定和调整战略，提高企业的市场竞争力。

2) 自营物流存在的劣势

(1) 企业庞大的投资。企业为了建立物流系统，需投入仓储设备、运输设备以及相关的人力资本，这必然减少企业对其他重要环节的投入，削弱企业的市场竞争能力。

(2) 企业配送效率低下，管理难以控制。对于绝大部分企业而言，物流并不是企业所擅长的活动。在这种情况下，企业自营物流就等于迫使自己从事不专长的业务活动，企业的管理人员往往需要花费过多的时间、精力和资源去从事物流的工作，结果可能是辅助性的工作没有做好，又没有发挥关键业务的作用。

(3) 规模有限，物流配送的专业化程度非常低，成本较高。对规模较小的企业来说，企业产品数量有限，采用自营物流，不足以形成规模效应，一方面，导致物流成本过高，产品成本升高，降低了市场竞争力；另一方面，由于规模的限制，物流配送的专业化程度较低，企业的需求无法得到满足。

(4) 无法进行准确的效益评估。许多自营物流的企业内部各职能部门独立地完成各自的物流活动，没有将物流费用从整个企业分离出来进行独立核算，因此企业无法准确地计算产品的物流成本，所以无法进行准确的效益评估。

2. 外包物流模式

外包物流是指制造企业或销售企业为集中资源、节省管理费用，增强核心竞争能力，将其物流业务以合同的方式委托给专业的物流公司(第三方物流)运作的模式。此模式适用于不具备现代化物流技术手段、无法满足对物流系统的高度化需要的企业。代表企业主要有戴尔(DELL)电脑公司、当当网上书店。

1) 外包物流存在的优势

(1) 业务优势。可以使制造企业获得自己本身不能提供的物流服务。在很多情况下，制造企业的顾客所需要的物流服务通常需要特别的专业技能和知识，可能不是单靠企业内部的物流所能满足的。特别是对于中小企业来说，物流外包可以突破企业资源限制。

(2) 成本优势。一方面，企业将物流业务外包可以降低制造企业的运营成本。第三方物流企业在经营规模、经营范围上的经济性，降低了包括劳动力要素在内的物流运营成本；另一方面，对于制造企业来说，物流成本在产品的成本中占据了较大的比重。物流外包可以减少企业在固定资产方面的投资，加速资本周转。

(3) 客户服务优势。比起生产企业，第三方物流企业在信息网络和配送节点两个方面都具有资源优势。利用信息网络可以加大订单的处理能力、减少对客户需求的反应时间。配送节点多，可以进行直接到户的点对点的配送，使商品更快地到达顾客手中，提高顾客的满意度。而且，第三方物流在物流服务方面具备独特的专业能力和优势，为顾客提供更为周到的服务，加强企业的市场号召力。

(4) 归核优势。对于生产企业来说，物流业务不会是企业的关键业务，也不擅长专业的物流业务，专业的第三方物流企业因为从事很多物流项目的运营，通过整合各项物流资源，物流作业更加高效，而且物流的运营成本相对较低，制造企业如果将物流业务外包给第三方，将获得更周到的物流服务，同时又可以集中精力发展核心业务。

2）外包物流存在的劣势

（1）物流的控制能力减弱。第三方物流企业的介入，使得制造企业自身对物流的控制能力下降，生产企业要承担物流失控的风险，从而会降低企业的客服水平。另外，当双方协调出现问题，由于第三方的存在，双方更容易出现相互推托的局面，影响物流的效率。

（2）客户关系管理的风险。生产企业通过第三方物流完成产品的配送与售后服务，削弱了企业与客户之间的关系，不利于稳定密切客户关系的建立。而且客户信息是一个企业非常重要的资源，第三方物流企业有很多客户，它们在为企业的竞争对手提供服务的时候，增大了泄露企业商业秘密的可能性。

（3）连带经营风险。物流外包是一种长期的合作伙伴关系，如果物流服务商自身经营不好，就会影响企业的运营。而如果解除合作关系，又会产生较高的成本，因为两个企业稳定的合作关系是需要较长时间来磨合的。

3. 物流战略联盟模式

物流战略联盟模式是指为了充分发挥物流企业之间的互补优势，两家或两家以上的物流企业通过签订战略联盟协议而形成相互信任、风险共担、收益共享的物流协作伙伴关系的经营模式。此模式适用于区域配送系统完善、物流内容相对单一、物流规模较稳定的企业。代表企业主要有北京世佳、上海梅林正广和、美国 UPS。

1）物流战略联盟模式存在的优势

（1）企业通过物流联盟迅速开拓全球市场，完成全球物流配送，从而使业务在全球范围内展开。

（2）长期供应链关系发展成为联盟形式，有助于降低企业的风险。单个企业的力量是有限的，它对一个领域的探索失败了损失会很大，如果几个企业联合起来，在不同的领域分头行动，就会减少风险。而且联盟企业在行动上也有一定的协同性，因此对于突如其来的风险，能够共同分担，这样便减少了各个企业的风险，提高了抵抗风险的能力。

（3）企业（尤其是中小企业）通过物流服务提供商，结成联盟，能有效地降低物流成本（通过联盟整合，可节约成本 10%～25%），提高企业竞争能力。由于我国物流业存在着诸多不利因素，让这些企业进行联盟能够在物流设备、技术、信息、管理、资金等各方面互通有无，优势互补，减少重复劳动、降低成本，达到共同提高、逐步完善的目的，从而使物流业朝着专业化、集约化方向发展，提高整个行业的竞争能力。此外，物流联盟有助于物流合作伙伴之间在交易过程中减少相关交易成本。物流合作伙伴之间经常沟通与合作，互通信息，建立起来的相互信任和承诺，减少履约风险；即使在服务过程中产生冲突，也可通过协商加以解决，从而避免无休止讨价还价。

（4）第三方物流公司通过联盟有利于弥补在业务范围内服务能力的不足。如联邦快递(FedEx)公司发现自己在航空运输方面存在明显的不足，于是决定把一些不是自己核心竞争力的业务外包给 Fritz 公司，与 Fritz 公司联盟，作为它的第三方物流提供商。

2）物流战略联盟模式的分类

（1）纵向即垂直一体化。这种联盟方式是基于供应链一体化管理的基础而形成的，即从原材料到产品生产、销售、服务形成一条龙的合作关系。垂直一体化联盟在能够按照最终

客户的要求为其提供最大价值的同时,也使联盟总利润最大化,但这种联盟一般不太稳固,因为在整个供应链上,不可能每个环节都能同时达到利益最大化,因此会打击一些企业的积极性,使它们有随时退出联盟的可能。

(2) 横向即水平一体化。由处于平行位置的几个物流企业结成联盟,包括第三方物流企业。这种联盟能使分散物流获得规模经济和集约化运作,降低成本,并且能够减少社会重复劳动。但也有不足的地方,如它必须有大量的商业企业加盟,并有大量的商品存在,才可发挥它的整合作用和集约化的处理优势,此外,这些商品的配送方式的集成化和标准化也不是一个可以简单解决的问题。

(3) 混合模式。既有处于上下游位置的物流企业,也有处于平行位置的物流企业的加盟。

(4) 以项目为管理的联盟模式。以项目为中心,由各个物流企业进行合作,形成一个联盟。这种联盟方式只限于一个具体的项目,使联盟成员之间合作的范围不广泛,优势不太明显。

(5) 基于 Web 的动态联盟。由于市场经济条件下竞争激烈,为了占据市场的领导地位,供应链应成为一个动态的网络结构,以适应市场变化、柔性、速度、革新、知识的需要。不能适应供应链需求的企业将从中淘汰,并从外部选择优秀的企业进入供应链,从而使供应链成为一个能快速重构的动态组织,实现供应链的动态联盟。但这种联盟方式缺乏稳定性。

五、物流服务模式的选择

(一) 企业物流模式选择关键因素

1. 企业的行业性质、产品性质

企业所处的行业不同、经营的产品不同,物流模式的选择不同。因为不同的行业和产品,需求的大小不同,物流配送的规模有很大差别。不同的产品对物流配送时间的要求也有很大不同。

2. 企业规模和实力

一般说来,大中型企业由于实力较雄厚,有能力建立自己的物流系统,制订合适的物流需求计划,保证物流服务的质量。另外,还可以利用过剩的物流网络资源拓展外部业务(为别的企业提供物流服务)。而小企业则受人员、资金和管理等资源的限制,物流管理效率难以提高。此时,企业为把资源用于主要的核心业务上,就适宜把物流管理交给第三方物流公司。

3. 物流系统总成本

物流系统总成本由运输总成本、库存维持费用(包括库存管理费用、包装费用以及返工费)、批量成本(包括物料加工费和采购费)、总固定仓储费用、总变动仓储费用、订单处理和信息费用及顾客服务费用(包括缺货损失费、降价损失费和丧失潜在顾客的机会成本)构成。

4. 物流的客户服务能力

在选择物流模式时,考虑成本尽管很重要,但物流的客户服务能力也至关重要。也就是说,物流满足企业对原材料及时需求的能力和可靠性,对企业的零售商和最终顾客不断变化的需求的反应能力等方面也应该作为重要的因素考虑。

5. 企业的物流管理能力

企业的物流管理能力强,现有的物流网络资源丰富,可自营物流。若物流管理水平低,则宜于第三方物流或组建物流联盟。

(二) 企业物流模式决策分析方法

1. 常用定性分析方法

企业采用自营物流模式、外包物流模式还是物流联盟模式取决于“物流对于企业成功的关键程度”与“企业的物流管理能力”两个因素的平衡,如图 2-10 所示。企业所处的位置决定了企业进行物流模式决策时有以下三种方案可供选择。

物流对于企业成功的关键程度	企业的物流管理能力：低	企业的物流管理能力：高
高	强有力的合作伙伴	自营物流模式
低	外包物流模式	合作关系领导

图 2-10　物流模式选择

方案 1：选择自营物流模式。

假如物流对于企业成功很关键,且企业对客户服务要求高、物流成本占总成本的比重大,企业的物流管理能力较高,已经有高素质的人员对物流运作进行有效的管理,那么该企业就不应该采用外包物流模式,而应该采用自营物流模式。

方案 2：选择外包物流模式。

假如对于一家企业来说,物流对于企业成功不是很关键,物流并不是其核心战略,企业内部物流管理水平也不高,那么将物流业务外包给第三方物流企业就有利于降低成本、提高客户服务质量。

方案 3：选择物流联盟模式。

(1) 寻找强有力的合作伙伴。

假如物流对于企业成功很关键,而企业的物流管理能力很低,那么寻找物流伙伴将会给企业带来很多收益。好的合作伙伴在公司现有的,甚至还未进入的市场上拥有物流设施,可以向企业提供自营物流模式无法获得的物流服务及专业化的管理。

(2) 成为合作关系的领导。

如果企业的物流活动不那么重要,但是企业的物流管理能力较高,由专业人员管理,那么企业就会主动寻找需要物流服务的伙伴,通过共享物流系统,提高货物流量,实现规模经济效益,降低企业成本。

2. 常用定量分析方法

1) 层次分析法

层次分析法(AHP 法)最先于 20 世纪 70 年代提出,是一种定性分析和定量分析相结合的多目标决策分析方法,特别是将决策者的经验判断给予量化,在目标(因素)结构复杂且缺乏必要的数据的情况下更为实用,近几年中获得了非常广泛的应用。

层次分析法解决问题的基本思路和基本原理：①把要解决的问题分层系列化,即根据问题的性质和既定目标,将问题分解为不同的组成因素,按照因素之间的相互影响和隶属关系将其分层聚类组合,形成一个递阶的、有序的层次模型；②对模型中每一层次因素的相对重要性,依据人们对客观现实的判断给予定量表示,再利用数学方法确定每一层次全部因素相对重要性次序的权值；③通过综合计算各因素相对重要性的权值,得到最低层(方案层)一相对最高层(总目标)重要性次序的组合权值,以此作为评价和选择方案的依据。

2）模糊综合评价方法

模糊综合评价是对受多种因素影响的事物做出全面评价的一种十分有效的多因素决策方法，其特点是评价结果不是绝对地肯定或否定，而是以一个模糊集合表示。建立综合评判模型的基本步骤包括：①建立评判对象的因素集（因素就是对象的各种属性或性能，在不同场合，也称为参数指标或质量指标）；②建立评判集；③建立单因素评判；④综合评判。

在模糊综合评判的4个步骤中，建立单因素评判矩阵和确定权重分配，是两项关键性的工作，在企业选择物流模式的问题中，可以采用专家或企业管理人员评分的方法求出。

实训项目

- 实训内容：物流系统要素认知。
- 实训手段：选取不同流体的物流系统案例进行课堂分析及讨论。
- 实训目的：从不同维度来了解物流系统的构成要素。

练习题

一、不定项选择题

1. 物流系统的分析原则是（　　）。

A. 外部条件与内部条件相结合　　B. 当前利益与长远利益相结合

C. 子系统与整个系统相结合　　D. 定量分析与定性分析相结合

2. 对物流系统绩效的评价一般采用（　　）。

A. 综合评价方法　　B. 单项评价法

C. 客观评价法　　D. 主观评价法

3. 物流系统的特征值主要有（　　）两大类。

A. 物流生产率　　B. 物流质量　　C. 物流成本　　D. 物流服务

4. 物流系统的子系统包括（　　）。

A. 运输系统、储存保管系统　　B. 包装系统、装卸搬运系统

C. 流通加工及废弃物的回收与处理系统　　D. 配送系统、信息管理系统

5. 物流系统的分析大致过程包括（　　）。

A. 划定问题的范围，确定系统目标　　B. 收集材料，提出方案

C. 建立模型，系统优化和方案选择　　D. 系统评价

6. 基本的物流服务水平可从产品的（　　）衡量。

A. 可得性　　B. 作业完成水平

C. 服务的可靠性　　D. 客户满意度

二、简答题

1. 如何理解物流系统？

2. 物流系统的要素有哪些？这些要素是怎样有机组合在一起的？

3. 通过顾客调查确定物流服务水平的常用方法有哪些？

4. 现实中常见的物流服务模式有哪些？以你所熟知的物流服务为例，说明它属于哪种

物流服务模式。

三、案例分析题

在一家街头的零售店，某饮料企业的一位理货员给店里送货。以下是他和零售店老板之间的对话。

企业理货员：“张老板，我来给您送货。”零售店店主：“你们公司送货怎么这么慢呢？我订的货应该在昨天就送到了！可你现在才来，你看，我的客户都跑掉了！”企业理货员：“对不起，我们公司那边有点问题。”零售店店主：“怎么你们送来的货与我的订单内容不一样啊？”企业理货员：“是吗？”零售店店主：“这个产品不对，我要的是150毫升的饮料，你送的是500毫升的；这个产品也不对，我要30瓶，你们只拿了20瓶！真是乱七八糟的！像你们这样送货，客户全都得跑光了。产品不对！时间也不对！我要退货，真是受不了你们，我不会再和你们打交道了！”

问题：

(1) 饮料企业经营中存在什么问题？

(2) 你认为应该怎样解决问题？

本章参考文献

[1] 周启蕾.物流学概论[M].北京：清华大学出版社，2013.

[2] 高四维，吴刚.现代物流管理导论[M].北京：科学出版社，2013.

[3] 李严锋，冉文学.物流运作管理[M].北京：机械工业出版社，2008.

[4] 李严锋，冉文学.物流管理概论[M].北京：科学出版社，2008.

[5] 董维忠.物流系统规划与设计[M].北京：电子工业出版社，2006.

[6] 翁心刚，魏新军.论现代物流服务与企业竞争力[J].中国流通经济，2008(11)：50-53.

[7] 贺登才.现代物流服务体系研究[J].中国流通经济，2010(11)：45-48.

[8] 谢士安.物流服务亟待创新营销管理[J].商业研究，2009(12)：193-195.

[9] 贺政纲，帅斌，张扬.物流企业如何确定最优服务水平[J].软科学，2004(5)：93-96.

[10] 施建华.电子商务对物流系统的整体影响分析[J].山东纺织经济，2013(2)：44-45.

[11] 陆彬斌.生产物流系统的设计与实现——以IT制造公司为例[J].中国科技信息，2013(15)：96-97.

[12] 周辉，张毅，周宁.配送中心的物流系统评价[J].物流科技，2013(6)：102-104.

CHAPTER

第二章

物流基本功能

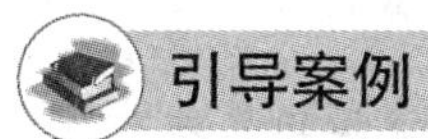

引导案例

蒙牛合理选择运输方式

物流运输是乳品企业的重大挑战之一。蒙牛牌牛奶(以下简称蒙牛)目前的触角已经伸向全国各个角落,其产品远销到我国香港、澳门地区,甚至还出口到东南亚。蒙牛要如何突破配送的瓶颈,把产自大草原的奶送到更广阔的市场呢?巴氏奶和酸奶的货架期非常短,巴氏奶仅10天,酸奶也不过21天左右。为了能在最短时间内、有效的储存条件下,以最低的成本将牛奶送到商超的货架上,蒙牛采取了以下措施。

1. 缩短运输半径

对于酸奶这样的低温产品,由于其保质期较短,加上消费者对新鲜度的要求很高,蒙牛要保证在2～3天内送到销售终端。为了保证产品的及时送达,蒙牛尽量缩短运输半径。在成立初期,蒙牛主打常温液态奶,因此奶源基地和工厂基本都建立在内蒙古。当蒙牛的产品线扩张到酸奶后,蒙牛的生产布局也逐渐向黄河沿线以及长江沿线伸展,使牛奶产地尽量接近市场,以保证低温产品快速送达卖场、超市。

2. 合理选择运输方式

目前,蒙牛的产品运输方式有两种:汽车和火车集装箱。蒙牛在保证产品质量的原则下,尽量选择费用较低的运输方式。

对于路途较远的低温产品运输,为了保证产品能够快速送达消费者手中,保证产品的质量,蒙牛往往采用成本较高的汽车运输。例如,北京销往广州等地的低温产品,全部用汽车。虽然汽运成本较铁运成本高出很多,但时间上能有保证。为了更好地了解汽车运行的情况,蒙牛还在一些运输车上装上了GPS。

而像利乐包、利乐砖这样保质期比较长的产品,则尽量依靠内蒙古的工厂供应,产品远离市场的长途运输问题就依靠火车集装箱来解决,这样更能节省费用。在火车集装箱运输方面,蒙牛与中铁集装箱运输公司开创了牛奶集装箱“五定”班列这一铁路运输的新模式,即“定点、定线、定时间、定价格、定编组”。

3. 全程冷链保障

低温冷产品必须全程都保持在2～6℃,这样才能保证产品的质量。蒙牛牛奶在“奶牛—奶站—奶罐车—工厂”这一运行序列中,采用低温、封闭式运输。“蒙牛”的冷藏运输系统保证将刚挤下来的原奶在6个小时内送到生产车间，确保牛奶新鲜的口味和丰富的营养。出厂后，在运输过程中，蒙牛牛奶则采用冷藏车保障低温运输。蒙牛在其每个小店、零售店、批发店等零售终端均投放了冰柜，以保证其低温产品的质量。

4. 使每一笔单子做大

物流成本控制是乳品企业成本控制中一个非常重要的环节。蒙牛减少物流费用的方法是尽量使每一笔单子做大，形成规模后，在运输的各个环节上就都能得到优惠。比如，利乐包走的铁路每年运送货物达到一定量后，在配箱等方面就可以得到很好的折扣。

案例解析

上述案例主要介绍了蒙牛是如何根据自身产品特点和市场需要，进行合理生产布局，选择适当的运输方式，在确保产品质量的前提下，有效降低运输成本。

案例思考

1. 蒙牛企业的奶制品在物流运输模式和运输环节方面体现了哪些物流运输原理？
2. 蒙牛企业的奶制品运输模式对于提高企业市场竞争力有什么促进作用？

案例涉及的主要知识点

运输的作用　运输方式的特点　运输合理化

学习导航

- 理解运输的概念和作用，了解各种运输分类，掌握各种运输方式的特点，了解常见运输模式的内涵，掌握不合理运输及其表现形式并理解其内涵。
- 理解仓储的概念，了解仓储的作用及功能，掌握库存管理方法，掌握仓储合理化的内涵。
- 理解装卸搬运的概念，了解装卸搬运活动的特点，了解常见装卸搬运设备的特点，掌握各类装卸搬运方法，掌握搬运合理化的内涵。
- 理解包装的概念，掌握包装的作用，了解包装的标识，掌握集装单元化和包装合理化的内涵。
- 理解流通加工的概念，掌握流通加工的功能，了解流通加工的类型，了解流通加工合理化的内涵。
- 理解配送的概念，了解配送中心的概念，掌握配送模式的概念，掌握配送合理化的内涵。
- 理解物流信息技术在物流基本功能中的应用及其效果。

教学建议

- 备课要点：各种运输方式的特点，不合理运输及其表现形式；库存管理策略；各类装卸搬运方法，搬运合理化的内涵；包装的作用，集装单元化和包装合理化的内涵；流通加工的功能和类型；配送模式；物流信息管理的内容。
- 教授方法：案例，讲授，实证，启发式。
- 扩展知识领域：供应链环境下物流基本功能的实现、物流金融、国际物流与货运代理。

第一节　运　　输

一、运输的定义

运输是人类社会的基本活动之一，与社会生产和人民生活密切相关，被马克思称为采掘业、农业和加工工业之外的“第四物质生产部门”。从早期的肩扛、手提，进步到借助于畜力或对自然力的原始利用，直至发展到现代发达的铁路、航空以及水路等多种运输方式。

关于运输的定义有多种，有学者认为运输是通过运输工具和方法使货物在生产地和消费地之间或者是物流据点之间流动，也有学者认为运输是指人员或物品借助于运力系统在一定空间范围内产生的位置移动。根据国家标准《物流术语》(GB/T 18354—2006)，运输是指用运输设备将物品从一个地点运送到另一个地点，包括集货、分配、搬运、中转、装入、卸下、分散等一系列操作。通过运输，可实现物流的空间效用。

二、运输的作用

（一）运输有利于开拓市场

随着运输技术的发展，运输手段不断改善，不仅提高了运输效率，降低了运输成本，更重要的是货物流通可能到达的地理区域大为拓展。由此，运输系统的发展同时扩大了市场区域范围和市场本身的交换规模，使得商品的大范围和大规模流通成为可能。

（二）运输有利于鼓励市场竞争并降低市场价格

运输成本是所有商品市场价格的重要组成部分，运输费用的多少将极大地影响商品的市场价格水平。运输技术的发展和运输效率的提高，降低了运输成本，从而降低商品价格。同时，运输成本的降低让原来无法负担高昂运输成本的小型企业或个体生产者也可以进入市场参与竞争。市场竞争程度的加剧可以使消费者享受到更多利益。因此，运输系统的存在鼓励了市场竞争，也降低了商品价格。

此外，运输与土地利用和土地价格之间也存在密切的关系。运输范围的拓展和市场范围的扩大，带动了人口的流动和企业的迁移，并由此使原本闲置的土地获得了充分利用。运输延伸所到达的地区土地增值，从而促进该地区的市场繁荣和经济发展。

（三）运输有利于保证商品品质

采用合理的运输方式，设计合理的运输路线，选择合适的运输工具，可以有效保证所运输商品的品质。以农产品运输为例，农产品由于其含水量高、易腐烂等自然特性，在运输过程中损耗率往往很高。特别是在我国，由于农产品物流起步较晚，水平较低，农产品在运输过程中的损耗率可以达到惊人的20%～30%。如果在农产品的运输过程中，能根据不同农产品的自身特点和经济价值，选择合适的运输方式，如海鲜、水产品使用航空运输方式等；设计科学的运输路线，减少迂回和重复，缩短农产品的在途时间；提高农产品运输过程中低温车、冷藏车等冷链物流工具的使用比例，就可以大大降低农产品的在途损耗，确保消费者可以获得有质量保证的新鲜农产品。

三、运输的分类

根据分类方式的不同，运输可以分为不同类型，如表3-1所示。

表 3-1 运输的类别

分类方式	类型名称	解释
按运输作用	集货运输	将货物集中以后通过交通运输主干线进行大批量的、长距离的运输
	分拨运输	货物是通过零散运输运送到各个客户方
按运输中途是否换装	直达运输	货物从发送地到接收地，中途不需要换装，可以节约运输时间，节约运输成本
	中转运输	物品从发送地到接收地，中间至少有一次落地并换装的运输，灵活方便
按运输协作程度	一般运输	在运输的过程中，采用单一的运输工具，或是孤立地采用不同种的运输工具，在运输过程中没有形成有机协作整体的运输形式
	多式联运	使用两种或两种以上的运输工具，相互衔接、转运而共同完成的运输过程
按运输方式	陆上运输	依靠汽车、火车等灵活性较好的运输工具实现物品长途或短途的空间转移
	水上运输	依靠船舶、排筏等运输工具进行的物品流动活动，包括内河运输和海洋运输
	航空运输	使用飞机或其他航空器进行运输的运输方式
	管道运输	货物在管道内借助高压气泵的压力往目的地输送货物的运输方式

四、基本运输方式

（一）铁路运输

铁路运输是我国一种重要的陆上运输方式，在我国的运输体系发挥着不可替代的骨干作用。铁路运输主要承担长距离、大宗货物的运输。

1. 铁路运输的营运方式

(1) 整车(整列)运输，是指根据一批货物的重量、体积、形状或性质的运输需要，使用一节或一节以上货车(俗称“车皮”)进行装运。

(2) 零担运输，是指根据一批货物的重量、体积、形状或性质的运输需要，无须使用一节货车装运的，即可按照零担方式办理运输。在铁路零担运输中，一件货物体积不得小于 $0.02m^2$(一件货物重量达 10kg 以上的除外)，一张运单托运的货物不得超过 30 件。

(3) 集装箱运输，是指使用集装箱作为货物的承载容器，在铁路上进行运输的方式。适合采用集装箱运输的货物通常被称为适箱货。

此外，铁路运输还可以分为营业性线路运输和专用线路运输。

2. 铁路运输的设备

铁路运输的设备分为固定设备和活动设备。固定设备主要包括客运站、货运站、客货运站和铁路线路。活动设备主要包括蒸汽机车、内燃机车、电力机车等各种牵引机车，以及敞车、棚车、平车、罐车、保温车等各种承载车辆。

3. 铁路运输的特点

1) 铁路运输的优点

铁路运输的优点主要包括以下几个方面。

(1) 适应性强。铁路的建设受地形约束较小，绝大多数有运输需要的地方均可修建；铁路运输过程中受自然和气候的影响较小，基本可以实现全天候运作。

(2) 运输能力强。在陆上运输的各种方式中，铁路运输的运输能力是最强的。一列火车通常可以运载 2000～3000 吨的货物，重载列车可运载 2 万吨以上的货物，远远超过公路运输方式。

(3) 安全程度高。按完成一定数量客、货周转量过程中出现的事故比例统计，与其他几种基本运输方式相比，铁路运输的事故率是很低的。

(4) 运输速度较快。常规铁路的货运列车速度一般为60～80km/h，部分常规铁路可以达到140～160km/h。高速铁路上运行的旅客列车时速可以达到210～310km/h。2011年6月30日，当今世界一次建成线路里程最长、总投资2209亿元的京沪高铁投入营运。在这条铁路上CRH380A型电动车组创造了486.1km/h的世界运营铁路试验速度纪录。

(5) 运输能耗小。铁路运输轮轨之间的摩擦阻力小于汽车车辆和地面之间的摩擦阻力，铁路机车车辆单位功率所能牵引的质量约比汽车高10倍，因而铁路单位运输所消耗的能量要比汽车运输少得多。

(6) 环境污染程度小。不同的运输方式对环境的污染程度是不一样的。公路上行驶的各类车辆排放出大量的尾气，严重污染空气；喷气式飞机、超音速飞机除了排放大量二氧化碳以外，还会产生严重的噪声污染。而在我国，随着电气化铁路成为铁路运输的主要方式，铁路运输对于环境和生态平衡的影响程度变小。

(7) 运输成本较低。铁路运输由于运距长、运量大，从而单位运输成本更低。铁路运输成本只有公路运输成本的1/17～1/11，航空运输成本的1/267～1/97。

2) 铁路运输的缺点

(1) 建设投资高，建设周期长。单线铁路每公里造价可以达到300万～700万元，复线铁路造价更高。同时，铁路的建设周期长，一条干线的建设往往需要5～10年的时间。

(2) 灵活性差。铁路运输的线路相对固定，只能在固定线路上实现运输，难以做到“门对门”，在运输的起终点需要以其他运输手段配合和衔接。此外，铁路运输只有达到一定的运输量，才能保证其经济性，其经济里程一般在200km以上。

(3) 运输时间较长。在铁路运输过程中必需的列车编组、解体和中转改编等作业环节，会耗费一定时间，从而增加货物的总体运输时间。

(4) 货损率比较高。由于装卸次数较多，铁路运输中的货物毁损或灭失事故通常比其他运输方式多。

综上所述，铁路运输适用于大宗低值货物的中、长距离运输，也较适合运输散装货物（如煤炭、金属、矿石、谷物等）、罐装货物（如化工产品、石油产品等）以及集装箱运输。

（二）公路运输

公路运输是现代运输的主要方式之一。公路运输以汽车为主要运输工具，也可使用其他车辆，如人力车、畜力车等。

1. 公路运输的营运方式

(1) 整车运输，是指托运人一次托运货物的重量在3t以上（含3t），或虽不足3t，但由于体积、形状等其他货物性质，需要使用一台或一台以上车辆的运输组织形式。

(2) 零担运输，是指托运人一次托运货物的重量不足3t，需要和他人货物拼车的运输组织形式，具有运量零星、批数较多、流向分散的特点。

(3) 联合运输，联合运输的方式有公铁联运、公海联运和公公联运等。

(4) 集装箱运输，是指利用集装箱组织的汽车运输。

2. 公路运输的设备

公路运输的设施包括不同等级的公路，如高速公路、一级公路、二级公路、三级公路和四级公路；各种大小、等级的停车场、货运站；不同长度的桥梁、隧道等。汽车的种类很多，大致可以分为：

(1) 普通货车。包括轻型货车(载重量在 2t 以下)、中型货车(载重量在 2～8t)、重型货车(载重量在 8t 以上)。

(2) 厢式货车。厢式货车具有载货车厢，能有效防止货差货损。按货箱高度，可以分为高货箱和低货箱两种。

(3) 专用车辆。专用车辆是指适用于装运某种特定的货物，从而实现比使用普通货车或箱式货车更高的效率，包括油罐车、汽车搬运车和混凝土搅拌车等，但专用车辆的通用性较差。

(4) 自卸车。这种车辆实现了使运输与装卸有机结合，在缺少装卸设备的条件下，可依靠车辆本身的附设设备进行装卸作业，包括翻卸车和随车吊等。

3. 公路运输的特点

1) 公路运输的优点

公路运输的优点主要包括以下几个方面。

(1) 较高的灵活性。这是公路运输最显著的特点。公路运输对于运行条件的要求不高，可以实现“门对门”运输。公路运输可以满足不同种类、不同距离、不同重量货物的运输需求，提供满足客户特定要求的有针对性的服务。

(2) 货损货差小。使用公路运输货物能保证质量，及时送达，公路运输运输的货损、货差率远低于大多数铁路运输的货损、货差率，略高于航空运输的货损、货差率。

(3) 原始投资少，资金周转快，回收期短。根据相关资料显示：美国公路货运企业每收入 1 美元仅需投资 0.72 美元，而铁路则需要 2.7 美元。公路运输的资本每年周转 3 次，铁路则需要 3～4 年才周转一次。

2) 公路运输的缺点

(1) 载运量小，安全性差。公路货运车辆的载重量远低于水路运输、铁路运输的运输能力，交通事故率也相对较高。

(2) 单位运输成本高，环境污染严重。由于汽车载运量较小，使得劳动生产率低，在长距离运输中单位运输成本远高于铁路、水路运输。同时，汽车主要通过燃烧汽油或柴油获得动力，尾气排放严重，对运输环境会造成较为严重的污染。

综上所述，公路运输主要承担近距离、小批量的货运，以及水路、铁路运输难以达到的长途、大批量货运。大量统计资料证明，公路运输在运距 200km 左右范围时综合运输经济效益最佳。随着高速公路网络的逐步建立和完善，公路运输将从中短途运输逐步向短、中、长途运输共同发展。

(三) 水路运输

水路运输由船舶、航道和港口组成，水路运输的动力来自于水的浮力和燃烧燃料获得的机械动力，是历史最悠久的一种运输方式，简称为水运。按水路运输航行的区域，可分为远洋运输、沿海运输和内河运输三种类型。远洋运输通常指无限航区的国际运输；沿海运输指在国内沿海区域各港口间进行的运输；内河运输则指在江、河、湖泊及人工水道上从事的运输。水路运输是在干线运输中起主力作用的运输方式。

1. 水路运输的营运方式

(1) 班轮运输,又被称为定期船运输,是指船运公司按照公布的船期表在特定的航线上,以既定的挂靠港顺序,进行规则的、反复的航行和运输的一种船舶经营方式。它包括件杂货班轮运输和集装箱班轮运输。集装箱班轮运输如今已经是国际物流业的主流业务之一。班轮运输对于船舶的技术性能以及船员和设备等有较高的要求,且需要一整套完整的货运程序。

(2) 租船运输,又被称为不定期船运输。与班轮运输的方式不同,租船运输既没有固定的船舶排期,也没有固定的航线和挂靠港,而是按照货源的要求和货主对货物运输的要求安排船舶航线计划,组织货物运输,是相对于班轮运输的另一种船舶经营方式。

2. 水路运输的设备

水路运输的设施设备由港口、航道和船舶所组成。

1) 港口

根据我国《港口法》的定义,港口是指位于江河、湖泊和海洋沿岸,具有船舶进出、停泊、靠泊,旅客上下,货物装卸、驳运、储存等功能,并具有相应设备的由一定范围的水域和陆域组成的场所与基地。港口按地理位置可以分为海湾港、河口港、内河港;按使用目的可分为存储港、转运港、经过港;按国家政策可分为国内港、国际港、自由港。

2) 航道

航道是指在内河、湖泊、港湾等水域内供船舶安全航行的通道,由可通航水域、助航设施和水域条件组成。

3) 船舶

(1) 集装箱船(又称为箱装船、货柜船或货箱船),是一种专门载运集装箱的船舶。船只的全部或大部分货舱用来装载集装箱,往往在甲板或舱盖上也可堆放集装箱。集装箱船装载效率高,大大缩短了停港时间。

(2) 散装船,适用于装运谷物、煤炭、矿石和盐等散装货物。散装货物一般都是廉价的原材料或初级产品,因此散装货船的运量很大,通常都是单向运输。散装货船的大小分为三个等级:约3万吨的方便型、6万吨的巴拿马极限型和10万吨以上的海峡型。

(3) 油船,又称为油轮,是专门用来装运散装石油类、液体货物类的船舶,是远洋运输中特大型、大型船舶。一般而言,大型油轮的排水量在20万~30万吨,超大型油船可达到50万吨以上。

(4) 液化气船,是专门用来装运经液化的天然气和石油气体的船舶。

(5) 滚装船,又称为"开上开下"船或"滚上滚下船",是指用牵引车牵引载有箱货或其他件货的半挂车或轮式托盘直接进出货舱装卸的运输船舶,也可以客货滚装。

(6) 载驳船,是专门用来装运以载货驳船为货物单元的船舶。

(7) 冷藏船,是指设有冷藏设备,专门用来装易腐、鲜活货物的船舶,其吨位一般较小,大多在几百吨至几千吨。

各类船舶示例如图3-1所示。

3. 水路运输的特点

1) 水路运输的优点

水路运输的优点主要包括以下几个方面。

图 3-1 各类船舶

(1) 运输能力强。水路运输的能力是五种基本运输方式中最强的，如在远洋运输中，几十万吨的油轮或散货船非常普遍；即使在内河运输中，上千吨级的船舶也较为常见，国内许多拖驳或顶推驳船的装载能力已超过万吨。

(2) 运输成本低。由于运输能力强，又可以借助水的自然浮力，使得水路运输的成本较低。据统计，我国水路运输成本只有铁路运输成本的 40%，美国沿海运输成本只有铁路运输成本的 1/8；长江干线运输成本只有铁路运输成本的 84%，而美国密西西比河干流的运输成本只有铁路运输成本的 1/4～1/3。

(3) 建设投资较少。除船舶购买、港口建设，以及某些内河航道需要花费一定费用疏浚外，水路运输可以利用江河湖海等自然水利资源，其整体建设费用比修筑铁路的费用少得多。

(4) 劳动生产率高。水路运输强大的运输能力，较少的船员人数需求，使得水路运输劳动生产率较高。据统计，沿海运输劳动生产率是铁路运输的 6.4 倍，长江干线运输劳动生产率是铁路运输的 1.26 倍。

(5) 水路运输还便于实现集装箱运输和多式联运。

2) 水路运输的缺点

(1) 速度慢。由于船舶体积相对较大，水流阻力大，因此航速一般较低，通常只能达到 40km/h 左右，远低于铁路和公路运输。

(2) 受自然条件影响较大。冬季结冰、枯水期水位变低等因素使得内河航道和某些港口难以实现全年通航。海上运输除了受冬季结冰影响外，还容易受台风、大雾等不良天气影响。另外，港口航道水深的限制会使某些大型船舶无法停靠。

(3) 灵活性差。水路运输只能在固定的水路航线上航行，不能实现“门到门”的运输，需要其他运输手段的配合和衔接，才能最终完成整个运输过程。

综合考虑以上因素，水路运输适合于大运量、长距离、时效性要求不高的大宗货物的运输，特别适合于集装箱的运输以及国际贸易运输，适合于运输矿石、煤炭、石油、粮食等散货。

（四）航空运输

航空运输是以航空器为运输工具，实现旅客、行李、货物、邮件在区域内位置转移的活动。

1. 航空运输的营运方式

国际航空运输有班机运输、包机运输、集中托运和航空急件传送等方式。

(1) 班机运输，是指定期开航的定始发站、达到站、途经站的飞机运输。一般航空公司都使用客货混合型飞机，在搭载旅客的同时运送小批量货物。由于时间固定、航线固定，收发货人可以准确掌握启运、到达时间和到达地点，从而保证货物运输的安全、快捷。

(2) 包机运输。当货物批量较大，客货混合的班机不能满足需求时，即可考虑采用包机运输。包机运输分为整机包机和部分包机。整机包机是指航空公司按照事先约定的条件和费率，将整架飞机租给租机人，从一个或几个航空站装运货物至指定目的地的运输方式，适合于大宗货物的运输。部分包机是指由几家航空货运代理公司或发货人联合包租整架飞机，或者由包机公司把整架飞机的舱位分租给几家航空货运代理公司。部分包机适于 1 吨以上不足整机的货物运输，运费率较班机低，但运送时间较班机要长。

(3) 集中托运。集中托运方式是指航空货运代理公司把若干批单独发运的货物组成一整批，向航空公司办理托运，填写一份总运单发运到同一到站，由航空货运代理公司在目的地的指定代理人负责收货、报关，并将货物分别拨交于各收货人的一种运输方式。集中托运在国际航空运输业中开展比较普遍，也是航空货运代理的主要业务之一。

(4) 航空快件运输，是指具有独立法人资格的企业，通过航空运输及自身或代理的网络，在发货人和收货人之间以最快速度传递文件和物品的一种现代化的运输组织方法。因为主要运送国际往来的文件和物品，所以也称为国际快件运输。

2. 航空运输的设备

航空运输体系由航空港、飞机、航空线、空中交通管理系统四个部分组成。

(1) 航空港。国际民航组织将航空港定义为：供航空器起飞、降落和地面活动而划定的一块地域或水域，包括域内的各种建筑物和设备装置。一般情况下，航空港与机场几乎是同义的，但实际两者还是有区别的。所有可以起降飞机的地方都可以称为机场，而航空港则专指那些可以经营客货运输的机场。航空货物运输服务通常选择航空港开展航空货物运输服务。

(2) 飞机。飞机是航空运输的主要载运工具。

(3) 航空线。航空线是航空运输的线路，是由空管部门设定的飞机由一个机场飞抵另一个机场的通道。飞机航线分为非固定航线和固定航线；也可按其性质和作用分为国际航线、国内航线和地方航线三种。

(4) 空中交通管理系统。为了保证航空器飞行安全及提高空域和机场飞行区的利用效率而设立的各种助航设备和空中交通管制机构及规则构成了空中交通管理系统。

3. 航空运输的特点

1) 航空运输的优点

航空运输的优点主要包括以下几个方面。

(1) 运输速度快。在五种运输方式中,航空运输的速度是最快的。运输距离越长,节省的时间越多,其速度优势越显著。

(2) 机动性强。飞机在空中飞行,只要有机场,不受其他地面情况限制,可到达其他运输工具无法到达的地点,机动性强。

(3) 安全性高。与其他方式相比,航空运输的管理制度比较严格、完善,而且航空运输的中间环节较少,因此运输过程中发生意外损失的机会也就相对较少。

(4) 建设周期短,投资少。开辟一条 1000km 的民航线路,一般需要 5 亿元左右;而同样长度的铁路则需要投资 20 亿元左右。同时,由于只需要建设起点和终点处的机场,建设周期大为缩短。

2) 航空运输的缺点

(1) 载运量小。由于飞机的机舱容积和载重量的限制,航空运输的载运量是五种运输方式中最小的,不能承运大型、大批量的货物。目前世界上最大型的军用运输机,其满载载货量也只有 70t 左右。

(2) 运输成本高。飞机购置、租赁和维修费用高,燃油消耗量大,使得航空运输成本极为昂贵,在很大程度上限制了航空运输的发展。

(3) 易受天气条件的影响。航空运输在一定程度上受天气条件的影响较大,在遇到大雨、浓雾、台风等天气时,飞机停飞,使得旅客、货物滞留在航空港,不能保证货物的准时送达。

(4) 可达性差。一般情况下,航空运输不能保证"门到门"运输,必须借助于其他运输方式转接。

因此,航空运输适合运载的货物主要有两种:①价值高、运费承担能力较强的货物,如贵重设备的零部件、高档产品等;②紧急需要的物资,如救灾抢险物资等。

(五) 管道运输

管道运输是随着石油的生产而产生和发展的一种运输方式。管道运输是一种由大型钢管、泵站和加压设备等组成的运输系统完成运输工作的运输方式。货物在管道内借助高压气泵的压力向目的地输送。管道运输是一种运输通道和运输工具合二为一的专门运输方式。

1. 管道运输的分类

按管道的铺设方式不同,管道可以分为埋地管道、架空管道和水下管道。按运输介质不同,管道可以分为原油管道、成品油管道、天然气管道、油气混输管道、固体物料浆体管道。按其在油气生产中的作用,油气管道又可分为矿场集输管道,原油、成品油和天然气的长距离输送干线管道和天然气或成品油的分配管道等。

2. 管道运输的特点

1) 管道运输的优点

管道运输的优点主要包括以下几个方面。

(1) 运量大。由于管道埋于地下,管道运输可以做到 24 小时连续运行。一条管径为 720mm 的管道每年可以运送易凝高黏原油 2000 万吨,一条管径 1200mm 的原油管道每年运输量可达 1 亿吨。

(2) 建设投资相对较小,占地面积少,受地理条件限制少。管道建设的投资和施工周期均不到铁路的1/2。管道埋于地下,除了泵站、首末站占用一些土地外,无须其他土地资源。也是由于管道埋于地下的特点,管道运输一般不受地形与坡度的限制,从而缩短了运输里程。

(3) 安全可靠、连续性强。由于石油、天然气易燃、易爆、易挥发、易泄漏,采用地下管道运输的方式十分安全,同时还可大大减少运输过程中的挥发损耗,降低泄漏对空气、水和土壤的污染。

(4) 运输成本低。在各种运输方式中,管道运输的运输成本最低。以石油为例,管道运输、水路运输、铁路运输的运输成本之比为1∶1∶1.7。

2) 管道运输的缺点

管道运输缺点主要在于专用性强,灵活性差。管道运输功能单一,只能运输石油、天然气及固体料浆,只能在固定的管道中实现单向运输,不能随便扩展管线,也不能实现"门到门"的运输服务。

因此,管道运输主要负担单向、定点、量大的流体状货物(如石油、天然气、煤浆、某些化学制品原料等)的运输。

五、几种常见的运输模式

(一) 甩挂运输

近年来,随着交通运输工具的更新换代,出现了以牵引车为动力,以半挂车、全挂车等承载装置为主要运输工具的甩挂运输模式。

1. 甩挂运输的概念

甩挂运输使用带有动力的机动车将随车拖带的承载装置,包括半挂车、全挂车甚至货车底盘上的货箱牵引至目的地后,甩下承载装置,再拖带其他装满货物的承载装置返回原地,或者驶向新的地点。这种一辆带有动力的主车,连续拖带两个以上承载装置的运输方式被称为甩挂运输,如图3-2所示。甩挂运输模式的特点在于:①挂车本身没有动力,由牵引车拖带行驶;②一台牵引车往往配置多台挂车,牵引车与挂车之间不固定搭配,根据运输需要进行组合;③减少了货物的装卸搬运,避免不必要的运输程序,运输效率高。

图3-2 甩挂运输

2. 甩挂运输模式分类

企业开展甩挂运输的基本运营模式有4种类型。

(1)“一线两点、两端甩挂”模式,适宜于货运量较大且稳定、装卸作业地点固定的中短途运输线路。

(2)“一线多点、沿途甩挂”模式,适宜于装(卸)货地点集中、卸(装)货地点分散、货源比较稳定的运输线路。

(3)“多线一点、轮流拖挂”模式,适宜于发货点集中、卸货点分散,或卸货点集中、发货点分散的运输网络,主要特征是多条线路集中于一点,在该点集中进行装卸作业。

(4)“网络化甩挂运输”模式,特别适合于已经具有成熟的运输网络且网络中的货源条件稳定的公路快速货运行业。公路快速货运是以高时效的货物为服务对象,以高等级公路为基础,依托网络化的货运场站体系集散货源,使用技术先进、结构合理的载货车辆,以高效的通信信息技术为管理手段,通过科学有效的运输组织,实现货物安全、准确、快速运输的现代化运输组织形式。

3. 甩挂运输的优点

(1) 提高运输效率。甩挂运输使牵引车和挂车能够自由分离,减少了货物装卸的等待时间,加速了牵引车周转,提高了牵引车生产效率。

(2) 节约资源,实现节能减排。甩挂运输组织模式能够减少车辆空驶和无效运输。有关数据资料显示,如果全国物流运输业能够将甩挂运输周转量比例增大10%,则每年可以节省燃油可折合300万~400万吨标准煤,相应减少二氧化碳排放650万~850万吨。

(3) 降低物流成本。甩挂运输要求牵引车和挂车按照一定比例进行配置,能有效节省牵引车购置费、人工费和管理费等运营成本。

(二) 冷链运输

冷链运输是物流行业中一个特别的分支,属于物流领域高端物流的范畴。冷链运输与其他运输方式的不同之处在于冷链运输的特别冷藏手段和运输方法。

1. 冷链运输的概念

冷链运输(cold-chain transportation)是指在运输全过程中,无论是装卸搬运、变更运输方式,还是更换包装设备等环节,都使所运输的货物始终保持一定温度的运输。冷链运输是冷链物流的一个重要环节。

2. 冷链运输的特点

冷链运输的特点可以归纳以下几个方面。

(1) 技术要求高。冷链包含的制冷技术、保温技术、产品质量变化机理和温度控制及监测技术是支撑冷链的技术基础。

(2) 投资成本高。冷库建设和冷藏车的购置需要大量投资,比一般库房和干货车辆要高出3~5倍。

(3) 运营成本高。冷链运输运作成本高,电费和油费的维持是冷链运输的必要投入要素。

(4) 监控困难。冷链运输产品的生产、储存、运输、销售等诸多环节都需要进行控制,需要严格的管理制度,同时又需要高素质的操作人员。

3. 冷链运输的对象

冷链运输的对象主要包括以下几类：鲜活产品，如蔬菜、水果、肉、禽蛋、水产品和花卉产品等；加工食品，如速冻食品、包装熟食、奶制品和快餐原料等；医药品，如各类药品、针剂和药剂等。

（三）国际多式联运

国际多式联运是在集装箱运输的基础上产生并发展起来的一种综合连贯运输方式。国际多式联运以集装箱作为运输中货物的承载容器，将海上运输、铁路运输、公路运输、航空运输和内河运输等各种单一运输方式有机结合起来，组成一体化的连贯运输过程，完成货物的国际运输。

1. 国际多式联运的概念

根据《联合国国际货物多式联运公约》的相关定义，国际多式联运是指以至少两种不同的运输方式，由多式联运经营人把货物从一国境内接运货物的地点运至另一国境内指定交付货物的地点。根据这一定义，构成国际多式联运需要满足以下几个条件。

(1) 一份多式联运合同。合同明确多式联运经营人（承运人）和托运人之间的权利、义务、责任、豁免的合同关系和多式联运的性质。

(2) 一份全程多式联运单据。单据证明多式联运合同，同时证明多式联运经营人已接管货物并负责按照合同条款支付货物。

(3) 至少两种不同运输方式的连贯运输。这是确定一票货运是否属于多式联运的重要特征。为了履行单一方式运输合同而进行的该合同所规定的货物接送业务不应视为多式联运，如航空运输中从仓库到机场的这种陆空组合不属于多式联运。

(4) 国际货物运输。这是区别国内运输是否符合国际法规的限制条件。

(5) 一个多式联运经营人。该经营人对全程运输负责。这是多式联运的一个重要特征，由多式联运经营人去寻找分承运人，实现分段运输。

(6) 全程单一费率。多式联运经营人在对货主负全程责任的基础上，指定一个货物发运地至目的地全程单一费率，并以包干形式一次向货主收取。

2. 国际多式联运经营人的性质

国际多式联运经营人既不是发货人的代理或代表，也不是参加联运的承运人的代理或代表，而是多式联运的当事人，是一个独立的法律实体。对于货主来说，它是货物的承运人；对于分承运人来说，它是货物的托运人。经营人一方面和货主签订多式联运合同，另一方面又以托运人身份与分承运人签订各段运输合同，具有双重身份。一旦在运输过程中任何一个环节出现货损现象需要赔偿，货主只需要向承担全程责任的多式联运经营人索赔，而无须直接向实际承担运输的分承运人索赔。

国际上承担多式联运业务的一般都是规模较大的货运公司或者货运代理，具有一定的运输手段，如车辆、仓库，并与货主和各类运输公司都有密切的业务关系。国际上称这种企业为“无船公共承运人”(Non-Vessel Operating Common Carrier，NVOCC)。

3. 国际多式联运经营人的责任

从接收货物开始，国际多式联运经营人即开始承担相应责任，直至交付货物为止。在此根据负责范围和赔偿限额的不同，根据目前国际上的做法，可分为以下三种类型。

(1) 统一责任。在统一责任制下多式联运经营人对货主负不分区段的统一责任。即货物的任何灭失或损失，不论发生在哪个区段，经营人按一个统一原则负责，并一律按一个约定的限额赔偿。

(2) 分段责任。在分段责任制下，多式联运经营人的责任范围以各区段运输原有责任为限，如海上区段按照《海牙规则》，航空区段按《华沙公约》办理。在某些区段上不适用上述公约时，则按照有关国家的国内法规处理。

(3) 修正(双重)统一责任。修正(双重)统一责任制，是介于上述两种责任制之间的责任制，故又称混合责任制，也就是责任范围方面与统一责任制相同，在赔偿限额方面与部分责任制相同。

六、不合理运输的表现形式

在现代物流的各个环节中，运输是最重要、最基础的环节之一。物流合理化在很大程度上取决于运输环节是否合理。运输是降低物流费用最具潜力的领域，因此在优化物流系统时，实现运输合理化是一项最基本的任务。

(1) 迂回运输，是指商品运输本可以走直线或经最短的运输路线，但却采取绕道而行的不合理运输现象。

(2) 过远运输，是指本可以就近产地运输的货物却舍近求远，从远距离的产地调运，从而拉长运输距离，造成运力浪费的一种运输现象。过远运输有两种情况：①原本可以从距离较近的产地调运物资，却从远地采购；②多个生产同种货物的产地与销地，某一产地的货物没有供应给较近的销地，而是调运给较远的销地。

(3) 对流运输(相向运输)，是指同类或可以相互替代的货物在一条运输路线或平行线上运输，与相对方向发生全部或部分对流。

(4) 倒流运输，是指把货物从产地或者中转站运往销地，然后又全部或部分从销地运回产地的一种运输现象。

(5) 重复运输，是指一批货物本来可以直接运往目的地，中途经过中转站卸载并重新装运，增加了不必要的运输环节的一种运输现象。

(6) 空驶，是指空车没有转运货物而行驶的一种运输现象。造成空驶的原因是多方面的：没有充分利用社会化的运输体系，依靠自备车送货提货，出现单程重车、单程空驶的不合理运输；信息不对称，造成货源不实、车辆来回放空，形成双程空驶；车辆过分专用，导致无法搭运回程货，只能单程实车、单程回空周转。

(7) 亏载运输，是指由于运输工具选择不当，没有装满车船容量的亏吨现象。

(8) 无效运输，是指由于货物质量次、杂质多，或运输的商品在当地不适销，而造成的运输能力浪费于不必要的物资运输的现象。

(9) 运力选择不当，是指由于没有正确分析各种运输工具的优劣势，从而导致运输工具选择不合理的一种运输现象。常见的运力选择不当包括弃水走陆、铁路或大型船舶短途运输以及运输工具承载能力选择不当等。

(10) 托运方式选择不当，是指原本可以选择最有效的托运方式却没有使用，造成了运力浪费以及费用支出增加的一种不合理运输现象。如应该采用直达运输却使用了中转运输，应当零担运输却使用整车运输等都属于此类不合理运输方式。

七、实现运输合理化的有效途径

实现运输合理化就是要采用正确的运输模式，精心设计运输路线，高效配置运输资源，

合理选择运输方式和工具，最大限度提高运输合理化水平，提高运输效率和经济效益。

（一）分区产销平衡

分区产销平衡就是在组织物流活动时，充分考虑产销的资源分布状况，按照近产近销原则组织货物运输：将某些货物的产地与销售地固定搭配，即一定的生产区域出产的货物固定运往一定的销售地。

（二）直达运输

直达运输是指不经过商业、物资部门仓库或其他中间环节，把货物直接从产地运到销地或用户手中。需要指出的是，应根据用户的需求判断是否需要采用直达运输，当运输批量较小时，中转运输也是可取的。

（三）配载运输

配载运输是指充分利用运输工具载重量和容积，合理安排装载的货物以求合理化的一种运输方式。配载运输要注意轻重货物的合理配载，在运输以重质货物为主的货物情况时，搭载一些轻泡货物。

（四）合装整车运输

合装整车运输是指在货物运输过程中，将同一方向的不同货物组配在一辆车内，以整车运输的方式托运到目的地或某一中转站，再中转分运。采用合装整车运输的方式可以充分利用货车的容积和载重量，多载货，不空驶，以最大限度利用运力。

（五）“四就”直拨运输

“四就”直拨运输是指各种物资在组织货物调运过程中，由相关管理机构提前筹划，直接分配给基层的各零售商、用户，减少中间环节。“四就”指的是就厂直拨、就站（码头）直拨、就库直拨和就车（船）直拨。

（六）增加技术装载量

增加技术装载量是指在组织物流运输时，合理运用各种技术手段，以最大限度利用车船载重吨位和装载容积，提高运输工具的使用效率。增加技术装载量的主要方法有使用集装箱运输、散装化运输、托盘运输、轻重配套运输、顶推法、甩挂运输、“满载超轴”、堆码发、解体运输等。

（七）发展社会化运输体系

运输社会化是运输业发展的大势所趋。运输社会化实行专业分工，打破单个物流企业自成运输体系的状况。发展社会化的运输体系，统一安排运输工具，对于避免迂回运输、倒流运输、空驶、运力选择不当等多种不合理运输现象具有重要意义，实现组织效益和规模效益的统一。

第二节　仓　　储

一、仓储的概念

仓储是现代物流中除运输外又一基本功能和主要环节。在物流过程中，没有仓储环节，就不能解决生产集中性与消费分散性的矛盾,也不能解决生产季节性与消费常年性之间的矛盾。除此之外,仓储还可以有效保护商品的所有权和使用价值,加速商品流转,提高物流效率和质量,促进社会效益的提高。

根据国家标准《物流术语》(GB/T 18354—2006),所谓仓储,是指利用仓库及其相关设施、设备进行物品的进库、存储、出库的作业。通过仓储,实现对物品保存,对物品的数量、质量进行管理控制。

二、仓储的作用

随着现代物流的发展,仓储作为物流系统的重要组成部分,越来越被众多的学者与物流从业者所重视。仓储的作用也越来越显著,主要表现在以下几个方面。

(一) 调节商品的时间需求,消除价格波动

一般而言,商品的生产与消费不可能做到完全同步。为了弥补这种不同步所造成的损失,需要储存商品来消除这种时间性的需求波动。以大米为例,人们日常生活中对大米的需求是持续的,但大米的生产却不是随时都能进行的。因此,必须储存一些大米,在不能生产大米的季节供给消费者。通过这种有目的性的商品存储,可以防止商品供给和需求之间剧烈矛盾的产生,从而稳定商品物价。

(二) 降低运输成本,提高运输效率

通过物流仓储环节,可将同一地点的小批量商品聚集成较大的批量,然后再进行统一运输,到达目的地后,再分成小批量送到客户手中。这样虽然产生了一定的储存成本,但是可以更大限度降低运输成本,提高运输效率。

(三) 通过商品消费的仓储活动,可以提高客户满意度

企业如果在商品生产出来之后能够尽快把商品运到目标消费区域的仓库中,那么目标消费区域的消费者有消费需求时,能够得到尽可能快的供应,从而提高消费者满意度,培养消费者的忠诚度,塑造企业的良好形象。

(四) 更好地满足消费者个性化消费需求

随着经济、社会的发展,消费者的消费需求日趋个性化。为了更好地满足消费者的个性化要求,可以在出库前于仓储场所进行一定程度的流通加工,以生产独特的产品。

三、仓库的功能

仓库最基本的功能是存储物资,并对存储的物资实施保管和控制。随着现代物流的发展,仓库的功能越来越多元化,已远远超出了单一的存储功能。

(一) 储存和保管的功能

仓库是储存物品的特定空间。根据所存储物品(物资)的不同,需要使用不同的设施、设备和方法。同时也需要仓库管理人员具备一定的物品储存的专业知识,并能熟练运用各种搬运机具,以更好发挥仓库的储存、保管功能。

(二) 流通加工功能

现代仓库的功能已由单纯保管型向流通型转变。仓库内不仅有储存、保管货物的设施、设备,而且增加了分拣、配套、捆装、流通加工、信息处理等设备。因此,现代仓库已具备流通

加工功能，从而扩大了仓库的经营范围，提高了仓库的服务质量。

（三）信息中转功能

仓库是物流活动的中转站，在处理仓储活动相关的各种事务时，需要通过互联网、电子数据交换（EDI）和条形码等信息交换手段，与物流其他环节交换仓储信息，如仓库利用水平、进出库频率、仓库存储物品数量和品种信息、顾客需求等。

四、仓库的分类

现代物流中仓库的分类方法非常多，这里介绍几种主要的分类方法。

（一）按仓库在社会再生产过程中所处的位置不同划分

（1）生产领域仓库，包括原材料及零配件仓库，半成品、在制品和产成品仓库。其中，原材料及零配件仓库主要用于储备生产所需的各种原材料、零配件，以及一些低值易耗品。半成品、在制品仓库是指在企业生产过程中，处于不同生产阶段之间的半成品仓库和在制品仓库，主要用于衔接各生产阶段，保证生产的连续进行。产成品仓库主要储存已经制成并经检验合格，进入销售阶段的产成品。

（2）流通领域仓库，包括专业储运中转仓库和供销企业的自用仓库。专业储运中转仓库又称储运仓库，一般为各部门和各地区供销企业储运货物；而供销企业自用仓库一般规模不大，较为灵活，适用于零散的小额货物。

（二）按保管目的分类

（1）配送中心（流通中心）型仓库，以配送和流通加工为主要功能的仓库。

（2）存储中心型仓库，以储存为主要功能的仓库。

（3）物流中心型仓库，具有储存、发货、配送及流通加工功能的综合型仓库。

（三）按保管条件分类

（1）普通仓库，用来存放对仓储环境没有特殊要求的一般货物。

（2）保温仓库，用来储存对温度等有特殊要求的物资，如农产品、医药制品等，包括恒温库、恒湿库及冷藏库等。这种类型的仓库在建筑结构上具备隔热、防寒及密封等功能，并配有空调、制冷机等专门设备。

（3）特种仓库，用来储存危险品的仓库，如石油库、化工危险品仓库等。

（四）按保管物品分类

（1）原料、产品仓库，是生产企业为了保证生产和销售的连续性，专门用于存储原材料、半成品和产成品的仓库。

（2）商品、物资综合仓库，是流通领域内的企业、组织或个人为了保证市场供应，解决季节时差，用于存储各种商品、物资的综合性仓库。

（3）战略物资储备仓库，由国家或地方政府修建的，用于储备各种战略物资，以应对自然灾害、战争及其他意外事件发生的仓库。

（五）按建筑结构形态分类

（1）平房仓库，一般构造简单，建筑费用低，适于人工操作。

（2）楼房仓库，是指二层楼以上的仓库，可以减少占地面积，出入库多采用机械化或半机械化作业。

(3) 货架仓库,采用钢结构货架储存货物,通过各种输送机、水平搬运车辆、叉车及高架堆垛机进行机械化作业,是现代物流发展中广泛使用的一种仓库形式。按货架的层数,可分为底层货架(货物堆放层数不大于10层)和高层货架仓库(货物堆放层数为10层以上)。

(4) 罐式仓库,储存散装颗粒和液体物资为主的储罐类仓库,可用来存储石油、天然气和液体化工产品等。

五、仓储作业流程

仓储作业流程可分为三个阶段:物品的入库管理、物品的在库保管管理、物品的出库管理三个阶段。

(一) 物品的入库管理

物品的入库管理是指物品进入仓库储存时所进行的检验及接收等一系列作业环节,可分为物品入库前的准备工作、物品的接运、物品检验和入库信息录入等主要环节。

1. 物品入库前的准备工作

物品入库前的准备工作包括组织准备和工具准备,如针对所验物品的性能、特点和数量,确定存放地点、垛形和保管方法,准备搬运设备及人力等。

2. 物品的接运

除去少数企业铺设有铁路专用线,可以将物品直接运至企业所在位置外,大部分物品只能到达铁路、港口、航空港的货场所在处,这就需要企业组织一次短途运输,将物品接运回企业所在位置。接运工作必须认真细致,及时安全,避免将一些已经损坏的物品或有差错的物品接回仓库,造成验收中责任难分,加大保管工作的难度和损失。在货场接运货物的过程同时也是货物的初步检验阶段。

3. 物品检验

物品检验包括数量检验和质量检验两个方面。数量检验是保证物品数量准确必不可少的措施,要求在物品入库时一次检验完成。根据货物数量和质量检验工作的难易程度,质量检验可以采用全检和抽检两种方式。根据相关质量标准或合同中关于质量的规定,检验物品的质量状况。质量检验是确定责任的最后一个环节,必须严格、仔细。一旦物品入库,将无法向供货方或运输方索赔。值得注意的是,入库时所进行的检验通常是较为初步的检验。如果需要进行更为深入的检验,可提交相关专业检验机构进行检验。

4. 入库信息录入

物品检验完成后,将本次入库的一切信息,包括其中存在的问题进行详细记录,录入企业的仓储管理系统,更新存货台账。

(二) 物品的在库管理

物品入库后即进入在库管理阶段。为保证储存物品的使用价值不受损害,需要对在库物品进行恰当的保管和保养。

1. 物品的保管

物品的保管是指将通过控制温度、湿度,使用合适的存储设备,加强日常巡视等一系列作业活动,保证物品在规定的储存期限内,数量不短缺,质量不损坏。

2. 物品的保养

物品的保养是为了保持物品原有质量,或恢复某些受损货物质量而进行的一种养护作业活动。保养的目的是尽可能地保护其原有使用价值不受损害。

（三）物品的出库管理

物品出库是指物品发出时仓库各业务部门所需办理的手续及其作业的全过程，包括物品出库的程序、清理善后工作和物品出库中发生问题的处理等。

物品出库业务主要包括以下内容：核单备货、复核、包装、点交、登账以及清理现场和档案。

(1) 核单备货。商品发放需要有正式的出库凭证。商品出库时需认真审核凭证的真实性，核对凭证中商品的名称、型号、规格、单价数量、收货单位、有效期限等。凭证审核后，按照单证中所列项目即可开始备货工作。备货应本着“先进先出、易霉易坏先出、接近有效期先出”的原则展开，备货完毕后要及时变动料卡余额数量，填写实发数量和日期。

(2) 复核。为防止差错，备货后应立即进行复核。出库的复核形式主要有专职复核、交叉复核和环环复核三种。

(3) 包装。出库的商品如果不能满足用户或运输部门的要求，应重新包装。

(4) 点交。商品经复核后，需要办理交接手续，当面将商品交接清楚。交接清楚后，提货人员应在出库凭证上签章。

(5) 登账。点交后，仓管人员应在出库单上填写实发数、发货日期等内容，并签章。

(6) 清理现场和档案。现场清理包括清理库存商品、库房、场地、设备等；档案清理是指对收发、保养、盈亏数量等情况进行整理。

六、库存管理

（一）库存的概念与分类

根据国家标准《物流术语》(GB/T 18354—2006)，库存(inventory)是指储存作为今后预定的目的使用处于闲置或非生产状态的物品。广义的库存还包括处于制造加工状态和运输状态的物品。

按照物资在生产中的作用分类，库存可分为主要原材料、辅助材料、燃料和动力、修理用备件。按照物资存在状态分类，可分为原材料库存、成品库存、部件库存、备件库存、在制品库存。按库存持有目的分类，可分为经常性库存、保险性库存、季节性库存。按存放地点分类，库存可分为制造商库存、在途库存、分销中心库存、零售商库存。

（二）库存管理的概念

根据国家标准《物流术语》，库存管理是指在保障供应的前提下，以库存物品的数量最少和周转最快为目标所进行的计划、组织、协调与控制。以前的观点认为，仓库里的商品越多，说明企业经营状况越好；现在则认为在保证供应的前提下，降低库存水平，减少对流动资金的占用，有利于企业的日常经营①。

传统意义上的仓库管理和库存管理有本质区别。仓库管理主要是针对仓库或库房的布置、物料运输和搬运以及存储自动化等所进行的管理。库存管理的对象是库存项目，即企业中的所有物料，包括原材料、零部件、在制品、半成品、产品，以及辅助材料。库存管理的主要目的是在供需之间建立缓冲，达到缓和用户需求与企业生产能力之间、最终装配需求与零配

---

① 关于库存及仓库管理更多的知识，可参见“仓库社区”：http://www.iepgf.cn。

件之间、零件加工工序之间、生产厂家需求与原材料供应商之间矛盾的作用。通过有效的库存管理,可以协调采购、生产、销售各部门之间的互动,以实现企业整体效益的提高。

(三) 几种常见的库存管理策略

保持一定的库存是非常必要的。通过保持一定的库存水平,可以提高客户服务水平。由于在订单完成周期中存在各种不确定因素,以及交货提前期的存在,企业必须通过保有库存使得产品或服务保持一定的可得率,这是保持一定客户服务水平的必要条件。通过保持一定的库存水平,可以降低企业生产成本。保有库存可以使生产的批量更大、批次更少,运作水平更高,因而产生一定的经济效益;由于库存在供求之间起着缓冲器的作用,可以消除需求波动对产出的影响。此外,保持一定的库存水平,还可以有效调节生产与消费的地理差异和时间差异,保证生产的连续进行。然而,库存资产一般占企业总资产的15%~40%。库存水平过高,会大量占用企业流动资金,影响企业的正常运营。同时,不合理的库存水平会掩盖采购和生产中的问题。物品在库存期间也可能发生各种损耗。因此,有必要对库存水平进行合理管理、控制。

库存管理策略种类非常多,此处将介绍常见的几类库存管理策略。无论哪一种库存管理策略,其基本的决策变量都是订货点(R)、订货批量(Q)、检查周期(T)和最大库存(S)。决策变量的不同组合即可产生各种不同库存控制方法,如表3-2所示。

表3-2 库存控制计划组合

订购频率	订购数量	
	Q固定	最大库存S
订货点R	R,Q	R,S
T固定	T,Q	T,S

1. 定量订货库存管理系统(R,Q)

该模型是建立在以下假设前提之上的:需求稳定;订货提前期不变;每次订货量不变;每次订货一次入库,入库过程在极短时间内完成;订货成本、单件存储成本和单价固定不变;不允许出现缺货。

定量订货库存管理系统的原理如图3-3所示,其基本原理是当库存数量下降到订货点R时,立即发出订单补充库存,且每次订购的数量均为Q。为此,必须连续检查库存,以监控库存的变化情况。

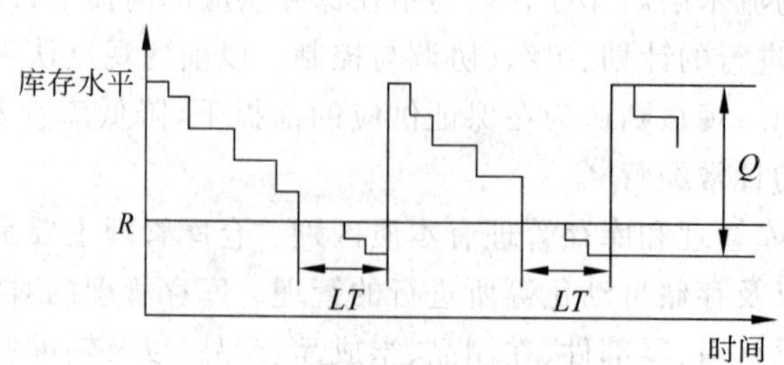

图3-3 定量订货库存管理系统

定量订货库存管理系统的优点在于:①每次订货之前都要详细检查和盘点库存,检查是否降低到订货点，能够及时了解和掌握库存动态；②每次订货数量固定，且是预先确定好的经济订货批量，方法简便。

定量订货库存管理系统的缺点在于：①必须对所有存货的实物数量不断地加以核查和盘点，从而增加了库存保管的维持成本；②该系统对各项存货的管理是分别进行的，该方式要求对每个品种单独进行订货作业，即不考虑产品联合订货。这样会增加订货成本和运输成本。

定量订货库存管理系统适用于品种数目少但占用资金大的A类库存。

2. 定期订货库存管理系统(T,S)

定期订货库存管理系统的原理如图3-4所示，其基本原理是按一定的周期T检查库存，并立即发出订单补充库存，每次订购的数量为当前实际库存量与最大库存量S之间的差额。使用这种控制方法，无须连续检查库存，而是间隔一定周期T后才检查一次库存。

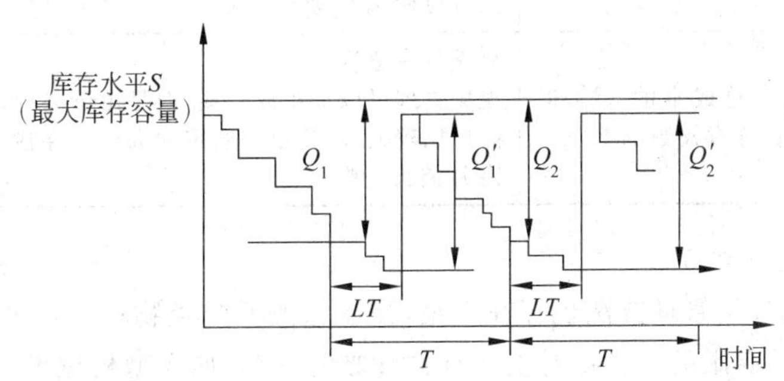

图3-4　定期订货库存管理系统

定期订货库存管理系统的优点在于：①订货间隔时间确定，多种货物可同时进行采购，可以降低订单处理成本、运输成本和获得供应商的价格折扣；②由于不需要经常进行库存盘点，只是到了订货周期开始才检查库存量，大大减少了库存管理人员的工作量，从而降低了库存管理费用。

定期订货库存管理系统的缺点在于：由于不经常进行库存检查和盘点，对于企业存货的实际情况无法及时掌握，企业为了应对订货间隔期间内需要的突然变动，往往库存水平较高。

3. 最大—最小库存管理系统(T,R,S)

最大—最小库存管理系统是定量订货库存管理系统(R,Q)和定期订货库存管理系统(T,S)的组合，又称为非强制性补充供货系统。这种库存管理系统要求企业确定库存量的最高水平S、再订货点R和固定的盘存周期T。企业的库存水平按照固定的时间间隔T进行检查，若在检查日库存余额高于预定的再订货点R，便不订货；若在检查日库存余额等于或低于再订货点R时，便进行订货。订货量等于最高库存水平减去盘存时的实际库存水平。

4. ABC分类管理方法

库存的ABC分类管理法1951年由GE的迪基开发而成，其理论基础源于Pareto在19世纪末研究社会财富分配时总结出的80/20原则。Pareto认为原因和结果、投入和产出、努力和报酬之间本来存在着无法解释的不平衡：多数，它们只能造成少许的影响；少数，它们造成主要的、重大的影响。库存的ABC分类管理法是依据物料的资金占用比例，划分其重要程度的一种管理方法。

库存的ABC分类管理法中A、B、C三类物料的划分标准以及相应的库存控制方法如表3-3所示。

表3-3　库存ABC分类管理方法中不同类型物料的划分标准及控制方法

类型	特　点	控制方法
A	品种数约占库存总数的15%，成本约占70%～80%	进行重点管理。 现场管理要更加严格，应放在更安全的地方，为了保持库存记录的准确，要经常进行检查和盘点；预测时要更加仔细
B	品种数约占库存总数的30%，成本约占15%～25%	进行次重点管理。 现场管理不必投入比A类更多的精力；库存检查和盘点的周期可以比A类要长一些
C	成本也许只占总成本的5%，但品种数也许占库存总数的55%	只进行一般管理。 现场管理可以更粗放一些，但是由于品种多，差错出现的可能性也比较大，因此也必须定期进行库存检查和盘点，周期可以比B类长一些

5. CVA分类管理方法

库存的ABC分类管理方法也存在不足，往往忽视了C类物料库存水平控制的重要性。而某些看上去并不起眼的物料却对生产有着重要的影响，如大型机械设备的生产过程中一颗螺丝钉的缺失可能会导致整个生产过程的停滞。CVA分类管理方法(Critical Value Analysis)虽然也是对物料进行分类管理，但其分类的基础是库存物料的“关键性”。

库存的CVA分类管理法中各类物料的划分标准以及相应的库存控制方法如表3-4所示。

表3-4　库存CVA分类管理方法中不同类型物料的划分标准及控制方法

类　型	特　点	控制方法
最高优先级	生产经营活动中的关键物资	不允许缺货
较高优先级	生产经营活动中的基础性物资	允许偶尔缺货
中等优先级	多为比较重要的物资	允许合理范围内的缺货
较低优先级	需要使用，但可替代性高的物资	允许缺货

6. 零库存管理

零库存是一种特殊的库存概念，是库存管理的理想状态。它并不要求企业的某些物品的储存量真正为零，而是通过实施特定的库存控制策略，使得物品(包括原材料、半成品和产成品)在采购、生产、销售、配送等一个或几个经营环节中，不以仓库存储的形式存在，而均处于周转的状态，实现供应链节点企业库存量的最优化。

零库存管理的主要运作形式有以下几种：①委托保管方式，是指接受企业的委托，由受托方代存代管货物，从而使企业不再保有库存，从而实现“零库存”；②协作分包式，这主要是制造企业的一种产业结构形式，以若干分包企业的准时供应，使主企业的供应库存为零；③同步方式、准时制方式，依靠有效的衔接和计划达到工位之间、供应与生产之间的协调，从而实现零库存；④无库存储备，保持储备但不采取库存形式。

7. 供应商管理库存

供应商管理库存(Vendor Managed Inventory，VMI)是由供应商为客户管理库存，并为它们制订库存策略和补货计划。供应商根据客户的销售信息和库存水平，为客户进行补货，是供应链上成员间达成紧密业务伙伴关系后的一种结果。

VMI模式的基本流程为：供应商从客户处接收电子数据；供应商通过处理和分析这些信息，得知客户仓库里每一种货物的情况和市场需求；为分销商制订和维护库存计划。

实施VMI策略需要遵循的原则包括：①合作性原则，相互信任与信息透明；②互惠原则，VMI的关键不是关于如何分配或谁来支付的问题，而是关于减少成本的问题；③目标一致原则，双方都明确各自的责任、观念上达成一致的目标，明确库存放在哪里、什么时候支付、是否需要管理费等问题，并体现在框架协议中；④持续改进原则。

VMI策略的常见实施方式有以下几种：①供应商提供包括所有产品的软件，客户使用软件执行存货决策，客户拥有存货所有权并管理存货；②供应商在客户所在地，代表客户执行存货决策，管理存货，但存货的所有权归客户；③供应商在客户所在地，代表客户执行存货决策并管理存货，拥有存货所有权；④供应商不在客户所在地，但定期派人代表客户执行存货决策并管理存货，拥有存货所有权。

通过实施VMI策略，可以实现供应商和客户双方效益的最大化。对于供应商有以下好处：了解市场的真实需求状况及时调整生产供应计划；通过多客户补货以及传递间的协调降低运输成本，改善服务水平；供应商可以在多个分销商需求的基础上进行预测，避免了单个分销商订单对预测的误导，提高预测的准确性。对于客户有以下好处：库存管理的效率更高，库存周转和顾客服务水平不确定性降低，有效减少资金占用、降低库存成本；有利于将企业资源投放到核心领域。

但VMI策略本身也存在一定缺陷：①VMI策略是建立在双方高度信任的基础上的，因为整个过程中的销售情况和库存情况都是透明的，所以存在客户信息的滥用和泄露的问题(此时实际上客户的生产、销售数据都被供应商掌握，风险较高)；②虽然协议框架是供应商与销售商共同协商的，但供方拥有主动权和决策权，在决策过程中会因为协商不够而造成失误；③VMI策略虽然使整个供应链的库存下降了，但增加了供应商的管理成本，库存费用、运输费用、物料损坏等都不是由销售商承担，而是由供应商承担，这无疑增加了供应商的风险；④VMI策略要求双方高度的合作，但一般的供应商和客户都难以做到。

此外，建立供应商管理库存信息系统时前期需要较高的投资。

8. 联合管理库存

联合管理库存(Jointly Managed Inventory，JMI)指由供应商和客户联合管理库存。JMI是一种风险分担的管理模式，强调供需双方同时参与，共同制订库存计划，是供应链中每个库存管理者都从相互之间的协调性出发，保持供应链相邻各节点需求的确定都是供需双方协调的结果。

通过实施JMI策略，为实现供应链的同步化运作提供了条件和保证，减少了需求扭曲现象，降低了库存的不确定性，提高了供应链的稳定性。实施JMI策略后，库存作为供需双方信息交流和协调的纽带，可以保留供应链管理中的缺陷，为改进供应链管理水平提供依据。JMI 策略的实施为零库存管理、准时采购、精细化管理创造了条件。但 JMI 策略建立和协调的成本很高，在现实情况中往往难以实现。

目前，关于库存管理策略问题的研究成为物流管理领域的研究热点之一。库存管理策略研究时所设定的外部环境越来越贴近企业运营的真实环境：从研究单个企业的库存管理拓展到供应链环境下的库存管理，从单纯的二级供应链、制造商—零售商供应链拓展到多级供应链、制造商—制造商供应链，从单一产品库存管理拓展到多种产品库存管理，从单周期定量补货拓展到多周期定期补货，从确定环境下的库存管理研究拓展到不确定环境下的库存管理研究，从单一库存管理策略研究拓展到各种库存管理策略相互综合。如石绣天针对不同类型的不确定性环境进行对策研究和分析：针对需求不确定环境，进行考虑供应链成员风险规避的库存问题研究；结合市场需求不确定性和设备易损坏的生产不确定性，进行需求不确定及设备易损坏情况下的库存问题研究。陈芝在 ABC 库存分类法的基础上进行创新，提出了多维分类矩阵模型，并根据每一类物料特征选用不同的库存策略，对关键性物料采用了重点管理策略，解决了制造企业在不缺货情况下如何保持最小库存成本问题；同时与以往所研究的一对一或一对多的供应链定量补货模型不同，提出了一对多供应链的多周期定期补货模型，并在综合考虑基于补货周期、缺货比率、库存成本多个因素的补货策略基础上研究供应链协调，解决了供应链补货问题，因而更具实际意义；此外还提出了无缺货与缺货条件下的供应链补货模型，并进行对比分析，解决了不同情况下的供应链补货问题。

除了相关理论的研究发展外，各种仓储管理技术的研究也发展迅速，包括自动化仓库技术、物联网技术、RFID 技术等。以 RFID 技术为例，不仅在仓储环节得到了广泛应用，在物流其他环节中也得到了快速推广，并成为物联网技术研究、发展的重要基础。

RFID(Radio Frequency Identification，射频识别)技术是一种利用无线电波进行非接触双向通信的自动识别技术。该技术能对具体实物的流动信息进行快速准确的识别和输入，保证信息能够实时地表达实物流动过程，适应了现代物流对货物仓储、运输等环节全程可视、可控的要求，在物流管理领域形成了无可比拟的优势。

RFID 系统主要由两部分组成：读写器和射频标签。读写器也称阅读器，由射频模块、读写模块和天线 3 个主要部分组成。它通过天线发射射频载波信号并接受射频标签反射回的射频载波信号，具有与射频标签通信的功能；具有很强的数字信号处理能力以及数据加密、数据纠错、出错报警等功能；还可以通过标准接口将标签内容和其他信息传输给计算机，实现与计算机通信的功能。射频标签也称电子标签或射频卡，由射频模块、存储器、控制模块及天线 4 个主要部分组成。标签的几个主要模块集中在一块芯片中，芯片的外围有连接天线，对有源标签还需连接电池。通常情况下射频标签具有如下功能：具有一定容量的存储器，用以存储被识别对象的信息；在一定的工作环境及技术条件下标签数据可读、写；维持对识别对象的识别及相关信息的完整；数据信息编码后，工作时可传输给读写器。

射频标签与读写器之间的数据传输是通过空气介质以无线电波的形式进行的。其工作原理是：进入读写器工作区域的射频标签接收读写器发出的射频信号，凭借感应电流所获得的能量发送存储在芯片中的产品信息(无源标签)，或者主动发送某一频率的信号(有源标签)，读写器读取信息并解码后，送至中央信息系统进行有关数据处理。

从 RFID 的工作原理可以看出，射频标签突破了传统条形码技术的局限，与条形码相比还具有以下突出的优点：非接触自动识别，阅读距离远，一次可识别多种物体；读写速度快，可对高速物体（如运输途中的汽车）进行识别；可透过外部材料（玻璃、布料、木材、塑料等非金属材料）读取数据；标签信息容量大，可反复读写；射频标签是封装式的，不易损坏，适合于在恶劣环境下用。因此，RFID 技术在物流管理中的应用将通过提供更精确、更及时的物资流动信息，使每一个物流环节的各成员实现信息共享，减少重复工作，从而提高整个物流系统的运行效率。

RFID 系统可以在智能仓库货物接收、入库、订单拣货、出库等环节应用。当贴有射频标签的货物或容器进入仓储中心（或物流中心）时，装卸平台上的阅读器将自动识读标签，确认货物的数量、大小、种类等是否与订单一致，并且把收货时间及货物运输途中的损坏程度等信息输入主机系统的数据库，完成货物接收工作。入库时，由于实现了库位、品种和射频标签的对应管理，系统可以根据目前仓库库位情况，自动生成货物上架信息（如货物上架库位地址等），待上架操作完成后，利用手持阅读器将对应货位最新的货物信息通过无线网络传输到后台数据库，主控计算机自动进行货位货物信息的变更确认，完成货物入库操作。出库时，出库信息通过系统处理并传到相应库位的电子标签上，显示该库位货物需出库的数量，同时发出光和声音信号，指示拣货员完成作业。拣货完毕后，拣货人员通过手持阅读器，将对应货位最新货物信息通过无线网络传输到后台数据库，系统自动进行货位货物信息的变更确认，完成物品出库操作。当货物从备货区到装卸平台，安置于该处的 RFID 系统把出货时间、数量等信息输入主机系统的数据库。例如，深圳白沙物流有限公司，在引入 RFID 技术之前，产品入库时要用条码扫描终端对每件产品的条码进行逐一扫描，出库时又要重复一遍。扫描条码时可能会出现的重码或遗漏情况很难及时发现，不同条码货物的存放位置也无法确定，整个过程存在大量的重复劳动和出错的隐患。引入 RFID 技术后，公司只需在产品出厂入库前扫码一次，剩下的工作由应用 RFID 的数字分拣系统自动完成，货品移动的每一个过程都由标签和阅读器自动记录并自动处理，从而省掉了不必要的机械重复劳动。在应用 RFID 的数字化分拣系统之前，完成 4000 件第一次出货工作需要约 3～3.5 个小时。使用该系统后，这一时间缩短到了约 2 个小时。第二次补货出库的时间也由原来的 2～2.5 个小时缩短到了约 1 个小时。同时仓库利用率也由 30%提升到 80%。

RFID 技术结合全球卫星定位系统，可以对物流运输过程进行全面可视化跟踪。当贴有电子标签的货物和运输工具，经过一些设立了 RFID 读写系统的地理位置时，运输工具可以不用停下来而直接通过，节省了通关的时间。同时，设立在运输路径上的 RFID 系统可以对车辆进行实时定位跟踪，及时了解货物在途运输信息，便于公司进行远程调度管理，并极大地提高了在途货物的安全性。例如，RFID 技术在集装箱运输管理中的应用可以提高集装箱的运输效率。将记录有集装箱箱号、箱型、装载货物种类、数量等数据的电子标签安装在集装箱上，在经过安装有 RFID 系统的公路、铁路的出入口、码头的检查门时，该系统即可以对集装箱进行动态跟踪，同时阅读器可以非常容易地校验集装箱等封闭容器内的货物，而无须花费大量的人力和时间进行开箱检查、手工点货和货单校对，不仅加快了车辆进港提箱的速度，而且对车辆提箱进行严密的管理并有效地降低了工作人员的劳动强度，减少了人为因素造成的差错。

七、仓储合理化

仓储合理化,即为在保证仓储功能实现的前提下,使用多种方法、策略实现物品仓储的经济性。仓储功能是对物品仓储需求的满足,但在实际的仓储过程中,往往存在对仓储功能的过度重视。为实现仓储功能,投入过多的人力、物力、财力,造成仓储环节的不经济。因此,合理仓储的实质是在保证仓储功能实现的前提下,尽量减少资源的投入,并合理组织、利用,从而实现库存成本的整体最优化。

仓储是否实现合理化,可以从以下几个方面进行考量。

(一) 质量

保证仓储物品的质量是仓储环节的基本功能和要求。只有保证了所仓储物品的质量,物品的使用价值才能最终实现。如果在仓储期间,物品的质量受损,再谈仓储环节能创造多少时间价值就没有任何意义了。因此,保证仓储物品的质量是衡量仓储工作合理化水平的首要标志。

(二) 数量

在仓储环节中,数量是衡量是否实现仓储合理化的另一主要标志:不仅要保证物品在仓储期间的数量不能短缺,更重要的是将库存数量控制在一个合理水平,应该运用科学的管理方法和策略,根据企业实际需求,在企业所处供应、生产消耗、运输等现实条件约束下,合理控制库存水平。

(三) 时间

物品在仓储环节中停留时间过长,意味着物品的积压,势必占用企业的流动资金,影响企业的正常运营。同时,在总仓储时间一定的情况下,个别物品存储时间过长也意味着仓储过程某一环节的不合理,如在出库环节中没有做到物品的“先进先出”等。因此,物品存储必须有一个合理的时间范围。

(四) 品种、数量结构

企业生产活动中需要消耗的各种物品往往存在品种、数量上的固定比例关系。如果某一种物品缺货,就有可能使得企业的生产停顿下来。不同区域消费者对于商品品种的需求不一样,不同市场的消费潜力也不同,因此不同区域仓储物品的品种、数量结构也应相应调整。因此,各类仓储物品的品种、数量比例是否符合企业生产、经营的实际需求,是衡量仓储合理化水平的又一标志。

(五) 库存成本

仓储过程中会发生库存持有成本、订货或生产准备成本、缺货成本、购置成本(购入成本)等各类成本和费用。计算所得的库存成本是判断仓储是否合理的重要依据。

第三节 装卸搬运

一、装卸搬运的概念

根据国家标准《物流术语》,装卸是指物品在指定地点以人力或机械装入运输设备或从运输设备上卸下的活动;搬运是指在同一场所内将物品进行水平移动为主的物流作业。

装卸搬运是物料装卸和物料搬运两项作业的统称。这两项作业又密不可分，习惯上常常以“装卸”或“搬运”代替“装卸搬运”的完整含义。在流通领域里的装卸搬运一般指货物装卸；在生产领域里装卸搬运一般指物料搬运。在强调物料存放状态的改变时通常使用“装卸”一词；在强调物料空间位置的改变时，使用“搬运”这个词。需要注意的是，装卸搬运的“运”发生在同一地域，范围较小，距离较短；运输中的“运”则发生在较大范围内，距离较长。两者使用的设备也有较大差异：搬运一般使用叉车、托盘搬运车等设备；运输使用的通常是各类车辆、船舶、飞机。

装卸搬运的作业内容通常包括以下几个环节：

(1) 装卸，指从运输设备上将物料装载或卸下；

(2) 搬运，使物料短距离内移动；

(3) 堆码，将物料或包装货物进行码放、堆垛等；

(4) 取货，从保管场所将物料取出；

(5) 分类，将物料按品种、发货方向、顾客需求等进行分类；

(6) 理货，将物品备齐以便随时装货。

二、装卸搬运的特点

（一）装卸搬运是支持性、保障性和服务性的活动

无论是在生产领域还是在流通领域，装卸搬运都起到了重要的支持、保障和服务作用。在生产领域，装卸搬运使得原材料、零部件、半成品和在制品在各生产环节之间流转，保证了生产活动的连续不间断进行。装卸搬运直接影响着其他物流活动的质量和速度。据统计：在中等批量的生产车间里，零件在机床上的时间仅占生产时间的5%，而95%的时间消耗在原材料、工具、零件的搬运，物料搬运的费用占全部生产费用的30%～40%。在流通领域，一旦商品的装卸搬运出现问题，商品就将滞留在某一流通环节，影响商品流通的正常进行。

（二）装卸搬运是附属性、伴生性的活动

装卸搬运活动不会独立出现或存在。所有的装卸搬运活动必然发生在其他物流活动开始或结束时，如运输开始时需要通过装车完成运输前的准备，卸车完成后才能开始仓储活动的入库环节。正因为这种附属性、伴生性，装卸搬运容易被人忽视，被视为其他物流活动的组成部分。

（三）装卸搬运是衔接性的活动

装卸搬运是任何其他物流活动相互过渡，紧密衔接的纽带。正因为装卸搬运活动的存在，物流各个环节才能形成一个有机整体，才能被视为一个“系统”，如出库标志仓储环节的结束，同时也意味着运输环节的开始，而衔接这两个环节的正是装卸搬运。装卸搬运活动的效率往往是影响物流整体系统的关键。

三、装卸搬运的分类

从不同的角度，按照不同的方法，装卸搬运作业可以分为不同类型，具体如表3-5所示。

表 3-5 装卸搬运分类

分类方法	类别	定义
按施行的物流设施、设备对象分类	仓库装卸	以堆垛、上架、取货等操作为主，包括出库、入库、维护保养等一系列活动
	港口装卸	包括码头前沿的装船，也包括后方的支持性装卸搬运。有的港口装卸还采用小船在码头与大船之间"过驳"的方式
	汽车装卸	利用装卸作业达到车与物流设施间货物过渡的目的，一次装卸量不大
	飞机装卸	适用于远距离、小批量货物的转移
	铁路装卸	对火车车皮的装进装出
按装卸搬运的机械及机械作业方式分类	吊车"吊上吊下"方式	使用各种起重机械等起吊装置的垂直移动实现装卸，并在吊车运行的范围内或回转范围内实现搬运，属于垂直装卸方式
	叉车"叉上叉下"方式	用叉车从货物底部托起货物，并依靠叉车的行驶完成货物搬运，属于水平装卸方式
	半挂车或叉车的"滚上滚下"方式	港口装卸使用叉车或半挂车、汽车承载货物，随船到达目的地后，再从船上开下
	"移上移下"方式	在两车之间进行靠接，靠水平移动从一台车辆推移到另一台车辆上
	散装方式	对散装货物进行装卸
按作业特点分类	连续装卸、间歇装卸	
按作业性质和场所分类	车船装卸	在载运工具之间的装卸、换装作业
	场库装卸	在仓库、物流中心、集散点等处进行的装卸作业
	港站装卸	在车站、港口、码头等地进行的装卸作业
按物品的运动形式分类	水平装卸和垂直装卸	
按被搬运对象分类	单件货物装卸、散装货物装卸、集装货物装卸等	
按装卸搬运作业分类	堆垛作业	将商品从预先放置的场所，移动到汽车之类的物品运输设备或仓库之类固定设备的指定位置，再按照要求的位置和形态放置物品的作业
	拆垛作业	堆垛作业的逆作业
	分拣作业	在堆垛、拆垛作业前后或在配送作业之前发生的作业，把物品按品种、出入先后顺序、货流分类，分别放置到规定位置的作业
	配货作业	向汽车等运输设备装货作业之前和从仓库等保管设施出库装卸之前发生的作业，是指把物品从所定位置，按品种、下一步作业种类、发货对象分类所进行的拆垛、堆垛作业

四、常用装卸搬运设备

装卸搬运机械是指用来搬移、升降、装卸和短距离输送物品的机械。常见的装卸搬运设备有叉车、托盘搬运车、起重机械、传送带和输送机械等，以及托盘、集装箱、集装袋等搬运单元化、标准化容器。

（一）叉车

叉车是用来装卸、搬运和堆码单元货物的车辆，具有适用性强、机动灵活、效率高的优点。叉车按动力可以分内燃式、蓄电池式两种：内燃式包括汽油内燃（载重量1～3t）、柴油内燃（载重量3t以上）；蓄电池式载重量一般在2t以下。叉车按结构特点可以分为平衡重式、前移式、插腿式、侧面叉车等。

1. 平衡重式叉车

平衡重式叉车是使用最广的叉车种类之一，适用于露天或室内作业。平衡重式叉车的特点在于：货叉在前轮中心线以外，尾部装有平衡重防翻；充气轮胎，运行速度快，且有较好的爬坡能力；多级门架提升高度高，可前后倾，便于叉货和稳定，如图3-5所示。

图3-5　平衡重式叉车

2. 前移式叉车

前移式叉车是指门架（或剪式货叉）可以前后移动的叉车。前移式叉车的特点在于：取卸货时，货叉随着门架前移到前轮以外（或伸出剪式货叉）；行走时门架后移（或收回剪式货叉），使货物重心后移于前、后轮之间，运行稳定；不需要平衡重，自重轻，尺寸小，降低直角通道宽和直角堆垛宽，适用于车间、仓库内工作；按操作可分为站立式、座椅式；采用蓄电池为动力，不会污染周围的空气，且起一定的平衡作用；库内作业地面条件好，用实芯轮胎，车轮直径小，如图3-6所示。

3. 插腿式叉车

插腿式叉车是堆垛用叉车，结构紧凑，货叉在两个支腿之间，取卸货和走行时都很稳定。插腿式叉车尺寸小，转弯半径小，在库内作业比较方便，但是货架或货箱的底部必须留有一定高度的空间，以使叉车的两个支腿插入。插腿式叉车可分为分手摇机械式、手动液压式和电动液压式三种，适用于工厂车间、仓库内效率要求不高，但需要有一定堆垛、装卸高度的场合，如图3-7所示。

图3-6　前移式叉车

图3-7　插腿式叉车

4. 侧面叉车

侧面叉车主要用于长料货物的搬运，其特点有：有放置货物的平台，门架与货叉在车体的中央；横向伸出取货，缩回车体内将货物放在平台上即可行走；司机的视野好，所需通道宽度也较小,如图 3-8 所示。

图 3-8 侧面叉车

(二)托盘搬运车

托盘搬运车是一种轻小型搬运设备。它有两个货叉似的插腿,可插入托盘自由叉孔之内,广泛应用于收发站台的装卸或车间内各工序间不需堆垛的搬运作业。托盘搬运车可以分为手动式和电动式两种。电动式又可以分为步行式、踏板驾驶式和侧座式。如图 3-9～图 3-11 所示。

图 3-9 手动托盘搬运车　　图 3-10 步行式电动托盘搬运车　图 3-11 踏板式电动托盘搬运车

(三)起重机械

起重机械是以间歇作业方式对物料进行起升、下降和水平移动的搬运设备,其作业循环包括取物、起重、平移、下降、卸载等环节,广泛应用于工业、交通运输业、建筑业、商业和农业。起重机械至少具有完成物品上、下升降功能的起升机构,可分为简单起重机械、通用起重机械和特种起重机械。简单起重机械只能完成单动作起升,如滑车、葫芦、升降机和电梯。通用起重机械可以完成多动作,除升降外,还可完成水平或旋转运动,通常用吊钩工作。这里所指的“通用”不仅指搬运物料的多样性,还有使用场所的广泛性。

1. 简单起重机械

简单起重机械一般只作升降运动或一个直线方向移动,只具备一个运动结构。简单起重机械起升货物重量不大,作业速度及效率较低,常见的简单起重机械有:手拉葫芦,用于手动梁式起重机或架空运输;手板葫芦,手柄板动钢丝绳或链条;环链电动葫芦;钢丝绳电动葫芦；升降机，如图 3-12 所示。

图 3-12 简单起重机械

2. 通用起重机械

通用起重机械具有使物品作水平方向的直线运动或回转运动机构。常见的通用起重机械有回转式起重机和桥架式起重机两种。回转式起重机分为固定回转和移动回转两类。前者装在固定地点工作（转柱式、定柱式、转盘式），后者安装在有轨或无轨的运行车体上（汽车式、轮胎式、履带式属无轨运行回转式，塔式.港口门座式和铁路起重机属于有轨运行回转式）。桥架式起重机有梁式、通用桥式、龙门式、装卸桥等，如图 3-13 所示。

图 3-13 通用起重机械

在搬运中选择起重机械时，应参考以下因素选择合适的起重机械：所需起重物品的重量、形态、外形尺寸；工作场地的条件，如长宽高、室内或室外；工作级别，如频繁程度，负荷情况；每小时的生产率要求。

（四）传送带和输送机械

输送机械是在一定的线路上连续不断地沿同一方向输送物料的物料搬运机械，装卸过程无须停车。传送带即为皮带类型的输送机械。传送带和输送机械主要完成水平物品的搬运，兼有一定垂直或倾斜搬运能力，搬运对象主要为小型件及散状物品。传送带和输送机械的特点在于：输送能力大，运距长，结构简单，生产率很高；还可在输送过程中同时完成若干工艺操作，应用十分广泛；输送机械可进行水平、倾斜和垂直输送，也可组成空间输送线路，输送线路一般是固定的。常见的传送带和输送机械有斜槽输送机、带输送机、轮式输送机和辊子输送机等几种，如图 3-14 所示。

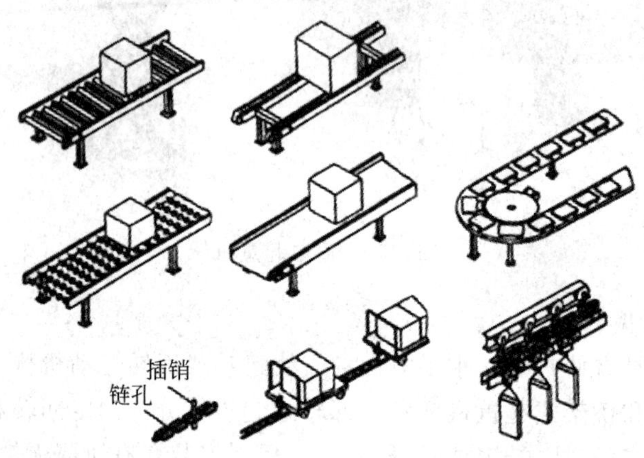

图 3-14　各类传送带和输送机械

五、常见装卸搬运作业方法

常见的装卸搬运作业方法有以下几种。

1. 单件作业法

单件作业法即单件、逐件的装卸搬运，是人力作业阶段的主导方法。长大笨重、形状特殊的物品，以及集装会增加危险的物品，或者某些无法设置、难以设置装卸机械的场合，需采取传统的单件作业法。

2. 集装作业法

先将物品集零为整（集装化）再行装卸搬运的方法称为集装作业法，包括集装箱作业法、托盘作业法、网袋作业法、货捆作业法、挂车作业法等。

3. 重力作业法

重力作业法是利用货物的重力势能来完成装卸作用的方法，主要适用于铁路运输，汽车也可用这种方法装载。重力法装车设备有筒仓、溜槽、隧洞三类。重力卸车则主要指底开门车或漏斗车在高轴线或卸车坑道上自动开启车门，煤或矿石依靠重力自行流出的卸车方法。

4. 倾翻作业法

倾翻作业法是将运载工具的载货部分倾翻，使货物卸出的方法，主要用于铁路敞车和自卸汽车的卸货。铁路敞车作业时，敞车被送入翻车机，夹紧固定后，敞车和翻车机一起翻转，货物倒入翻车机下面的受料槽。

5. 气力输送作业法

气力输送作业法是利用风机在管道内形成气流，依靠气体的动能或压差来输送货物的方法。这种方法的装置结构紧凑、设备简单、劳动条件好、货物损耗少。但消耗功率较大、噪声较大。近年发展起来的依靠压差的推送式气力输送，克服了上述缺点。气力输送法主要用于装卸粮谷和水泥等。

6. 机械作业法

机械作业法是采用各种机械，使其工作机械直接作用于货物，通过舀、抓、铲等作业方式，从而达到装卸目的方法。常用的机械有：胶带输送机、堆取料机、装船机、链斗装车机、单斗和多斗装载机、挖掘机、斗式、带式和螺旋卸船机、各种抓斗等。港口装船推荐采用移动式装船机，卸船以抓斗为主，堆场作业采用旋臂堆料机、斗轮机及门式斗轮堆取料机等。

7. 人力作业法

人力作业法是指完全依靠人力，使用无动力机械的作业方法。

8. 间歇作业法

间歇作业法是指在两次装卸搬运作业之间存在一个重程和一个空程两个阶段的作业方法，如桥架式起重机的作业过程。

9. 连续作业法

连续作业法是指在装卸过程中，设备连续作业，物品的装卸搬运流程不间断的作业方法，如使用传送带或输送机械完成的装卸搬运。

六、装卸搬运合理化

装卸搬运过程中需要使用各种相关设备，消耗一定的人力、物力资源，因此会产生相应的费用，增加总的物流成本。装卸搬运合理化的目标即在于提高装卸搬运的作业效率，缩短作业时间，减少装卸搬运过程中的资源消耗，提高装卸搬运的经济效益。实现装卸搬运的合理化，可从以下几个方面着手。

（一）防止无效装卸搬运

第一个方面，装卸搬运过程中应尽量减少装卸次数。在物流过程中，装卸搬运的次数远多于其他物流活动。而且，每一次装卸搬运的费用相当于几十千米的运输费用。因此，过多的装卸搬运次数不仅会使得物流成本大大增加，还会延缓整个物流进程的速度。所以，应尽量减少装卸搬运的次数。

防止无效装卸搬运的第二个方面是提高被装卸物料的纯度，即装卸量提纯。装卸搬运过程中，物品中会夹杂没有使用价值或使用价值不大的杂质或掺杂物，如煤炭的装卸搬运中会夹杂一些矸石或其他杂质。此外，很多物品的包装只能一次性使用或者回收使用价值较低，此时包装过大、过重，装卸搬运过程会有较大一部分劳动消耗在这些包装上，经济意义不大。

防止无效装卸搬运的第三个方面是缩短搬运作业的距离。不合理的装卸搬运路线设计，会人为加大作业距离，从而延长作业时间，消耗更多的投入资源。

（二）充分利用重力

在装卸过程中，应充分考虑重力因素，制造一定的高度落差，从而利用货物自身的重量完成装卸过程,减少动力消耗,降低装卸成本。如在从卡车、铁路货车卸货时,通过使用溜板、溜槽等简单工具,利用卡车与地面或搬运车辆之间的高度差,从高度自动滑至低处。整个过程中,无须消耗人力劳动;相比使用叉车、起重机械等设备,消耗能源更少。

(三)提高搬运活性

物料和货物的存放状态对装卸作业的难易程度称之为搬运活性。搬运活性可以用活性系数衡量,所费的人工越多,活性就越低。反之,所需的人工越少,活性越高,但相应的投资费用也越高。图 3-15 直观地显示了物品的搬运活性系数。散放在地上的物料要运走,需要经过集中、搬起、升起和运走四次作业,所需的人工作业最多,活性水平最低,活性系数定为 0。活性的区分和活性系数的确定原则如表 3-6 所示。在对物料的活性有所了解的情况下,可以利用活性理论改善搬运作业。

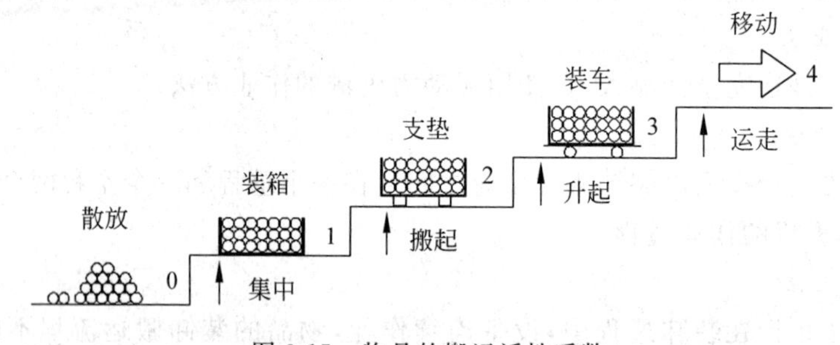

图 3-15 物品的搬运活性系数

表 3-6 活性的区分和活性系数的确定原则

物品状态	作业说明	作业种类				还需要的作业数量	不需要的作业数量	搬运活性系数
		集中	搬起	升起	运走			
散放在地上	集中、搬起、升起、运走	√	√	√	√	4	0	0
装箱集中	搬起、升起、运走	×	√	√	√	3	1	1
托盘上	升起、运走	×	×	√	√	2	2	2
车中	运走	×	×	×	√	1	3	3
运动着的输送机	不需要	×	×	×	×	0	4	4
运动着的物品	不需要	×	×	×	×	0	4	4

第四节 包装概述

包装的发展可谓源远流长,历经了古代包装、近代包装和现代包装三个阶段:古代包装,从原始人用兽皮包肉,用贝壳装水,用芭蕉叶、竹筒包食物等开始形成了一种原始的包装形态;近代包装,19 世纪初,西方爆发了工业革命,随着机器的发明和能源的开发,人们开始要求产品质量的提高,并开始注意到产品外观的美观等问题,于是包装开始起到美化作用,从而具有了审美价值;现代包装,20 世纪 30 年代,美国开始出现超级市场,销售的商品范围广,数量多,能达到 5000～20000 种商品,货架上成千上万的同类产品,只能靠各自的包装吸引顾客。

大部分物品在物流过程中需要频繁进行装卸、搬运、运输和堆码等物理性活动，为了保护物品和提高效率，需要适当的包装和集装措施。包装不仅有助于防止物品损坏，而且也有助于推销商品，使顾客得知产品信息。此外，包装的大小、形状和材料极大地影响生产劳动效率。尽管包装不像运输一样昂贵，但包装占综合物流成本的10%。

一、包装的定义

一般而言，包装有两层含义：①指盛装的容器、材料及其他辅助物品；②指实施包装过程的操作。日本工业规格JIS 2001将包装定义为：物品在运输、保管、交易、使用时，为保持物品的价值、性状，使用适当的材料、容器进行保管的技术和被保护的状态，分为逐个包装、内包装和外包装三种。在美国，对包装的定义为：使用适当的材料、容器并施与技术，使其能将产品安全送达目的地，即在产品输送过程中的每一个阶段，无论遇到怎样的外来影响，均能保护其内装物，不影响产品的价值。

在我国国家标准《包装术语》(GB/T 4122.1—2008)中，包装的定义为："包装是指为在流通过程中保护商品、方便运输、促进销售，按照一定技术方法而采用的容器、材料及辅助物等的总体名称；也指为了达到上述目的而在采用容器、材料和辅助物的过程中施加一定技术方法的操作活动。"我国关于包装的定义较好地诠释了包装的两方面含义，即包装是包装物和进行包装的相关操作的总称。

二、包装的功能

包装的功能主要有三种，分别是保护功能、便利功能和促销功能。

(一) 保护功能

包装的一个重要功能就是保护其中的物品在流通的过程中质量和数量不发生变化，特别是在质量方面，良好的包装应能保证物品在流通过程中，代表质量状况的各种物理、化学性质不发生异常变化。具体来说，包装的保护功能体现在以下几个方面。

1. 防止物品的破损变形、渗漏、泄漏

包装可防止物品在装卸、搬运、运输、仓储等物流各环节中因冲击、震动、挤压等外力作用而发生破损变形、渗漏、泄漏。

2. 防止商品发生化学变化

包装可防止物品在流通过程中出现发霉、变质、生锈等化学变化。良好的包装应能阻止水分、潮气、各种有害气体、过强光线等外在环境因素对物品的损害，起到保护作用。

3. 防止有害生物对物品的影响

在物品的流通过程中，某些物品容易受到昆虫、鼠类等有害生物的侵袭，如食品在流通过程中就需要特别注意防止昆虫或鼠类的接触、啃咬，否则不仅对物品本身是一种伤害，影响其使用价值和经济价值，同时还容易传染疾病，造成不良后果。

(二) 便利功能

良好包装给物品带来的便利功能是多方面的，可以体现在生产方便、装卸搬运方便、仓储方便、消费者使用方便多个方面。

1. 生产方便

工人在生产过程中，需要拆开各种原材料、零部件的外包装。在实现保护功能的前提下，轻薄、易拆解的包装可以使得工人拆开外包装的效率大为提高，从而将更多的时间用于生产加工，提高生产效率。同时，包装拆解后，便于折叠的包装材料有利于保持生产现场的整洁。

2. 装卸搬运方便

在物品装卸搬运过程中，过大、过重的包装意味着无效的装卸搬运。同时，包装的形状、尺寸、规格、物理性能等方面如能与装卸搬运设备相匹配，就能进一步提高装卸搬运的效率。以使用传送带搬运物品为例，包装尺寸过高、过大容易导致物品从传送带上倾翻；包装规格设计过重，传送带可能无法传送；包装材料过软、包装形状不规则会使得包装与传送带之间摩擦力不够，影响物品在传送带上的移动。

3. 仓储方便

良好的包装所具有的形状、尺寸更易于在仓储过程中堆垛，或与仓库货架更易匹配。同时，仓储人员通过附着在物品包装上的特定标记、条形码、RFID 芯片等可以有效识别物品信息，从而实现对物品的有效管理。以 RFID 技术为例，仓储人员可通过无线方式采集 RFID 芯片存储的物品信息，从而获取关于物品的数量、品种、入库仓储时间、所有者等各类信息。这些信息经仓储管理信息系统处理后，即可形成各类仓储作业指令，指示仓储人员下一步的作业活动。信息的及时、准确传递，极大提高了仓储作业的效率水平。

4. 消费者使用方便

物品包装表面通常都会有各种文字、标识和图案。根据这些文字、标识和图案，消费者可以非常方便地获取关于该种物品的名称、生产厂家、生产日期、使用方法、注意事项等各类信息，便于消费者对物品的使用。同时，精心设计的包装形式也进一步方便了消费者的使用，如常见的易开罐、易开瓶、易开盒设计等。

（三）促销功能

包装形状与构造具有吸引顾客的魅力，包装的文字、图案、色彩可以刺激顾客的购买欲，包装由此被称为“不会说话的推销员”。美国杜邦化学公司提出的“杜邦定律”认为，63%的消费者是根据商品的包装进行购买的，而国际市场和消费者是通过商品认识企业的。我国古代也曾留下“买椟还珠”的典故。因此，从某种意义上来说，商品的包装就是企业的形象，优秀、精美的商品包装能够在一定程度上促进商品的销售，提升企业的市场形象。在设计直接面对最终消费者的包装时，必须注意包装的美观性，以促进商品的销售。

三、包装的分类

现代包装种类繁多，形式和功能也不尽相同。为了选择合适的包装，必须对包装进行科学的分类。在此，介绍部分常见的包装分类。

（一）按包装在流通中的作用分类

1. 销售包装

销售包装又称为商业包装或内包装。销售包装是物品运送的最小单位，是直接接触商品并跟随商品进入零售终端和消费者见面的包装。这类包装通常经过精心设计，造型美观大方，并附着商品的各类相关信息，其主要目的是促进销售。

2. 运输包装

运输包装又称为工业包装或外包装。运输包装根据需要对容器有缓冲防震、固定、保温、防水的技术措施要求，具有密封、增强功能，以最大限度地避免运输中外界环境对物品可

能产生的影响。运输包装一般还有相应的标识说明，方便检验、计数和分拨。运输包装主要基于物品输送的目的，起到保护作用并且考虑输送搬运作业方便。

在商业包装和运输包装之间，有时还会存在一种包装形式——中包装。中包装将物品或单个包装，或一个至数个归整包装，或置于中间容器中。为了对物品及单个包装起保护作用，内包装也会采用一定措施。

在现代包装的发展趋势中，运输包装与商业包装之间的关系日趋复杂。有时运输包装本身即是商业包装，两者间的界限日益模糊。许多知名大企业越来越重视商品的运输包装，一方面高质量的运输包装可以更好地保护商品，便于物流作业；另一方面运输包装也可以起到一定的宣传展示作用。

（二）按包装适用的广泛性分类

1. 专用包装

专用包装是根据被包装物特点进行专门设计、专门制造，只适用于某种专门产品的包装。

2. 通用包装

通用包装不进行专门设计制造，而根据标准系列尺寸制造的包装，用以包装各种标准尺寸的产品。

（三）按包装容器分类

(1) 按包装容器的抗变形能力分为硬包装和软包装两类。

(2) 按包装容器形状分为包装袋、包装箱、包装盒、包装瓶、包装罐等。

(3) 按包装容器结构形式分为固定式包装和拆卸折叠式包装两类。

(4) 按包装容器使用次数分为一次性包装和多次周转包装两类。

（四）按包装技术分类

按包装技术分类，可分为防潮包装、防锈包装、防虫蚀包装、防腐包装、防震包装、危险品包装等。

（五）按包装材料分类

按包装材料分类，可分为纸制品包装、塑料制品包装、金属包装、竹木器包装、玻璃包装和复合材料包装。

（六）按所包装物品分类

按所包装物品分类，可分为粉末包装、颗粒包装、块状包装、片状包装、棒状包装和流体包装。

四、包装材料与标识

（一）包装材料的性能

不是所有材料都适合用来制造包装。要实现包装的三大功能，包装材料自身须具备一定的性能。

1. 保护性

保护性是指包装材料制成包装后应能有效保护被包装的物品。这就要求包装材料具有一定强度、韧性及弹性等，以减小或抵消外界的冲击；同时包装材料应具有较好的阻隔性，阻隔外界环境中的水分、气体、光线等因素对被包装物品的影响。

2. 可加工性

不同的物品需要不同形式的包装，这就要求包装材料具有良好的可加工性：包装材料要易于加工；能进行大规模生产，易于实现包装作业的机械化、自动化；适宜印刷，便于印上各类文字、图案及其他信息。

3. 安全性

包装材料，尤其是食品包装材料应无毒、无腐蚀性，以免影响人的身体健康。同时，包装材料应具有防微生物、防鼠、防蛀、防虫等性能。包装材料还应具有阻燃、防静电等性能。

4. 经济性

包装材料的经济性主要表现以下几个方面：①包装材料应来源丰富，获取成本较低；②包装材料自身重量不应过大，最好能够折叠，以降低物流成本；③包装材料应有利于刺激消费者的购买欲望，达成促进销售的目的；④包装材料应尽量做到可回收，循环使用。

5. 环保性

包装材料在生产、使用过程中要有利于环保，不会对环境造成不利影响。

（二）包装材料

根据不同产品的包装要求，包装材料种类繁多，可以分为纸质包装材料、塑料包装材料、玻璃及陶瓷包装材料、金属包装材料几种。

1. 纸质包装材料

纸质包装材料包括纸、纸板或以纸为基材的复合材料，是应用最为广泛的包装材料，可占所有包装材料用量的40%以上。其制成的包装主要表现为可盛装物品的纸质器具。纸质包装材料主要取材于木材、稻草、麦秸、芦苇等。纸质包装材料的优点在于资源广泛、多样，制造成本低；易于加工；具有一定的刚度、强度以及良好的弹性和韧性；无毒无污染等。同时，纸质包装自身重量轻，可折叠，因此有利于节约储运空间和降低物流成本。某些纸质包装可以反复使用，但纸质包装材料也存在防潮、防湿能力较差的缺点。

2. 塑料包装材料

常见塑料包装材料有聚烯烃、聚酯胺和聚碳酸酯，这是另外一种应用比较广泛的包装材料，占所有包装材料用量的25%以上。其制成的包装主要表现为塑料薄膜、塑料包装容器、泡沫塑料、塑料编织袋和塑料无纺布等。塑料包装材料的优点在于具有良好的可加工性，易于成型，易于着色，容易成型，且加工成本较低；耐化学性好，有良好的耐酸、耐碱、耐各类有机溶剂的性能；具有良好的绝缘性。同时，塑料包装材料也具有一定的强度。但某些塑料包装材料无法在自然环境中降解，从而对环境造成一定污染。

3. 玻璃及陶瓷包装材料

玻璃及陶瓷包装材料化学成分为硅酸类材料，其制成的包装主要表现为各种容器或器皿。玻璃及陶瓷包装材料的优点在于造价便宜；具有很高的硬度及良好的阻隔性、化学稳定性和热稳定性，因此可用来盛装各种酒类、饮料、化学制剂；透明的玻璃材料具有良好的光学性能，且容易进行颜色的改变，玻璃包装因而经常被用来加工成工艺容器以达到促销的目的；玻璃及陶瓷包装材料还可以反复多次使用，从而降低包装成本。但玻璃及陶瓷包装材料强度较低、易碎，在物流过程中需要采取一定的措施予以保护。

4. 金属包装材料

常见的金属包装材料有低碳薄钢板和含碳量小于0.25%的铁碳合金。其中，镀锡薄钢板，又称镀锡板、马口铁，即两面镀锡的低碳薄钢板在金属包装材料中应用极为广泛，被大量用于制造各种罐头容器。金属包装材料可被制成金属盒、金属箱、金属罐、金属桶等多种形式。金属包装材料是所有包装材料中强度最高的；同时具有较好的阻隔性；可加工性较好。金属包装材料的缺陷在于制造成本相对较高，且金属包装材料自身重量较大。

各种包装材料示例如图3-16所示。

图3-16　各种包装材料

（三）包装标识

如前所述，包装可以分为销售包装和运输包装，因此包装标识也相应分为销售包装标识和运输包装标识。

1. 销售包装标识

销售包装标识主要通过包装上印刷的图案、文字、条形码等来传递产品信息，方便消费者识别、选购。因此，销售包装标识中的图案应美观大方，可带给顾客美好的视觉感受，突出商品的特点，从而吸引消费者进行购买。销售包装标识中的文字应标明商品的品名、产地、数量、规格、主要成分、用途和使用方法等信息，以方便消费者选购和使用。销售包装标识中的条形码是由宽度不等的多个黑条和空白，按照一定的编码规则排列，用以表达一组信息的图形标识符。常见的条形码是由反射率相差很大的黑条(简称条)和白条(简称空)排成的平行线图案。条形码可以标出物品的生产国、制造厂家、商品名称、生产日期、图书分类号、邮件起止地点、类别、日期等许多信息。在流通过程中，通过光电扫描设备识读条形码，即可方便而准确地查询商品的各种信息，实现快速结算，既提高了企业的效益，又方便了顾客。

2. 运输包装标识

运输包装标识是在运输包装上印刷的特定图形、文字和符号，其作用在于传递包装内物品信息，指示物品在物流过程中应采取的防护措施。印刷包装标识又可进一步细分为包装识别标识、危险品标识和指示性标识。

包装识别标识又称为收发货标识，是各种商品分类图示标识和其他文字说明排列格式的总称。通过包装识别标识，作业人员即可在运输、仓储、装卸搬运等物流环节中有效识别货物，避免错发错运。包装识别标识主要包括四项内容：收货方名称或代码；发货方名称或代码；目的地（港）名称；件号、批号，还可包括货物产地、合同号（订单号）、许可证号、体积、重量等内容。

危险品标识是一种警示性标识，用以指示该货物具有易燃、易爆或有毒等危险特性。危险品标识一般采用特殊、醒目的色彩或黑色菱形及文字来引起相关人员的注意。常见的危险品标识包括爆炸品标识、易燃气体标识、有毒气体标识、有毒品标识等[详见国家标准《危险货物包装标识》(GB 190—2009)]。

指示性标识是在物流过程中提示相关作业人员按标识要求进行操作，如小心轻放、由此夹起、禁用叉车等，以适应产品怕湿、易碎、惧高温等特性。物流过程中常见的指示性标识（部分）如图 3-17 所示。

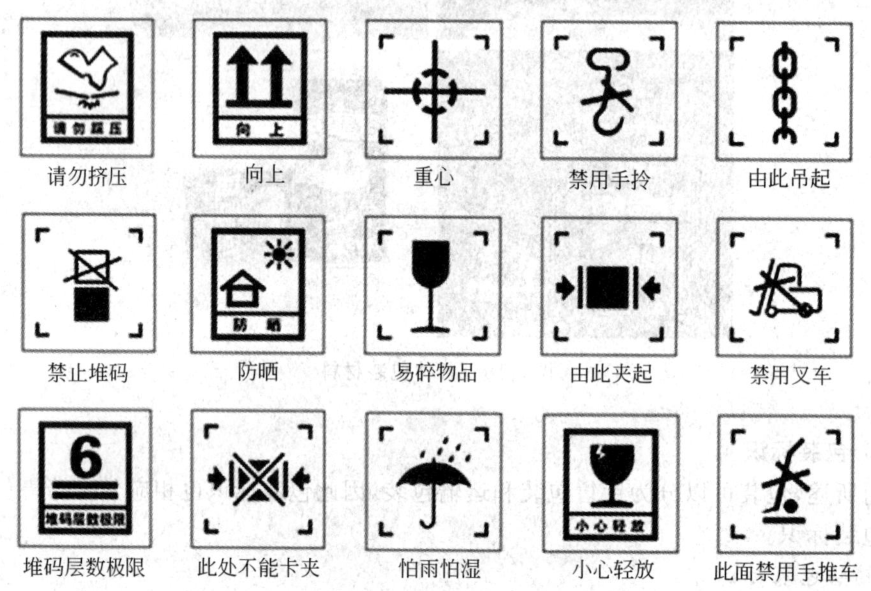

图 3-17 常见指示性标识(部分)

五、集装单元化及器具

（一）集装单元化

1. 集装单元化的概念

有人称集装单元化是物料搬运、物流作业的一场革命。集装单元化器具不能单纯地看作一个容器，它是物料的载体，是物流机械化、自动化作业的基础。标准化后的单元化容器也是物流设备、物流设施、物流系统设计的基础，是高效联运、多式联运的必要条件。

集装单元化就是采用集装器具或捆扎方法，把物品组成标准规格的单元货件，以加快装卸、搬运、仓储、运输等物流活动。物品通过组合包装，实现集装单元化后，改变了物品散放状态，提高了搬运活性指数，便于搬运机械的操作，减少了人力装卸，从而提高生产作业率，降低搬运成本。装卸次数也相应减少，降低了物品破损的可能性。实现物品的集装单元化可以防止物品散失，易于清点和增加货物堆码层数，也改变了堆放条件，能更好地利用仓库

面积和空间。单元化是将规模思想应用到不同物料的搬运中，其效果已在物流业得到最好的印证。物品搬运不仅要实现单元化，所得单元还应实现标准化。标准化是指物品包装与集装单元的尺寸（如托盘的尺寸、包装箱的尺寸等）要符合一定的标准模数。标准化后有利于物流系统中各个环节的协调配合，在易地、中转等作业时不用换装，提高通用性，减少搬运作业时间，减轻物品的散失、损坏，从而节约费用。常见的标准化集装单元可以是托盘、箱、袋、筒和集装箱等，其中以托盘、集装箱和集装袋应用最为广泛。

2. 集装单元化的特点

集装单元化的优点如下：

(1) 形成最少次数的搬运，降低搬运成本；

(2) 节省装货、卸货的时间，实现快速的物料运送；

(3) 就集装单元重新设计包装或排列，可减少搬运中物料的损坏；

(4) 实现搬运空间的最大利用；

(5) 由于时刻保持适合集装单元的包装形式，故可节省包装费用；

(6) 减少物品存储的时间和成本；

(7) 为交货、传递提供良好沟通单位；

(8) 提供安全搬运方法；

(9) 零件项目虽变化繁多，但搬运的承载物则是单一化的；

(10) 不规则形状的物品能变成安定的负载形态。

集装单元化也存在一些不足之处：

(1) 购买和使用实现集装单元化的器具，如托盘、集装箱、集装袋等，需要耗费一定的费用，集装单元化器具也需要一定的存放空间；

(2) 集装单元化器具本身有一定的重量，特别是大型器具，如集装箱等自身重量较大，增加了搬运负荷；

(3) 集装单元化器具使用完毕后，存在取回空器具的问题，如商品配送至零售商后，需要取回放置商品的空托盘；

(4) 如果集装单元化器具尺寸、规格不标准，或者物流相邻节点之间缺乏有效沟通，在移动点两端容易出现运载设备对承载器具不适用的问题。

（二）常见集装单元化器具

1. 托盘

随着叉车在市场上出现，托盘作为叉车的一种附属装卸搬运工具，与叉车配套使用。同时货物带托盘储存的办法，使托盘成为一种储存工具；为消除转载时码盘拆盘的繁重体力劳动，托盘从港内、站内、企业内使用发展到随车船运输，成为一种运输工具。托盘不仅是仓储系统的辅助设备，而且是整个物流系统的集装化工具，是物流合理化的重要条件。按托盘材料不同，托盘可分为木托盘、钢托盘、铝托盘、纸托盘、塑料托盘、胶合板托盘和复合材料托盘等；按使用方式不同，托盘分为通用托盘和专用托盘两种。其中，通用托盘是指在企业内外一般货物流通使用，可供互换的托盘其尺寸和结构一般都符合国际、国家或行业标准的规定。通用托盘按其结构不同可分为平托盘、箱式托盘、柱式托盘和轮式托盘等。

在通用托盘中，平托盘是一种基本型托盘，其应用最为广泛，其他各种结构的托盘都是由平托盘发展而来的。平托盘在承载面和支撑面间夹以纵梁，构成可集装物料，可使用叉车或搬运车等进行作业的货盘。平托盘按使用面可分为单面平托盘、双面平托盘;按货叉插入口分为两向进叉托盘、四向进叉托盘,如图 3-18 所示。

图 3-18　平托盘

托盘主要参数有五个,即长度、宽度、总高度、叉孔高和插口高,如图 3-19 所示。其中总高度一般为 100～150mm,单面取 140 mm,双面 150mm;叉孔高 70mm,叉孔宽度为 95～127mm;自由叉孔(插口)则专门为托盘搬运车插腿插入所用,高度为 100mm。托盘尺寸在上述这三个参数上基本统一,但托盘的长度和宽度尺寸世界各国都不相同,而这两个关键尺寸与货架、搬运设备、运输工具等密切相关,对托盘尺寸进行标准化至关重要。目前主要的托盘规格尺寸有以下几种:800mm×1200mm(欧式托盘)、1000mm×1200mm(通用标准托盘)、1016mm×1219mm (40in×48in,美式托盘)、1140mm×1140mm(日、韩采用的日式托盘)。国际标准择优采用 800mm×1200mm 和 1000mm×1200mm 两种尺寸。2007 年我国颁布了国家标准(GB/T 2934—2007),将 1200mm×1000mm 和 1100mm×1100mm 两种规格作为我国联运通用平托盘的规格,并优先推荐 1200mm×1000mm。托盘结构、尺寸如图 3-19 所示。

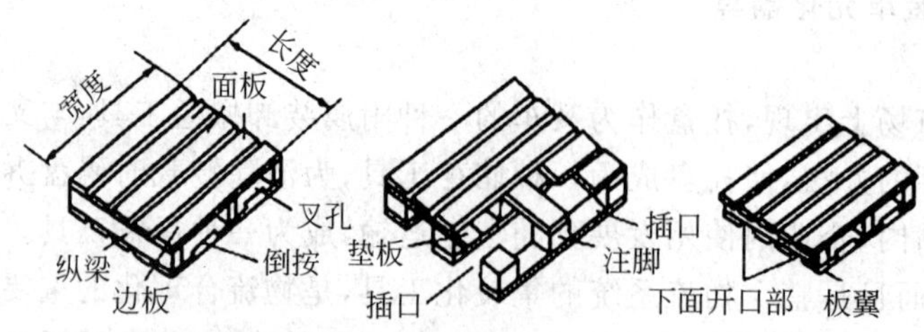

图 3-19　托盘结构及参数

2. 集装箱

集装箱最早出现在 1830 年英国的铁路运输中,当时主要的作用是完成较大货物的包装或作为集装吊具。第二次世界大战后,经过几十年的发展,集装箱从最初只用于陆上运输发展到用于水上、陆上运输以及多式联运,从 1～3t 的小型箱发展到大、中、小型集装箱齐备,从各国箱型、尺寸标准不一发展到拥有国际统一的箱型、尺寸标准。目前,根据国际标准化组织(ISO)TC/104 技术委员会的定义,凡具备下列条件的运输容器,可称为集装箱。

(1) 具有足够的强度,能长期反复使用;

(2) 中途转运时,不用搬动箱内的货物,可整体转载;

(3) 备有便于装卸的装点,能进行快速装卸;

(4) 便于货物的装入和卸出;

(5) 具有 $1m^3$ 以上的内部容积。

集装箱结构如图 3-20 所示。

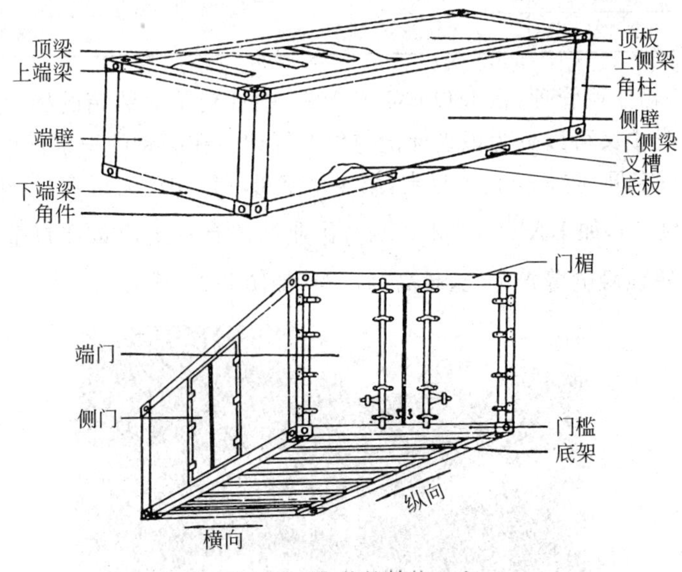

图 3-20 集装箱结构示意

集装箱按照箱体结构形式可以分为内柱式集装箱、外柱式集装箱、折叠式集装箱;按照功能可以分为通用干货集装箱(杂货集装箱)、罐式集装箱、保温集装箱、汽车集装箱、牲畜集装箱、散料集装箱、台架式集装箱、平台(板架)集装箱、敞顶集装箱等;按制造材料,集装箱可分为铝合金集装箱、钢制集装箱、玻璃钢集装箱和不锈钢集装箱,其中钢制集装箱自重大、强度高、价格低,是最常用的集装箱。

ISO 组织对集装箱的尺寸规格及其他参数进行了详细的规定,现行国际标准为第一系列(第二系列、第三系列已经降格为技术报告)。在第一系列中,所有集装箱主要外部尺寸的宽度均为 8ft(2438mm),高度主要有 8ft(2438mm)、8.5ft(2591mm)、9.5ft(2896mm)三种,长度则有 A、B、C、D、E 五种,分别为 40ft、30ft、20ft、10ft、45ft。按照长度和高度的组合,现行集装箱尺寸类型共有 15 种,如表 3-7 所示。为便于统一计算集装箱的营运量,采用集装箱 TEU(Twenty-Feet Equivalent Units)为换算单位,即 20ft 集装箱为 1TEU(20-8-8),40ft 集装箱为 2TEU(40-8-8)。集装箱外部尺寸的发展趋势是趋向于大型化,40ft、45ft 的大型集装箱越来越多。我国现行国家标准为《集装箱外部尺寸和额定重量》(GB/T 1413—2008),等同于 ISO 668:1995。第一系列集装箱的规格尺寸如表 3-7 所示。

表 3-7　集装箱箱型主要外部尺寸　　单位：m

集装箱型号	长度	高度	集装箱型号	长度	高度
1AAA	12.192	2.896	1CC	6.058	2.591
1AA	12.192	2.591	1C	6.058	2.438
1A	12.192	2.438	1CX	6.058	<2.438
1AX	12.192	<2.438	1D	2.991	2.438
1BBB	9.125	2.896	1DX	2.991	<2.438
1BB	9.125	2.591	1EEE	13.716	2.896
1B	9.125	2.438	1EE	13.716	2.591
1BX	9.125	<2.438			

为了便于集装箱作业管理，在 ISO 6346—1995 中规定了集装箱的标记符号，包括必备和自选两种，每一类中又可以分为识别标记与作业标记。在必备的识别标记中，主要标记是箱主代号(4 个大写字母，前 3 位箱主自定，第 4 个字母一律用 U)、顺序号(箱号，6 位数字)、核对号(1 位方框数字)，如 KKTU745263 8。作业标记有额定质量和自重标记、空陆水联运集装箱标记、登箱顶触电警告标记、超高标记等，如图 3-21 所示。

图 3-21　集装箱标记符号

3. 集装袋

集装袋又称柔性集装箱，是集装单元器具的一种，配以起重机或叉车，就可以实现集装单元化装卸、搬运。它适用于装运大宗散状粉粒状物料，其特点在于：结构简单、自重轻、可以折叠、回空所占空间小、价格低廉。集装袋既可以一次性使用，也可以重复使用。常见的集装袋多为橡胶、塑料或帆布材质，形状有圆桶形、方形、圆锥形、折叠形，提升重量从 0.5t 到 3t 不等，提升方式有顶面提升、底面提升和侧面提升三种，如图 3-22 所示。

六、包装合理化

包装合理化是指在包装过程中使用适当的材料和技术，制成与物品相适应的容器，从而在满足物品包装要求，体现包装功能的基础上，最大限度节约包装费用，降低包装成本。

图 3-22　集装袋

实现包装合理化,可从以下几个方面着手。

(一) 包装的轻薄化

由于包装只是起保护作用,对产品使用价值没有任何意义,因此在强度、寿命、成本相同的条件下,更轻、更薄、更短、更小的包装,可以提高装卸搬运的效率。而且轻薄短小的包装一般价格比较便宜,如果是一次性包装还可以减少废弃包装材料的数量。

(二) 包装的单纯化

为了提高包装作业的效率,包装材料及规格应力求单纯化,包装规格还应标准化,包装形状和种类也应单纯化。

(三) 符合集装单元化和标准化的要求

包装的规格和托盘、集装箱关系密切,也应考虑与运输车辆、搬运机械的匹配,从系统的观点制定包装的尺寸标准。

(四) 包装的机械化

为了提高作业效率和包装现代化水平,各种包装机械的开发和应用是很重要的。

第五节　流通加工

一、流通加工概述

(一) 流通加工的概念

我国国家标准《物流术语》对于流通加工的定义是:物品在从生产地到使用地的过程中,根据需要施加包装、分割、计量、分拣、刷标志、拴标签、组装等简单作业的总称。

流通加工与一般的生产加工是不同的。

(1) 流通加工与生产加工在加工对象上的区别：流动加工的对象是进入流通过程的商品，生产加工的对象是某种原材料、零部件、半成品等，不是最终产品。

(2) 流通加工与生产加工在加工深度上的区别：流通加工大多是简单加工。

(3) 流通加工与生产加工责任人的区别：流通加工的组织者是商业或物资流通企业；生产加工以生产企业为责任人和组织者。

(4) 流通加工与生产加工在附加价值上的区别：生产加工在于创造商品价值和使用价值，而流通加工的目的在于完善其使用价值，并在不作很大改变的情况下提高价值。

(二) 流通加工的作用

流通加工是现代物流活动中的一个重要环节，其作用可体现在以下几个方面。

1. 弥补生产加工的不足，方便顾客购买和使用

现代社会，顾客对于产品的要求日益个性化和多元化，生产环节的各种加工活动往往不能完全满足顾客的需求。如钢铁企业生产的钢铁产品，其尺寸、规格、型号所能形成的组合数量有限，而顾客的需求是千变万化的。在这种情况下，由流通企业根据供应方或需求方的委托，对钢材进行进一步裁剪，是解决上述矛盾的有效方法。同时，经过流通加工的产品，省去了顾客购买后自行加工所要耗费的时间和人力、物力资源，方便顾客使用。

2. 提高物料利用率、设备利用率和劳动生产率

流通加工把原先分散的多个生产企业为多个顾客提供的商品集中起来进行专业加工，可以大大提高劳动生产率和物料利用率。首先，通过集中加工，可以集中开料，合理套裁，因材施用，裁出大件后剩余的边角料还可以再裁小件，物料利用率较之分散加工明显提高。其次，在分散加工情况下，由于受到生产周期和生产节奏的限制，加工设备利用率时高时低，加工能力得不到充分发挥；而在集中情况下的流通加工面对的是全社会，加工规模大幅度扩大，加工任务饱满，加工设备利用率显著提高。最后，由于进行集中的流通加工可以使得加工规模扩大，因而可以采用技术更为先进的专用设备，配置专业的流通加工人员，劳动生产率较之分散加工大为提高。

3. 充分利用送达手段

在拥有流通加工环节的情况下，商品从生产厂家到达顾客的过程被分为了两个阶段。第一阶段是从生产厂家到流通加工所在地，流通加工环节一般设置顾客需求的产生地。这一阶段中，物流距离长，产品品种相对较少，批次较少，批量大，适宜采用铁路、水路等大运量的运输方式。第二阶段是从流通加工所在地到顾客。这一阶段物流距离短，产品品种多，批次多，批量小，适宜使用汽车或其他小型车辆，主要以配送的方式完成。不同送达手段相结合，有利于发挥各自的最高效率。

4. 提高产品经济价值

通过流通加工，产品的使用价值得到进一步完善，从而也提升了产品的档次，提高了产品的经济价值。如温州当地企业生产的许多小商品(玩具、服装、小饰品)，在异地经过简单流通加工后，改变了商品外观和功能，其价格便可以提高20%以上。

(三) 流通加工的类型

流通加工的类型众多，主要有以下几种。

1. 为便于保管、储存产品而进行的流通加工

这类流通加工主要发生在产品进入仓储环节之前，其目的在于通过流通加工使得产品

更适合进行仓储保管。常用的加工手段有改装、冷冻、保温保鲜、防锈加工、防霉处理等。如为了保证农产品在仓储过程中品质不发生变化，不出现腐烂、变质现象，以利于销售，通常事先都要对农产品进行保温保鲜或冷冻加工。

2. 以满足需求多样化为目的而进行的流通加工

这类流通加工多根据顾客需求，对未经加工的初级产品进行多种类型的加工。如在钢材消费领域，经常要进行剪板加工，按照顾客要求，使用加工机械改变钢板的外形、尺寸。

3. 以促进销售为目的而进行的流通加工

这类流通加工的目的在于促进销售。如许多产品在从生产厂家向顾客所在地物流的过程中，为了便于装卸搬运和运输，往往使用较大的包装规格，而消费者需要的是较小的包装规格，则可通过流通加工完成包装规格的转换。通过流通加工，还可以改变产品外形，提升产品品质或使用价值，可以激发消费者的购买欲望，促进销售。如农产品的精制加工，销售之前预先对农产品进行分类、清洗、分切、包装。

4. 以降低物流损耗为目的而进行的流通加工

这类流通加工的目的在于减少产品在装卸搬运、运输、仓储等环节中受到的损害，保证产品使用价值的实现。如自行车在到达消费地后再进行整车装配，然后进行销售；又如葡萄酒原液从产品批量运输至消费地后再完成配置、灌装、贴商标、包装等后续环节，进行销售。

5. 以提高物料利用率为目的而进行的流通加工

如上文所述，通过集中的流通加工，将许多生产企业分散的初级加工汇聚起来，可以大大提高物料的利用率。同时集中的流通加工带来的规模效应，还有利于提高设备利用率和劳动利用率。

6. 以获取经济效益为目的而进行的流通加工

通过流通加工，可以提高产品所具有的经济价值，从而为生产企业或流通企业带来更多的经济效益。

二、流通加工合理化

流通加工合理化的本质是实现流通加工的最优配置，即在有设置流通加工环节必要性的前提下，在合理的地点，选择合理的流通加工方式和技术装备，通过实现流通加工合理化，体现流通加工存在的作用和价值。

（一）不合理的流通加工形式

1. 流通加工地点设置不合理

为衔接单品种、大批量生产与多样化需求的流通加工，加工地点应设置在需求地区；当在产地或需求地设置流通加工的选择正确时，还有一个在小地域范围的选址问题。

2. 流通加工方式选择不当

流通加工方式包括流通加工对象、流通加工工艺、流通加工技术、流通加工程度等。流通加工不是对生产加工的代替，而是一种补充和完善。如果工艺复杂，技术装备要求高，或者加工可以由生产过程延续解决时，都不宜再设置流通加工；尤其不宜与生产加工过程争夺效益高的生产环节。

3. 多余的流通加工

流通加工过于简单或对于生产及消费作用不大，甚至由于流通加工的盲目性，不但未能解决品种、规格、质量、包装等问题,反而增加了环节。

4. 成本过高的流通加工

流通加工作用的一个重要体现就是较大的投入产出比,因而有效地起到了补充、完善作用。如果流通加工成本过高,不能实现以较小的投入换取较高回报,流通加工的经济效益则无从谈起。

(二) 实现流通加工合理化

1. 流通加工和配送结合

一方面按配送的要求进行加工;另一方面将流通加工设置为配送业务流程中分货、拣货、配货中的一环,加工后的产品直接投入配送,无须再单独设置一个流通加工环节。而加工后再配送,可以有效提高配送服务水平。

2. 流通加工和配套结合

配套是指对使用上有联系的用品集合成套地供应给用户使用。配套的主体来自各个生产单位,但完全配套有时无法全部依靠现有的生产单位。适当的流通加工可以促成更完善的配套,从而更大程度上体现流通加工的桥梁和纽带作用。

3. 流通加工和合理运输结合

在支线运输转换为干线运输,或干线运输转换为支线运输时,按照下一步干线或支线运输的要求进行流通加工,可以大大提高运输及转载水平,从而有效衔接干线运输和支线运输,促进两种运输形式的合理化。

4. 流通加工和合理商流结合

流通加工可以有效促进销售,使商流合理化,也是流通加工合理化可考虑方向之一。如通过流通加工简单改变商品的包装形式,方便顾客购买;通过流通加工,免去顾客使用前组装、调试的不便,都是流通加工促进商流的有力例证。

5. 流通加工和节约结合

在流通加工过程中,要注意节约能源、节约设备、节约人力及减少其他各种耗费。这是在实现流通加工合理化过程中特别要注意考虑的重要因素。

流通加工是否合理,最终还要看其能否实现社会效益和经济效益的"双赢",特别是社会效益。流通加工企业应以实现社会效益最优化为第一目标。流通加工企业生存的价值在于以补充完善为己任。如果只追求企业自身的经济利益,不适当地进行流通加工,甚至与企业争利,就违背了设置流通加工的初衷,反过来也积压了自身的生存空间。

第六节 配 送

一、配送概述

(一) 配送的概念

我国国家标准《物流术语》(GB/T 18354—2006)中对于配送给出的定义是:在经济合理区域范围内,根据用户要求,对物品进行拣选、加工、包装、分割、组配等作业,并按时送达指定地点的物流活动。

配送就是根据用户的要求,在物流据点内进行分拣、配货等工作,并将配好的货送交收

货人的过程。配送是物流系统中由运输派生出的功能，在配送过程中也包含着其他的物流功能（如装卸、储存、包装等），是多种功能的组合。因此，配送是物流系统的一个缩影，也可以说是一个小范围的物流系统。

（二）配送与一般送货的区别

配送的本质是一种特殊的送货形式，但与一般的送货行为存在较大的差异，如表 3-8 所示。

表 3-8　配送与一般送货的区别

项目	配送活动	送货活动
内容	根据客户需求将物品进行的装卸搬运、仓储、分拣、配货、运输等物流活动	仅仅是根据客户需求进行的送货行为
组织管理	由专职流通企业组织，要求有现代化的技术装备做保证，应建设完善的信息系统和集分货、配货、送货等多种功能为一体的配送中心	由生产企业承担，中转仓库的送货只是一项附带业务
基础设施	应以完整的现代交通运输网络和管理水平为基础，同时还要有和订货系统紧密联系，必须依赖现代信息的作用，完成配送系统的建设	无具体要求
时间要求	有很强的计划性，对送抵时间有严格要求	时间不一定准确，计划性较差
工作效率	充分考虑运力、货物的车辆配重、运输线路规划等因素，同时由一辆货车向多处运送，工作效率较高	不考虑配载、线路规划等因素，货车一次向一地运送
技术装备	全程使用现代化物流技术装备，表现出在规模、水平、速度、效率、质量等多方面的优势	技术装备简单，技术水平较低
行为性质	面向特定顾客的增值服务	企业销售活动中的短期促销行为，偶然性较强

（三）配送与运输的区别

从广义的角度看，配送是运输的一部分，是一种短距离的运输。配送与运输既有共性的部分，但也存在明显的差异，如表 3-9 所示。

表 3-9　配送与运输的区别

项　目	运　输	配　送
运输性质	干线运输、支线运输	支线运输、末端运输
货物性质	品种少、批量大	品种多、批量小
运输工具	大型货车、铁路运输、水路运输	小型货车或其他小型运输工具
管理重点	效率优先	服务优先

（四）配送的类型

按照不同的要求，从不同的角度出发，配送可以划分成多种类型。

1．按配送主体所处的行业分类

按配送主体所处的行业不同，可分为制造业配送、农业配送、商业配送、物流企业配送等类型。

2. 按实施配送的节点不同分类

按实施配送的节点不同,可分为配送中心配送、仓库配送、商店配送、生产企业配送。配送中心专业性较强,和用户有固定的配送关系,一般实行计划配送,商品留有一定的库存量。配送中心配送能力强,配送距离较远,配送品种多,配送数量大。仓库配送规模较小,配送的专业化较差,但可以利用原仓库的储存设施及能力、收发货场地、交通运输线路等。相比较而言,配送中心配送属于专营配送形式,而仓库配送、商店配送、生产企业配送属于兼营配送形式。

3. 按配送商品的特征不同分类

按配送商品的特征不同,可分为单(少)品种大批量配送、多品种和少批量配送、配套成套配送。单(少)品种大批量配送方式下由于品种单一,批量较大,组织工作较为单一,可使用整车运输,配送成本较低。这种方式一般情况下由生产企业进行配送,直接送达客户,也可由配送中心完成。多品种和少批量配送是按照客户要求,在配送中心将所需的各种物资配备齐全后,再送达客户手中。多品种和少批量配送方式下品种较多,批量较小,批次比较频繁,对配送作业要求较高。配套成套配送是指配送中心按企业生产需求,将生产产品所需要的各种零部件按比例全部配齐,按生产要求定时送达生产企业。在这种配送方式下,配送中心承担了生产企业大部分的供应物流,有助于企业实现“零库存”。配套成套配送方式下配送物品的种类众多,配送时间要求严格。

4. 按配送的时间及数量分类

按配送的时间及数量分类,可分为定时配送、定量配送、定时定量配送、即时配送。定时配送是一种按规定时间间隔进行的配送,时间固定,易于安排配送计划,但难以应付突发性的配送需求。定量配送是指按照事先规定的批量,在一定的时间范围内进行的配送。由于对配送时间要求并不严格,所以便于将不同用户的货物集中起来,提高配送车辆的使用效率,同时也有利于形成集装单元。定时定量配送兼具定时配送和定量配送的优点,计划性强,要求较高。即时配送是指按照客户订单要求,即时对物品进行的配送。这种方式适合一些临时需要或紧急物资的配送。

5. 按经营形式不同的分类

按照经营形式不同的分类,可以分为销售配送、供应配送、销售—供应一体化配送、代存代供配送。销售配送是指由销售企业作为促销策略的一种进行的配送。供应配送是指由客户或客户组建的配送据点完成配送,供应、满足该企业或该企业集团旗下其他子公司的生产经营需要。销售—供应一体化配送是指销售企业向固定的客户配送产品,在自己销售的同时,承担起客户的供应者角色。代存代供配送是指客户将属于自己的货物委托给配送中心或第三方物流企业代存、代供,甚至是商品的代订,再由配送中心或第三方物流企业组织商品的集中配送。

此外,还可以按加工程度不同分为加工配送、集疏配送,或按照配送企业专业化程度不同分为综合配送、专业配送。

二、配送中心

(一)配送中心的概念

我国国家标准《物流术语》(GB/T 18354—2006)中对配送中心的定义是:从事配送业务且具有完善的信息网络的场所或组织,应基本符合下列要求:主要为特定的用户服务;配

送功能健全；辐射范围小；多品种、小批量、多批次、短周期；主要为末端客户提供配送服务。

配送中心首先必须采取各种方式（如零星集货、批量进货）去组织货源。其次必须按照用户的要求及时分拣（分装）和配备各种货物。配送中心还必须有比较强的加工能力以开展各种形式的流通加工。从这个意义上讲，配送中心实际上是集集货中心、分货中心和流通加工中心为一体的现代化的物流基地，也是能够发挥多种功能作用的物流组织。

仓库仅仅是储存商品，而配送中心绝不是被动地接受委托存放商品，它还起到集配作用，具有多样化的功能。配送中心在服务内容上由商流、物流分离发展到商流、物流、信息流有机结合；在流通环节上由经过多个流通环节发展到由一个中心完成流通全过程；在经销方式上由层层买断发展到代理制；在工商关系上由临时的、随机的关系发展到长期、固定的关系。

（二）配送中心的分类

配送中心的分类标准种类繁多，下面介绍其中常见的几种。

1. 按配送中心的设立者分类

按照配送中心的设立者分类，可以分为制造商型配送中心、批发商型配送中心、零售商型配送中心、专业物流配送中心几种。

2. 按配送服务范围分类

按照配送范围分类，可以分为城市配送中心和区域配送中心。城市配送中心是以城市范围为配送范围的配送中心，由于城市范围一般处于汽车运输的经济里程，这种配送中心可直接配送到最终用户，且采用汽车进行配送。所以，这种配送中心往往和零售经营相结合，由于运距短，反应能力强，因而从事多品种、少批量、多用户的配送较有优势。

区域配送中心以较强的辐射能力和库存准备，向省（州）际、全国乃至国际范围的用户配送。这种配送中心配送规模较大，一般而言，用户也较大，配送批量也较大。而且，往往是给下一级的城市进行配送，也配送给营业所、商店、批发商和企业用户。虽然也从事零星的配送，但不是主体形式。

3. 按配送货物的属性分类

按照配送货物的属性，可以分为食品配送中心、日用品配送中心、医药品配送中心、化妆品配送中心、家电品配送中心、电子（3C）产品配送中心、书籍产品配送中心、服饰产品配送中心、汽车零件配送中心以及生鲜处理中心等。

4. 按配送中心内部特性分类

按照配送中心内部特性分类，可以分为储存型配送中心、流通型配送中心和加工型配送中心。储存型配送中心以仓储为主要功能，往往具有较大规模的仓库和储存场地。流通型配送中心没有长期存储功能，货物只在中心内作短暂停留，即通过自动分拣系统完成分拣，送至客户相应货位或直接装载至配送用车辆。加工型配送中心以流通加工为主要功能，根据客户或市场需求，对所配送的货物预先进行加工。

（三）配送中心的功能

1. 采购、备货功能

采购、备货是配送的基础工作或准备工作。配送中心汇集不同客户的需求，形成一定的采购规模，并根据市场供求关系变化情况，制订周密的采购计划，进而降低采购、备货成本。

2. 仓储、保管功能

一般而言,配送中心为了满足客户的配送需求,应保持一定数量的库存储备,而且在仓储期间需要对物品进行有效的保管、保养。

3. 流通加工功能

配送过程中,为了满足客户的特定需求或便于配装、配载以及运输,配送中心往往需要事先对货物进行一些流通加工处理。

4. 分拣、配货功能

不同的客户对于货物的品种、规格、型号、数量、送达时间等要求不同,配送中心应根据客户的不同要求对货物进行分拣、配货。分拣、配货功能也是配送中心区别于传统仓库的特有功能之一。

5. 配装功能

配送中心主要为末端客户提供配送服务,配送业务呈现出小批量的显著特点,单个客户的配送量往往达不到车辆配送的有效载运负荷。为了提高配送效率,配送中心要将不同客户的货物通过合理搭配集中到一台车辆上。

6. 送货功能

配装好的货物要按客户要求的时间、地点及时送达。由于配送中心面对的多为末端客户,数量庞大且分布较为分散,配送中心应科学、合理地设计送货路线,制订送货计划,并通知客户做好接货准备。

7. 信息处理功能

配送中心通过汇总、处理和传递各种配送信息,一方面协调配送中心内部各部门、各环节的作业进度,进行有效管理;另一方面将配送信息在供应链节点企业之间进行传递、共享,有利于提升配送中心的服务水平。

三、配送模式

配送模式是配送中心或企业针对配送所采取的基本战略和方法。在国内外对配送理论的研究和实践发展中,逐渐形成了自营配送模式、第三方配送模式、共同配送模式、互用配送模式等几种模式。

(一) 自营配送模式

自营配送模式是指企业物流配送的各个环节由企业自身筹建并组织管理,实现对企业内部及外部货物配送的模式。许多大型连锁零售企业采用的就是自营配送模式。

采用自营配送模式的优点在于:反应快速、灵活;企业拥有对配送系统运作过程的有效控制权;可以合理地规划设计配送流程,提高配送作业效率,降低配送成本。采用自营配送模式的劣势在于:一次性投资较大,加重了企业的资金负担,财力有限的企业往往无力承担;要求企业有较为饱满的配送需求,以形成配送的规模效应,提高对配送设施设备和相关作业人员的利用率;企业在不具有采用自营配送模式所要求的专业能力时,不宜采用自营配送模式,因为会降低配送效率,同时也分散企业的资源。

(二) 第三方配送模式

第三方配送模式是指交易双方把自己需要完成的配送业务委托给第三方来完成的一种配送运作模式。这种模式一般适用于配送能力相对较弱的中小型企业,如工商企业和电子商务网站等。

采用第三方配送模式的优点在于：有利于企业将资源集中到企业的主营业务方向上，培养企业的核心竞争力；无须或在一定程度上减少在配送业务方面的固定资产投资，降低中小型企业的经营风险；获得第三方物流企业提供的专业配送服务，提高配送效率。采用第三方配送模式的劣势在于：第三方物流企业所提供的配送服务不一定能完全契合企业配送需求，针对性相对较差；丧失对配送业务的控制权。

（三）共同配送模式

共同配送模式是指多家企业联合，在互惠互利的基础上，形成共同出资、共担成本、共享配送资源、共同经营的功能互补的配送联合体的配送模式。经营规模较小或门店数量较少的连锁零售企业比较适合采用这一模式。

采用共同配送模式的优点在于：参与企业共同分担建设配送系统的投资，经营风险较小；通过配送资源的共享和共同经营，有利于提高资源的利用率和配送作业的效率。采用共同配送模式的劣势在于：共同配送模式运营过程中产生的费用难以有效区分、核算，如何在参与企业之间进行分摊的问题难以解决；在共同经营过程中，参与企业在目标、管理体制和标准、企业文化等方面存在差异，需要较长的时间进行磨合，成为模式运作过程中的一大隐患。

（四）互用配送模式

互用配送模式是指几个企业为了各自利益，以契约的方式达到某种协议，互用对方配送系统而进行的配送模式。

采用互用配送模式的优点在于：企业不需要投入较大的资金和人力，就可扩大自身的配送规模和范围；通过资源的共享可以提高资源的利用效率。采用互用配送模式的劣势在于：需要企业有较高的管理水平以及与相关企业的组织协调能力。

共同配送模式与互用配送模式有一定相似之处，容易混淆。两者之间的差异如表3-10所示。

表3-10　共同配送模式与互用配送模式的差异

共同配送	互用配送
旨在建立配送联合体，以强化配送功能为核心，为社会服务	旨在提高自己的配送功能，以企业自身服务为核心
旨在强调联合体的共同作用	旨在强调企业自身的作用
稳定性较强	稳定性较差
合作对象是需要经营配送业务的企业	合作对象可以是经营配送业务企业，也可是非经营业务的企业

四、配送作业流程

配送作业应以服务客户为中心，做到“两好”、“四快”：“两好”即客户服务好和在库货物保管好；“四快”即入库验收快、出库发送快、财务结算快、解决问题快。配送作业应坚持以下几个原则：准确、如实反映货物的数量、规格、型号及质量情况；及时、快速，在规定时间内保质、保量地完成收获、验收、出库、结算；经济、合理调配和使用人力、设备，充分利用仓容，提高作业效率；安全，贯彻“安全第一、预防为主”的安全生产方针，消除货物保管及作业中的一切不安全因素。

配送作业的基本流程由以下几个环节组成(以配送中心的作业基本流程为例)。

(一) 进货

1. 订货

配送中心在接收、汇总客户订单后,应根据所要配送货物的品种、规格、数量和配送时间等信息,检查库存状况。如果现有库存不足以满足客户需求,则需向供应商发出采购请求。

2. 收货

供应商发出的货物到达后,配送中心需要组织人力、物力到港站、码头或其他货场接收货物,并运回配送中心。

3. 验收

货物达到配送中心后,在入库前应按照采购订单上标注的货物信息,对货物的数量和质量进行检验。

4. 入库

验收完毕后,配送中心应对合格的货物及时办理入库手续,更新库存信息,组织货物入库。

(二) 储存

根据配送中心类型的不同,货物在配送中心内的储存形态可分为两种:一种是进行较长时间的仓储,此时应重点关注货物在仓储过程中的保管、保养问题;一种是暂存,即货物在配送中心短暂停留,经过分包或其他流通加工,马上分拣、配货,进行转运,此时应重点关注货物转运时间和地点的准确性,防止出现差错。

(三) 分拣和配货

分拣和配货是指配送中心根据客户的订单或配送计划,按照一定的方法,将需要配送的货物从其储位或其他区域拣取出来,并进行分类、集中的过程。分拣和配货工作量大,作业时间短,准确性要求高,是整个配送作业流程的关键环节。

分拣作业是搬运和信息处理两种活动的综合。分拣作业包括查找存储在不同地方的货物、向货物存储处的多次来回行走、拾取货物和拣货确认等多个环节。

从行走方式来看,分拣作业可以采取人至货和货至人两种方式。人至货方式是指拣货者通过步行或搭乘拣选车辆到达货品存储位置;货至人方式是指需要拣选的货物由机器寻址找出,自动送到拣选者的作业位置,拣取者在固定位置内作业。

常见的分拣作业拣选策略有四种,分别是摘果式、播种式、分区式、波浪式。

1. 摘果式

摘果式要求拣选人员巡回于仓储区域,一次将一个订单的所有货物从头到尾拣取挑出并集中,是比较传统的拣选方式。摘果式一次只拣选一张订单,完成后不必再分选、合并,但当商品品种较多时,行走路径加长,从而降低了拣选效率。此外,如果多个拣选人员同时作业,在通道内容易发生拥堵。

2. 播种式

播种式是指将多张订单集合成一批,将该批所有订单所要的同种货物一起拣出,其他的货物也分别拣出。同种货物在拣货时或回到暂存区后还要根据不同订单需求二次分配。播

种式拣选效率较高，适合订单数量较多的情况，但其缺陷在于无法对订单做出即时反应，需等待订单积累到一定数量时才能处理，因此产生了停滞。拣选完毕后还要进行二次分配，如果货物数量较多，将会耗费大量时间。

3. 分区式

分区式是指各个拣选人员分别在不同拣选区共同拣选一个或多个订单的货物。每个拣货员只负责其所在分区内货物的拣选。所有拣取的货物最后再分选、合并。这实际是一种分区播种式，但要多个拣货员才能完成拣货任务。分区式的优点在于每个分区可视需要选择不同的技术和设备，但存在难以平衡各区拣选人员工作量和拣选速度的弊端。

4. 波浪式

波浪式按照某种特征将要发货的订单分组，如同一承运商的所有订单为一组，一次完成这一组订单，下一波再拣选另一组的订单。波浪式只适用于自动拣选机械的拣选，如 UPS 自动仓库分拣系统就是采用这种方式拣选的。

（四）检查和加工

货物分拣完毕后，应根据订单信息再次核对货物是否分拣无误，再根据客户要求决定是是否要进行流通加工，以及进行何种形式的流通加工。

（五）配装出货

为充分利用配送车辆的载重和容积能力，提高车辆的装载率，从而降低配送成本，在出货之前还要完成配装作业，即将不同客户的货物组合配装在一台车辆上。在配装出货时，应注意两个基本原则：一是按照货物配送目的地的远近组织配装，先到达目的地货物装在配装货载的外面或上面，后到达目的地的货物装在里面或下面；二是做到“轻者在上、重者在下”。

（六）配送运输

配送中心应从方式、路线和车辆三个方面来制订科学、合理的配送运输计划。配送车辆可以使用自备车辆送货，也可借助社会上专业运输组织的力量，联合进行配送运输作业。

五、配送合理化

实现配送合理化，有利于提高配送效率，提升客户服务水平，降低配送成本。配送合理化的判断标志包括库存标志（库存总量、库存周转）、资金标志（资金总量 、资金周转 、资金投向的改变）、供应保证标志（缺货次数 、配送企业集中库存量、即时配送的能力及速度）、社会运力节约标志、用户企业节约标志等。此处，介绍几种常用的措施。

（一）推行专业配送

使用专业设施、设备，建立专业化管理机制，设计并严格执行专业的操作程序，以实现配送合理化。

（二）推行加工配送

在配送过程中加入加工环节，一方面有利于减少加工的盲目性；另一方面有利于提高配送的服务水平。两者的结合，是实现配送合理化的重要措施。

（三）推行共同配送

通过共同配送，可以实现以最短距离、最低成本完成配送，有利于提高配送合理化水平。

（四）推行送取结合

在客户货物配送到位后，再将客户生产的产品或其他货物用同一车辆运回，为客户代存代储，帮助客户降低库存水平，同时又可避免配送车辆空车回程，提高了车辆的使用效率。

（五）推行准时配送

提高配送的准时化水平，才能更好制订接货计划，安排接货所需的人员、车辆，保证货物、物料的及时供应，客户才能放心实施低库存或零库存，提高生产经营效率。

第七节 信息处理

一、物流信息的概念

（一）物流信息

物流信息是物流活动中各个环节生成的信息，一般是随着生产、消费的物流活动而产生的，与物流过程中的运输、储存、装卸、包装等各种职能有机结合在一起，是整个物流活动顺利进行所不可缺少的。

物流信息分为广义和狭义两种，狭义的物流信息指与物流活动（如运输、储存、包装、装卸、流通加工等）有关的信息；广义的物流信息不仅指与物流活动有关的信息，还包含与其他流通活动有关的信息，比如商品交易信息和市场信息等。

物流信息主要包括以下特点。

1. 信息量大、种类多、来源广

物流信息的来源是一系列活动的结果，信息的产生方式、传播方式是不同的，信息的收集、分类、筛选、处理、统计、研究等工作的难度较大。

2. 动态性强、实时性高

物流活动并不是局限于一个静态的点，而是一个动态的过程，物流信息的产生、加工、传播和应用在时间、空间上都不可能保持固定不动，信息的有效期短，导致价值衰减速度快、时效性差。

3. 趋于标准化

物流活动不局限于一个区域，而是涉及全球经济区域，统一的标准是明显的趋势。

物流信息的传送连接着物流活动的各个环节，并指导各环节的工作，起着桥梁和纽带的作用。物流信息可以帮助企业对物流活动各环节进行有效的计划、控制与协调，以达到系统整体优化的目标。物流信息还有助于提高物流企业科学管理和决策的水平。

（二）物流信息技术

物流信息技术是指应用于物流活动各环节中的信息技术。根据物流的功能以及特点，物流信息技术主要包括信息分类编码技术、物流信息采集技术、空间信息技术、电子数据交换技术等。

物流信息技术是现代物流区别传统物流的根本标志，是物流现代化的重要标志。

（三）物流信息系统

物流信息系统是指由人员、设备和程序组成的、为物流管理者执行计划、实施、控制等职

能提供信息的交互系统。

物流信息系统是建立在物流信息的基础上的，只有具备了大量的物流信息，物流信息系统才能发挥作用。在物流管理中，人们要寻找最经济、最有效的方法来克服生产和消费之间的时间距离和空间距离，就必须传递和处理各种与物流相关的情报，这种情报就是物流信息。它与物流过程中的订货、收货、库存管理、发货、配送及回收等职能有机地联系在一起，使整个物流活动顺利进行。

二、物流信息采集技术

物流信息的产生过程各不相同，物流过程经过许多物流节点，物流信息也在不同的物流节点中产生，为了实现对信息的处理过程，需要使用有效的采集技术来完成对物流信息的收集工作。目前主要的物流信息采集技术包括条码技术和无线射频识别技术。

（一）条码技术

条码，又称为条形码，是一组规则排列的条空和相对应的数字组成的图形符号，是20世纪在计算机应用中产生和发展起来的一种自动识别技术，是集光电技术、计算机技术、通信技术、印刷技术于一体的综合性技术。

条码技术是实现销售时点信息系统（POS）、电子数据交换技术（EDI）和电子商务的基础。随着自动连续补货、有效消费者反应（ECR）、快速响应（QR）等供应链管理策略的兴起，条码也成为供应链管理领域的重要技术。

目前，几乎所有的商品都使用条码识别系统，顾客选定商品后，售货员只要把商品包装上的条码对着扫描阅读器，计算机就能自动查询售价并作收款累计。当把顾客选定商品的所有条码都扫描后，计算机也就立即报出总价并把购物清单打印出来。这样，商店只需配备少量的售货员便能迅速、准确地完成结账、收款等工作，既方便消费者，也为商店本身改善管理、提高销售效率、降低销售成本创造了条件。

就批发、仓储运输部门而言，通过使用条码技术，商品分类、运输、查找、核对、汇总迅速、准确，能缩短商品流通和库内停留时间，减少商品损耗。在商品包装上使用符合国际规范的条码，能在世界各国的商场内销售，出口厂商就可以及时掌握自己产品在国际市场的需求情况、价格动态和其他有关信息，从而不断改进商品的生产和销售，进而促进国际贸易的发展。

（二）无线射频识别技术

无线射频识别技术（RFID）是一种基于电磁理论的通信技术，用于信息的自动采集，可通过无线电讯号识别特定目标并读写相关数据，而无须识别系统与特定目标之间建立机械或光学接触。适用于物料跟踪、运载工具和货架识别等要求非接触数据采集和交换的场合。

RFID技术可识别调整运动物体并可同时识别多个标签。RFID无须直接接触、无须光学可视、无须人工干预即可完成信息输入和处理，且操作方便快捷，能够广泛应用于生产、物流、交通、医疗、防伪、跟踪、设备和资产管理等领域。

在物流领域，RFID技术使得合理的产品库存控制和智能物流技术成为可能。它在物流行业的应用流程是：每个产品出厂时都被附上电子标签，然后通过读写器写入唯一的识别代码，并将物品的信息录入到数据库中。此后装箱销售、出口验证、到港分发、零售上架等各个环节都可以通过读写器反复读写标签。标签就是物品的“身份证”，借助电子标签，可以实现对商品在原料、半成品、成品、运输、仓储、配送、上架、最终销售，甚至退货处理等环节的实时监控。

三、物流空间信息技术

（一）全球定位系统

全球定位系统(GPS)是利用卫星星座(通信卫星)、地面控制部分和信号接收机对对象进行动态定位的系统。GPS可以利用空中卫星对地面目标进行精确定位与导航，以达到全天候、高准确地跟踪地面目标移动轨迹的目的。

GPS包括三大组成部分：空间星座部分、地面监控部分和用户设备部分。空间星座部分由24颗卫星组成；地面监控部分由分布在全球的5个地面站组成(包括卫星检测站、主控站和信息注入站)；用户设备主要由接收机硬件和软件组成。用户通过用户设备接收GPS卫星信号，经信号处理而获得用户位置、速度等信息，最终实现利用GPS进行导航和定位的目的。

我国的全球定位系统是北斗卫星导航系统(BDS)。我国正在实施的自主研发、独立运行的北斗卫星导航系统，具备在我国及其周边地区范围内的定位、授时、报文等功能，并已在测绘、电信、水利、交通运输、渔业、勘探、森林防火和国家安全等诸多领域逐步发挥出重要作用。

全球定位系统已在物流领域广泛应用，主要应用在汽车运输定位及跟踪调度、铁路车辆运输管理、船舶跟踪及最佳航线的确定、空中运输管理和军事物流配送等领域。

（二）地理信息系统

地理信息系统(GIS)是由计算机硬件、软件和不同的方法组成的系统，该系统可以用来支持空间数据的采集、管理、处理、分析、建模和显示，解决复杂的规划和管理问题。

地理信息系统属于信息技术，属于空间信息系统，具有以下特点：

(1) 具有采集、管理、分析和输出多种地理空间信息的能力，具有空间性和动态性；

(2) 以地理研究和地理决策为目的，以地理模型方法为手段，具有区域空间分析、多要素综合分析和动态预测能力，产生高层次的地理信息；

(3) 由计算机系统支持进行空间地理数据管理，并由计算机程序模拟常规的或专门的地理分析方法，作用于空间数据，产生有用信息，完成人类难以完成的任务。

GIS应用于物流领域，主要是指利用GIS强大的空间分析能力来完善物流分析的技术。地理或空间的数字化数据格式一般有两种：矢量或栅格。矢量数据由点、线和多边形组成。物流企业可以把顾客的地点以点的形式储存在数据库中；公路网可以描绘成一组线，而仓库服务的区域边界可以看成一个多边形。扫描的数据也可以用栅格的形式表示，每一个栅格里存储特定的数据。GIS在物流中的具体应用主要是物流中心选址、信息查询、最佳路径和最短路径选择，完整的GIS物流分析软件一般集成车辆路线模型、最短路径模型、网络物流模型、分配集合模型和设施定位模型等。

四、物流公共信息平台

物流信息平台能整合各物流信息系统的信息资源，完成各系统之间的数据交换，实现信息共享。

（一）物流公共信息平台的概念

物流公共信息平台是指为物流企业、物流需求企业和政府及其他相关部门提供物流信息服务的公共的商业性平台，其本质是为物流生产提供信息化手段的支持和保障。

这里的“公共”是强调平台的独立性，是指用户具有普遍性，不是面对特定的对象；这里的“物流信息”是广义上的物流信息；“平台”强调该平台的开放性和可扩展性。

物流公共信息平台的定义包括以下几个层次。

(1) 物流公共信息平台必须面向供应链物流过程，物流是供应链流程的一部分。公共信息平台是供应链成员共同使用的公共品，只有真正融入它们的管理和协调体系中才能发挥价值。

(2) 物流公共信息平台是一种基于 IT 的协调架构。物流服务价值链是基于供应链的基本原理而构建的。物流公共信息平台的“协调”作用是平台建立的首要目的，供应链上下游成员通过“平台”实现信息共享和紧密集成，共同为顾客传递价值。物流公共信息平台是一种面向客户的多层次电子化协调架构。

(3) 物流公共信息平台以提供服务为生存条件。物流公共信息平台是开放性的、新型的信息技术应用形态，其价值取决于为用户创造价值的模式和平台所拥有的用户数量。物流公共信息平台的服务模型，即它的用户价值创造模式，直接影响用户加入平台所能获得的收益。提供有特色的、优质的、多样的服务是公共信息平台生存的必要条件。

(4) 物流公共信息平台以物流信息系统的广泛应用为基础。物流信息系统的应用反映组织面向物流管理和操作效率的信息价值观。物流公共信息平台是物流服务价值链中各组织间信息交换和集成的媒介，通过跨组织的信息系统连接供应链上的企业物流信息系统，使它们紧密集成和协同运行。

(5) 物流公共信息平台是一系列硬件、软件、网络、数据和应用的集合，其中数据和应用是其核心内容。物流公共信息平台构建在国家信息基础结构之上，因而相对于国家信息基础结构而言，物流公共信息平台解决的是不同组织间物流业务逻辑互连的问题，其逻辑形态表现为一系列物流标准和信息技术标准，是标准化的物流过程及接口以及标准化的物流信息视图的集合。

（二）物流公共信息平台的构成

物流公共信息平台可以分为底层和上层。底层是公共物流信息基础平台，上层是公共物流信息系统平台。公共物流信息基础平台提供物流基础信息和数据；公共物流信息系统平台对底层信息进行加工处理，并向用户提供服务。

物流公共信息平台的建设必须要有充分的增值服务作为支持，否则很难得到推广。提供丰富的增值服务是公共物流信息系统平台取得成功的必要策略。

在物流信息平台的发展过程中，想要降低开展增值服务的难度，使平台用户能够得到充足的增值服务，就要充分发展平台的上层——公共物流信息系统平台的作用。

（三）物流公共信息平台的业务系统

在互联网环境下，物流公共信息平台的业务系统一般包括以下几个部分。

1. 物流信息服务网站

物流信息服务网站主要提供基础的网站服务，主要内容有：新闻中心，管理和发布物流新闻；法规介绍，管理和发布物流行业和企业相关的法律、法规，主要发布国家法律和部委、地方法律、法规等；出行信息服务，帮助广大驾驶员通过对在途时间、行驶里程、通行费用等综合考虑而进行最优的路径选择，还可以了解沿途的气象、路况等信息；物流企业展示，介绍知名物流企业、物流公司的基本信息、相关业务等内容；物流设施设备租赁，为承租、出租双方提供有关物流设备、物流设施租赁的信息发布、查询服务。

2. 营运车辆及从业人员资质认证系统

在“人、车、户”等基础数据库的基础上，开发从业人员与营运车辆信息查询与身份验证系统，实现人员、车辆和运输业户的信息共享，并提供相应的身份验证手段，方便社会用户选择诚实守信的运输业户委托运输业务，从而进一步规范物流市场，为广大企业、社会公众提供更好的物流服务。

3. 物流企业信用管理系统

建立物流企业信用管理系统的目的是促使政府监管部门对物流企业进行更加科学、合理的信用监管和评定，降低工作成本，提高政府监管部门的工作效率，实现对物流企业的有效监控管理，进一步完善物流企业的信用体系，促进物流企业信用体系的良好发展。建设物流企业信用管理系统是物流公共信息服务平台建设的重要内容。通过利用运管、工商、质检、卫生、税务等相关政府机构和职能部门的信息系统和数据资源，实现向社会征信和公示物流企业信用信息，从而创新监管方式、建立长效监管机制、提升物流企业信用、打造“诚信物流”。

4. 货运交易信息服务系统

货运交易信息服务系统应充分吸纳道路运输经营业户、货运中介组织和货代企业以及货主单位入网，以优惠的条件、便捷的应用手段广纳货运信息上网。信息服务中心通过信息平台为货运交易双方提供信息服务，并不直接参与交易，承托双方可通过系统进行自主交易，即线上查询、线下交易的方式，通过与意向方取得联系来进行货运信息的交易。

5. 车辆定位及货物跟踪系统

通过GPS/GIS综合服务系统，为物流企业和物流需求企业提供车辆定位及货物跟踪系统，便于企业了解物流过程，为物流企业的高效率管理及高质量的服务提供技术支持。

6. 物流业务托管系统

通过先进的物流技术和信息技术建设符合现代物流企业物流运作模式的托管系统，提供电子商务、客户服务、货代管理、运输管理、仓储管理、合同管理、车辆管理、配送管理等功能，帮助物流企业实施有效合理的业务管理。

前沿理论与技术

除上述涉及的物流理论外，目前常见的理论研究与实践热点，还包括城市配送、多式联运、物联网、全自动仓储、绿色仓储、绿色包装等。

实训项目

- 实训内容：物流各基本环节操作、运行直观认知。
- 实训手段：视频片段、实物图片展示、校外实习、实训基地参观。
- 实训目的：了解物流各基本环节的操作流程，感知、了解各种常见物流设施设备的工作特点。

练习题

一、不定项选择题

1. 运输实现物流的(　　)效用。

A. 时间　　B. 经济　　C. 空间　　D. 可得性

2. 在下列运输方式中，运输速度相对较快的是(　　)，能够实现门到门运输的是(　　)。

A. 陆路运输　　B. 水路运输　　C. 航空运输　　D. 管道运输

3. 下列不是甩挂运输特点的是(　　)。

A. 挂车没有动力

B. 挂车与牵引车不固定搭配

C. 等待装卸搬运完毕后即可挂上新的挂车行驶

D. 一台牵引车可以搭配多台挂车

4. 多式联运经营人在统一责任制下对货物承担的运输责任是(　　)。

A. 全程　　B. 自己运输区段

C. 实际承运人区段外区段　　D. 自己控制区段

5. 仓库的基本功能包括(　　)。

A. 储存和保管　　B. 流通加工　　C. 信息交换　　D. 配送

6. 按保管目的分类，仓库可以分为(　　)。

A. 配送中心型仓库　　B. 存储中心型仓库

C. 物流中心型仓库　　D. 生产领域型仓库

E. 流通领域型仓库

7. 搬运与运输的区别在于(　　)。

A. 搬运距离更多　　B. 搬运距离更长

C. 搬运多使用轻型货车　　D. 搬运多使用叉车、输送机械等设备

8. 能同时适应室内、室外作业的叉车种类是(　　)。

A. 插腿式叉车　　B. 前移式叉车

C. 平衡重式叉车　　D. 以上叉车均可

9. 当物料处于移动状态时，物料的活性系数为(　　)。

A. 4　　B. 3　　C. 2　　D. 1

10. 包装可以分为(　　)。

A. 销售包装　　B. 运输包装　　C. 专用包装　　D. 通用包装

11. 销售包装的主要目的是(　　)。

A. 促进销售　　B. 保护物品　　C. 有利于生产　　D. 有利于物流

12. 托盘的常见尺寸包括(　　)。

A. 1200mm×800mm　　B. 1000mm×1200mm

C. 1016mm×1219mm　　D. 1140mm×1140mm

E. 600mm×800mm

13. 常见的集装设备有(　　)。

A. 托盘　　B. 集装箱　　C. 集装袋　　D. 周转箱

14. 将钢板进行剪裁,将钢筋裁制成毛坯,将木材加工成不同长度等的加工方式属于(　　)。

A. 生产加工　　B. 流通加工　　C. 来料加工　　D. 来样加工

15. 自行车在到达消费地后再进行整车装配、销售的方式属于(　　)的流通加工。

A. 为便于保管、储存产品而进行　　B. 以满足需求多样化为目的而进行

C. 以促进销售为目的而进行　　D. 以降低物流损耗为目的而进行

16. 关于配送的理解正确的是(　　)。

A. 根据用户要求展开　　B. 配送是一种短途运输

C. 配送是多种物流功能的组合　　D. 配送范围局限于经济合理范围内

17. 使用自动分拣系统属于(　　)。

A. 人至货方式　　B. 货至人方式

C. 人货互动方式　　D. 分区拣选

18. 订单拣选的常见策略包括(　　)。

A. 摘果式　　B. 播种式　　C. 分区式　　D. 波浪式

E. 开放式

19. 物流信息系统的英文缩写是(　　)。

A. LIS　　B. TPS　　C. SQL　　D. LED

20. 地理信息系统的英文缩写是(　　)。

A. MIS　　B. GPS　　C. GIS　　D. RFID

21. 无线射频识别技术的英文缩写是(　　)。

A. MIS　　B. GPS　　C. GIS　　D. RFID

22. 全球定位系统的英文缩写是(　　)。

A. MIS　　B. GPS　　C. GIS　　D. RFID

23. 目前在商品零售领域广泛使用的物流信息采集技术是(　　)。

A. RFID　　B. 条码　　C. POS　　D. 电脑

二、简答题

1. 简述冷链运输的特点。
2. 什么是国际多式联运?构成国际多式联运需满足那些条件?
3. 简述库存管理与传统意义上的仓储管理的区别。
4. 试比较定量订货库存管理系统与定期订货库存管理系统的差异。
5. 如何理解包装的功能?
6. 什么是包装标识?常见的标识可分为哪几类?
7. 什么是集装单元化?集装单元化有什么作用?
8. 流通加工和生产加工的区别是什么?
9. 什么是配送?简述配送与运输的区别与联系。
10. 配送的模式有哪些?
11. 物流信息有哪些特点?
12. 怎样理解物流公共信息平台的定义?

本章参考文献

[1] 陈子侠，彭建良. 物流技术与物流装备[M]. 北京：中国人民大学出版社，2010.
[2] 崔介何. 物流学概论[M]. 北京：北京大学出版社，2010.
[3] 丁永琦. 物流学[M]. 北京：冶金工业出版社，2008.
[4] 冯国苓，陈希望. 现代物流基础[M]. 大连：大连理工大学出版社，2010.
[5] 胡廷松，赵玉国. 现代物流概论[M]. 武汉：武汉理工大学出版社，2007.
[6] 关善勇. 流通加工与配送实务[M]. 北京：北京师范大学出版社，2011.
[7] 李洪奎. 仓储管理[M]. 北京：机械工业出版社，2012.
[8] 李岩. 运输与配送管理[M]. 北京：科学出版社，2010.
[9] 刘俐. 现代仓储管理与配送中心运营[M]. 北京：北京大学出版社，2008.
[10] 刘南. 交通运输学[M]. 杭州：浙江大学出版社，2009.
[11] 刘南，兰振东. 运输与配送[M]. 北京：科学出版社，2010.
[12] 彭闫平，王晓敏. 物流与包装技术[M]. 北京：中国轻工业出版社，2004.
[13] 石佐生. 配送管理[M]. 北京：冶金工业出版社，2009.
[14] 孙晓程. 国际货物运输与保险[M]. 大连：大连理工大学出版社，2009.
[15] 田源. 仓储管理[M]. 北京：机械工业出版社，2009.
[16] 王战军. 包装物流学 [M]. 北京：中国劳动社会保障出版社，2006.
[17] 吴承健，傅培华，王珊珊. 物流学概论[M]. 杭州：浙江大学出版社，2009.
[18] 吴建. 现代物流学[M]. 北京：北京大学出版社，2010.
[19] 叶怀珍. 现代物流学[M]. 北京：高等教育出版社，2006.
[20] 于承新，赵莉. 物流设施与设备[M]. 北京：经济科学出版社，2007.
[21] 曾剑，王景峰，邹敏. 物流管理基础[M]. 3 版. 北京：机械工业出版社，2008.
[22] 张晓莺. 运输管理实务[M]. 武汉：武汉理工大学出版社，2007.
[23] 周亚建. 物流基础[M]. 北京：中国物资出版社，2007.
[24] 黄有方. 物流信息系统[M]. 北京：高等教育出版社，2010.
[25] 霍佳震. 物流信息系统[M]. 北京：清华大学出版社，2011.
[26] 张劲珊. 物流信息技术与应用[M]. 北京：清华大学出版社，2013.
[27] 黄玉兰. 物流联网概论[M]. 北京：人民邮电出版社，2011.
[28] 郎为民. 大话物联网[M]. 北京：人民邮电出版社，2011.

第四章 CHAPTER

企业物流管理

引导案例

“像鲜花一样送啤酒”——青岛啤酒销售物流案例

“我们要像送鲜花一样送啤酒，把最新鲜的啤酒以最快的速度、最低的成本让消费者品尝。”青啤人如是说。为了这一目标，青岛啤酒股份有限公司(以下简称青啤)与香港招商局物流集团(以下简称招商物流)共同出资组建了青岛啤酒招商物流有限公司，双方开始了物流领域的全面合作。有趣的是，尽管是合作，青啤却得以完全从自己并不在行的领域里抽身而出。青啤将自己的运输配送体系“外包”给招商物流。因为，招商物流与青啤合作，仅输出管理，先后接管青啤的公路运输业务和仓储、配送业务，并无任何硬件设施的投资。据悉，自从合作以来，青岛啤酒运往外地的速度比以往提高30%以上，山东省内300km以内区域的消费者都能喝到当天的啤酒，300km以外区域的消费者也能喝到出厂一天的啤酒。而原来喝到青岛啤酒需要3天左右。业内人士指出，这一合作，对青啤而言，实际是将物流业务外包，这是国企中“第一个吃螃蟹的人”；对招商物流而言，该项目是第三方物流服务的典型案例，在合作形式、合作技术上多具有挑战性。

1. “外包”获得专业输送速度

2002年4月青啤与招商物流正式确定合作关系，共同出资200万元组建青岛啤酒招商物流有限公司。该公司将通过青啤优良的物流资产和招商物流先进的物流管理经验，全权负责青啤的物流业务，提升青啤的输送速度。双方组建的公司除拥有招商物流专业的物流管理经验和青啤优质的物流资产以外，还拥有基于ORACLE的ERP系统和基于SAP的物流操作系统提供信息平台支持。青岛啤酒招商物流有限公司在两年内由青岛啤酒公司持股51%，两年后由招商物流公司持股51%。

据介绍，招商物流与青啤的合作开始于2002年年初，招商物流首先对青啤的公路运输业务进行试运营。由于此前青啤自营运输业务，拥有许多物流固定资产，如车辆、仓库等，因此在试运营期间，招商物流通过融资租赁的方式，租用青啤的车辆及仓库，以折旧抵租金，同时输出管理，以整体规划、区域分包的一体化供应链来提升青啤的输送速度。青啤招商物流有限公司运营以来，青啤在物流效率的提升、成本的降低、服务水平的提高等方面成效显著。据透露，青啤运送成本每个月下降了100万元，青啤车队司机的月收入也拉开了档次，最大的时候相差达3500元。

另外，与招商物流的合作，使青啤固化在物流上的资产得以盘活。据介绍，自1997年开始，青啤公司就开始进行物流提速的投资，先后在4年间共斥4000多万元巨资进口大型运输车辆40余部，以保证向全国客户按时供货。但是青啤并不具备优势的自营运输业务，使这支车队每年有近800万元的亏损。早在两年之前，青啤就有了将物流外包的想法，总经理金志国形象地将其称为：青啤要做好加减法。故在国内企业大多热衷于自建物流体系，很少向外寻求物流服务的时候，青啤却将物流从主业中剥离，在招商物流的配合下，小心却又决然地迈出了一步。据悉，青岛啤酒招商物流有限公司定位于做国内优秀的第三方和第四方物流服务商。青岛啤酒招商局物流有限公司是招商物流在山东布下的一个节点，希望以它来敲开华东地区物流市场的大门，其目标是三年内成为山东及周边区乃至北方的标志性物流企业。对于招商物流来说，青啤是它开路的急先锋，而“青啤模式”则是它开拓国内市场的一把利刃。

2. 信息不畅是青啤“保鲜”大碍

青岛啤酒公司在迅速完成扩张后，营销战略由以规模为主的“做大做强”相应转变为以提升核心竞争力为主的“做强做大”。啤酒下线后送达终端市场的速度，即所谓的“新鲜度管理”，成为青啤打造企业核心竞争力的关键要素。青啤从1998年起开始推行“新鲜度管理”。但是，按照旧有的业务流程，产成品出厂后先进周转库，再发至港、站，再到分公司仓库，最后才转运给消费者，啤酒作为日常消费品其口味已发生了极大的变化。由于物流渠道不畅，不但增加了运费，加大了库存，也占用了资金，提高了管理成本，新鲜度管理很难落到实处。另外，各区域销售分公司在开拓市场的同时还要管理运输和仓库，往往顾此失彼。所以，青啤把“新鲜度管理”、“市场网络建设”等纳入信息化建设范畴。青啤认为，由于不能及时为公司决策层提供准确的销售、库存信息，信息不畅成为消费者喝到最新鲜啤酒的严重障碍。2000年，青啤决定利用先进的信息化手段再造青啤的销售网络，建立起保证各销售分公司物流、资金流、信息流合理、顺畅运行的青碑销售物流管理信息系统。这个系统对企业的发货方式、仓储管理、运输环节进行了全面改造，实现销售体系内部开放化、扁平化的物流管理体系。青啤销售物流管理信息系统由财务、库存、销售、采购、储运等模块构成，不仅实现了加快产品周转、降低库存、加快资金周转等目标，更重要的是实现了以销定产的“订单经济”。

2001年2月，青啤与ORACAL正式开始合作，通过引入ERP系统实施企业信息化战略。青啤规划“借助于ERP系统这个现代管理平台，将所有的啤酒厂、数以百计的销售公司、数以万计的销售点集成在一起。对每一个点、每一笔业务的运行过程，实施全方位监控，对每一个阶段的经营结果实施全过程的审计，加快资金周转速度，提高整个集团的通透性，实现资源的优化配置”。在金志国看来，“做ERP，青啤绝对不是赶时髦，我们需要用新技术改造青啤传统业态的管理体制和运作方式”，“后面我们的任务更重，首先要建立畅通的渠道，当然这需要进一步的变革，还要制定各种规章制度，建立综合信息库，采用先进的数理统计方法对收集的信息进行分析处理，并应用到经营决策、资源配置、纠正预防和持续改进过程中去”。应该说，借助于网络技术的应用改造产品价值链，实现企业生产链向供应链管理转变是青啤管理重组的必经之路。

3. 流程不顺也难保“新鲜”

青啤人回忆说，1998年第一季度，青啤集团以“新鲜度管理”为中心的物流管理系统开始启动，当时青啤的产量不过30多万吨，但库存就高达3万吨。当时，他们着重做了两个方面的工作：一是限产压库；二是减少重复装卸，以加快货物运达的时间。以这两个基本点为核心，它们对发货方式、仓库管理、运输公司及相关部门进行了改革和调整，耗费了青啤很多精力。所以青啤同样热衷于流程再造，对青啤而言，所谓流程再造就是为了建立现代物流系统。据介绍，青啤集团筹建了技术中心，将物流、信息流、资金流全面统一在计算机网络的智能化管理之下，简化业务运行程序，对运输仓储过程中的各个环节进行重新整合、优化，以减少运输周转次数，压缩库存、缩短产品仓储和周转时间等。譬如，根据客户订单，产品从生产厂直接运往港、站，省内订货从生产厂直接运到客户仓库。仅此一项，每箱的成本就下降了0.5元。同时对仓储的存量作了科学的界定，并规定了上限和下限，上限为1.2万吨。低于下限发出要货指令，高于上限再安排生产，这样使仓储成为生产调度的“平衡器”，有效改变了淡季库存积压、旺季市场断档的尴尬局面，满足了市场对新鲜度的需求。另外，销售部门要根据各地销售网络的要货计划和市场预测，制订销售计划；仓储部门根据销售计划和库存及时向生产企业传递要货信息；生产厂有针对性地组织生产，物流公司则及时地调动运力，确保交货质量和交货期。同时销售代理商在有了稳定的货源供应后，可以从人、财、物等方面进一步降低销售成本，增加效益。青啤集团还成立了仓储调度中心，对全国市场区域的仓储活动进行重新规划，对产品的仓储、转库实行统一管理和控制，实现由提供单一的仓储服务到对产成品的市场区域分部、流通时间等全面的调整、平衡和控制。

案例解析

在提升核心竞争力“做强做大”面前，青啤面临信息不畅和流程不畅两大难题，为了破解这两大难题，青啤采用销售物流外包这一重大策略来解决销售物流中遇到的种种困境，青岛啤酒股份有限公司与香港招商局物流集团共同出资组建了青岛啤酒招商物流有限公司，双方开始了物流领域的全面合作。青啤将自己的运输配送体系“外包”给招商物流，得以完全从自己并不在行的领域里抽身而出，为了配合企业销售物流外包的有效性，还进行了管理体制的调整。青啤和招商物流共同组建的青岛啤酒招商物流有限公司，以专业化的态度打造一个信息化的物流操作平台，实现青岛物流的输送速度的要求。

青啤通过销售物流外包减少了运输费用，不但一举甩掉了企业原有运输公司多年亏损的沉重包袱，还使运输费用由原来的0.40元/吨公里下降到0.29元/吨公里，降幅高达27.5%。同时，库存也较原来降低了30%，减少了资金占用，在一定程度上为企业减轻了资金压力。

为了实施“新鲜度管理战略”，青啤生产系统改变了以前单纯的生产计划管理，建立起“以销定产”的生产管理体系，实现销售信息和生产信息共享以及生产、物流、供应的最优化。青啤还在物流环节打造产销协同的中枢系统，用先进的信息技术实现订单、发运、捕获等步骤的信息化管理，保证了产品在物流环节的快速流转，减少了二次搬运，减轻了产品外包装损失，提高了产品新鲜度。

案例思考

1. 请结合以上案例分析青啤是如何实现其“新鲜度管理”目标的？
2. 请结合所学分析青啤是如何降低库存，加快周转速度的？

案例涉及的主要知识点

销售物流　物流外包　仓储管理　流程再造　物流信息系统　战略合作

学习导航

- 了解企业物流的内涵和特征，掌握企业物流管理的内容。
- 了解企业物流的分类及其相互关系。
- 掌握企业生产物流的概念及其主要内容。
- 学习企业供应物流的主要模式，了解供应物流领域新的服务方式。
- 了解企业销售物流的主要环节，学习其主要物流模式。
- 掌握企业逆向物流的基本概念及其成因。

教学建议

- 备课要点：企业物流管理的主要内容及其分类；生产物流的计划与控制；供应物流的模式及其选择应用；销售物流的主要环节、物流模式及其案例分析；企业逆向物流的概念、成因及其分类。
- 教授方法：案例，讲授。
- 扩展知识领域：企业生产与运作管理。

第一节　企业物流管理概述

一、企业物流的内涵和特征

（一）企业物流概念

我国国家标准(GB/T 18354—2006)将企业物流定义为“货主企业在经营活动中所发生的物流活动”。从这个定义中可以看出，企业物流是企业内部的物品实体流动，是从企业角度上研究与之有关的物流活动，是具体的、微观的物流活动的典型领域。

企业物流可理解为围绕企业经营的物流活动。企业经营活动的基本模式是投入→转换→产出。对于生产类型的企业来讲，是原材料、燃料、人力、资本等的投入，经过制造或加工使之转换为产品或服务；对于服务型企业来讲则是设备、人力、管理和运营，转换为对用户的服务。物流活动便是伴随着企业的投入→转换→产出等活动而发生的：相对于投入的是企业外供应或企业外输入物流；相对于转换的是企业内生产物流或企业内转换物流；相对于产出的是企业外销售物流或企业外服务物流。由此可见，在企业经营活动中，物流是渗透到各项经营活动之中的活动。

（二）企业物流的分类

如果把企业物流设定为一个综合的、独立的物流系统，那么这个大系统就可以划分为若干个物流子系统。按照企业的日常经营可以将企业物流划分为供应物流、生产物流、销售物流和逆向物流(回收和废弃物流)。其中生产物流处于中心地位，它是和生产同步进行的；供应物流和销售物流是生产物流的外延部分，它受企业外部环境的影响较大。

（三）企业物流的特征

供应物流及销售物流是企业物流与社会物流的接口，这两种物流形态虽然是为企业经营服务的，是企业生产物流向两端的延伸，但是，其物流特点和社会物流是很相近的。真正反映企业物流特点和社会物流有较大区别的是企业内部物流，也就是生产物流。企业物流的特点便是指企业生产物流的特点。企业物流的特点可以归纳为以下几点。

(1) 企业物流的主要功能要素是搬运活动。

(2) 企业物流是以实现加工附加价值为主的经济活动。

(3) 企业物流的过程具有稳定性。

(4) 企业物流的运行具有伴生性。

(5) 企业物流活动具有效益背反性。

二、企业物流管理的内容

企业的物流管理就是从企业物流一体化到供应链一体化，改变传统供应关系中制造商上下游供应商、分销商的关系，形成一种纵横一体化经营的集成管理模式，同时，将现代管理技术应用于物流管理之中。

企业物流管理的内容主要包括物流活动本身的管理、物流活动相关要素的管理以及物流活动效果的管理，具体表现如下。

物流活动本身的管理主要是从物流系统诸要素角度分析，包括运输管理、储存管理、装卸搬运管理、包装管理、流通加工管理、配送管理、物流信息管理、客户服务管理。

物流活动相关要素的管理主要是从对物流系统诸要素管理的角度分析，包括物流人员的管理、物流技术设施设备的管理、物流管理财务费用的管理、物流活动安全的管理、物流组织、方法以及信息的管理等。

物流活动效果的管理主要是从物流活动的具体职能的角度分析，包括物流计划管理和物流质量管理。其中，物流计划管理指对物质生产、分配、交换、流通整个过程的计划管理，也就是在物流大系统计划管理的约束下，对物流过程中的每个环节都要进行科学的计划管理，具体体现在物流系统内各种计划的编制、执行、修正及监督的全过程；物流质量管理涉及物流服务质量、物流工作质量、物流工程质量等的管理；物流技术管理，包括物流硬技术和物流软技术的管理。

第二节　企业生产物流

一、生产物流概述

(一) 生产物流的概念

企业的生产物流活动是指在生产工艺中的物流活动。这种物流活动是与整个生产工艺过程伴生的，实际上已经构成了生产工艺过程的一部分。过去人们在研究生产活动时，主要关注一个又一个的生产加工过程，而忽视了将每一个生产加工过程串在一起的，并且又和每一个生产加工过程同时出现的物流活动。例如，离开上一道工序，进入下一道工序，便会不断发生搬上搬下、向前运动、暂时停止等物流活动。实际上，一个生产周期内，物流活动所占用的时间远多于实际加工的时间。所以，企业生产物流研究所带来的时间节约和劳动节约的潜力是非常大的。

（二）生产物流的过程

企业生产物流的过程大体为：原材料、零部件、燃料等辅助材料从企业仓库和企业的“门口”开始，进入生产线开始端，再进一步随生产加工过程各个环节运动；在运动过程中，本身被加工，同时产生一些废料、余料，直到生产加工终结，再运动至成品仓库便终结了企业生产物流过程。

（三）影响生产物流的因素

不同的生产过程由不同的生产物流组成，生产物流的构成取决于下列因素。

（1）生产类型。不同类型的生产企业其物流活动的表现不同。生产类型是影响企业生产物流的最主要的关键因素，也影响生产物流的构成和比例。

（2）生产规模。一般而言，生产规模越大，生产过程的构成越齐全，物流量越大。它影响物流量大小。

（3）企业的专业化与协作水平。企业的专业化与协作水平提高，生产物流趋于简化，物流流程缩短。

（四）生产物流的特点

1. 实现价值的特点

企业生产物流和社会物流的一个最本质不同之处，即企业物流最本质的特点，主要不是实现时间价值和空间价值的经济活动，而主要是实现加工附加价值的经济活动。企业生产物流一般是在企业的小范围内完成，当然，在全国或者世界范围内布局的巨型企业除外。因此，生产物流空间距离的变化不大，且多是在企业内部的储存，社会储存目的不同，这种储存是对生产的保证，而不是一种追求利润的独立功能，因此，时间价值不高。企业生产物流伴随加工活动而发生，实现加工附加价值，即实现企业主要目的。所以，虽然生产物流的空间、时间价值潜力不高，但加工附加价值却很高。

2. 主要功能要素的特点

企业生产物流的主要功能要素也不同于社会物流。一般物流的主要功能要素是运输和储存，其他功能要素是作为辅助性或次要功能或强化性功能要素出现的；生产企业物流的主要功能要素则是搬运活动。许多生产企业的生产过程，实际上是物料不停的搬运过程，在不停的搬运过程中，物料得到了加工，改变了形态。即使是配送企业和批发企业的企业内部物流，实际也是不断搬运的过程，通过搬运，商品完成了分货、拣选、配货工作，完成了大改小、小集大的换装工作，从而使商品形成了可配送或可批发的形态。

3. 物流过程的特点

企业生产物流是一种工艺过程型物流，一旦企业生产工艺、生产装备及生产流程确定，企业物流也就成了一种稳定性的物流，物流便成了工艺流程的重要组成部分。由于这种稳定性，企业物流的可控性、计划性便很强，一旦进入这一物流过程，选择性及可变性便很小，对物流的改进只能通过对工艺流程的优化而实现，这方面与随机性很强的社会物流也有很大的不同。

4. 物流运行的特点

企业生产物流的运行具有极强的伴生性，往往是生产过程中的一个组成部分或一个伴生部分，这决定了企业物流很难与生产过程分开而形成独立的系统。但同时，企业生产物流中也存在着与生产工艺过程可分的局部物流活动，如仓库的储存活动、接货物流活动、车间或分厂之间的运输活动等。这些局部物流活动有本身的界限和运动规律，当前企业物流的研究大多针对这些局部物流活动。

二、生产物流类型

（一）生产类型的概念

生产类型是指生产的产品产量、品种和专业化程度在企业技术、组织和经济上的综合反映和表现。它在很大程度上决定了企业和车间的生产结构、工艺流程和工艺装备的特点，生产过程的组织形式及生产管理方法，同时也决定了与之匹配的生产物流类型。各个工业企业在产品结构、生产方法、设备条件、生产规模、专业化程度、工人技术水平以及其他各个方面，都具有各自不同的生产特点，这些特点反映在生产工艺、设备、生产组织形式、计划工作等各个方面，对企业的技术经济指标有很大影响。因此，各个企业应根据自己的特点，从实际出发，建立相应的生产管理体制。这样，就有必要对企业进行生产类型的划分。

（二）生产物流类型分类

1. 由生产专业化的角度分类

根据产品在工作地生产的重复程度可以把物料生产过程划分为单件生产、大量生产、成批生产三种类型。其含义及特征如下。

1）单件生产

单件生产需要生产的产品品种多但每一品种生产的数量甚少，生产重复度低。具体特点是：生产过程中，工人以师傅带徒弟的方式培养；个人具有高超技术；生产的组织分散；产品设计和零件制造分散；设备使用通用机器。

单件生产的物流特征如下。

(1) 生产重复程度低，从而物料需求与具体产品制造存在一一对应的相关需求。

(2) 由于单件生产，产品设计和工艺设计存在低重复性，从而物料的消耗定额不容易或不适宜准确制定。

(3) 由于生产品种的多样性，使得制造过程中采购物料所需的供应商多变，外部物流较难控制。

2）大量生产

大量生产需要生产的产品品种数相对单一，而产量却相当大，生产的重复度非常高且大批量配送。具体特点是：品种数量单一但产品相当大；产品设计和零件制造标准化、通用化、集中化程度高；很强的零件互换性和装配的简单化使生产效率极大地提高，生产成本低，产品质量稳定。

大量生产的物流特征如下。

(1) 由于该生产类型的企业物料被加工的重复度高，从而物料需求的外部独立性和内部相关性易于被计划和控制。

(2) 由于产品设计和工艺设计相对标准和稳定，从而物料的消耗定额容易准确制定。

(3) 由于生产品种的单一性，使得制造过程中物料采购的供应固定，外部物流相对而言较容易控制。

(4) 为达到物流自动化和效率化，强调在采购、生产、销售物流各功能的系统化方面，引

入运输、保管、配送、装卸、包装等物流作业中各种先进技术的有机配合。

3）成批生产

成批生产需要生产的产品品种繁多而且每一品种有一定的生产数量，生产的重复度中等。具体特点是：品种数量多但产量有限；产品设计系列化，零部件制造标准化、通用化程度高；工艺过程采用成组技术；运用柔性制造系统使生产系统能适应不同产品或零件的加工要求，并能减少加工不同零部件之间的换模时间。

成批生产的物流特征如下。

（1）物料生产的重复度介于单件生产和大量生产之间，一般是制定生产频率，采用混流生产。

（2）以物料需求计划（Material Requirement Planning，MRP）实现物料的外部独立需求与内部的相关需求之间的平衡。以JIT（准时生产制）实现客户个性化特征对生产过程中物料、零部件、成品的拉动需求。

（3）由于产品设计和工艺设计采用并行工程处理，物料的消耗定额容易准确制定，从而产品成本容易降低。

（4）由于生产品种具有多样性，对制造过程中物料的供应商有较强的选择要求，因此外部物流的协调较难控制。

2. 从物料流向的角度分类

根据物料在生产工艺过程中的特点，可以把生产物流划分为项目型生产物流、连续型生产物流、离散型生产物流三种类型。

1）项目型生产物流（固定式生产）

项目型生产物流是当生产系统需要的物料进入生产场地后，几乎处于停止的“凝固”状态，或者说在生产过程中物料流动性不强。分两种状态：一种是物料进入生产场地后就被凝固在场地中，与生产场地一起形成最终产品，如住宅、厂房、公路、铁路、机场和大坝等；另一种是在物料流入生产场地后，“滞留”时间很长，形成最终产品后再流出，如大型的水电设备、冶金设备、轮船和飞机等。管理的重点是按照项目的生命周期对每阶段所需的物料在质量、费用以及时间进度等方面进行严格的计划和控制。

2）连续型生产物流（流程式生产）

连续型生产物流是指物料均匀、连续地进行，不能中断；生产出的产品和使用的设备、工艺流程都是固定且标准化的；工序之间几乎没有在制品储存。管理的重点是保证连续供应物料和确保每一生产环节的正常运行。由于工艺相对稳定，有条件采用自动化装置实现对生产过程的实时监控。

3）离散型生产物流（加工装配式生产）

产品是由许多零部件构成的，各个零部件的加工过程彼此独立；制成的零件通过部件装配和总装配最后成为产品，整个产品的生产工艺是离散的，各个生产环节之间要求有一定的在制品储备。管理的重点是在保证及时供料和零件、部件的加工质量基础上，准确控制零部件的生产进度，既要减少在制品积压，又要保证生产的成套性。

3. 从物料流经的区域或功能角度分类

从物料流经的区域或功能角度分类，可以将企业物流分为工厂间物流、工序间物流两种。工厂间物流是指大型企业各专业厂间运输物流或独立工厂与材料、配件供应厂之间的物流。工序间物流也称工位间物流、车间物流，指生产过程中车间内部以及车间、仓库之间各工序、工位上的物流。其内容包括：接受原材料、零部件后的储存活动；加工过程中间的在制品储存活动；成品出厂前的储存活动；仓库向生产车间运送原材料、零部件的搬运活动；各种物料在车间、工序之间的搬运活动。

三、生产物流计划

（一）生产物流计划的作用

生产物流计划是指为保证生产顺利进行而编制的生产物流供应计划，是企业计划期内生产物流供应活动的行动纲领。它是和企业的物流能力、物料需求、制造需求、采购需求等紧密联系在一起的。核心是编制生产作业计划，即根据计划期内规定的出产产品的品种、数量、期限，以及发展的客观实际，具体安排产品及其零部件在各工艺阶段的生产进度。同时，为企业内部各生产环节安排短期的生产任务，协调前后衔接关系。

（1）保证生产计划的顺利完成。为了保证按计划规定的时间和数量生产各种产品，要研究物料在生产过程中的运动规律，以及在各个工艺阶段的生产周期，以此来安排经过各个工艺阶段的时间和数量，并使系统内各个生产环节内的在制品结构、数量和时间相协调。

（2）为均衡生产创造条件。均衡生产是指企业及企业内的车间、工段、工作地等各个生产环节，在相等的时间阶段内，完成等量或均增数量的产品。均衡生产的要求为：每个生产环节都要均衡地完成所承担的生产任务；不仅在数量上均衡地生产和产出，各个阶段的物流也要保持一定的比例性；尽可能缩短物料流动的周期，保持一定的节奏性。

（3）加强在制品管理，缩短生产周期。保持在制品、半成品的合理储备，是保证生产物流连续进行的必要条件。在制品过少，会使物流中断，影响生产的顺利进行；反之，又会造成物流不畅，延长生产周期。因此，对在制品的合理控制，既可减少在制品占用量，又能使各个生产环节实现正常衔接与协调，按物流作业计划有节奏地、均衡地组织物流活动。

（二）期量标准

期量标准是生产物流计划工作的重要依据，因此，也称为作业计划标准，是对加工对象在生产过程中的运动经过科学分析和计算，从而确定的时间和数量标准。“期”表示期间，如生产周期、提前期等；“量”表示数量，如一次同时投入生产的在制品数量、仓库应存储的在制品数量等。

合理的期量标准，有助于建立正常的生产秩序和工作秩序，组织均衡生产，充分利用生产能力，缩短产品生产周期，加速流动资金周转，提高企业经济效益。值得注意的是，不同类型的企业，由于生产过程的组织形式不同，应采用不同的期量标准。

四、生产物流控制

生产物流控制是指在生产作业计划执行过程中，对有关产品或零部件的数量和生产进度所进行的控制。生产物流控制是物流控制的核心，是实现生产作业计划的保证。在实际的生产物流系统中，由于受系统内部和外部各种因素的影响，计划与实际之间会产生偏差，为了保证计划的完成，必须对物流活动进行有效控制。因此，物流控制是物流管理的重要内容，也是物流管理的重要职能。

（一）控制系统的组成要素

一个控制系统必须由若干个要素组成，主要包括：

(1) 控制对象。控制对象可由人和设备组成一个基本系统单元，通过施加某种控制指令，从而完成某种变化。在生产物流中，物流过程是主要的控制对象。

(2) 控制目标。控制本身并不是目的，系统必须有一个事先设定的目标。控制系统定期进行检查，发现偏差，及时进行调整，以利于目标的完成。

(3) 控制主体。在一个控制系统里，目标已定，收集控制信息的渠道也已畅通，需要一个机构来比较当前的状态与目标状态的差距，如差距超过允许的范围，则需要制订纠正措施，下达控制命令。这样的机构称为控制主体。

（二）生产物流控制的原理

在生产物流系统中，物流协调和减少各个环节生产和库存水平的变化是很重要的。在这样的系统中，系统的稳定与所采用的控制原理有关。下面介绍两种典型的控制原理。

1. 物流推进式(Push System)控制原理

物流推进式控制是由生产推进式发展而来的。根据最终需求量，在考虑各阶段的生产提前期之后，向各阶段发布生产指令量，这种方式称为推送方式。以这种方式进行物流控制的原理称为物流推进式控制原理。推进式控制原理的特点是集中控制，每阶段物流活动服从集中控制的指令，各阶段没有独立影响本阶段局部库存的能力。这就意味着这种控制原理不能使各阶段的库存保持期望水平。

推进式生产物流控制原理的代表方法是物料需求计划(Material Requirement Planning,MRP)。MRP是20世纪60年代起从美国开始发展起来的，它是指企业利用先进的计算机技术，根据产品的结构、产品的需求和现有的库存情况，较精确地制定产品及其零配件的生产投入产出日程，使企业能明确地了解何时需要哪些零配件及其数量，并能及时、快速地调整计划使其符合新的市场需求。

2. 物流拉动式(Pull System)控制原理

与推式生产相反，拉式生产是在最后阶段按照外部需求，向前一阶段提出物流供应要求，前一阶段按本阶段的物流需求向上一阶段提出要求。依此类推，接受要求的阶段再重复地向前阶段提出要求。这种方式称为拉引方式。这种方式在形式上是多道工序，但由于各阶段各自独立发布指令，所以实际上是前一阶段的重复。采用这种方式的物流控制原理称为物流拉动式控制原理。

拉动控制原理的特点是分散控制，每一分散控制的目标是满足局部需求，在这种控制原理中，所有的局部控制使本阶段达到要求。然而由于没有实时协调，满足需求和降低库存费用的总目标在各个局部控制中没有考虑。因此，采用这种控制原理，系统中总的库存水平一般高于基准的库存水平。

（三）生产物流控制的内容

生产物流控制的主要内容有以下几个方面。

1. 生产物流进度控制

生产物流进度控制是对物料从投入到成品入库为止的全过程进行的控制。生产物流进度控制是生产作业控制的关键，具体包括物料投入进度控制、物料出产进度控制和工序物料控制等内容。

2. 在制品占用量控制

在制品占用量控制主要是控制车间内各工序之间在制品的流转和跨车间协作工序在制品的流转，加强工序间检验对在制品流转的控制。此外，还可以采用看板管理法控制在制品的占用量。采用"看板方式"生产与一般方式生产的一个显著区别是，它不是采用前道工序向后道工序送货，而是实行后道工序在需要的时候向前道工序领取需要的部件，前道工序只生产被后道工序取走的那部分零部件，严格控制零部件的生产和储备。看板作为取货指令、运输指令、生产指令，用以控制生产和微调计划，有着重要的作用，它是随物流运动而发挥作用的。

3. 偏差的测定与处理

在生产物流计划实施过程中，按照预定时间及顺序检测计划执行的结果，即计划量与实际量的差距，根据发生差距的原因及程度，采用不同的方法进行处理。

完成上述控制内容的系统可以采取不同的结构和形式，但都具有一些共同的要素。这些共同的要素包括以下几个方面。

(1) 强制控制和弹性控制的程度。即通过有关期量标准、严密监控等手段所进行的强制或自觉控制。

(2) 目标控制和程序控制。即控制系统是核查生产实际结果还是对生产程序、生产方式进行核查。

(3) 管理控制和作业控制。管理控制的对象是全局，即为使系统整体达到最佳效益而按照总体计划来调节各个环节、各个部门的生产活动。作业控制的对象是对某项作业，是局部的，其目的是保证具体任务或目标的实现。有时不同作业控制的具体目标之间可能会出现脱节或矛盾的情况，需要管理控制对此进行协调，以达到整体最优的效果。

(四) 生产物流控制的程序

对不同类型的生产方式来说，生产物流控制的程序基本上是一样的。与控制的内容相适应，生产物流控制程序一般包括以下几个步骤。

(1) 制定期量标准。期量标准要合理、先进，并随着生产条件的变化不断修正。

(2) 制订计划。依据生产计划制订相应的物流计划。

(3) 物流信息的收集、传送、处理。

(4) 短期调整。为了保证生产正常进行，要及时调整偏差，以确保计划的顺利完成。

(5) 长期调整。长期调整的目的是保证生产及其有效性的评估。

五、典型的生产物流和设备

(一) 利用输送机的生产物流

输送机是生产物流采用的主要通用物流机具，甚至形成了一种生产方式的代表。20 世纪初，泰勒的"科学管理"就以传送带为"科学管理"方法的内容之一。同时期，美国汽车工业巨头亨利·福特创造的"福特制"，更以连续不停的传送带运转来组织标准化的、机械化的甚至自动化的生产，使输送机成了现代化大生产非常重要的机具。

输送机在生产工艺中的应用主要有两方面：一方面是作为物料输送用，如矿石、煤炭原材料的运输；另一方面是用作装配中的主要机具，工人固定在装配线上某一位置，每个工人完成一种标准的作业，随输送机不停运行，从输送机一端进入的半成品(如汽车骨架)在输送机前进过程中，不断安装各个组件、零件，在输送机另一端输出制成品。

采用输送机作为装配线或生产工艺的生产领域主要有汽车工业、家用电器工业、电子工业、仪表工业、机械制造工业等。在生产流水线采用的主要输送机种类有皮带输送机、辊道输送机、链式输送机、悬挂输送机、板式输送机等。

(二) 作业车

以作业车为放置被加工物的物流载体，随作业车沿既定工序运动，不断完成装配或加工。

(三) 具有物流能力的专业技术装备

具有物流能力的专业技术装备是以实现加工、制造等技术手段为主要目的的。装备本身虽有物流能力，可以使物料在运动过程中接受各个固定位置的技术加工措施，但是它却完全不同于通用的物流机具，不能将其看成是物流设备。两个典型方式如下。

1. 高炉

炼铁用装备，各种物料(矿石、炉料等)由上部投入，物料在高炉中，依靠本身重力从上往下运动，在运动过程中，经过了预热、升温、软化、熔融，成为铁水从炉下部流出，在炉内完成了物流过程，也完成了熔制过程。

2. 水泥回转窑

一定倾斜角度的水泥筒状转炉，从窑尾(高处)投入配合料，在窑炉不停转运中，配合料逐渐向低端运动，经过干燥预热、煅烧、放热反应、烧成、冷却各个区域，完成几十米甚至上百米的运动，从窑头输出熟料。回转窑不但是水泥工艺专用设备，也具有了输送物料的功能。

(四) 利用升降台车

利用升降台车可以实现等高水平的装卸搬运，减少搬上搬下的劳动操作，防止反复搬上搬下对人力的消耗和造成工人的疲劳，有利于加快衔接速度，减少损耗，因而可提高生产效率。

第三节 企业供应物流

一、供应物流的概念与基本过程

(一) 供应物流的概念

企业供应物流是企业物流活动的起始阶段，是企业生产之前的准备工作和资源配置活动。供应物流是指提供原材料、零部件或其他物料时所发生的物流活动。

供应物流包括原材料等一切生产物资的采购、进货运输、仓储、库存管理、用料管理和供应管理，也称为原材料采购物流。它是生产物流系统中相对独立性较强的子系统，并且和生产系统、财务系统等生产企业各部门以及企业外部的资源市场、运输部门有密切的联系。供应物流是企业为保证生产节奏，不断组织原材料、零部件、燃料、辅助材料供应的物流活动，这种活动对企业生产的正常、高效率运行发挥着保障作用。企业供应物流不仅要实现保证供应的目标，而且要在低成本、少消耗、高可靠性的限制条件下来组织供应物流活动，因此难度很大。

（二）基本过程

企业供应物流的具体情况各不相同，但基本流程是相同的，一般有以下三个阶段。

第一阶段，取得资源。

取得资源是完成所有供应活动的前提条件。取得什么样的资源，要由核心生产过程决定，同时也要按照供应物流可以承受的技术条件和成本条件来进行决策。物资的质量、价格、信誉、供应的及时性等都是重要的考虑因素。取得资源可通过采购或交换的方式实现。

第二阶段，组织到厂物流。

取得的资源必须经过物流才能到达企业。在物流过程中，往往要反复运用装卸搬运、存储、运输等物流活动才能使取得的资源到达企业。组织到厂物流可以由企业、社会公共物流部门、第三方物流企业等完成。

第三阶段，组织厂内物流。

到达企业的物资，经工作人员确认后，在厂区继续移动，最后到达车间、分厂或生产线。组织厂内物流通常由企业自己承担。企业的仓库就是内外物流的转换节点。

二、供应物流的模式

因企业的不同、供应环节的不同以及供应链的不同，供应物流过程也有所不同，从而使供应物流出现了许多不同种类的模式。企业的供应物流目前较为常用的有以下四种基本组织方式。

（一）供应商代理

供应商代理是指供应商或者社会销售企业送货上门的物流形式。生产企业可以免除物流活动，供应商利用熟悉的物流渠道，对生产企业进行供应服务，并不断增加服务的内容，取得了生产企业的更多信赖，共同结成战略联盟。

（二）委托第三方物流企业代理

委托第三方物流企业代理是在生产企业完成了采购程序之后，由销售方或者生产企业委托专业物流公司从事送货或者提货的物流活动。这种方式在现在的社会经济环境下将逐渐成为主流。

（三）企业自供、外委与外协

自供是生产企业把上一环节的产品作为下一生产环节的原材料来供应。外委，一般在企业中是指将整个半成品都委托外部单位加工，自己只出原材料。而外协，一般是指企业对原料自己进行一部分的加工，然后再将某些工序拿出去，委托外面加工，属于工序协作。通常由生产企业向外协厂提供所需产品的技术图纸以及品质要求，由外协厂组织生产、供应，以满足企业生产需要。

（四）供应链供应方式

以信息和网络为依托的供应链体系将物资供应商、生产商、储运商、分销商、消费者组成供需物流网络链，供应商和企业将结成最高层次的动态联盟，在互利互惠、信息共享、风险共担、相互信赖的原则下，建立长期的供应合作关系。

这几种方式有低层次的，也有高层次的。其中供应链、委托代理等属于较高层次的管理模式，也是供应物流的发展方向。

三、供应物流的作用

在企业物流系统中，供应物流的作用是通过整个供应系统的运行得以体现的。这说明了企业供应物流存在的必要性和对企业生产经营活动的重要性。我们从供应物流的三个阶段来理解它的作用。

（一）在第一阶段，企业物资的采购

这个阶段的主要工作是企业物资的采购。原材料和零部件等生产物资的采购是企业正常生产的前提，"巧妇难为无米之炊"形象地说明了企业生产与原材料、零部件等生产物资的关系。无论企业的生产设备有多完善、生产技术有多先进，落实到真正的生产活动中必须有物质作为媒介，否则难以发挥作用。而采购恰恰就是为企业的生产准备适当的"主料"和"佐料"。

这个阶段的主要作用就是为生产活动进行物质准备，保证企业按照事先制订的生产计划在组织生产的过程中可以随时无阻碍地获得需要的原料，实现无间断生产，即实现企业生产的持续性。同时，这种对生产的保证也可以为企业节省额外支出，许多生产线或生产设备的启动成本很高，由于生产原料不能及时供应而造成的生产线或生产设备的暂停使用，重新开启设备而产生的费用就需企业额外支出。

（二）在第二阶段，生产物资的厂外移动

在这个阶段大多数是以企业物流的外部化表现出来的，也就是说，生产企业直接利用外部物流服务——专业物流服务企业或物资供应企业提供物流服务。这个阶段的专业工作是运输——将生产物资按照企业的要求在适当的地点取得再送到适当的地点。企业完成生产物资的采购后，并不意味着生产准备工作的结束，而恰恰相反，这只是准备工作的开始。

这个阶段的主要作用表现在生产物资厂外移动的协调与安排，促进物资空间价值的实现。生产物资的运输涉及几个环节的衔接问题——生产物资的供方与需方的物资交接、运输承运人与需求方的交接、物资运输方与储存方的交接等。同时，运输过程中突发事件的处理也属于供应物流的协调工作范围。协调的好坏直接影响生产计划的执行情况。

（三）在第三阶段，生产物资的厂内移动

这个阶段主要是利用企业本身的物流服务。本阶段工作重点是物资的在库管理和厂内搬运。在准时生产制下，企业物资直接运送到生产线或生产车间，但是能够实现这种生产方式的企业很少，多数企业还是按库存安排生产或类似于准时生产，但仍然要保有一定数量的库存。因此，绝大多数的生产资料都不能在运达企业时就被投入生产，而是要经过短暂的在库存储，然后在适当的时间通过企业内的搬运系统进入企业的生产过程。

这个阶段的主要作用是协调企业生产活动与物料管理活动的统一，保证生产物资时间价值的实现。如果企业生产物资管理得好，可以按照企业的生产计划将库存物资稳定而准时地送到生产线上，那么企业就可以获得供应物流协调工作的益处——降低企业的原材料库存，减少企业资金的额外占用。

四、供应物流领域新的服务方式

（一）准时供应方式

采用准时供应方式，可以派生出零库存方式、即时供应方式、到线供应方式等多种新的

服务方式。在买方市场环境下,供应物流活动的主导者是买方。购买者(用户)有极强的主动性,用户企业可以按照最理想的方式选择供应物流;而供应物流的承担者,作为提供服务的一方,必须以最优的服务才能够被用户所接受。从用户企业一方来看,准时供应方式是一种比较理想的方式。

准时供应方式是按照用户的要求,在计划的时间内或者在用户随时提出的时间内,实现用户所要求的供应。准时供应方式大多是双方事先约定供应的时间,互相确认时间计划,因而有利于双方做供应物流和接货的组织准备工作。

(二)即时供应方式

即时供应方式是准时供应方式的一个特例,是完全不依靠计划时间而按照用户即时提出的时间要求,进行准时供应方式。这种方式一般作为应急的方式采用。

在网络经济时代,由于电子商务的广泛开展,在电子商务运行中,消费者所提出的服务要求大多缺乏计划性,且又有严格的时间要求,所以,在新经济环境下,这种供应方式有被广泛采用的趋势。需要说明的是,这种供应方式由于很难实现计划和共同配送,所以,一般成本较高。

(三)零库存供应模式

在买方市场环境下,由于产品供大于求,买方有主导权,就可以设计出各个领域的零库存。这个零库存的前提条件是有充足的社会保障供应。当然,现代的管理方法和科学技术手段也是不可或缺的。

(四)看板方式

看板方式是准时方式中的一种简单有效的方式,也称为"传票卡制度"或"卡片制度",是由日本丰田公司首先采用的。看板方式通过在企业的各工序之间,或在企业之间,或在生产企业与供应者之间,采用固定格式的卡片为凭证,由下一环节根据自己节奏,逆生产流程方向,向上一环节指定供应,从而协调关系,做到准时同步。采用看板方式,有可能使供应库存实现零库存。

第四节 企业销售物流

销售物流是企业物流系统最后一个环节,也是企业物流与社会物流的又一个衔接点。它与企业销售系统相结合,共同完成产成品的销售任务。

一、销售物流概念

企业销售物流是指企业为保证本身的经营利益,不断伴随销售活动,将产品所有权转给用户的物流活动。在现代社会中,市场环境是一个完全的买方市场,因此,销售物流活动便带有极强的服务性,以满足买方的要求,最终实现销售。在这种市场前提下,销售往往以送达用户并经过售后服务才算终止,因此,销售物流的空间范围便很大。在这种前提下,企业销售物流的特点,便是通过包装、送货、配送等一系列物流实现销售,这就需要研究送货方式、包装水平、运输路线等并采取各种诸如少批量、多批次,定时、定量配送等特殊的物流方式达到目的。

企业销售物流的内涵是:企业在销售过程中,将产品的所有权转给用户的物流活动,是产品从生产地到用户的时间和空间的转移，是以实现企业销售利润为目的的，是包装、运输和储存等环节的统一。销售物流的一般营运模式如图 4-1 所示。

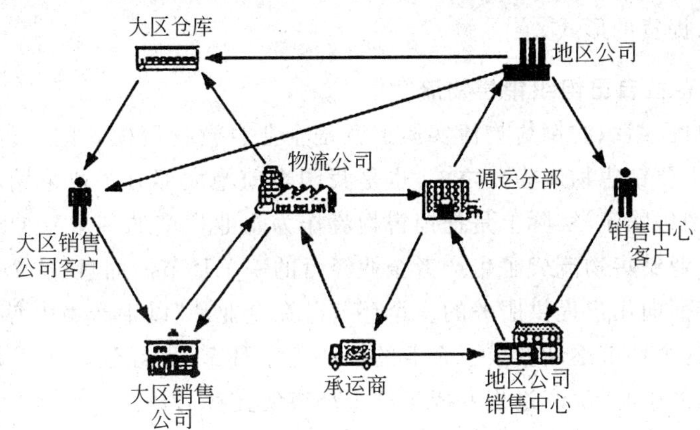

图 4-1　销售物流的一般营运模式

二、销售物流主要环节与内容

销售活动的作用是企业通过一系列营销手段，出售产品，满足消费者的需求，实现产品的价值与使用价值。销售物流系统的管理应着重以下几个方面。

（一）产品包装

包装可视为生产物流系统的终点，也是销售物流系统的起点。包装具有防护功能、仓储功能、运输功能、销售功能和使用功能，是物流系统中不可缺少的环节。同时，销售包装的目的是向消费者展示、吸引顾客、方便零售。

（二）产品储存

储存是满足客户对商品可得性的前提。

销售物流的储存包括仓储作业、物品养护和库存控制。通过仓储规划、库存管理与控制、仓储机械化等，提高仓储物流工作效率、降低库存水平、提高客户服务水平。帮助客户管理库存，有利于稳定客源、便于与客户的长期合作。

（三）货物运输与配送

运输是解决货物在空间位置上的位移。配送是在局部范围内对多个用户实行单一品种或多品种的按时按量送货。通过制订合理的配送方案，可以使客户得到更高水平的服务，降低企业物流成本，减少对城市的环境污染。

（四）订单及信息处理

企业若能建立订货信息处理的计算机管理系统和顾客服务体系，为客户提供方便、经济的订货方式，就能引来更多的客户。

（五）销售物流网络规划与设计

销售物流网络是以配送中心为核心，连接从生产厂出发，经批发中心、配送中心、中转仓库等，一直到客户的各个物流网点的网络系统。销售物流网络规划与设计应主要考虑市场结构、需求分布、市场环境等因素。

三、销售物流模式

销售物流有三种主要的模式：生产者企业自己组织销售物流；第三方物流企业组织销售物流；用户自己提货的形式。

（一）生产者企业自己组织销售物流

生产者企业自己组织的销售物流实质上就是企业自营物流模式的一种体现，这是在买方市场环境下的主要销售物流模式之一，也是我国当前绝大部分企业采用的物流形式。生产企业自己组织销售物流，实际上是把销售物流作为企业生产的一个延伸或者是看成生产的继续，生产者企业销售物流成了生产者企业经营的一个环节。而且，这个经营环节是和用户直接联系、直接面向用户提供服务的一个环节。在企业从"以生产为中心"转向以"市场为中心"的情况下，这个环节逐渐变成了企业的核心竞争环节，已经逐渐不再是生产过程的继续，而是企业经营的中心，生产过程变成了这个环节的支撑力量。

生产者企业自己组织销售物流的好处在于可以将自己的生产经营和用户直接联系起来，信息反馈速度快、准确程度高，信息对于生产经营的指导作用和目的性强。企业往往把销售物流环节看成是开拓市场、进行市场竞争中的一个环节，尤其在买方市场前提下，格外看重这个环节。

生产者企业自己组织销售物流，可以对销售物流的成本进行大幅度的调节，充分发挥它的"成本中心"的作用，同时能够从整个生产者企业的经营系统角度，合理安排和分配销售物流环节的力量。

在生产者企业规模可以达到销售物流的规模效益前提下，采取生产者企业自己组织销售物流的办法是可行的，但不一定是最好的选择。主要原因在于：一是生产者企业的核心竞争力的培育和发展问题，如果生产者企业的核心竞争能力在于产品的开发，那么销售物流可能会占用过多的资源和管理力量，对核心竞争能力造成影响；二是生产者企业销售物流专业化程度有限，自己组织销售物流缺乏优势；三是一个生产者企业的规模终归有限，即便是分销物流的规模达到经济规模，但延伸到配送物流之后，也很难再达到经济规模，因此可能会反过来影响市场更广泛、更深入的开拓。

（二）第三方物流企业组织销售物流

由专门的物流服务企业组织企业的销售物流，实际上是生产者企业将销售物流外包，将销售物流社会化。

由第三方物流企业承担生产者企业的销售物流，其最大优点在于，第三方物流企业是社会化的物流企业，它向很多生产者企业提供物流服务，因此可以将企业的销售物流和企业的供应物流一体化，可以将很多企业的物流需求一体化，采取统一解决的方案，从而做到专业化和规模化，并可以从技术方面和组织方面强化成本的降低和服务水平的提高。在网络经济时代，这种模式是一个发展趋势。

（三）用户自己提货的形式

用户自己提货的形式实际上是将生产者企业的销售物流转嫁给用户，变成了用户自己组织供应物流的形式。对销售方来讲，已经没有了销售物流的职能。而在电子商务快速发展的今天，这种形式又逐渐发展成为电子商务配送的一种主要形式。

第五节 企业逆向物流

人类社会所需要的各种物资都来自自然界，无论食品、服装，还是建筑材料，都是由自然界取得原材料后经过加工制造而成的。在人类社会中，从生产经过流通直至消费，是物资流向的主渠道，是正向物流系统；在企业的运营过程中，还应该考虑逆向物流系统。

一、逆向物流的基本概念

企业物流活动有两个不向的方向：前向物流与逆向物流。“逆向物流”这个词语最早是Stock 在 1992 年向美国物流管理协会提交的一份报告中提出的。他认为逆向物流是一种包含了产品退回、物料替代、物品再利用、废弃处理、再处理、维修与再制造等流程的物流活动。在美国物流协会的定义之外，美国逆向物流协会将逆向物流定义为：“逆向物流是一种物品移动的过程中，从最终目的地移动至其他地点，主要是为了获得在其他方面无法得到的价值，或是为了对产品做适当的处置。”我国国家标准《物流术语》(GB/T 18354—2006)将逆向物流称之为反向物流，定义为物品从供应链下游向上游的运动所引发的物流活动，其中将逆向物流分为回收物流和废弃物物流两大类。

回收物流是退货、返修物品和周转使用的包装容器等从需方返回供方所引发的物流活动；废弃物物流是将经济活动中失去原有使用价值的物品，根据实际需要进行收集、分类、加工、包装、搬运、储存等，并分送到专门处理场所的物流活动。

综上所述，逆向物流有广义和狭义之分。狭义的逆向物流是指对那些由于环境问题或产品已过时的原因而导致的产品、零部件或物料回收的过程。广义的逆向物流除了包含狭义的逆向物流的定义外，还包括废弃物物流的内容，其最终目标是减少资源使用，并通过减少使用资源达到废弃物减少的目标，同时使正向以及回收的物流更有效率。

二、逆向物流的成因

（一）经济因素

1. 反馈市场信息

逆向物流的过程也是信息流产生的过程，这些信息包括了产品退货原因、产品库存、产品质量以及顾客对企业的满意度和市场竞争力水平等各种信息，这些信息对企业的自身发展具有重大作用，通过供应链的下游传递到供应链上游，能够帮助企业预测市场需求，提高顾客服务水平和顾客满意度，以及增强市场竞争力。

2. 提高产品质量

逆向物流处于质量管理 PDCA(Plan，Do，Check，Action)闭环中的检查和改进两个重要环节上，并作用于两端，能够不断改善并提高企业产品质量和促进质量管理体系的发展。

通过对退回来的产品进行详细的分析，查清楚问题的本质和原因，再将这些信息和结果反馈给企业的管理人员和负责产品设计和品质管理的相关部门，能够有效地促进企业提高产品质量管理水平，树立企业的质量意识，并最终达到提高产品质量的目的。

3. 提高服务水平

顾客满意度对现代企业来说具有不可替代的作用，同时也是企业追逐的目标之一，而通过实施逆向物流可以更好地向这一目标迈进。企业在实施逆向物流过程中，能够有效地处理顾客投诉，及时化解顾客与企业之间的矛盾，对恢复企业的信誉和提高顾客满意度与忠诚度有重要作用。同时，实施逆向物流能够加强顾客退货服务的反应速度，提高企业的竞争力。

4. 提高企业知名度和形象

随着人们生活水平的改善和文化素质的不断提高，顾客更青睐于对环保更为有利的产品。但是，我国逆向物流的发展还处于初级阶段，未能有效建立逆向物流网络，大部分企业还没有意识到逆向物流的重要性，同时也没意识到资源稀缺和环境恶化的问题。在这种形势下，如果有企业能主动实施逆向物流，将会提高该企业在公众和政府中的形象，从而赢得广大消费者的好感，间接提高企业的市场竞争力。

5. 节约资源

现在社会以资源节约型和环境友好型社会为建设目标。而实施逆向物流能更好地促进这一目标的实现，不仅能够提高资源的利用率，还能获得可回收资源，以较少的资源换取经济效益和社会效益的较大发展，实现经济社会的可持续发展。

（二）市场因素

1. 产品生命周期驱使

现代科技日新月异，产品生命周期逐渐缩短，许多高新技术产品，如笔记本电脑、掌上电脑、手机等，其生命周期只有几个月，更新换代速度极快。终端用户每年都淘汰掉大量的过时产品，这些产品中的大部分都是可以再回收利用的，期间还涉及一系列的包装、退货等问题，若不实施逆向物流来处理这些产品，不仅会造成资源浪费，也会对周围的环境造成破坏。

2. 新的产品分销渠道的推动

进入21世纪，电子商务和互联网技术高度发展，借助这些新技术，网络购物、电视购物迅速普及，大大方便了人们的生活的同时，产品退货量和退货率比以前都有了很大提高。在这种形势下，逆向物流的重要作用就更加凸显了。

3. 消费者地位的提升

消费者在整个供应链中的地位也随着市场竞争的加剧而得到提高，传统的卖方市场已经转变为以消费者为主导的买方市场，但是，供应链上游供应商所负的责任和面对的风险也越来越大，这是市场的发展趋势。为了能对消费者的逆向物流需求做出快速的反应并处理，应尽快建立一个能覆盖整个供应链上游和下游的逆向物流网络。

（三）法律、法规因素

社会在发展，市场也在不断变化，人们的环保意识与以前相比已经有了显著增强。我国出台了各种各样的环保法律、法规，加大对企业的约束力度，企业也必须承担起更大的责任。

传统的正向物流没有涉及产品的回收问题，对资源和环境都造成了一定程度的破坏，不利于经济社会的健康发展。相关回收及环保法律、法规的出台，将强制性地规定企业对产品的整个生命周期负责，回收废弃产品和包装物等物品，对企业实施逆向物流与构建逆向物流网络起到了约束作用。

（四）社会因素

随着我国经济的高速增长，对自然资源的消耗会急剧增加。与此同时，由于缺少必要的保护措施，对资源的过度开发和废弃物对环境的过度污染，又严重破坏了大自然这个维持人

类社会存在和发展的生态系统。实际上，很多产品都能够被企业重新再利用，逆向回收不仅能够为新的生产提供原料，而且经过逆向回收来的产品或废弃物通过清洗、加工等各个环节的处理可以重新销售，极大地减少了资源的浪费。因此，实施逆向物流能有效减少生态破坏，保护环境，降低治理污染的费用，有利于经济的循环发展和社会的可持续发展。

三、逆向物流的分类和特征

（一）逆向物流的分类

（1）根据逆向物流产生的原因，将其分为回收逆向物流和退货逆向物流两种。其中，回收逆向物流指对顾客所持有的废旧物品回收到供应链上各节点企业，包括五种物资流：直接再售产品流（回收→检验→配送），再加工产品流（回收→检验→再加工），再加工零部件流（回收→检验→分拆→再加工），报废产品流（回收→检验→处理），报废零部件流（回收→检验→分拆→处理），具体如图 4-2 所示。

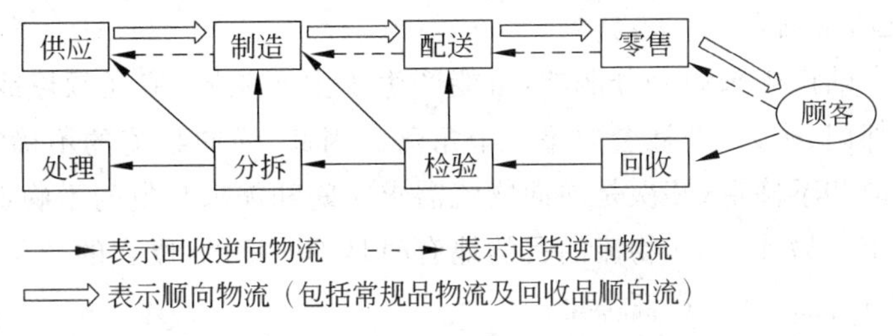

图 4-2　回收逆向物流网络示意图

退货逆向物流指供应链中的最终消费者或者下游企业将不符合订单要求的商品或者产品退给上游供应商的过程。有效的退货逆向物流管理能够降低退货成本，提高商家信誉，从而保护和促进电子商务的健康发展。退货管理主要从起点管理、流程管理和后续管理三个方面进行。

起点管理。即从源头上控制，减少顾客的退货，主要包含以下内容：必须保证信息对称，一是供应商必须保证消费者在购买商品之前就理解其退货政策，包括何种商品、何种方式、何时能实现退货，从源头上降低退货量，维护供应商信誉；二是必须为消费者提供完整、有效的商品信息。其次，要尽可能保证顾客权益，允许顾客及时取消订单，及时和准确地配送。最后，要尽可能减少自己的损失，比如要对顾客定制严格的货物退货限制条件，退货后可以拆分出售等。

流程管理。主要是针对退货的处理流程，目的在于缩短退货的处理周期，增加其再售的机会，提高效率。这主要体现在退货处理的标准化和自动化层面。对于退货处理，供应商必须要有详尽的可操作性标准，这个标准必须渗透到退货流程中的各个环节，这样可以减少处理人员在面临复杂决策时的时间成本，同时也增加了处理人员退货处理的权利。

后续管理。退货成功处理以后，并不意味着退货管理的结束，退货管理中应该渗透可持续发展的思想。退货管理的目的不是为了成功处理退货，而是为了避免同类退货的再次发生。因此，要有详细的退货管理记录，要对退货数据进行统计分析。这包括横向比较和纵向比较两个方面，横向比较是与传统的销售渠道比较，纵向比较是针对历史记录进行分析，目的在于发现规律和问题以有效地预测退货的高发期，合理安排退货处理人员和库存量。

（2）按照退货来源，逆向物流可分为制造业退回、商业退回、产品召回、保修退回、终端使用退回五大类。

(3) 按照回流产品在逆向物流中的再利用方式，逆向物流可分为直接再利用、修理、再生、再制造四大类。

(4) 按照逆向物流材料的物理属性，逆向物流可分为钢铁和有色金属制品逆向物流、橡胶制品逆向物流、木制品逆向物流、玻璃制品逆向物流等。

（二）逆向物流的特征

1. 流动的逆向性

逆向物流中退回的商品或报废物品的流动一般是：消费者→中间商→生产厂家→原材料或零部件供应商，因此，逆向物流与正常的商品流的方向正好相反，与正向物流运作的起始点也完全相反。逆向物流更趋向于反应性的行为和行动，其中的实物流动和信息流动基本上都是由供应链末端的成员或最终消费者引起的。

2. 逆向物流的不确定性

由于废旧物资的产生来源是分散的，可能产生于生产领域、流通领域或生活消费领域，涉及任何领域的部门、个人，即社会的每一个角落。因此，逆向物流的不确定性首先表现在物流起始点的分散和不确定；其次是逆向物流需求时间和需求数量的不确定，这导致逆向物流的预测非常困难。另外，逆向物流的目的地有时是不明确的，废弃的产品或退货品可能送到销售商那里，也可能送到生产商那里。

逆向物流需求的不确定和目的地的不明确，导致逆向运输路线的不明确。与逆向物流正相反的是，正向物流的需求地、需求时间、数量和物品种类都是确定的，且在恰当的时间，将恰当数量的、正确质量的产品送达正确的地点，正是物流系统的目的。

3. 逆向物流的缓慢性

逆向物流的缓慢性表现在三个方面，即逆向物流量积累速度的缓慢、处理过程的复杂和回收物品价值恢复的缓慢。首先，一般来说，开始的时候逆向物流的物品种类多、数量少，只有当不断汇集的时候，才能形成较大的流动规模；其次，废弃物资的收集、整理、检验、循环再利用是一个复杂的过程，且废弃物资不可能一经回收就能立即满足人们对它的价值恢复要求，而是需要经过分类、检验、改造、加工等环节，甚至只能作为原料回收进入生产再循环使用，这一系列的过程说明，回收物资的生产恢复是需要较长的时间的，其经济价值的体现不是立刻就能实现的。

4. 逆向物流的复杂性

因逆向物流的来源地分散、无序，不能集中一次向接收点转移，而且由于资源再利用的方式不同，不同处理手段对恢复资源价值的贡献也有显著差异，因而，逆向物流的处理系统与方式也复杂多样。另外，制造商有时还对返回商品的处理有一些特殊的规定，如二级市场转卖的商品必须除去标识、换铭牌等，这些也使逆向物流处理方式选择众多，增加了复杂性。

5. 处理费用的昂贵性

逆向物流处理费用的昂贵表现在两个方面：首先，由于回收或退回物品的来源地和数量不确定，且这些物品通常缺少包装或包装已破损，很难充分利用运输和仓储的规模效应，因而，物流效率低、成本高；其次，许多回收物品需要进行人工检测、判断和处理，不能利用机械化设备进行大规模的操作，极大地增加了人工费用，也导致处理效率低下。

6. 价值的非单调性

价值的非单调性体现在逆向物流处理的不同阶段。一方面，由于回收或退回的物品在逆向物流过程中，会产生一系列的运输、仓储和其他处理作业，作业活动越多，所花费的处理成本也越高，这些作业成本将逐步抵消回收物的价值，使其价值逐步递减。另一方面，物品通过逆向流动后，经过翻新、修整、改制、再生循环处理等逆向物流加工方式后，这些物品重新获得其价值，又使其价值逐步递增。

- 实训内容：企业案例分析实训。
- 实训手段：典型案例展示与分析，课堂讨论。
- 实训目的：通过典型企业物流相关案例分析与解读，加深对企业物流管理相关内容与方法的理解。

练习题

一、单项选择题

1. (　　)是企业创造价值的过程。

A. 供应物流　B. 生产物流　C. 销售物流　D. 回收物流

2. 企业价值实现的过程是(　　)。

A. 企业生产物流管理　B. 企业采购物流管理

C. 企业销售物流管理　D. 企业回收物流管理

3. 以下(　　)不属于生产物流的范畴？

A. 在制品储存　B. 在制品库存控制

C. 原材料采购　D. 原材料领取及配送

4. 销售物流管理具体的内容，不包括(　　)。

A. 制定市场战略和物流战略　B. 规划物流网络布局

C. 策划销售物流总体运作方案　D. 根据销售信息制订主生产计划

5. 逆向物流的特征不包括(　　)。

A. 逆向性　B. 不确定性　C. 复杂性　D. 巨量性

二、判断题

1. 生产物流指的是在企业内部为保障生产而进行的物流管理，也可以称为在制品物流。(　　)

2. 生产物流管理需确定物料需求的时间和数量，而不需确定所需物料的来源。(　　)

3. 销售物流，具体是指产品从下生产线开始，经过包装、装卸搬运、储存、流通加工、运输、配送，最后送到零售企业手中的物流活动。(　　)

4. 销售物流服务与物流成本是一种“效益背反”的关系。(　　)

5. 废弃物物流是指将经济活动中失去原有使用价值的物品，根据实际需要进行收集、分类、加工、包装、搬运、储存等，并分送到专门处理场所的物流活动。(　　)

三、简答题

1. 生产物流与供应物流、销售物流之间的关系是什么？
2. 生产物流管理包含哪些主要内容？
3. 供应物流的主要模式有哪些？
4. 销售物流管理的内容是什么？
5. 如何进行退货逆向物流管理？

四、案例分析题

1. 某汽车4S店，一辆宝石蓝色轿车由于颜色不讨好一直卖不出去。厂方市场部建议，首先，由这家店通过折价、赠送礼品等方式加强促销；其次，告知同城的另一经销商，如果他们有客户需要这种颜色的车，允许调货；再次，如果两周内仍然不能推销出去，告知相邻省份的经销商，并通知厂方销售部，查询全国其他经销商订货需求，如有订货计划，直接将这辆车调至该地；最后，在没有任何经销商需要这辆车的情况下，发送回厂重新改喷漆面。请问厂家为什么这样做？

2. 某大型家具制造企业的老总在一次新闻采访中谈到，由于现代物流的重要性，其公司投入了大量的经费购买了大量的运输力量，聘请了大量的相关工作人员进行公司的物流作业，但在实际操作中，对物流成本的降低作用并不显著。除了每年物流部的运行需要公司大量的经费支持外，在相关物流环节的把握上，公司物流部做得也并不令人满意。因此，他期望进行第三方物流外包尝试，你能为这位老总介绍引入第三方物流的好处吗？

本章参考文献

[1] 黄福华.现代企业物流管理[M].北京：科学出版社，2010.
[2] 崔国成，闫秀峰，李朝敏.采购与供应链管理[M].武汉：武汉理工大学出版社，2010.
[3] 汝宜红.物流学导论[M].北京：北京交通大学出版社，2008.
[4] 马士华，林勇.企业生产与物流管理[M].北京：清华大学出版社，2009.
[5] 孙家庆，唐丽敏.物流学导论[M].北京：清华大学出版社，2012.
[6] 徐剑，王哲，余维田，等.物流学[M].北京：机械工业出版社，2012.
[7] 李松庆.物流学概论[M].北京：清华大学出版社，2012.
[8] 甘卫华.逆向物流[M].北京：北京大学出版社，2012.
[9] 李雪松.供应链管理[M].北京：清华大学出版社，2010.

CHAPTER 第五章

供应链管理

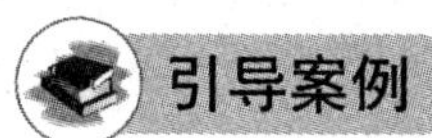

丰田公司供应链管理

随着专业分工和全球化贸易程度的加深，企业开始关注其核心竞争力，上下游一体化的供应链管理成为市场的主流，企业逐渐更青睐从独立的专业供应商那里采购组件和原料。但这也带来了新的问题：引入外部供应商后，一旦缺乏对供应商的控制，就更难保证供货质量和及时性。丰田汽车得出了该问题的解决方案——与供应商发展紧密的合作伙伴关系，并逐步加以完善。

为了支持其准时制(JIT)系统，丰田公司需要确保供应商按照成本、质量和及时性这三大标准供货，因此选择供应商的标准极为严格和细致，目的是将选定的供应商整合为一个“企业家族”，使其内部所有相关企业的利益和目标完全一致。精确准时的送货和生产，苛刻的质量控制体系帮助丰田把库存和成本降到了最低；丰田能够最终击败底特律的美国汽车军团，坚如磐石的供应链居功至伟。

能够在和平时期维系这样的准军事化供应链，很大程度上凸显了日本的民族特性。如此近乎疯狂的库存控制和精确生产，建立在供应链上下游企业的紧密协作基础上，需要极其坚强的纪律保证和利益纽带。但一旦构建起这样强大的供应商合作关系网络，其意义就非同小可。它不仅仅是对供应链本身进行控制的一种方式，还可能发展成为核心竞争优势，且竞争对手几乎无法复制。

现代企业间的竞争在很大程度上已经由单打独斗转变为供应链之间的团队博弈，如何借助上下游网络的合力，获得成本、质量和时效性的完美平衡就是供应链管理追求的终极目标。

案例解析

丰田公司通过与供应商的紧密合作，给自己带来了巨大的好处，把供应商牢牢地捆在了丰田公司的“战车”上，丰田荣，供应商荣；丰田损，供应商损。供应商与丰田公司成为一个典型的虚拟企业，各企业看似独立，却又密切相关，都是为了实现一个共同的目标，真正做到了“兄弟同心，齐利断金”。

案例思考

现代竞争环境中，除了供应商以外，还有哪些企业是核心企业需要保持良好关系的？

案例涉及的主要知识点

供应链　合作伙伴关系　核心竞争力　准时制

学习导航

- 掌握供应链的基本概念和特点。
- 掌握供应链管理的基本概念和特点。
- 了解供应链管理的内容和方法。

教学建议

- 备课要点：供应链定义的理解、供应链的类别、供应链管理的背景、供应链管理的核心思想、供应链管理的内容。
- 教授方法：案例，讲授，实证，启发式。
- 扩展知识领域：供应链管理的发展趋势。

第一节　供应链基本理论

英国供应链管理专家马丁·克里斯托弗(Martin Christopher)在1992年指出：21世纪的竞争不再是企业和企业之间的竞争，而是供应链和供应链之间的竞争。

现代社会人们的生产和生活所需的物品，都需要经过最初的原材料生产、零部件加工、产品装配和分销，最终才能进入消费的过程。这个过程既有物质形态的产品的生产和消费，也有非物质形态(如服务)产品的生产(提供服务)和消费(享受服务)。它涉及原材料供应商、产品制造商、产品销售商、运输服务商和最终用户等多个独立的厂商及其相互之间的交易，并因此形成物流(服务流)、资金流和信息流，最后到达消费者手中。上一个业务流程为下一个业务流程提供物料或服务，由此形成环环相扣的链条。链条上的每一个企业都构成一个节点，节点企业之间构成供需关系，并形成交易。即上游企业向下游企业提供产品或服务，而下游企业向上游企业提供产品或服务的需求。这种由多个节点构成的企业业务流程网络既存在于制造行业，也存在于服务性行业。

一、供应链的定义

关于供应链的概念目前并没有一个十分标准和统一的界定，国内外研究者从不同的角度对供应链给出了自己的定义。

一般来说，供应链是指商品到达消费者手中之前各相关者的连接或业务的衔接，是围绕核心企业，通过对信息流、物流、资金流的控制，从采购原材料开始，到制成中间产品以及最终产品，最后由销售网络把产品送到消费者手中的将供应商、制造商、分销商、零售商直到最终用户连成一个整体的功能网链结构。

不同学者对供应链的定义大致可以分为以下几类。

(一) 网络结构角度

美国学者哈里森(Harrison)认为："供应链是执行采购原材料，将它们转换成中间产品或成品，并将成品销售到用户的功能网链。"

网络结构的观点认为：供应链是一个功能网链，同时强调供应链的战略合作伙伴关系。其结构如图5-1所示。

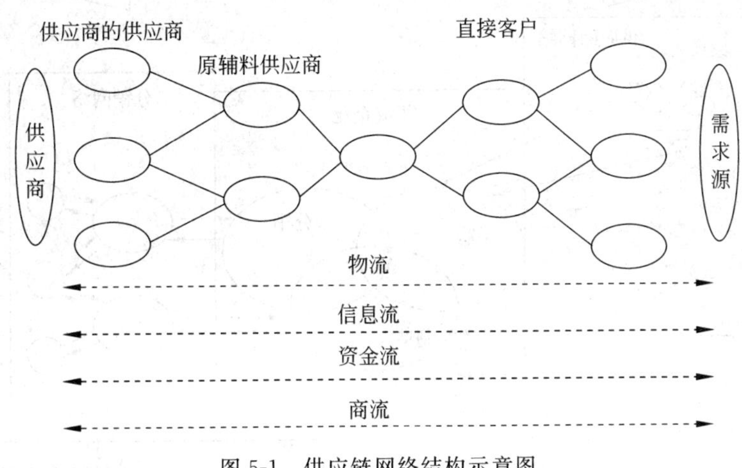

图5-1　供应链网络结构示意图

（二）动态管理角度

美国的史迪文斯(Stevens)认为："通过增值过程和分销渠道控制从供应商的供应商到用户的用户的流就是供应链，它开始于供应的源点，结束于消费的终点。"伊文斯(Evens)认为："供应链管理是通过前馈的信息流和反馈的物料流及信息流，将供应商、制造商、分销商、零售商，直到最终用户连成一个整体的模式。"

这一类观点认为供应链是一个管理过程，是对物流、资金流、信息流和商流进行计划、组织、协调和控制的管理过程。

（三）综合角度

美国密歇根州立大学的研究机构认为：供应链既是一个过程，也是一个对多公司"关系管理"的集成供应链，它包含从原材料的采购到产品和服务交付给最终消费者的全过程。其模型如图5-2所示。

美国供应链专业管理协会对供应链的定义为：供应链始于未加工的原材料，终于使用产成品的最终用户，供应链将许多企业联结在一起；从原材料的采购到成品送到用户手中的物流过程中伴有实体和信息的交换；所有卖主、服务提供商以及客户都是供应链中的环节。

（四）国内对于供应链的定义

国内学者马士华等对供应链的定义为：供应链是围绕核心企业，通过对信息流、物流、资金流的控制，从原材料采购开始，到制成中间产品以及最终产品，最后由销售网络把产品送到消费者手中的将供应商、制造商、分销商、零售商直到最终用户连成一个整体的功能网链结构。

我国国家标准《物流术语》(GB/T 18354—2006)对供应链的定义为：生产及流通过程中，涉及将产品或服务提供给最终用户的上游或下游企业所形成的网络结构。

从上述定义中可以看出，供应链实际上是在多个存在关联交易的企业基础上形成的范围更广的虚拟企业结构模式，它不仅是一条联结供应商到客户的物流链、信息链、资金链，而且是一条增值链。物料在供应链上因加工、包装、运输等过程而发生增值，从而给相关企业

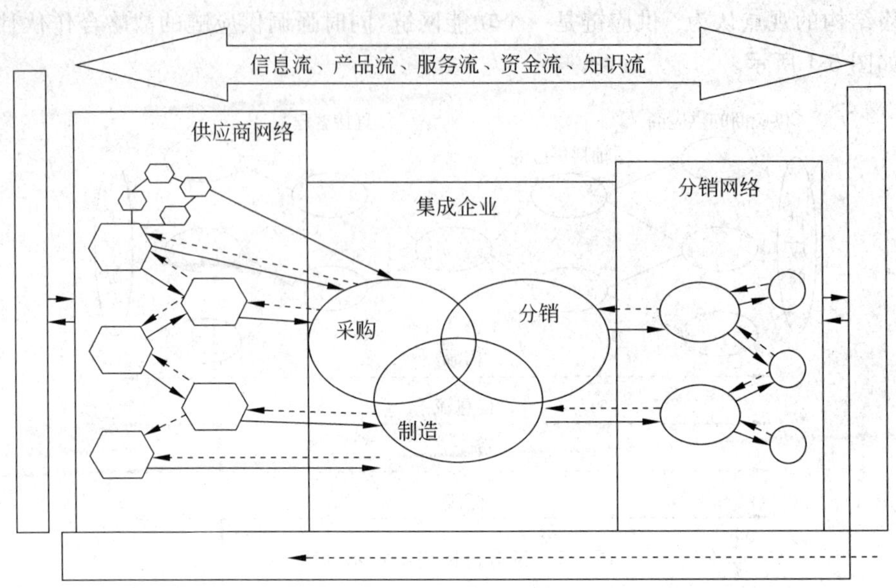

图 5-2 供应链的综合定义模型

带来收益。

供应链是社会化大生产的产物，是重要的流通组织形式和市场营销方式。它以市场组织化程度高、规模化经营的优势，有机地联结生产和消费，对生产和流通有着直接的导向作用。供应链是由所有加盟的节点企业所组成的网链结构，每个企业就是一个节点，节点企业与节点企业之间是一种供需关系，其总目的是满足最终用户的需求。

二、供应链的基本特点

供应链活动包括企业接受客户订单后将产品交给客户的过程中所包含的所有活动，如营销、整体规划、采购、设计、制造、配送、售后服务等。当这些活动在不同单位（同一企业之各部门或不同企业之间）执行时，这些单位之间的联系和作用就构成了供应链。供应链具有以下特点。

（一）供应链结构的复杂性

组成供应链的节点企业在供应链中相对于核心企业的跨度或者说层次在不同的时间、不同的地点、不同的交易活动中往往是不同的，由此引发供应链活动的不规范和不可预测。从另一个方面来看，供应链往往由多个、多类型甚至多国的企业构成，其纵横交错组成复杂的状态决定了供应链结构模式和运作模式必然是十分复杂的。

（二）供应链系统的动态性

供应链的核心企业为了保持和不断提升供应链的竞争能力，会不断对供应链的节点企业进行动态更新，节点企业为了自身利益也会不断地根据市场环境及自身条件进行战略调整，甚至重新选择供应链。因此，供应链上任一节点企业变动都会引起供应链上一系列的连锁反应，这就使得供应链具有明显的动态性。

（三）供应链系统的一致性

供应链是由供需关系结成的网链结构，供应链中的“供”与“需”总是相对而言、相伴而生、相互促进和互为条件的。供应链中的物品、设备、设施之间的配合性，技术之间的兼容性，组织之间的系统性，能力之间的匹配性等都体现了供应链系统一致性的要求，最终体现为供应链整体目标的一致性和利益一致性。

（四）供应链边界的相对性

供应链供需关系的边界可以延伸很远，但供应链经营主体主要关心、研究的是供需关系紧密、价值地位重要的关键环节，因而，不同供应链运作主体研究供应链时对供应链网链结构的边界往往有一个界定，显然，不同主体对供应链边界的界定范围可能不同，故研究供应链时其边界具有相对性。

（五）供应链价值的增值性

将产品开发、供应、生产、营销、市场直到服务都联系在一起的供应链是一个整体，它要求链中的每一个企业都要从系统的观点出发思考增值过程：一方面要根据客户的需求，不断增加产品的技术含量和附加值；另一方面要不断地消除客户所不愿意支付的一切无效劳动与浪费，使投入市场的产品同竞争对手的相比，能为客户带来真正的效益和满意的价值，同时使客户认可的价值大大超过总成本，从而为企业带来应有的利润。所以，供应链是一条名副其实的增值链，这是每一个节点企业都获得利润的基本前提。

（六）供应链节点的交叉性

一个节点企业既可以是这个供应链的成员，同时又可以是另一个供应链的成员，这种相互交错的供应链体系，增加了协调节点企业管理的难度。

三、供应链的类型

由于供应链的主导企业、主导产品、流通渠道等不同，各个实际运作的供应链各有特色，有多种类型。为了更好地认识供应链，我们从不同角度把供应链进行划分。

（一）企业供应链、产品供应链、基于合作伙伴关系的供应链

根据供应链管理的研究对象及其范围，供应链可以分为三种类型：企业供应链、产品供应链和基于合作伙伴关系的供应链。

1. 企业供应链

企业供应链以某个企业为核心，以该企业的产品为主导，形成包括该企业的供应商、供应商的供应商以及一切向前的关系，和用户、用户的用户及一切向后的关系。这个核心企业在整个供应链中具有明显的主导地位和作用，对整个供应链的建立和组织起关键作用。

2. 产品供应链

产品供应链以某一特定产品或项目为中心、由特定产品或项目需求所拉动的、包括与此相关的所有经济活动的供应链。产品供应链上的企业管理紧密，它们相互依存。供应链的效率取决于相关企业的密切合作，因此，基于信息技术的系统化管理是提高产品供应链运作效率的关键。

3. 基于供应链合作伙伴关系的供应链

对供应链合作伙伴关系的管理主要是针对这些职能成员间的合作进行管理。基于供应链合作伙伴关系的供应链一般通过契约协调双方或多方间的利益，实现物流、信息流、资金流的流动与交换。

上述三种供应链管理的对象区分并不是绝对的，而是在一些方面是相互重叠的，这对于考察供应链和研究不同的供应链管理方法是有帮助的。

（二）内部供应链和外部供应链

从制造企业供应链的发展过程来看，可以将供应链划分为内部供应链和外部供应链两类。

内部供应链是指将采购的原材料、零部件，通过生产转换和销售等环节传递到制造企业的用户的过程，是作为制造企业中的一个内部过程看待的。企业基于计算机及其局域网的物料需求计划（MRP）、制造资源计划（MRPⅡ）等管理信息系统的建立与发展最初就是起源于企业内部供应链的需要而产生的。

外部供应链注重与外部资源、与其他企业的合作和联系，注重供应链外部环境的变化对核心企业的影响，它偏向于供应链中不同企业的制造、组装、分销、零售等过程，即将原材料转换成产品到最终用户的整个转换过程。基于 Internet、Intranet、Extranet 的企业资源计划（ERP）管理系统，其形成就是满足供应链外部扩展需要的，进而使供应链管理涉及扩展企业、合作伙伴、共享信息、协同运作问题等解决。

（三）稳定的供应链和动态的供应链

从供应链存在的稳定性来看，可以将供应链分为稳定的供应链和动态的供应链两种。

稳定的供应链是指构成供应链的、具有供需关系的节点企业之间的关系相对稳定，这主要取决于市场需求的稳定性。由需求单一的市场组成的供应链，其动态性较弱、市场稳定性较强、市场脉搏容易把握。

对于需求变化相对频繁、复杂的市场环境下组成的供应链，其动态性必然较高，因为需求的变化必然导致供需关系的变化，进而导致供应链的变化。在实际运作中，需要根据不断变化的需求，相应地改变供应链的组成，对供应商和用户进行重新选择。

供应链的稳定性是相对的，而动态性是绝对的。

（四）平衡的供应链和倾斜的供应链

根据供应链容量与用户需求的关系可以将供应链划分为平衡的供应链和倾斜的供应链。当资源总量一定时，每一个供应链都具有一定的、相对稳定的设备容量和生产能力（所有节点企业能力的综合，包括供应商、制造商、运输商、分销商、零售商等），但用户需求处于不断变化的过程中。

当供应链的容量能满足用户需求时，供应链处于平衡状态，称之为平衡供应链。

而当市场变化加剧，造成供应链成本增加、库存增加、浪费增加等现象时，企业不是在最优状态下运作，供应链则处于倾斜状态。同样，当供应链的能力远远超过市场用户的需求时，节点企业利润受阻，运营状态受到影响，供应链的平衡状态被打破，趋于倾斜状态，这时供应链需要自然调节，寻求新的平衡。

平衡的供应链可以实现各主要职能之间的均衡。

（五）推动式供应链和拉动式供应链

按照供应链驱动力的来源，供应链可以分为推动式供应链和拉动式供应链。

推动式供应链的运作以产品为中心，以生产制造商为驱动原点，力图尽量提高生产率、降低单件产品成本来获得利润。通常，生产企业根据自己的 MRPⅡ或 ERP 计划来安排从供应商处购买原材料，生产出产品，并将产品经过各种渠道，如分销商、批发商、零售商一直推至客户端。在这种供应链上生产商对整个供应链起主导作用，是供应链上的核心或关键成员，而其他环节如流通领域的企业则处于被动的地位，这种供应链方式的运作和实施相对较为容易。然而，由于生产商在供应链上远离客户，对客户的需求远不如流通领域的零售商和分销商了解得清楚，因此这种供应链上企业之间的集成度较低，反应速度慢，在缺乏对客户需求了解的情况下生产出的产品和驱动供应链运作的方向往往是无法与满足客户需求相匹配的。

同时，由于无法掌握供应链下游，特别是最末端的客户需求，一旦下游有微小的需求变化，反应到上游时这种变化将被逐级放大，这种效应被称为"牛鞭效应"。为了应对这种"牛鞭效应"，响应下游特别是最终端客户的变化，在供应链的每个节点上都必须提高安全库存量、储备较多的库存来应付这种需求变动，因此，整个供应链上的库存较高，响应客户需求变化较慢。传统的供应链管理几乎都属于推动式的供应链管理，如图 5-3 所示。

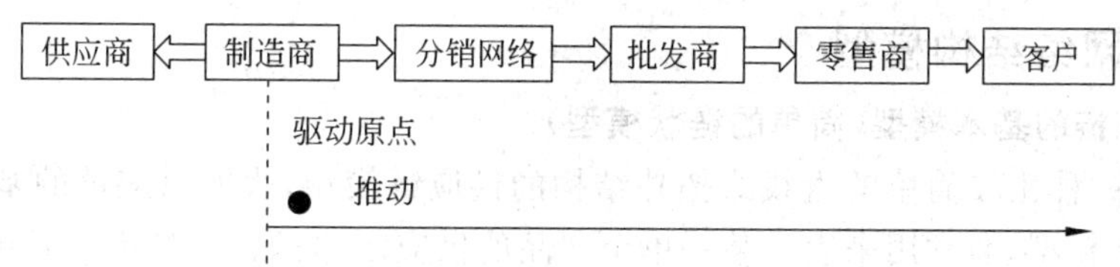

图 5-3　推动式供应链

拉动式供应链管理的理念是以顾客为中心，通过对市场和客户的实际需求以及对其需求的预测来拉动产品的生产和服务。这种运作和管理需要整个供应链能够更快地跟踪、甚至超前于客户和市场的需求，来提高整个供应链上的产品和资金流通的效率，减少流通过程中不必要的浪费，降低成本，提高市场的适应力。但要求供应链上的成员间有较强的信息共享、协同、响应和适应能力。例如，目前发达国家采用协同计划、预测和补货(CPFR)策略等来实现对供应链下游成员需求拉动的快速响应，从而使信息获取更及时，信息集成和共享度更高，数据交换更迅速，整个供应链上的库存总量更低，获利能力更强等。综上所述，拉动式供应链虽然整体绩效表现出色，但对供应链上企业的管理和信息化程度要求较高，对整个供应链的集成和协同运作的技术和基础设施要求也较高。

以计算机公司为例，其对计算机市场的预测和计算机的订单是企业一切业务活动的拉动点，生产装配、采购等的计划安排和运作都是以它们为依据和基础进行的，这种典型的面向订单的生产运作可以明显地减少库存积压和个性化特殊配置需求，并加快资金周转。然而，这种供应链的运作和实施相对较难。其结构原理如图 5-4 所示。

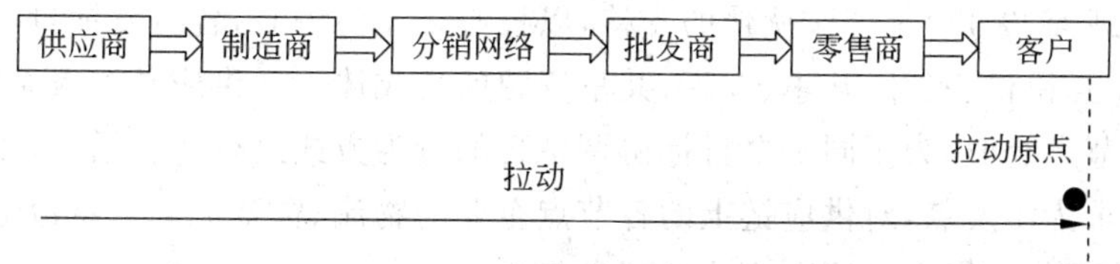

图 5-4　拉动式供应链

在一个企业内部，对于有些业务流程来说，有时推动式和拉动式方式共存。如戴尔计算机公司的PC生产线，既有推动式运作又有拉动式运作，其PC装配的起点就是推和拉的分界线，在装配之前的所有流程都是推动式流程，而装配和其后的所有流程是拉动式流程，完全取决于客户订单。这种推拉共存的运作对制定有关供应链设计的战略决策非常有用。例如，供应链管理中的延迟生产策略就很好地体现了这一点，通过对产品设计流程的改进，使推和拉的边界尽可能后延，便可有效地解决大规模生产与大规模个性定制之间的矛盾，在充分利用规模经济的同时实现大批量客户化生产。

（六）有效性供应链和反应性供应链

根据供应链的功能模式（物理功能和市场中介功能）可以把供应链划分为两种：有效性供应链（Efficient Supply Chain）和反应性供应链（Responsive Supply Chain）。有效性供应链主要体现供应链的物理功能，即以最低的成本将原材料转化成零部件、半成品、产品，以及在供应链中的运输等；反应性供应链主要体现供应链的市场中介的功能，即把产品分配到满足用户需求的市场，对未预知的需求做出快速反应等。

四、供应链网络结构模型

（一）供应链的基本模型（简单的链状模型）

图5-5是一种比较简单的直线式拓扑结构的供应链模型，表明供应链的基本组成和概貌；是一种静态模型，通常用来表示某一单个产品的供应链过程。可以从以下几点来理解这一模型。

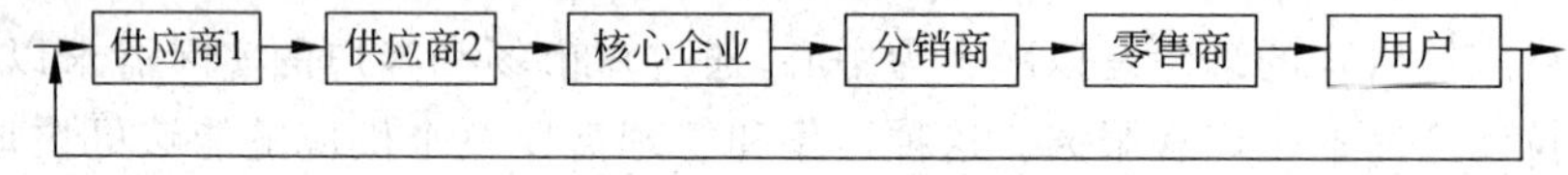

图5-5 供应链基本模型图

（1）产品的最初来源是自然界，最终去向是用户。基本原材料经供应商1进行初加工后流向供应商2，供应商2进行深度加工后成为零部件，核心企业采购零部件后制造（组装）出产成品，由分销商批发给零售商，再由零售商销售给最终用户使用。

（2）产品因用户需求而生产，最终被用户所消费。

（3）被用户消费掉的产品仍回到自然界，完成物质循环。

（二）多级模型（网链状模型）

前文中的图5-1为供应链的多级模型（网链状模型），通常用来表示某一企业的供应链环境。

在全球市场竞争环境下，某一企业必须依赖上游企业（如供应商、外协厂）和下游企业（如分销商、代理商、客户）等合作伙伴的支持，以核心企业为中心，各自发挥自己的核心竞争能力，结合成相互协作、互补、互惠、双赢、共享资源的集成体——供应链多级系统。

链上的各节点企业，为了同一个目标协调各自的行为方式进行各种活动，以客户需求以及满足客户需求为出发点，对供应链上的各节点企业的物流、资金流和信息流进行重新整合和优化管理，实现供应链上的所有企业的信息集成。

（三）供应链网状模型

现实经济环境中的供应链通常呈现网状结构，如图5-6所示。

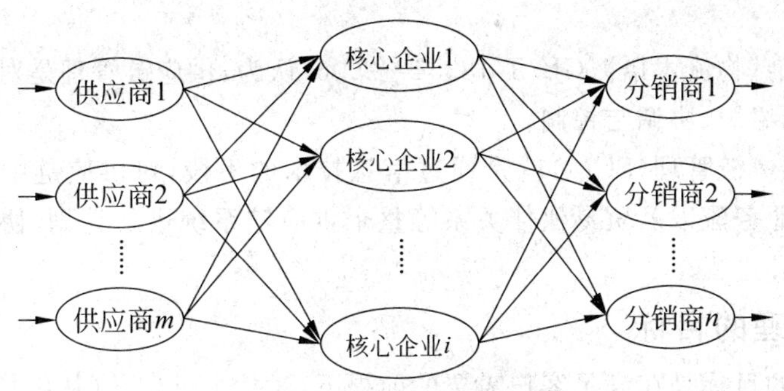

图 5-6　供应链网状模型

从整个市场环境来看，现代企业往往处于复杂的经济环境中，诸多核心企业、供应商、分销商组合起来，关系交叉，构成了网状拓扑，情况复杂。某一企业可能在某个网链状的供应链中是核心企业，但在另一个供应链中又成为其中的供应商。

前沿理论与技术

除上述涉及的供应链理论外，其他还有一些常见的理论研究与实践热点，包括快速反应(Quick Response，QR)、有效客户响应(Efficient Consumer Response，ECR)、敏捷供应链(Leagile Supply Chain)等。

第二节　供应链管理基本理论

一、供应链管理的含义

供应链管理是一种集成的管理思想和方法，它执行供应链中从供应商到最终用户的物流的计划和控制等职能。从单一的企业角度来看，是指企业通过改善上下游供应链关系，整合和优化供应链中的信息流、物流、资金流，以获得企业的竞争优势。

供应链管理是企业的有效性管理，表现了企业在战略和战术上对企业整个作业流程的优化。它整合并优化了供应商、制造商、零售商的业务效率，使商品以正确的数量、正确的品质、在正确的地点、以正确的时间、最佳的成本进行生产和销售。

对于供应链管理，学术界有着许多不同的定义。

伊文斯(Evens)认为，供应链管理是通过前馈的信息流和反馈的物料流及信息流，将供应商、分销商、零售商，直到最终用户连成一个整体的管理模式。

菲利普(Phillip)则提出，供应链管理不是供应商管理的别称，而是一种新的管理策略，它把不同企业集成起来，以增强整个供应链的效率，注重企业之间的合作。

美国供应管理学会(Institute for Supply Management)认为，供应链管理是为满足终端客户的真实需求，设计和管理跨越公司界限的无缝、增值流程。人员和技术资源的开发与整合的成功至关重要。

美国供应链协会(The Supply Chain Council)认为，供应链管理是管理供给与需求，采购原材料与零部件，生产与组装，跟踪仓储与库存，订单录入与管理，通过各种渠道分销，最后运送给客户。

我国国家标准《物流术语》(GB/T 18354—2006)认为，供应链管理是对供应链涉及的全部活动进行计划、组织、协调与控制。

本书认为，供应链管理(SCM)就是通过信息技术的手段，对供应链中的物流、信息流、资金流、增值流、业务流以及贸易伙伴关系等整个供应链系统进行计划、协调、操作、控制和优化的各种活动和过程。

二、供应链管理的目标

供应链管理的目标是在满足客户需要的前提下，对整个供应链(从供货商、制造商、分销商到消费者)的各个环节进行综合管理，如从采购、物料管理、生产、配送、营销到消费者的整个供应链的货物流、信息流和资金流，把物流与库存成本降到最小。

供应链管理的具体目标包括以下几个。

(一) 快速反应

快速反应关系企业能否及时满足客户服务需求的能力。快速反应的能力把企业的重点从为生产而生产，转移到根据市场的需求变化及时准确地预测未来的需求变化趋势，从而可以更快速地对市场变化做出反应，并能对整条供应链做出快速有效的调整，提高企业乃至整条供应链的应变能力，信息技术的大规模应用能有效地帮助供应链实现快速反应的目标。

(二) 降低成本

降低成本是供应链管理最重要的目标之一。采购成本、运输成本、库存成本、制造成本以及供应链物流的其他成本都是相互联系的。为了实现有效的供应链管理，必须将供应链各成员企业作为一个有机整体来考虑，并使实体供应物流、制造物流和分销物流之间达到高度的均衡。因此，总体成本最小化目标并不是指运输费用或库存成本或其他单个供应链环节的运作与管理成本最小化，而是整个供应链运作与管理的所有成本总和的最小化。

降低供应链成本的环节和主要手段包括降低采购成本、供应链管理功能外包和管理供应链库存等。减少采购成本将增加利润，对边际利润较低的企业来说更是如此。但是，简单地降低采购成本会带来其他负面影响，比如影响长期的供应链伙伴关系。将不具有竞争优势的供应链管理环节外包给有竞争力的合作伙伴，同样是获取成本竞争优势的手段之一。最后，减少供应链库存是降低成本和改善供应链绩效的最好途径。

(三) 最低库存

最低库存的目标是减少资产负债和提高周转速度。存货可用性的高周转率意味着分布在存货上的资金得到有效的利用，保持最低库存就是要把存货减少到与客户服务目标相一致的最低水平。

三、供应链管理的特征

(一) 供应链管理把所有节点企业看作是一个整体，实现全过程的战略管理

传统的管理模式往往以企业的职能部门为基础，但由于各企业之间以及企业内部职能部门之间的性质、目标不同，造成相互的矛盾和利益冲突，各企业之间以及企业内部职能部门之间无法完全发挥其职能效率。因而很难实现整体目标化。

供应链是由供应商、制造商、分销商、零售商、客户和服务商组成的网状结构。链中各环

节不是彼此分割的，而是环环相扣的一个有机整体。供应链管理把物流、信息流、资金流、业务流和价值流的管理贯穿于供应链的全过程。它覆盖了整个物流，从原材料和零部件的采购与供应、产品制造、运输与仓储到销售各种职能领域。它要求各节点企业之间实现信息共享、风险共担、利益共存，并从战略的高度来认识供应链管理的重要性和必要性，从而真正实现整体的有效管理。

（二）供应链管理是一种集成化的管理模式

供应链管理的关键是采用集成的思想和方法。它是一种从供应商开始，经由制造商、分销商、零售商，直到最终客户的全要素、全过程的集成化管理模式，是一种新的管理策略，它把不同的企业集成起来以增加整个供应链的效率，注重的是企业之间的合作，以达到全局最优。

（三）供应链管理提出了全新的库存观念

传统的库存思想认为，库存是维系生产与销售的必要措施，是一种必要的成本。因此，供应链管理使企业与其上下游企业之间在不同的市场环境下实现了库存的转移，降低了企业的库存成本。这也要求供应链上的各个企业成员建立战略合作关系，通过快速反应降低库存总成本。

（四）供应链管理以最终客户为中心，这也是供应链管理的经营导向

无论构成供应链节点的企业数量有多少，也无论供应链节点企业的类型、层次有多少，供应链的形成都是以客户和最终消费者的需求为导向的。正是由于有了客户和最终消费者的需求，才有了供应链的存在。而且，也只有让客户和最终消费者的需求得到满足，才能有供应链的更大发展。

通过对供应链管理概念与特点的分析，我们可以知道：相对于传统的依赖自然资源、资金和新产品技术的管理模式，以最终客户为中心，将客户服务、客户满意、客户成功作为管理出发点的供应链管理的确具有多方面的优势。但是由于供应链是一种网状结构，一旦某一局部出现问题，就会马上扩散到全局，所以在供应链管理的运作过程中就要求各个企业成员对市场信息的收集与反馈要及时、准确，以做到快速反应，降低企业损失。而要做到这些，供应链管理还要有先进的信息系统和强大的信息技术作为支撑。

四、供应链管理的意义及实施途径

在当今全球经济一体化、企业之间日益相互依赖、用户需求越来越个性化的环境下，供应链管理正日益成为企业一种新的竞争战略。

（一）供应链管理的意义

供应链管理已成为现代企业管理中的一个新热点，实施供应链管理的现实意义有以下几点。

1. 有利于提高企业的国际竞争力

在现代国际市场中，企业之间的竞争变成了企业供应链与供应链之间的竞争。加强供应链管理，与合作伙伴进行资源的优势互补，实现强强联合，有利于加速企业增强实力的过程。

2. 促进国有企业的改革

我国还有很多企业仍然受计划经济体制下“大而全”、“小而全”思维方式的支配，拥有从

原始材料加工、零部件加工、装配、包装，直至运输和销售一整套的设施和组织机构。甚至有些企业还盲目进行兼并把企业做大，企业大并不等于竞争实力强，在市场环境多变的情况下，兼并并非是一条最有效的策略。供应链管理不需要企业进行大量投资，却可利用其他组织的优势，来快速响应市场的需求。因此，供应链管理是深化国有企业改革的一条有效途径。

3. 提高经济增长的质量

要使经济增长方式从粗放型向集约型转变，关键在于减少经济活动中的浪费。我国物流活动的平均成本占 GDP 的比例大大高于世界平均水平，总体的物流管理效率和集成化水平普遍较低。供应链管理可以降低成本，从"第三利润源泉"——物流中挖掘利润，提高整个社会的经济效益。

4. 提高客户的满意度水平

供应链管理的最终目的在于更好地满足顾客的需求，这又反过来促进企业进一步发展，从而形成一个良性循环。

（二）我国制造企业实施供应链管理的途径

我国制造企业应该在经营管理的思路上进行转变，对供应链管理加以更多的重视。

（1）要将供应链管理纳入企业的总体经营战略中。也就是说，在制定经营战略时，就要针对顾客的需要和企业内部的经营绩效，对产品全生命周期中的整个供应链系统进行通盘考虑、设计和规划。

（2）要在平日的生产经营活动中，不断地对企业的供应链系统进行时间和空间上的重新调整、流程重构和优化管理，使之能更好地满足日益变化的顾客需要，这是一个不断改进、优化和总结经验的过程。

（3）企业要进行相应的组织结构调整。我国制造企业是在计划经济年代参照苏联模式建立起来的，其组织结构的特点是"大而全、小而全"，以生产为导向，组织结构普遍存在"两头(开发和销售)小、中间(生产)大"的"橄榄型"特点。这种组织结构庞大臃肿，不利于对外界市场灵活反应。企业应尽量将主要精力放在核心业务上，剔除形不成竞争优势的一般业务。一些有条件的企业完全可以向"两头(开发和销售)大、中间(生产)小"的"哑铃型"组织结构发展，为自己建立良好的供应商体系。此时，企业要探索对其众多的供应厂商及其构成的整个供应链系统进行统一控制和协调的技术。

当然，企业在供应链管理方面的实践需要有关理论的指导。因此，应根据我国国情和企业厂情，积极地开展具有中国特色的供应链管理研究，为企业提供更多理论上的支持。政府有关部门也应对这方面的课题研究给予更多经费上的支持，这对提升我国制造业整体的竞争力是十分重要的。

第三节 供应链管理的产生背景

任何一种新的管理模式，它的诞生、发展直到广泛应用都有它的现实背景，供应链管理也不例外。供应链管理是在全球制造出现以后，在企业经营集团化和国际化的趋势下提出并形成的，它是物流理论的延伸。供应链管理的产生需要有一定的基础条件和一定的环境因素，我们可以从以下几方面来分析供应链管理的产生背景。

一、"纵向一体化"管理模式的弊端

从传统的管理模式上看，企业出于管理和控制上的目的，对为其提供原材料、半成品或零部件的其他企业一直采取投资自建、投资控股或兼并的"纵向一体化"（Vertical Integration）管理模式，即某核心企业与其他企业是一种所有权关系。推行"纵向一体化"的目的，是为加强核心企业对原材料供应、产品制造、分销和运输全过程的控制，使企业能在市场竞争中掌握主动，从而达到增加各个业务活动阶段利润的目的。在市场环境相对稳定的条件下，采用"纵向一体化"战略是有效的，但是，在高科技迅速发展、市场竞争日益激烈、顾客需求不断变化的形势下，"纵向一体化"则暴露出种种弊端：①增加企业投资负担，无论是自建、控股还是兼并，企业都必须付出巨大的投资，而日益频繁的经济波动使企业难以承受过重的投资和过长的建设周期带来的风险；②迫使企业从事不擅长的业务，使企业有限的资源消耗在众多的经营领域。有鉴于"纵向一体化"管理模式的种种弊端，从 20 世纪 80 年代后期，国际上越来越多的企业放弃了这种经营模式，随之而来的是"横向一体化"思想的兴起，即把原来由企业自己生产的零部件外包出去，充分利用外部资源，于是就跟这些企业成了一种水平关系。

"横向一体化"形成了一条从供应商到制造商再到分销商的贯穿所有企业的"链"。由于这一庞大网络上的相邻节点（企业）都是一种供应与需求的关系，因此称之为供应链。为了使加盟供应链的企业都能受益，并且要使每个企业都有比竞争对手更强的竞争实力，就必须加强对供应链的构成及运作研究，由此形成了供应链管理这一新的经营与运作模式。

二、市场环境的巨大转变产生的问题

长期以来，市场供不应求，企业所面临的市场相对稳定，所以企业中各组织之间、各部门之间的协调问题相对比较容易。进入 20 世纪 80 年代以来，技术进步和需求多样化使得产品生命周期不断缩短，对产品和服务的期望越来越高，企业所面临的市场环境发生了巨大的转变，从过去以供应商为主导的、静态的、简单的卖方市场环境变成了现在以顾客为主导的、动态的、复杂的买方市场环境。在传统的企业管理思想指导下，采购、生产、销售职能部门没有形成"链"，各自为政，相互脱节，片面追求本部门利益。

企业和各供应商没有协调一致的计划，缺少有效的信息沟通与集成，其后果会出现美国著名的供应链管理专家 Hau L. Lee 教授所描述的"需求变异加速放大"现象，即当供应链上的各节点企业只根据来自其相邻的下级企业的需求信息进行生产和供应决策时，需求信息的不真实性会沿着供应链产生逐级放大。到达最源头的供应商时，其获得的需求信息和实际消费市场中顾客的需求信息已发生了很大的偏差。由于这种需求放大效应的影响，上游供应商往往维持比下游供应商更高的库存水平。显然，这种现象将会给企业造成产品库存积压严重、服务水平不高、产品成本过高及质量低劣等问题，这必然会使企业在市场竞争环境中处于不利的地位。因此必须考虑对传统供应链的改进来缩小需求信息的失真程度，增强企业的敏捷性和响应性。

三、采用 MRPⅡ 出现的难题

自 20 世纪 70 年代起，以合理利用资源、改善计划和压缩库存为目标的 MRP、MRPⅡ逐渐应用在企业的生产管理上。初期考虑 MRP、MRPⅡ 的企业大多处于市场对产品种类的变化要求不大、产品结构基本稳定的情况，企业间不强调密切的协作关系，只是遵循一套规范的市场运作程序。随着全球化供应链应用的展开，MRPⅡ 在复杂的情况下不断显露出不足：①生产流程不合拍，不和谐，缺乏对生产流程之间依赖性的预见，零件或半成品不能同时到位；②出于安全生产设置的固定提前期，使制造商增加安全库存，弥盖了生产过程中的某些缺陷，还阻碍了生产周期的缩短，不利于柔性制造；③生产批量固定不变，造成经常性的过度生产；④只考虑企业内部资源的利用问题，一切优化工作均着眼于本企业的资源的最优应用。为了克服 MRPⅡ的不足，企业急需一种新型的管理思路来取代 MRPⅡ，这种新型的管理思路应以管理的基本职能——合作协调为主导思想，保证供应链的紧密衔接，强调多方协调性生产，追求各节点的零库存。在这种背景下，满足这种管理思路要求的供应链管理应运而生。

四、信息技术的飞速发展

20 世纪 90 年代以来，随着计算机技术、通信技术的日益发展与融合，特别是 Internet 在一系列技术突破支持下的广泛应用和日益完善，信息技术革命的影响已由纯科技领域向市场竞争和企业管理各领域全面转变。这一转变直接对企业管理中的传统观念和行为产生巨大的冲击。信息技术革命带来的信息传递和资源共享突破了原有的时间概念和空间界限，将原来的二维市场变为没有地理约束和空间限制的三维市场。信息技术实现了数据的快速、准确传递，提高了仓库管理、装卸运输、采购、配送、订单处理的自动化水平，使订货、包装、保管、运输、流通加工实现一体化，企业间的协调与合作在短时间迅速完成。一个全球性的电子工商业正在出现，跨企业信息系统、电子数据交换、Intranet 、Internet 等新技术对传统的经营模式产生了深刻的影响。企业内部和企业间实行计算机之间的商业数据交换后，数据交换的速度和可靠性大幅度提高，成本降低，效益增加，这一切无疑有益于加强企业之间的合作，进而为供应链的提出创造良好的环境。

第四节　供应链管理的重点

一、供应链管理的内容

（一）供应链管理的核心思想

供应链管理的实现，就是把供应商、生产厂家、分销商、零售商等在一条供应链上的所有节点企业都联系起来进行优化，使生产资料以最快的速度，通过生产、分销环节变成增值的产品，到达有消费需求的消费者手中。这不仅可以降低成本，减少社会库存，而且使社会资源得到优化配置。更重要的是，通过信息网络、组织网络，实现了生产及销售的有效链接和物流、信息流、资金流的合理流动，最终把产品以合理的价格，及时送到消费者手上。供应链管理的核心思想主要有以下四点。

1. *以顾客为中心*

从某种意义上讲，供应链管理本身就是以顾客为中心的“拉式”营销推动的结果，其出发点和落脚点都是为顾客创造更多的价值，都以市场需求的拉动为原动力。顾客价值是供应链管理的核心，企业根据顾客的需求来组织生产；以往供应链的起始动力来自制造环节，先生产物品，再推向市场，在消费者购买之前，企业是不会知道销售效果的。在这种“推式系统”里，存货不足和销售不佳的风险同时存在。现在，产品从设计开始，企业已经让顾客参

与，以使产品能真正符合顾客的需求。这种“拉式系统”供应链是以顾客需求为原动力的。

供应链管理始于最终用户，主要体现在客户服务战略、需求传递战略及采购战略三个方面。客户服务战略决定企业如何从利润最大化的角度对客户的反馈和期望做出反应；需求传递战略则是以何种方式将客户需求与产品服务的提供相联系；采购战略决定企业在何地、怎样生产产品和提供服务。

2. 强调企业的核心竞争力

在供应链管理中，一个重要的理念就是强调企业的核心业务和竞争力，并为其在供应链上定位，将非核心业务外包。由于企业的资源有限，企业要在各式各样的行业和领域都获得竞争优势是十分困难的，因此它集中资源在某个自己所专长的领域，即核心业务上。从而在供应链上定位，使自己成为供应链上一个不可替代的角色。

比如，沃尔玛作为一家连锁商业零售企业，高水准的服务以及以此为基础构造的顾客网络是它的核心竞争力。于是，沃尔玛超越自身的“商业零售企业”身份，建立起了高效供应链。首先，沃尔玛不仅仅是一家等待上游厂商供货、组织配送的纯粹的商业企业，而且也直接参与到上游厂商的生产计划中去，与上游厂商共同商讨和制订产品计划、供货周期，甚至帮助上游厂商进行新产品研发和质量控制等方面的工作。其次，沃尔玛高水准的客户服务能够做到及时地将消费者的意见反馈给厂商，并帮助厂商对产品进行改进和完善。沃尔玛的思路并不复杂，但多数商业企业更多的是“充当厂商和消费者的桥梁”，缺乏参与和控制生产的能力。也就是说，沃尔玛的模式已经跨越了企业内部管理和与外界“沟通”的范畴，形成了以自身为链主，链接生产厂商与顾客的全球供应链。而这一供应链正是通过先进的信息技术来保障的，这就是它一整套先进的供应链管理系统。离开了统一、集中、实时监控的供应链管理系统，沃尔玛的直接“控制生产”和高水准的“客户服务”将无从谈起。

3. 相互协作的双赢理念

传统的企业运营中，供销之间互不相干，是一种敌对争利的关系，系统协调性差。企业和各供应商没有协调一致的计划，影响整体最优。而在供应链管理的模式下，所有环节都看作一个整体，链上的企业除了自身的利益外，还应该一同去追求整体的竞争力和盈利能力。可以说，合作是供应链与供应链之间竞争的一个关键。在供应链管理中，不但要有双赢理念，更重要的是要通过技术手段把理念形态落实到操作实务上。供应链管理的关键在于将企业内部供应链与外部的供应商和用户集成起来，形成一个集成化的供应链。而与主要供应商和用户建立良好的合作伙伴关系，即所谓的供应链合作关系，是集成化供应链管理的关键。

4. 优化信息流程

信息流程是企业内部员工、客户和供应商的沟通过程，以前只能以电话、传真，甚至面谈达成信息交流的目的，现在可以利用信息系统和互联网进行信息交流。信息系统的优势在于其自动化操作和处理大量数据的能力使信息流通速度加快，同时减少失误。然而，信息系统只是支持业务过程的工具，企业本身的商业模式决定着信息系统的架构模式。

为了适应供应链管理的优化，必须从与生产产品有关的第一层供应商开始，直到货物到达最终用户手中，真正按链的特性改造企业业务流程，使各个节点企业都具有处理物流和信息流的自组织和自适应能力。要形成贯穿供应链的分布数据库的信息集成，集中协调不同企业的关键数据（包括订货预测、库存状态、缺货情况、生产计划、运输安排、在途物资等），就应该充分利用电子数据交换(EDI)、Internet 等技术手段。

(二) 供应链管理的主要内容

供应链管理主要涉及四个领域:供应、生产计划、物流和需求。供应链管理是以同步化、集成化生产计划为指导,以各种技术为支持,尤其以 Internet/Intranet 为依托,围绕供应、生产作业、物流(主要指制造过程)、满足需求来实施的,还涉及控制从供应商到用户的物料(零部件和成品等)和信息。供应链管理的目标在于提高用户服务水平和降低总的交易成本,并且寻求两个目标之间的平衡(这两个目标往往有冲突),供应链管理的主要内容可以归纳为以下三个方面。

1. 供应链网络结构设计

供应链网络结构设计即供应链物理布局的设计,具体包括供应链伙伴关系选择、供应链物流系统的设计。

在新的竞争环境下,供应链合作伙伴关系强调成员间直接的、长期的合作,强调共有的计划和共同解决问题的能力,强调相互之间的信任与合作。而要打造这种伙伴关系,就要求每一个成员在获益的同时必须对业务联盟有所贡献,提供为他人和供应链提高生产力的能力。

供应链物流的能力往往取决于供应链物流系统的设计是否符合供应链管理的要求。供应链设计是企业模型的设计,它从更广泛的思维空间——企业整体角度去勾画企业蓝图,是扩展的企业模型。它既包括物流系统,还包括信息和组织以及价值流和相应的服务体系建设。在供应链的设计(建设)中创新性的管理思维和观念极为重要,要把供应链的整体思维观融入供应链的构思和建设中,企业之间要有并行的设计才能实现并行的运作模式,这是供应链设计中最为重要的思想。

2. 集成化供应链管理流程设计与重组

(1) 各节点企业内部集成化供应链管理流程设计与重组:主要包括三大核心作业流程的设计与重组,即客户需求管理流程(如市场需求预测、营销计划管理等)、客户订单完成管理流程(如生产计划与生产作业管理、物料采购计划管理等)和客户服务管理流程(如客户退货管理等)。

(2) 外部集成化供应链管理流程设计与重组:供应链核心主导企业的客户订单完成管理流程与其原材料供应商、产成品销售商、物流服务提供商(物流外包商)等合作伙伴管理流程之间的无缝对接。

(3) 供应链交互信息管理:市场需求预测信息、库存信息、销售信息、新品研发信息、销售计划与生产计划信息等的交互共享,以及供应链各节点企业间的协同预测、计划与补货的库存管理技术。

3. 供应链管理机制的建设

供应链管理机制的建设包括合作机制、决策机制、激励机制和标杆机制等。

(1) 合作机制:供应链合作机制体现了战略伙伴关系和企业内外部资源的集成与优化利用。

(2) 决策机制:由于供应链企业决策信息的来源不再仅限于一个企业内部,而是在开放的信息网络环境下,因此处于供应链中的任何企业决策模式都应该是基于 Internet/Intranet 的开放性信息环境下的群体决策模式。

(3) 激励机制：缺乏均衡一致的供应链管理业绩评价指标和评价方法是目前供应链管理研究的弱点和导致供应链管理实践效率不高的一个主要问题。为了掌握供应链管理的技术，必须建立、健全业绩评价和激励机制，使我们知道供应链管理思想在哪些方面、多大程度上能够给予企业改进，以推动企业管理工作不断完善和提高，也使得供应链管理能够沿着正确的轨道与方向发展，真正成为能让企业管理者乐于接受和实践的新的管理模式。

(4) 标杆机制(benchmarking)：标杆机制要求供应链企业向行业的领头企业或最具竞争力的竞争对手看齐，不断对产品、服务和供应链业绩进行评价，并不断地改进，以使企业能保持自己的竞争力和持续发展。标杆机制主要包括企业内部的标杆、对比竞争对手的标杆、对比同行企业的标杆和领头企业的标杆。

供应链成长过程体现在企业在市场竞争中的成熟与发展之中，通过供应链管理的合作机制、决策机制、激励机制和标杆机制等来实现满足顾客需求、使顾客满意以及留住顾客等功能目标，从而实现供应链管理的最终目标——社会目标(满足社会就业需求)、经济目标(创造最佳利益)和环境目标(保持生态与环境平衡)的合一，这可以说是对供应链管理思想的哲学概括。

(三) 供应链的设计原则

在供应链结构的设计过程中，应遵循一些基本的原则，以保证供应链的设计和重建能满足供应链管理思想的实施和贯彻。

1. *宏观方面*

1) 自顶向下和自底向上相结合的设计原则

在系统建模设计方法中，存在两种设计方法，即自顶向下和自底向上的方法。自顶向下的方法是从全局走向局部的方法，自底向上的方法是从局部走向全局的方法；自上而下是系统分解的过程，而自下而上则是一种集成的过程。在设计一个供应链系统时，往往是先由主管高层做出战略规划与决策，规划与决策的依据来自市场需求和企业发展规划，然后由下层部门实施决策，因此供应链的设计是自顶向下和自底向上的综合。

2) 简洁性原则

简洁性是供应链的一个重要原则，为了能使供应链具有灵活快速响应市场的能力，供应链的每个节点都应是精简的、具有活力的、能实现业务流程的快速组合。比如供应商的选择就应以少而精的原则，通过和少数的供应商建立战略伙伴关系，减少采购成本，推动实施JIT采购法和准时生产。生产系统的设计更是应以精细思想(Lean Thinking)为指导，努力实现从精细的制造模式到精细的供应链这一目标。

3) 集优原则(互补性原则)

供应链中各个节点的选择应遵循强强联合的原则，达到实现资源外用的目的，每个企业只集中精力致力于各自核心的业务过程，就像一个独立的制造单元(独立制造岛)，这些所谓单元化企业具有自我组织、自我优化、面向目标、动态运行和充满活力的特点，能够实现供应链业务的快速重组。

4) 协调性原则

供应链业绩好坏取决于供应链合作伙伴关系是否和谐，因此建立战略伙伴关系的合作企业关系模型是实现供应链最佳效能的保证。席酉民教授认为和谐是描述系统是否形成了充分发挥系统成员和子系统的能动性、创造性及系统与环境的总体协调性的。只有和谐而协调的系统才能发挥最佳的效能。

5）动态性(不确定性)原则

不确定性在供应链中随处可见，许多学者在研究供应链运作效率时都提到不确定性问题。由于不确定性的存在，导致需求信息的扭曲。因此要预见各种不确定因素对供应链运作的影响，减少信息传递过程中的信息延迟和失真。降低安全库存总是和服务水平的提高相矛盾的。增加透明性，减少不必要的中间环节，提高预测的精度和时效性对降低不确定性的影响都是极为重要的。

6）创新性原则

创新设计是系统设计的重要原则，没有创新性思维，就不可能有创新的管理模式，因此在供应链的设计过程中，创新性是很重要的一个原则。要产生一个创新的系统，就要敢于打破各种陈旧的思维框框，用新的角度、新的视野审视原有的管理模式和体系，进行大胆地创新设计。进行创新设计，要注意几点：一是创新必须在企业总体目标和战略的指导下进行，并与战略目标保持一致；二是要从市场需求的角度出发，综合运用企业的能力和优势；三是发挥企业各类人员的创造性，集思广益，并与其他企业共同协作，发挥供应链整体优势；四是建立科学的供应链和项目评价体系及组织管理系统，进行技术经济分析和可行性论证。

7）战略性原则

供应链的建模应有战略性观点，通过战略的观点考虑减少不确定影响。从供应链的战略管理的角度考虑，我们认为供应链建模的战略性原则还体现在供应链发展的长远规划和预见性，供应链的系统结构发展应与企业的战略规划保持一致，并在企业战略指导下进行。

2. 微观方面

从微观管理的角度，在实际应用中，供应链设计应注意以下一些具体原则。

1）总成本最小原则

成本管理是供应链管理的重要内容。供应链管理中常出现成本背反问题，即各种活动的成本的变化模式常常表现出相互冲突的特征。解决冲突的办法是平衡各项成本使其达到整体最优，供应链管理就是要进行总成本分析，判断哪些因素具有相关性，从而使总成本最小。

2）多样化原则

供应链设计的一条基本原则就是要对不同的产品、不同的客户提供不同的服务水平。要求企业将适当的商品在恰当的时间、恰当的地点传递给恰当的客户。一般分拨企业要同时分拨多种产品，因此要面对各种产品的不同的客户要求、不同产品特征、不同的销售水平，也就是意味着企业要在同一产品系列内采用多种分拨战略。比如在库存管理中，就要区分出销售速度不一的产品，销售最快的产品应放在位于最前列的基层仓库，依次摆放产品。

3）推迟原则

推迟原则就是在分拨过程中运输的时间和最终产品的加工时间应推迟到收到客户订单之后。这一思想避免了企业根据预测在需求没有实际产生的时候运输产品(时间推迟)以及根据对最终产品形式的预测生产不同形式的产品(形式推迟)。

4）合并原则

战略规划中，将运输小批量合并成大批量具有明显的经济效益。但是同时要平衡由于运输时间延长而可能造成的客户服务水平下降与订单合并的成本节约之间的利害关系。通常当运量较小时，合并的概念对制定战略最有用。

5）标准化原则

标准化的提出解决了满足市场多样化产品需求与降低供应链成本的问题。如生产中的标准化可以通过可替换的零配件、模块化的产品和给同样的产品贴加不同的品牌标签而实现。这样可以有效地控制供应链渠道中必须处理的零部件、供给品和原材料的种类。例如，服装制造商不必去存储众多客户需要的确切号码的服装，而是通过改动标准尺寸的产品来满足个性化消费者的要求。

二、供应链管理的过程

在实施供应链管理以前，企业往往面临着一系列的问题，例如，过高的供应链作业成本，占净销售值的5%～20%；顾客服务水平不高，这主要体现在交货时间长、常常缺货、可靠性不高以及对顾客反应不快等；供应链中的各部门、各组织存在冲突的目标；等等。

供应链管理过程主要包括竞争环境分析、企业现有供应链诊断、新的供应链开发与设计以及供应链改进方案的实施四个阶段。

竞争环境分析主要是为了识别企业供应链所面对的市场特征。在竞争环境分析过程中需要第一手准确的数据、资料，通常可采用调查以及观察原材料供应商、顾客与竞争对手的方式进行资料收集。这样，就可以明确诸如“顾客需要什么”以及“各需要的权重分别是多少”等问题，据此可以对企业的各产品市场列出一系列特征，这些特征将按其重要性进行描述。

一旦识别了企业所面对的产品市场特征，下一步就是要对企业现有供应链进行诊断以找出可能改进的领域。

在这一阶段，最重要的问题是采用合适的方法与技术手段来进行供应链分析。惠普为此曾专门成立了一个“战略规划与建模(Strategic Planning and Modeling，SPaM)小组”。由于传统的成本会计系统不能有效地对各产品或市场细分分配作业成本。所以，他们于1989年首先开发了一个称为“Bubble成本模型”，它比较好地反映了供应链中各节点的固定成本与变动成本。然后，他们又开发了一个有名的WINO模型，帮助惠普分析它的喷墨打印机供应链中物流与相应的不确定性之间的关系，据此惠普公司将分析结果与所设定的基准比较，从而找出现有供应链中所存在的问题及其严重程度，等等。目前WINO模型已经成为一种应用非常广泛的供应链分析技术，以致后来SPaM小组聘请专业的系统程序设计员将它编成专门软件，取名为“供应链分析工具”(Supply Chain Analysis Tool，SCAT)。现在SCAT已经是惠普公司供应链管理过程中进行供应链诊断时最常用的工具之一。

通过供应链诊断，找出了对顾客满意水平有影响的是哪些供应链作业活动，即回答了哪些活动可以做得更好，还需要进一步回答：可以做得更好的改进措施是什么？采用什么具体措施？这就是新的供应链开发与设计阶段所要做的工作。可能的措施包括：改进库存管理策略、采用不同的运输工具、运用先进制造技术、运用信息技术集成供应链、新的供应链内部(部门与部门、组织与组织之间)的协调机制，等等。

在决定选择什么措施时，应充分运用前面两个阶段所做的工作，使供应链与顾客需求、市场特征及企业能力充分一致起来。如何使所设计的供应链与产品或市场细分特征匹配，Wharton商学院的Fisher教授根据多年来供应链管理的理论研究与企业咨询经历，开发了一个矩阵框架来辅助供应链战略决策。他认为可将企业供应链所处的市场特征综合起来分成两类：可预测性市场和不可预测性市场。对于可预测性市场环境，企业供应链的改进措施应该侧重于提高供应链的效率，降低物质成本；对于不可预测性的市场环境，其产品的生命周期非常短，因此企业供应链的改进方案应侧重于增强供应链对市场变化的应变能力和创新能力。

在设计和开发了供应链改进方案之后，就进入了供应链管理的最后一步——实施供应链改进方案，以形成协调的、集成的供应链，实现供应链管理所争取的绩效目标。在实施供应链管理时，应该从战略层次、战术层次与运营层次分别展开。在供应链管理战略层次上的问题主要包括：为供应链确定目标与政策，即为了保证业务的需要，供应链是应该以对变化能做出迅速反应为重点，或是以最低成本运营为重点，或是以保证产品可供货为重点，等等；用关键的设施及其选址描述供应链；构建一个能够打破职能界限、组织界限、有效运作的、集成的供应链组织结构轮廓，等等。在供应链管理战术层次上，战略目标被转变成供应链协同一致的组织、部门目标。在这一层次上，还涉及供应链管理所需的设备、方法及资源，尤其是为供应链管理提供信息基础设施的 MRPⅡ、DRP、JIT 等系统组合。在供应链管理的运营层次上，所涉及的问题是供应链运营的效率，关心的是具体系统、程序以及保证有效的控制与绩效测量能够得到实施。

综上所述，供应链管理大致可分成四个阶段(见图 5-7)：竞争环境分析、现有供应链诊断、新的供应链开发与设计以及供应链改进方案的实施，其中前面三个阶段进行的是供应链规划。由于供应链管理是一种最新的管理方法，所以大量的理论研究与实际工作主要集中于如何有效地进行供应链规划。

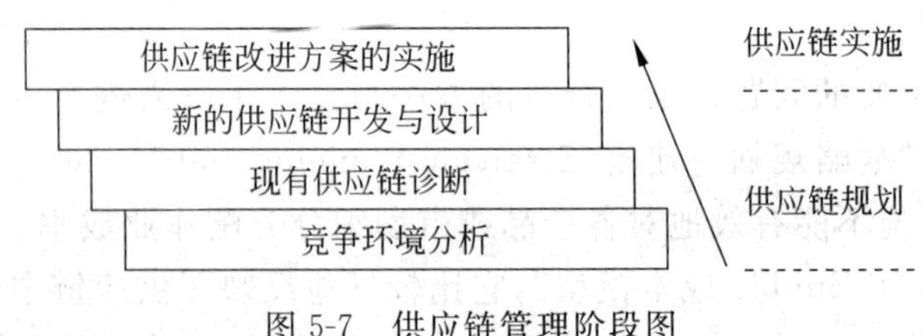

图 5-7　供应链管理阶段图

三、供应链管理系统

(一) 供应链管理系统的概念

供应链管理系统是一种基于协同供应链管理的思想，配合供应链中各实体的业务需求，使操作流程和信息系统紧密配合，做到各环节无缝链接，形成物流、信息流、单证流、商流和资金流五流合一的领先模式。其目的是实现整体供应链可视化，管理信息化，整体利益最大化，管理成本最小化，从而提高总体水平。

(二) 供应链管理系统模块

一个完整的供应链管理系统应当能够实现供应链的全部管理过程，并对供应链的所有成员进行有效合理的管理，其管理过程并不一定局限于供应链的主要成员，还应当包括与供应链有关的所有可获取的资源。

图 5-8 为一个典型的供应链管理系统模块。

1. 供应商管理模块

在整个供应链管理系统中，供应商管理是重要的一部分，因此，供应链管理系统具备及

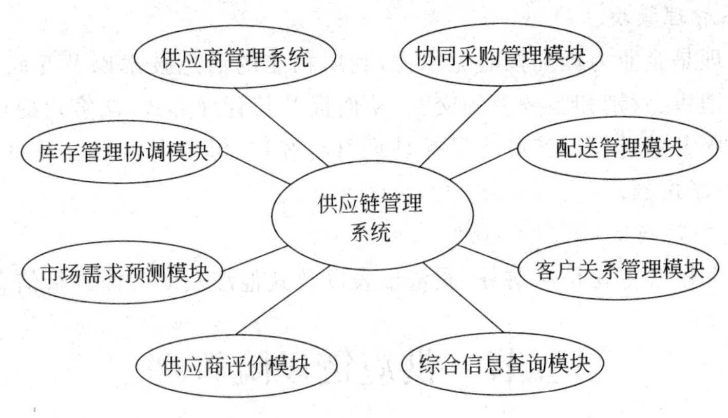

图 5-8 供应链管理系统模块

时定义和细化企业采购范围，实现对企业供应商群体动态管理的能力。供应商供货信息管理以购货价格为中心，可以对供应商供货业务资料的记录和控制信息进行比较完善的管理，例如，对不同供应商、不同物料、不同数量段、不同币别的价格和折扣信息都进行了详细记录，并可进行业务传递、自动更新、数据分析，同时还可进行采购最高限价的控制和预警管理。对于特殊的供应商也具备个性管理机制，以期有效降低供应链的库存。

2. 协同采购管理模块

协同采购管理模块从生产计划查询和订单管理等角度协调供应商和制造商之间的信息通信，提供多种信息的查询服务，为供应商提供生产咨询，使供应商可以提早安排自身生产计划来配合供应需求，从而提高双方的作业效率和协作效率。

3. 市场需求预测模块

企业生产运营中常常要“未雨绸缪”。而供应链管理系统的市场需求预测模块可以根据历史信息，结合销售点反馈的订单状况以及销售部门的销售策略，对销售需求进行精准的预测，同时可以结合当前的库存信息、生产能力、供应商状况等制订出高级生产计划方案。该方案可以用于生产中的详细生产安排和生产计划执行等。

4. 库存管理协调模块

协调库存管理功能是大多数管理软件具备的功能模块，该模块可以对库存进行优化管理，采用实时查询库存状况、记录和分析的方式研究出其潜在的需求规律，从而方便企业在库存成本和清仓成本之间做出权衡，提高企业可持续的库存管理水平。

5. 配送管理模块

事实上，供应链管理系统解决方案通过配送管理模块可以对当前的零部件或成品配送状况进行分析，在不同承运人、不同运输方式、不同运输路线之间进行分析，为企业运输环节提供时间、地点和货物量的最佳决策依据，据此即可制订货运计划，从而达到运输费用的最优化。

6. 供应商评价模块

企业对众多的供应商会有自身的评价标准，因此采购部门会根据需要定期对供应商进行考核。首先要选择接受考评的供应商，然后评估系统会自动根据事先定义的评估策略，将根据相应的评估规则将供应商的实际业绩资料进行运算，得到实际的评价。

7. 客户关系管理模块

客户关系管理是企业为提高核心竞争力,利用相应的信息技术以及互联网技术来协调企业与顾客间在销售、营销和服务上的交互,从而提升其管理方式,向客户提供创新的、个性化的客户交互和服务的过程。其最终目标是吸引新客户、保留老客户以及将已有客户转为忠实客户,增加市场份额。

8. 综合信息查询模块

综合信息查询模块主要是从财务、质量报表以及其他涉及的方面进行信息的综合查询。

第五节 供应链风险管理

一、供应链风险的含义及其特点

(一)供应链风险的概念

供应链风险一般是指在供应链运作的过程中,由于供应与需求的不平衡而可能产生的潜在损失。

供应链风险的来源是各种不确定性因素的存在。由于供应链网络上的企业之间是相互依赖的,任何一个企业出现问题都有可能波及和影响其他企业,影响整个供应链的正常运作,甚至导致供应链的破裂和失败。

(二)供应链风险的特点

1. 传递性

传递性是供应链风险最显著的特征,也是由供应链自身组织结构所决定的。由于供应链从产品开发、生产到流通过程是由多个节点企业共同参与的,因此风险因素可以通过供应链流程在各个企业间传递和累积,并显著影响整个供应链的风险水平。因此,对供应链风险的传递和控制是供应链风险管理的关键之一。根据供应链的时间顺序和运作流程,各节点的工作形成了串行或并行的混合网络结构。其中某一项工作既可能由一个企业完成,也可能由多个企业共同完成。供应链整体的效率、成本、质量指标取决于节点指标。由于各节点均存在风险,故供应链整体风险由各节点风险传递而成。

2. 普遍性

现实的供应链组成非常复杂,复杂的供应链组成也使得供应链的风险具有普遍性的特点。任何一种供应链风险都有可能来源于供应链中的任何一个环节和成员,任何一个环节的故障都有可能使整个供应链网络出现中断。现实中从来没有一个供应链会没有任何风险的存在。供应链风险可能存在于很多方面,常见的包括供应商的合法性、原材料的变化引起产品质量的变化、原材料供应市场价格的变化等。一个优秀的企业应当具备良好的供应链风险管理能力。

3. 关联性

供应链内部风险主要来自组成供应链系统各环节之间的关系,由各环节之间潜在的互动博弈与合作造成。供应链中各成员企业作为独立的市场主体有各自不同的利益取向,相互之间因为信息不完全对称,又缺乏有效监督机制,因此为了争夺系统资源,追求自身利益最大化而展开激烈博弈。同时,在部分信息公开,资源共享基础上,又存在一定程度的合作。

4. 动态性

供应链风险会随着外界条件的变化而产生变化，这导致了供应链风险的动态性。时间是导致供应链风险发生变化的最常见的外界条件。潜在的风险如果不及时处理，就有可能成为真正的风险，现实的风险如果及时处理可能会使风险造成的损失降低，但过度的处理也会使面临的风险发生变化，形成新的风险。如夏季是空调销售的旺季，空调制造企业通常会在夏季来临前生产大量的空调以补充库存，以便于在未来的空调销售大战中不会出现供货中断的风险，但大量的库存又占用了企业宝贵的流动资金，导致企业在应对突发的风险时缺乏应变能力，形成新的经营风险。

5. 不确定性

风险的不确定性往往表现在：风险是否发生是不确定的；风险何时发生是不确定的；风险产生的结果是不确定的。复杂的现实环境和复杂的供应链组成是导致供应链风险不确定的主要原因。比如，企业管理者无法确定运输车辆会不会出事故、什么时候出事故和事故造成的损失会有多大。

6. 可测量性

个别风险的发生是偶然的、不可预知的，但通过对大量风险的观察会发现，风险往往呈现出明显的规律性。根据以往大量资料，利用概率论和数理统计的方法可测算风险事故发生的概率及其损失程度，并且可构造出损失分布的模型，成为风险估测的基础。比如，企业采购人员可以根据过去一段时间内供应市场的变化趋势预测出未来一段时间内企业所需原材料的价格走势，从而可以合理地计算出是需要提前进行采购还是按原计划进行采购。

二、供应链风险产生的原因

供应链风险的产生原因一般包括内部（内生风险）和外部（外生风险）两个方面。

（一）内生风险

1. 道德风险

道德风险是指供应链企业之间由于信息的不对称，供应链成员为谋取短期利益而伤害供应链长期共同利益的风险导致的道德败坏行为造成损失的风险。在整个供应链管理环境中，委托人往往比代理人处于一个更不利的位置，代理企业往往会通过增加信息的不对称，从委托合作伙伴那儿得到最大的收益。如供应商由于自身生产能力上的局限或是为了追求自身利益的最大化而不择手段，偷工减料、以次充好，所提供的物资达不到采购合同的要求给采购企业带来风险。

2. 信息传递风险

由于每个企业都是独立经营和管理的经济实体，供应链实质上是一种松散的企业联盟，当供应链规模日益扩大，结构日趋复杂时，供应链上发生信息传递延迟和错误的机会也随之增多。信息传递延迟将导致上下游企业之间沟通不充分，对产品的生产以及客户的需求出现理解分歧，不能真正满足市场的需要。同时会产生牛鞭效应，导致过量的库存。

3. 生产组织与采购风险

现代企业生产组织强调集成、效率，这样可能导致生产过程刚性太强，缺乏柔性，若在供应链中的生产或采购过程的某个环节上出现问题，很容易导致整个生产过程的停顿。

4. 分销商的选择产生的风险

分销商是市场的直接面对者，要充分实施有效的供应链管理，必须做好分销商的选择工作。在供应链中,如果分销商选择不当,会直接导致核心企业市场竞争的失败,也会导致供应链凝聚力的涣散,从而导致供应链的解体。

5. 物流运作风险

物流活动是供应链管理的纽带。供应链要加快资金流转速度,实现准时化生产和柔性化制造,离不开高效运作的物流系统。这就需要供应链各成员之间采取联合计划,实现信息共享与存货统一管理。但在实际运行中是很难做到这一点的,往往会在原料供应、原料运输、原料缓存、产品生产、产品缓存和产品销售等过程中出现衔接失误,这些衔接失误都可能导致供应链物流不畅通而产生风险。例如,运输障碍使原材料和产品不能及时供应,造成上游企业在承诺的提前期内无法交货,致使下游企业的生产和销售受到不利影响。

6. 企业文化差异产生的风险

供应链一般由多家成员企业构成,这些不同的企业在经营理念、文化制度、员工职业素养和核心价值观等方面必然会存在一定的差异,从而导致对相同问题的不同看法,采取不一致的工作方法,最后输出不同的结果,给供应链带来风险。

(二) 外生风险

1. 市场需求不确定性风险

供应链的运作是以市场需求为导向的,供应链中的生产、运输、供给和销售等都建立在对需求准确预测的基础之上。市场竞争的激化,大大增强了消费者需求偏好的不确定性,使准确预测的难度加大,很容易增加整个供应链的经营风险。如果不能获得正确的市场信息,供应链就无法反映出不断变化的市场趋势和顾客偏好。供应链也会由于不能根据新的需求改变产品和供应物,而不能进入一个新的细分市场。最后,市场机会也会由于不能满足顾客快速交货的需要而丧失。

2. 经济周期风险

市场经济的运行轨迹具有明显的周期性,繁荣和衰退交替出现,这种宏观经济的周期性变化,使供应链的经营风险加大。在经济繁荣时期,供应链在市场需求不断升温的刺激下,会增加固定资产投资,进行扩大再生产,增加存货、补充人力,相应地增加了现金流出量。而在经济衰退时期,供应链销售额下降,现金流入量减少,而未完成的固定资产投资仍需大量资金的继续投入。这种资金流动性差的状况就增大了供应链的经营风险。

3. 政策风险

当国家经济政策发生变化时,往往会对供应链的资金筹集、投资及其他经营管理活动产生极大影响,使供应链的经营风险增加。例如,当产业结构调整时,国家往往会出台一系列的产业结构调整政策和措施,对一些产业的鼓励,给供应链投资指明了方向;对另一些产业的限制,使供应链原有的投资面临着遭受损失的风险,供应链需要筹集大量的资金进行产业调整。

4. 法律风险

供应链面临的法律环境的变化也会诱发供应链经营风险。每个国家的法律都有一个逐渐完善的过程,法律、法规的调整、修订等不确定性,有可能对供应链运转产生负面效应。

5. 意外灾祸风险

地震、火灾、政治的动荡、意外的战争等意外灾祸,都会引起非常规性的破坏,影响到供应链的某个节点企业,从而影响到整个供应链的稳定,使供应链中企业资金运动过程受阻或

中断,生产经营过程遭受损失,既定的经营目标、财务目标无法实现等。

三、供应链风险管理的主要内容

(一) 风险的识别

供应链风险识别是指在供应链风险事故发生之前,运用各种方法系统、连续地认识供应链中所面临的各种风险以及分析风险事故发生的潜在原因。

风险识别一方面可以通过感性认识和历史经验来判断;另一方面也可通过对各种客观的资料和风险事故的记录来分析、归纳和整理,加之必要的专家访问,从而找出各种明显和潜在的风险及其损失规律。供应链本身的复杂性和风险的可变性,使风险识别成为一项持续性和系统性的工作,要求风险管理者必须密切注意原有风险的变化,并随时发现新的风险。

(二) 风险的评估

供应链风险评估是指在风险事件发生之前或之后(但还没有结束),对该事件给供应链造成的影响和损失的可能性进行量化评估的工作。即风险评估就是量化测评某一事件或事物带来的影响或损失的可能程度。

(三) 风险的防范

风险防范是有目的、有意识地通过计划、组织、控制和检察等活动来阻止、防范风险损失的发生,削弱损失发生的影响程度,以获取最大利益。风险防范的措施主要有:

(1) 建立风险预警措施,及时预测风险;

(2) 强化供应链成员间的相互信任,促进相互协作;

(3) 建立合理有效的激励机制,形成利益共同体;

(4) 实行多源供应,实现供应源的柔性化管理;

(5) 加强供应链的信息共享机制,实现链内公共信息透明。

实训项目

• 实训内容:供应链认知实训。

• 实训手段:视频片段、企业案例展示。

• 实训目的:了解供应链管理发展历史、现状以及未来趋势。

练习题

一、单项选择题

1. 供应链形成的背景说法不正确的是(　　)。

A. 经济全球化　　B. 社会大分工的形成

C. 社会信息化　　D. 知识创新

2. 供应链管理与企业内部管理最大的不同之处在于,在供应链中没有组织机构和行政隶属关系作为支撑,只能以强调(　　)作为管理职能实施的基础。

A. 合作和签订契约　　B. 谈判
C. 意愿　　D. 激励

3. 企业在与上游企业打交道时，为了解上游客户的需求，主要借助于供应链管理中的(　　)。

A. 内部供应链管理系统　　B. 供应商管理系统
C. 客户管理系统　　D. 快速响应系统

4. 供应链管理中提到的客户主要是指(　　)。

A. 只是指最终的消费者
B. 与企业内部的部门无关
C. 可以指代供应链上的每个相关企业和部门
D. 只指代渠道分销员

二、填空题

1. 从制造企业供应链的发展过程来看，可以将供应链划分为________和________两类。

2. 供应链管理的目标包括________、________和________。

3. 供应链管理机制的建设包括________、________、________和________。

4. 供应链的内生风险包括________、________、________、________和________。

三、判断题

1. 供应链的合作伙伴关系，也就是供应链中各节点企业之间的关系，对制造业来说，主要是制造商与制造商之间的关系。(　　)

2. 供应链环境下，以团队工作为特征的组织模式使供应链具有网络化结构特征，因此供应链管理模式不是层级管理，也不是矩阵管理，而是网络化管理。(　　)

3. 从节点企业与节点企业之间关系的角度来考察，供应链网络结构主要包括链状结构、网状结构、核心企业网状结构三种。(　　)

4. 供应链的范围比物流要窄。(　　)

四、简答题

1. 供应链的主要特点是什么?
2. 供应链管理的核心思想有哪些?
3. 实施供应链管理的原则包括哪些?
4. 如何防范供应链风险?

本章参考文献

[1] 克里斯托弗. 物流与供应链管理[M]. 4版. 何明珂，等，译. 北京：电子工业出版社，2012.
[2] 马士华，林勇. 供应链管理[M]. 4版. 北京：机械工业出版社，2014.
[3] 迈克尔·胡格斯. 供应链管理精要[M]. 刘浩华，译. 北京：中国物资出版社，2010.
[4] 乔普拉·迈因德尔. 供应链管理：战略、计划和运作[M]. 5版. 北京：清华大学出版社，2014.

[5] 沈厚才，陶青，陈煜波.供应链管理理论与方法[J].中国管理科学，2000，8(1)：1-9.
[6] 王凤山，叶素文.供应链管理[M].北京：机械工业出版社，2010.
[7] 丁俊发.中国供应链管理蓝皮书(2014)[M].北京：中国财富出版社，2014.
[8] 冯耕中.物流与供应链管理[M].2版.北京：中国人民大学出版社，2014.
[9] 兰伯特.供应链管理：流程、伙伴和业绩[M].3版.王平，译.北京：电子工业出版社，2012.

第六章 CHAPTER

物流成本

引导案例

飞机运送啤酒的启示

布鲁克林酿酒厂在日本创造了年销售200亿美元的市场规模。这得益于布鲁克林酿酒厂的一个营销战略：将啤酒航运到日本，并通过广告宣传其进口啤酒具有独一无二的新鲜度。布鲁啤酒公司于1987年11月装运了它的第一箱布鲁啤酒到达日本，并在最初的几个月里使用了各种航空承运人。最后，日本金刚砂航空公司被选为布鲁克林酿酒厂唯一的航空承运人。金刚砂公司之所以被选中，是因为它向克鲁克林酿酒厂提供了增值服务：金刚砂公司在其J. F. K.国际机场的终点站交付啤酒，通过其日本报关行办理清关手续，并在飞往东京的商务航班上安排运输，这些服务有助于保证啤酒完全新鲜。

啤酒之所以能达到新鲜要求，是因为这样的物流作业可以在啤酒酿造后的1周内将啤酒从酿酒厂直接运达顾客手中，而海外装运啤酒的平均订货周期为40天。啤酒的新鲜度使之能够超过一般价值定价，高于海外装运的啤酒价格的5倍。虽然布鲁啤酒在美国是一种平均价位的啤酒，但在日本，它是一种溢价产品，获得了极高的利润。布鲁克林酿酒厂还通过改变包装，将瓶装啤酒改成小桶装啤酒以降低运输成本。此外，小桶啤酒对保护性包装的要求也比较低，这也进一步降低了装运成本。

案例解析

从本案例中可以看出，任何企业都可以把物流成本管理问题纳入企业生产经营过程进行战略性思考。企业的市场竞争力就是包含了对物流成本的重新确认和有效控制。而在方法上也告诉我们，物流成本管理需要有明确的目标、分类控制的方法，并能从供应链体系进行整合。同时也应认识到，物流成本的管理必须进行创新和发展。

案例思考

从该案例中，你认为影响物流成本的因素有哪些？

案例涉及的主要知识点

物流作业　运输成本　时间成本　包装成本　物流成本管理　物流成本控制

学习导航

- 理解物流成本的含义和分类。

- 掌握物流成本的计算方法。
- 了解物流成本管理的内容。
- 掌握运输、仓储、包装、配送等物流成本控制的方法。

教学建议

- 备课要点：物流成本概念的演变、物流成本的分类及特点、物流成本的计算方法及存在的问题、物流成本控制方法。
- 教授方法：案例，讲授，实证，启发式。
- 扩展知识领域：我国与发达国家社会物流成本的计算。

物流成本是物流管理的重要内容，也是物流经济效益的量化指标。它能直观地体现出物流的经济效益，从分析物流成本入手，管理企业物流活动，控制企业物流成本，对提高企业的经济效益具有重要的意义。本章对物流成本的含义、特点，物流成本的分类及计算方法，物流成本的管理和控制等内容进行了介绍。

第一节　物流成本管理概述

一、物流成本的含义及特性

（一）物流成本的内涵

随着物流管理意识的增强，人们对于物流成本的关心日渐浓厚，降低物流成本已经成为物流管理的首要任务。在许多企业中，物流成本占企业总成本的比例很大，物流成本的高低直接关系到企业利润水平和竞争力的高低，所以，物流成本管理成为企业物流管理的一个核心内容。有专家提出，“物流既是主要成本的产生点，又是降低成本的关注点”，物流是“经济的黑暗大陆”。加强对物流成本的研究与管理对提高物流活动的经济效益有着非常重要的意义。

根据我国国家标准《物流术语》(GB/T 18354—2006)，物流成本可定义为“物流活动中所消耗的物化劳动和活劳动的货币表现”，即产品在实物运动过程中，如包装、运输、储存、流通加工、物流信息等各个环节所支出的人力、物力和财力的总和。物流成本是完成各种物流活动所需的全部费用。然而，在传统上，由于物流成本没有被列入企业的财务会计制度，制造企业习惯将物流费用计入产品成本，商业企业则把物流费用与商品流通费用混在一起，导致物流成本的计算被分解得难以辨认。因此，无论是制造企业还是商业企业，都难以按照物流成本的内涵完整地计算出物流成本。

（二）物流成本的基本特性

从人们对物流成本的认识来看，物流成本具有以下特性。

1. 系统性

物流成本产生于物流活动所消耗的资源。现代企业的物流活动贯穿企业的整个业务过程，具有整体系统性，物流成本虽然分布于每个职能部门，但从整体上来看，物流成本系统实际是由采购、生产、销售等子系统的物流成本共同构成的。

2. 复杂性

物流活动贯穿企业整个经营过程。物流费用的归类科目众多,构成复杂。很多物流成本与生产成本交融在一起,很多物流成本项目难以被准确拿捏,将物流成本单独列出来的工作也相当烦琐,这就导致了物流成本的定位和核算的复杂性。如在仓储过程中,过量生产产生的积压货物费用、紧急输送产生的费用经常被纳入生产成本中,而不被归入物流成本中。同时,由于我国多数企业在理解和核算物流成本时采用的标准不同,不能准确地显示各企业物流成本的高低和有效性,导致我国对物流成本数据的统计工作异常复杂。

3. 隐含性

在日本早稻田大学西泽修教授的文章中很早就提出了物流成本的“冰山说”,阐述了物流成本的隐含性。西泽修教授指出,会计成本项目计算企业盈亏的销售费用和一般管理费用中记录的外包运费和外包保管费用,只是冰山一角。因为在企业计算费用时,只包括基础设施设备建设费用、自用车辆的保养和运营费用、自建仓库的保管费用,而自用的物流人工费用等都没有列入物流费用的科目中,使得企业的物流成本只包含了相关的显性成本,而与物流活动相关的制造成本、销售费用、管理费用等隐性成本都未列入物流科目统计中,而仅作为生产成本核算归类。

二、物流成本的分类与构成

研究物流成本的目的是要将混入其他费用科目的物流成本全部抽取出来,使人们能够清晰地看到潜藏的物流成本,从而降低成本。为了能更好地研究物流成本,我们必须了解一下物流成本的分类和构成。

(一)物流成本的分类

人们从不同的角度对物流成本进行观察和分析,对物流成本含义的认识也就不同。有学者认为:“按实体的经营性质不同,可将物流成本分为制造企业物流成本和流通企业物流成本两大类型。”在本书中,按照人们进行物流成本管理和控制的不同角度,把物流成本分成社会物流成本、货主企业(包括制造企业和商品流通企业)物流成本,以及物流企业的物流成本三个方面。其中,社会物流成本是宏观意义上的物流成本,而货主企业物流成本及物流企业物流成本是微观意义上的物流成本。不同角度的物流成本有着不同的含义。

1. 宏观物流成本

宏观物流成本又可以称为社会物流成本。站在社会物流的角度,进行社会物流的优化就要考虑物流成本的问题。人们往往用物流成本占国内生产总值(GDP)的比例来衡量一个国家物流管理水平的高低,这种物流成本就是指社会物流成本。

按照2004年由国家统计局、国家发改委发布的《社会物流统计制度及核算表式(试行)》中的定义,社会物流成本是指一定时期内,国民经济各方面用于社会物流活动的各项费用支出。包括:支付给运输、储存、装卸搬运、包装、流通加工、配送、信息处理等各个物流环节的费用;应承担的物品在物流期间发生的损耗;社会物流活动中因资金占用而应承担的利息支出;社会物流活动中发生的管理费用等。

社会物流成本是核算一个国家在一定时期内发生的物流总成本,是不同性质企业微观物流成本的总和。国家和地方政府可以通过制定物流相关政策、进行区域物流规划、建设物流园区等措施来推动物流及相关产业的发展,从而降低宏观物流成本。目前,各国对宏观物

流成本的测算方法也各不相同，我国于2005年建立了社会物流统计公报制度，根据统计，我国在近两年的社会物流成本占GDP的比例为16%～18%，这一比例仍然远高于同时期的发达国家，如美国社会物流成本占GDP的比例为8.5%。

2. 微观物流成本

微观物流成本又称为企业物流成本，这里的企业包括货主企业和物流企业。按照2006年发布实施的国家标准《企业物流成本构成与计算》(GB/T 20523—2006)，企业物流成本是指物流活动中所消耗的物化劳动和活劳动的货币表现，即产品在包装、运输、储存、装卸搬运、流通加工、物流信息、物流管理等过程中所耗费的人力、物力和财力的总和，以及与存货有关的资金占用成本、物品损耗成本、保险和税收成本。这里与存货有关的资金占用成本包括负债融资所发生的利息支出(显性成本)和占用自有资金所产生的机会成本(隐性成本)两部分内容。

1) 货主企业物流成本

这里所说的货主企业主要是指制造企业和商品流通企业。总的来说，制造企业物流是物流业发展的源动力，而商品流通企业是连接制造业和最终客户的纽带，制造企业和商品流通企业是物流服务的需求主体。

商品流通企业的经营活动就是对组织现有的商品进行销售来获取利润，其业务活动相对于制造企业较为简单，以进、存、销活动为主，不涉及复杂的生产物料组织，物品实体也较为单一，多为产成品。商品流通企业物流成本的基本构成有：企业员工工资及福利费；支付给有关部门的服务费，如水电费等；经营过程中的合理消耗费，如储运费、物品合理损耗及固定资产折旧等；支付的贷款利息；经营过程中的各种管理成本，如差旅费、办公管理费等。

制造企业的生产目的是为了将生产出来的物品通过销售环节转换成货币，为了销售生产经营的需要，制造企业所组织的物品实体应包括产成品、半成品、原材料和零配件等，其物流过程具体包括了从生产企业内部原材料和协作件的采购、供应开始，经过生产制造过程中的半成品存放、搬运、装卸、成品包装及运输到流通领域，进入仓库验收、分类、储存、保管、配送、运输，最后到消费者手中的全过程。这些过程发生的所有成本就是制造企业物流成本。从现代物流活动的构成及其对企业经营的作用来看，应对物流进行全过程管理，对物流全过程的所有成本进行核定、分析、计划、控制与优化，达到以合理的物流成本保证经营有效运行。

2) 物流企业物流成本

制造企业和商品流通企业是物流服务的需求主体，同时也是物流运营管理的主体，许多货主企业的物流业务是由企业内部的相关部门或二级公司来完成的。当然，有部分货主企业的物流业务并不一定全都由自己完成，或多或少总有外包部分，这就出现了对专业性物流服务企业的需求。由专业的物流企业来参与物流的运营管理，是社会专业化大生产的必然结果，也是提高物流效率、降低物流成本的有效途径。

根据物流服务企业提供的服务类型，可以把物流企业分为两类。第一类是提供功能性物流服务业务的物流企业，这类企业在整个物流服务过程中发挥着很大的作用，这类企业一般只提供某一项或者某几项主要的物流服务功能，如仓储服务企业、运输服务企业等。第二类是提供一体化物流服务的第三方物流企业，第三方物流企业一般是指综合性的物流服务公司，能为客户提供多种物流业务服务。尽管目前第三方物流和一体化物流的趋势十分明显，但是功能性物流服务企业的存在还是必要的，它可以发挥专业化的优势，与第三方物流企业一起，共同完成客户的物流服务需求，达到降低成本、提高物流效率的目的。

物流企业在运营过程中发生的各项费用，都可以看成物流成本。因此，可以说物流企业的物流成本包括了物流企业的所有各项成本和费用。实际上，从另一个角度看，当货主企业把物流业务外包给物流企业运营时，物流企业发生的各项支出构成了它的物流成本，而物流企业向货主企业的收费(包括物流企业的成本费用、税金及一定的利润)就构成了货主企业的物流成本。

(二) 社会物流成本的构成

社会物流成本是核算一个国家在一定时期内发生的物流总成本。核算宏观物流成本的主要目的是为了帮助国家制定物流政策和行业政策，提高国民经济运行质量和效率。通常情况下，采用社会物流总成本占GDP的比例来衡量一国物流发展水平。这种统计办法可以显示不同物流环节所耗费的成本比例，帮助国家物流系统找出与发达国家物流水平的差距。

国际上普遍认为社会物流成本包括三部分：社会运输总成本、社会仓储保管成本、物流管理成本。

1. 美国社会物流成本的构成

美国是现代物流业的发源地，经过几十年快速的发展，美国物流管理效率已经代表着世界最高水平。美国统计社会物流总成本主要分为三大块。

1) 运输成本

运输成本包括公路运费、其他运输方式费用和货主费用。

(1) 公路运费包括本地卡车运输费用与城际卡车运输费用。

(2) 其他运输方式费用包括铁路运输费用、水路运输费用、油料管道运输费用、航空运输费用、货运代理费用。

(3) 货主费用包括运输管理部门的运输费用和货物装卸费。

2) 保管成本

保管成本又称存货持有成本，指花费在保存货物的费用。包括：

(1) 仓储费用、货物残损费用、人力费用及货物保险和税收费用；

(2) 存货占用资金的机会成本；

(3) 库存占用资金的利息(利息=当年美国商业利率×全国商业库存总金额)。

把库存占用资金的利息计入物流成本，是现代物流与传统物流成本的最大区别，只有这样，降低物流成本和加速资金周转速度才从根本利益上统一起来。

3) 管理成本

管理成本包括订单处理、市场预测、计划及相关人员发生的管理费用。由于实际发生的物流管理费用很难准确统计，因此，通常按照美国的历史情况由专家确定一个固定比例，乘以保管成本和运输成本的总和得出。

2. 日本社会物流成本的构成

日本社会物流成本的计算方法与美国略有区别，其对宏观物流成本的核算主要借鉴美国哈佛的赫斯凯特(J. Hesket)提出的、以每年就业统计和库存统计等数据推算出总体物流费用；此外，也参考了德兰尼的推估法，即站在货主的立场来推算部分国内物流成本。日本社会物流成本的核算，从整体上看，包括运输费、保管费和物流管理费三部分内容。

1) 运输费

运输费分为营业运输费和企业内部运输费，前者又包括卡车货运费、铁路货运费、内海航运货运费、国内航空货运费及货运站收入等各项开支，各项累计之和为运输费总额。

2) 保管费

保管费是将日本经济企划厅编制的《国民经济计算年报》中的国民资产、负债余额中原材料库存余额、产品库存余额及流通库存余额的合计数乘以日本资产管理协会调查所得的库存费用比例和原价率得出的。这项保管费不是狭义的保管费，它不仅包括仓储业者的保管费或企业自有仓库的保管费，还包括仓库、物流中心的库内作业费用和库存所发生的利息、损耗费用等。即

保管费＝(原材料库存余额＋产品库存余额＋流通库存余额)×原价率×库存费用比例

库存费用比例＝利率除外的库存费用比例＋利率

3) 物流管理费

由于无法用总体估计的方法求得，日本物流业依据其《国民经济计划年报》中的《国内各项经济活动生产要素所得分类统计》，将制造业和批发、零售业的产出总额，乘上日本物流协会(JILS)根据行业分类调查各行业物流管理费用比例计算得出。即

物流管理费 ＝(制造业产出额 ＋ 批发零售业产出额)× 物流管理费用比例

3. 我国社会物流总成本的构成

根据我国国家标准《社会物流统计指标体系》(GB/T 24361—2009)，我国社会物流总成本是指我国全部常住单位因社会物流经济活动而发生的总费用，具体包括运输成本、保管成本和管理成本。

1) 运输成本

运输成本是指社会物流活动中，国民经济各方面由于物品运输而支付的全部费用。运输成本由以下项目构成。

(1) 道路运输成本、铁路运输成本、水上运输成本、航空运输成本、装卸搬运及其他运输成本(辅助服务提供方货运业务费用)。

(2) 运输管理与投资部门的交通建设基金、过路费、过桥费、过闸费等运输附加费用。

运输成本的计算公式如下：

运输成本 ＝ 运费 ＋ 装卸搬运等辅助费 ＋ 运输附加费

2) 保管成本

保管成本是指社会物流活动中，物品从最初资源供应地向最终消费地流动过程中发生的除运输费用和管理费用之外的全部费用。保管成本构成如下。

(1) 货物储存过程中因流动资金占用而需承担的利息、保险费用、仓储货物损耗。

(2) 仓储保管费用、相关服务费用。

(3) 流通过程中的配送、包装、加工、信息等费用。

保管成本的计算公式如下：

保管成本 ＝利息费用 ＋ 仓储费用 ＋ 保险费用 ＋ 货物损耗费用 ＋ 信息及相关服务费用 ＋ 配送费用 ＋ 流通加工费用 ＋ 包装费用 ＋ 其他费用

3) 管理成本

管理成本是指在社会物流活动中，管理部门因管理物流活动所发生的费用，包括办公费

用、管理人员薪酬、劳动管理等各种属于管理科目的费用。这类费用发生在物流活动的各个环节中，不能简单地统计出来，因此通常用全国社会物流总额乘以平均管理费用率得出。社会物流平均管理费用率是指报告期内各物品最初供给部门完成全部物品后从供给地流向最终需求地的社会物流活动中，管理费用额占各部门物流总额比例的综合平均数。通常认为，当管理费用与 GDP 的比值下降时，代表当前社会物流管理水平上升，物流效率提高。

管理费用的基本计算公式如下：

$$管理费用 = 社会物流总额 \times 社会物流平均管理费用率$$

（三）企业物流功能成本的构成

按照我国国家标准《企业物流成本构成与计算》(GB/T 20523—2006)，企业物流成本构成包括企业物流成本项目构成、企业物流成本范围构成和企业物流成本支付形态构成三种类型。

物流系统是由运输、仓储、包装、装卸搬运、流通加工和信息处理等多项基本功能组成的大系统。企业的每个物流行为，都是这些基本物流功能的组合。

以物流环节为基础确定物流成本的方法是从活动本身出发，将所消耗的有关费用与活动环节联系起来，成本被分摊到消耗资源的活动上。按这种方式分析物流成本，首先应确定物流费用产生于哪些物流功能环节，再根据各个物流环节的消耗量归类统计。

1. 运输成本

运输成本是指企业在物流活动的运输过程中消耗的成本总和，主要包括：①人工费用，如工资、福利费、奖金、津贴和补贴等；②营运费用，如营运车辆的燃料费、轮胎费、折旧费、维修费、租赁费、车辆牌照检查费、车辆清理费、养路费、过路过桥费、保险费、公路运输管理费等；③其他费用，如差旅费、事故损失费、相关税金等。

2. 仓储成本

仓储成本是仓储活动中消耗的费用，主要包括：①库存持有成本；②订货或生产准备成本；③缺货成本；④在途库存持有成本等。

3. 包装成本

包装成本是指为了运输或仓储的便利性，而使用产品包装和物流包装时所消耗的费用，主要包括：①包装材料成本；②包装机械折旧成本；③包装技术研究成本；④辅助材料成本及人工成本等。

4. 装卸搬运成本

装卸搬运成本是指在指定地点以人力或机械设备装入或卸下物品，及水平方向移动物品所消耗的费用。主要包括人工费用、营运费用、合理损耗费用、设备折旧费用等。

5. 流通加工成本

流通加工成本产生在流通过程，是指在流通过程中加工所消耗的费用，主要包括设备使用费、折旧费、材料费、人工费用等。

6. 物流信息成本

物流信息成本指一定时期内企业为收集、传输、处理物流信息而发生的全部费用，主要包括物流信息软件与硬件折旧费、设备维护保养费、通讯费、作业人员费用等。

7. 物流管理成本

物流管理成本，相当于可列入会计科目的“管理费用”项，指一定时期内物流管理部门或

物流作业现场发生的管理物流的成本费用，主要包括管理人员人工费、物流管理差旅费、办公费、会议费等。

三、物流成本管理的主要内容及难点

物流成本管理是以把握物流成本、分析物流成本为手段进行的物流管理，是按照物流成本最优化的原则有组织地进行预测、决策、计划、控制、核算和分析的一系列科学管理活动。

（一）物流成本管理的主要内容

物流成本管理的具体内容包括物流成本预测、物流成本决策、物流成本计划、物流成本控制、物流成本核算、物流成本分析等内容。

1．物流成本预测

在物流成本管理中许多环节都存在成本预测问题，如仓储环节的库存预测、流通环节的加工预测、运输环节的货物周转量预测等。现代成本管理着眼于未来，它要求做好事前的成本预测工作，制定出目标成本，然后据此对成本加以控制，以促进目标成本的实现。

2．物流成本决策

物流成本决策是指为了实现目标物流成本，在现有已知资料的基础上，借助一定的手段、方法，进行计算和判断，比较各种可行方案在不同状态下的物流成本，或将预测的物流成本与收益进行比较，从中选定一个技术上先进、经济上合理的最佳方案的过程。

3．物流成本计划

物流成本计划是以货币指标反映企业在计划期内物流活动情况的一项综合性计划。物流成本计划是根据成本决策所指定的方案、计划期的生产任务、降低成本的要求及有关资料，通过一定的程序，运用一定的方法，以货币形式规定计划期物流各环节的耗费水平和成本水平，并提出保证成本计划顺利实现所采取的措施。

4．物流成本控制

物流成本控制是指在物流企业整个经营过程中，按照既定的目标，对构成物流成本的一切耗费进行严格的计算、调节和监督，及时揭示偏差，并采取有效措施纠正不利的差异，发展有利的差异，使物流成本控制在预定的目标范围之内。

5．物流成本核算

物流成本核算是指根据企业的成本核算对象，采用相应的成本核算方法，按规定的成本项目，将一系列的物流费用进行归集与分配，从而计算出各物流活动成本核算对象的实际成本和单位成本。

6．物流成本分析

物流成本分析是在成本核算及其他有关资料的基础上，运用一定的方法，揭示物流成本水平的变动，进一步查明影响物流成本变动的各种因素。通过物流成本分析，可以提出积极的建议，采取合理的措施，合理地控制物流成本。

（二）物流成本管理的难点

加强物流成本管理的首要任务是全面、正确地把握包括企业内外发生的所有物流成本在内的企业整体物流成本，也就是说，要控制物流成本，必须以企业整体成本为对象。由于物流成本是发生在从材料采购到产品销售全过程中的各种费用支出，因此，将所发生的物流成本进行准确、有效的归集有相当的难度，其主要表现为以下几点。

1. 计算要素难以确定

一般情况下，企业会计科目中只把支付给外部运输、仓储企业的费用列入物流成本，而物流设施投资和企业内部的车辆运输、利用自有库房储存货物及生产和流通过程中的部分包装、装卸费用等，很难作为物流费用反映。其难点主要表现在以下三个方面。

（1）物流成本计算范围界定难。物流的范围涉及原材料物流、工厂内部物流、从工厂到仓库和配送中心的物流、从配送中心到销售点的物流等。在这一范围内，涉及的面很广，难以确定物流成本范围，计算哪部分、去掉哪部分，不同的取舍范围会造成物流成本的很大不同。

（2）物流成本计算对象确定难。运输、保管、包装、装卸以及信息等各种物流环节中，以哪些环节作为物流成本的计算对象呢？成本计算对象的选择不同，会对计算结果有很大影响。

（3）物流成本具体计算内容归集难。选择哪几种费用列入物流成本中呢？比如，向外部支付的运输费、保管费、装卸费等费用一般都容易列入物流成本，但企业内部发生的物流费用，如与物流相关的人工费、有多种用途的设备购置费以及折旧费、维修费、电费、燃料费等是否列入物流成本？此类问题都与物流费用的大小直接相关。

2. 存在制度性缺陷，实际操作难度大

由于物流成本大部分发生在企业内部，而且范围大、流通环节多、涉及的单位广，因此许多已经发生的物流费用在具体分解时存在很大的困难。现行会计制度通常将一些应计入物流成本的费用，如仓储保管费用、仓储办公费用、仓储物资的合理损耗等计入企业的经营管理费用。同时，将物资采购中发生的物资运输费用、保险费用、合理损耗、装卸费用、拣选整理费用等计入采购成本。因此，在实际计算物流成本时，对上述费用的分解还存在制度规范问题。而且，要分解这些隐含的费用，在操作上也存在很大难度，操作成本较高。

3. 计算方法难以统一

不同企业的物流成本项目不同，在如何统一物流成本计算项目方面，尚没有形成统一的标准，计算方法也不统一。

第二节　物流成本计算

物流成本管理的前提是物流成本计算，只有搞清物流成本的大小，才能够实施物流成本分析，控制物流成本支出。物流成本计算是根据企业确定的成本计算对象，采用相应的成本计算方法，按照规定的成本项目，通过一系列物流费用的汇集与分配，从而计算出各物流环节成本计算对象的实际总成本和单位成本。

一、物流成本计算的意义

对物流成本进行计算的目的是为物流管理服务，通过对会计数据进行整理和分析，从中分离出物流成本的信息，为物流成本管理提供依据。同时，微观企业层面的物流成本信息为行业物流成本的确定提供了数据支撑，使行业内不同企业之间以及企业与行业平均物流成本的比较成为可能，对提高我国行业及企业物流管理和服务水平、不断降低物流成本具有重要意义。主要体现在以下几个方面。

（一）为改善物流管理水平、降低运营成本、提高效益提供依据

企业物流成本是全面反映企业物流活动的综合性价值指标。企业物流组织管理水平的高低，物流设备利用率的好坏，燃料、动力耗用量的大小、企业的选址及厂区的规划布置是否合理等，都会在物流成本中反映出来。企业物流成本的高低是企业物流工作实际状况好坏的综合反映。通过企业物流成本计算，可以揭示出企业物流成本的全貌，并为编制物流成本预算、制定标准物流成本提供资料；将实际物流成本与标准物流成本以及物流成本预算进行比较，找出差异，并对差异产生的原因进行深入的分析，就可以发现造成物流成本超支和节约的各项技术、组织与管理方面的原因，明确责任所在，并据此协调各方面的工作，从而达到改善物流管理、降低运营成本、提高效益的目的。

（二）为企业物流管理合理决策提供信息

随着现代经营理念的引入，很多企业更加专注于提高核心竞争力，而把不具备竞争优势的物流业务全部或部分外包出去，这其中往往要计算投入产出比，在此基础上做出有效决策。建立物流成本计算制度，准确、及时计算物流成本，可以使企业较详尽地了解自身物流成本的支出情况，同时通过自身物流成本和委托物流成本二者的比较，在充分考虑其他相关因素的基础上，对自营或外包物流做出科学合理决策。显然，要使诸如上述的物流管理决策建立在切实科学的基础上，首先要掌握准确的各类物流成本信息，开展物流成本及效益的专门核算。

（三）为制定物流服务价格和确定行业平均物流成本提供资料

物流成本是制定物流价格的主要依据。近几年来，随着市场竞争的加剧，越来越多的生产流通企业希望将物流外包，以集中精力提高核心竞争力。然而，由于我国物流业发展时间短，市场不规范，物流服务价格及质量标准不一，恶性的价格竞争使物流企业要么以超载、违规运作等方式生存，要么以降低价格和降低服务质量求生存，无论哪一种都会使物流业及生产流通企业的利益同时受到损害。建立企业物流成本计算制度，通过物流成本统计为确定国家指导性的物流服务价格与质量标准提供依据，可以减少恶性竞争，促进我国物流业健康发展。

在激烈的市场竞争下，企业在物流管理过程中，既想了解自身及其他企业物流成本情况，也急于获取行业平均物流成本信息，基于竞争机制的物流成本作为企业物流成本管理的参照系，为企业的物流管理增添了外部动力，有效地避免了管理盲点的发生。通过建立企业物流成本计算制度，准确、及时计算物流成本，不仅可使企业了解其他企业物流成本水平，而且使行业平均物流成本的确立成为可能，从而为企业与其他企业及行业物流成本的比较提供参考依据。

（四）为完善我国会计核算制度和社会物流统计制度奠定基础

在我国当前的企业财务会计制度中没有单独的物流成本项目，一般是将企业的物流成本列在费用一栏，因而，企业难以对发生的各种物流费用做出明确、全面的计算与分析。通过建立企业物流成本计算制度，准确、及时计算物流成本，可以为企业提供详细、真实、及时、全面的物流成本数据，帮助企业了解其在物流管理方面的优势与不足，为企业建立物流成本预算制度，建立标准成本制度，明确物流成本责任单位，以及制定物流发展策略等提供参考。

另外，也为我国企业会计制度与国际会计准则的接轨奠定基础；同时，建立企业物流成本计算制度，计算企业物流成本，可以更准确地获取物流统计数据，有助于推进社会物流统计制度的顺利实施。

二、物流成本计算的要求

计算物流成本，首先要了解企业物流成本计算的具体要求。一般说来，主要包括三方面要求：一是明确物流成本计算的内容；二是了解物流成本计算的前提条件；三是分清有关费用的界限。

（一）明确物流成本计算的内容

物流成本的计算并不是企业财务会计制度的规定，而是为企业内部加强物流成本管理服务的，属于管理会计的范畴。核算物流成本首先应明确计算内容，即站在管理的角度，从大的框架体系上考虑物流成本与财务会计的关系。物流成本计算的基础数据来源于会计核算资料，但成本计算的范围还包括会计核算没有反映但物流成本管理决策应考虑的隐性成本。因此，物流成本计算应包括两大部分内容：显性成本和隐性成本。

（二）企业物流成本计算的前提条件

物流成本计算必须具备以下两个基本前提条件。

1. 了解企业物流成本内涵及形成机制

企业物流成本的形成和运作流程对物流管理人员而言并不陌生，但物流成本计算通常是由会计人员来完成的。由于企业部门职责和人员分工的细化，会计人员往往只负责产品成本的核算以及其他财务管理工作，通常不能以系统和全局的观点来了解和掌握物流的运作过程，且囿于传统产品成本计算思路的影响，对物流成本计算往往会产生畏难情绪。因此，准确计算物流成本，首先要求会计人员或其他成本的计算人员深入了解物流、物流成本的内涵以及物流成本的形成过程。对企业会计人员而言，物流成本计算的准确程度取决于其对物流及物流成本内涵的理解程度。

2. 会计基础工作规范，各有关部门密切协作

物流成本计算可采用两种方式进行：一是与产品成本计算同步；二是于期末单独进行。无论哪种方式，均要求建立健全规范的会计工作流程，以及完整可靠的原始资料记录。物流成本计算是对会计数据提取和分离的过程，尤其对于间接成本，当前主要是根据有关实物数据的记录，从而为间接成本分配提供依据。另外，作为分配基础的很多实物量数据来源于其他部分，包括采购、生产、销售、人事、物流管理和物流信息部门等，因此，财务部门必须加强与其他部门的沟通联络，才能及时取得所需要的业务数据，从而使物流成本计算的依据尤其是间接成本的分配依据更为可靠，物流成本计算工作才能顺利实施。

（三）分清有关费用的界限

首先，正确划分应计入物流成本和不应计入物流成本的费用界限。企业的活动是多方面的，企业耗费和支出的用途也是多方面的，其中只有一部分费用可以计入物流成本。

一般来说，企业的全部经济活动可分为生产经营活动、投资活动和筹资活动。首先，投资活动的耗费不能计入物流成本，只有生产经营活动和与流动资金有关的筹资活动的成本才能计入物流成本。筹资活动和投资活动不属于生产经营活动，在会计上，它们的耗费不能计入产品成本，属于筹资成本和投资成本。物流活动贯穿于企业经营活动，因此投资以及与流动资金筹资无关的筹资活动所发生的耗费不能计入物流成本，这部分耗费包括：对外投

资的支出、耗费和损失，对内长期资产投资的支出、耗费和损失，包括有价证券的销售损失、固定资产出售损失和报废损失等；捐赠支出；各种筹资费用，包括流动资金之外的应计利息、贴现费用、证券发行费用等。

其次，物流成本包括正常生产经营活动成本和部分非正常生产经营活动成本。生产经营活动的成本包括正常的成本和非正常的成本，在会计上，只有正常的生产经营活动成本才能计入产品成本，非正常的经营活动成本不计入产品成本而应计入营业外支出。非正常的经营活动成本包括灾害损失、盗窃损失等非常损失、坏账损失、存货跌价损失、长期投资跌价损失、固定资产减值损失等不能预期的原因引起的资产减值损失，以及债务重组损失等。物流成本就其范围而言，贯穿企业生产经营活动的始终，包括供应物流、企业内物流、销售物流、回收物流和废弃物物流；从其成本项目构成看，既包括与物流运作和管理有关的物流功能成本，也包括与存货有关的物流成本支出。因此，物流成本既包括计入产品成本的正常生产经营活动耗费，也包括部分不计入产品成本的非正常经营活动耗费，如存货的非常损失、跌价损失等都应计入存货风险成本。

企业正常的生产经营活动成本又分为产品成本和期间费用。这两部分成本费用支出正是物流成本的主要构成内容。所以，计算物流成本首先应从与产品成本和期间费用有关的会计科目出发，按物流成本的内涵，逐一归集和计算物流成本。

最后，正确划分不同会计期物流成本的费用界限。物流成本的计算期可为月度、季度和年度。一般要求每月计算一次。因此，应计入物流成本的费用，要在各月之间进行划分，以便分月计算物流成本。为了正确划分各会计期的物流成本费用界限，在会计核算上，要求企业不能提前结账，将本月费用作为下月费用处理，也不能延后结账，将下月费用作为本月费用处理；同时，还要求企业严格贯彻权责发生制原则，正确核算待摊费用处理，本月尚未支付但应由本月负担的费用应作为预提费用处理。

正确划分不同物流成本对象的费用界限。对于应计入本会计期物流成本的费用还要在各成本对象之间进行划分：凡是能分清应由某个成本对象负担的直接成本，应直接计入该成本对象；各个成本对象共同发生，不易分清应由哪个成本对象负担的间接费用，应采用合理的方法分配计入有关的成本对象，并保持一贯性。

三、企业物流成本的计算对象

物流成本的计算取决于成本计算对象的选取。成本计算对象的选取方法不同，得出的物流成本的结果也就不同。因此，正确确定成本计算对象，是进行成本计算的基础与前提。

所谓成本计算对象，是指企业或成本管理部门为归集和分配各项成本费用而确定的，以一定期间和空间范围为条件而存在的成本计算实体。

成本计算实体是指其发生并应合理承担各项费用的特定经营成果的体现形式，包括有形的各种产品和无形的各种劳务作业。就物流企业而言，其成本计算实体主要是各种不同类型的物流活动或物流作业。

成本计算期间是指汇集生产经营费用、计算生产经营成本的时间范围。物流企业的成本计算期视其物流作业性质可有不同的确定方法，如对于远洋货物运输，可以航次周期作为成本计算期。

一般来说，物流成本计算对象的选取主要取决于物流成本项目、物流活动范围、物流成本支付形态；除此之外，企业还可根据自身成本控制的重点选取其他成本计算对象。

（一）以物流成本项目作为成本计算对象

物流成本项目是最基本的物流成本计算对象。以物流成本项目作为物流成本计算对象，是将物流成本首先按是否属于功能性成本分为物流功能成本和存货相关成本。其中，物流功能成本包括运输成本、仓储成本、包装成本、装卸搬运成本、流通加工成本、物流信息成本和物流管理成本；存货相关成本指企业在物流活动过程中所发生的与存货有关的流动资金占用成本、风险成本和保险成本。

以物流成本项目为成本计算对象的意义在于：第一，有利于加强各物流功能环节的管理，促进各功能成本的降低；第二，直观地了解与存货有关的物流成本支出数额，有利于加速存货资金周转速度；第三，通过掌握物流功能成本以及功能成本之外的成本支出在总成本中所占的份额及其具体构成，有利于提高物流成本控制和管理的针对性。

（二）以物流活动范围作为成本计算对象

以物流活动的范围作为成本计算对象是对物流的起点与终点以及起点与终点间的物流活动过程的选取，具体包括供应物流、企业内物流、销售物流、回收物流和废弃物物流等阶段所发生的成本支出。通过各阶段数据的分离和计算，可以得出不同范围物流成本以及物流成本总额，有利于全面了解各范围物流成本的全貌，并据此进行比较分析。

（三）以物流成本支付形态作为成本计算对象

以物流成本的支付形态作为物流成本计算对象是将一定时期的物流成本从财务会计数据中予以分离，按照成本支付形态进行分类。可将企业的物流成本分为自营物流成本和委托物流成本。其中，自营物流成本归为五类：材料费、人工费、维护费、一般经费和特别经费。委托物流成本指企业委托外单位组织物流活动所支付的运输费、保管费、装卸搬运费等支出。

以支付形态作为物流成本计算对象，可以得出不同形态的物流成本信息，掌握企业本身发生的物流成本和对外支付的物流成本；同时，可以获取较为详尽的内部支付形态信息。

（四）其他物流成本计算对象

除了上述三种成本计算对象确认方法外，企业还可根据自身物流成本管理和控制重点选取其他物流成本计算对象。如以客户为成本计算对象，对加强客户服务管理、确定有竞争力的服务价格以及为不同客户提供差别化的物流服务具有重要意义；以产品作为成本计算对象，可以进一步了解各产品的物流费用开支情况，以便进行重点管理；以某一物流部门为计算对象，对加强责任中心管理、开展责任成本管理以及对部门的绩效考核十分有利。

四、物流成本的计算方法及程序

（一）物流成本的计算方法

1. 会计方式计算物流成本

通过会计方式计算物流成本，就是通过凭证、账户、报表对物流耗费予以连续、系统、全面的记录、计算和报告的方法。具体包括两种形式：一是把物流成本计算与正常的会计核算截然分开，建立独立的物流成本核算的凭证、账户、报表体系，物流成本的内容在物流成本计算体系和会计核算体系中得到双重反映；二是物流成本计算与企业内现行的会计核算体系相结合，增设“物流成本”科目，将与物流成本有关的先计入“物流成本”科目，会计期末再将各物流成本账户归集的物流成本余额按一定的标准分摊到相关的成本费用账户，以保证成本费用账户的完整性和真实性。上述两种方式，有学者分别将其命名为物流成本计算的双轨制和单轨制。

2. 统计方式计算物流成本

通过统计方式计算物流成本，不需要设置完整的凭证、账户、报表体系，主要是对企业现行成本核算资料进行解析和分析，从中抽取物流耗费部分，再按不同的成本计算对象进行重新归集、分配和汇总，加工成物流管理所需要的成本信息。

3. 会计和统计结合的方式计算物流成本

通过会计和统计相结合的方式计算物流成本，其要点是将物流耗费的一部分通过会计方式予以计算；另一部分通过统计方式计算。会计核算数据主要计算显性成本，统计方式主要核算隐性成本。

（二）物流成本计算程序

1. 会计方式计算显性物流成本

1）选取会计科目

计算显性物流成本需要依赖现行会计核算体系，完整、准确的会计核算资料是物流成本计算的基础。要从纷繁复杂的会计信息中获取物流成本信息，可以从原始凭证、会计科目、会计报表等入手。其基本思想是：在计算物流成本时，只要从会计核算中所有的成本费用类会计科目入手，逐一分析其发生的明细项目，必要时追溯至原始凭证，逐一确认其是否属于物流成本的内容，就找到了计算物流成本的切入点。

另外，我国会计核算中对于采购环节存货成本的确认通常包括运输费、装卸费等与物流成本有关的内容，而这部分内容连同存货本身的采购价格一并计入“材料采购”科目。所以，计算企业物流成本时，除了从上述成本费用类会计科目入手计算外，还应考虑材料采购科目中所包含的物流成本信息。

2）设置物流成本辅助账户

计算物流成本时往往需要设置物流成本辅助账户，设计哪些账户主要取决于物流成本计算对象的选取和物流成本管理的要求。以某企业的物流成本计算为例，按物流成本项目和物流成本支付形态设置：以“物流成本”作为一级账户；在“物流成本”账户下，按物流成本项目设置运输成本、仓储成本、包装成本、装卸搬运成本、流通加工成本、物流信息成本、物流管理成本、流动资金占用成本、存货风险成本、存货保险成本等二级账户；按物流范围设置供应物流、企业内物流、销售物流、回收物流和废弃物物流等三级账户；按物流成本支付形态设置自营和委托物流成本四级账户；对于自营物流成本，还应按费用支付形态设置材料费、人工费、维护费、一般经费、特别经费费用专栏。

例如，物流成本中自营运输成本的计算可设置15个明细账户：

（1）物流成本——运输成本——供应物流成本——人工费。

（2）物流成本——运输成本——供应物流成本——维护费。

（3）物流成本——运输成本——供应物流成本——一般经费。

（4）物流成本——运输成本——企业内物流成本——人工费。

（5）物流成本——运输成本——企业内物流成本——维护费。

(6) 物流成本——运输成本——企业内物流成本——一般经费。

(7) 物流成本——运输成本——销售物流成本——人工费。

(8) 物流成本——运输成本——销售物流成本——维护费。

(9) 物流成本——运输成本——销售物流成本——一般经费。

(10) 物流成本——运输成本——回收物流成本——人工费。

(11) 物流成本——运输成本——回收物流成本——维护费。

(12) 物流成本——运输成本——回收物流成本——一般经费。

(13) 物流成本——运输成本——废弃物物流成本——人工费。

(14) 物流成本——运输成本——废弃物物流成本——维护费。

(15) 物流成本——运输成本——回收物流成本——一般经费。

其他物流成本明细账户的设置可参照上述物流运输成本账户的设置。关于物流成本明细账户的设置，需要注意以下五个方面的问题：一是企业在实践中仅需对本会计期间实际发生的物流成本耗费设置相应的明细账户；二是物流成本二级、三级、四级账户及费用专栏设置次序，可根据企业实际情况确定，不必受限于前述账户设置的次序和安排；三是企业物流成本账户除了按物流成本项目、物流范围和物流成本支付形态设置，还可按产品、客户、部门等设置，取决于企业的物流成本管理的要求；四是物流企业一般不划分具体的物流范围，其物流成本账户直接按物流成本项目和物流成本支付形态设置即可；五是无论期中还是期末计算物流成本，都需要设置明细账户。期中计算时需要实时登记各物流成本明细账户，期末进行汇总；期末计算时需要在各明细账户中逐一归集各物流成本，然后汇总计算。

3) 计算物流成本

在设置物流成本辅助账户、明确应选取会计科目的基础上，可逐一分析各相关会计科目，明确哪些费用支出应计入物流成本，对于应计入物流成本的内容，可根据本企业实际情况，选择期中同步或者期末集中归集计算物流成本。

2. 统计方式计算隐性物流成本

隐性物流成本是指现行成本核算体系中没有反映但应计入物流成本的费用。以存货占用自有资金所发生的机会成本为例计算存货资金占用成本如下。

首先，期末(月末、季末、年末)对存货按采购在途、在库和销售在途三种形态分别统计出账面余额。

其次，按照下列公式计算存货占用自有资金所产生的机会成本：

存货资金占用成本 = 存货账面余额(存货占用自有资金)×行业基准收益率

其中，对于生产制造和流通企业而言，若企业计提了存货跌价准备，则存货账面余额为扣除存货跌价准备后的余额；对于物流企业而言，如果在受托物流业务时需要垫付一定的备用金和押金，这部分可视同存货占用自有资金，也应计算其产生的机会成本。另外，企业若无法取得有关行业基准收益率的数值，也可按 1 年期银行贷款利率计算。

第三节 物流成本控制

物流成本控制主要是运用成本会计的方法，对成本限额进行预定，将实际物流成本与预定成本限额加以比较，纠正存在的差异，提高物流活动的经济效益。

一、以物流功能为对象的物流成本控制

(一) 运输成本的控制

运输是物流系统中的核心功能。运输成本控制的目的是使总运输成本最低，但又不影响运输的可靠性、安全性和快捷性要求。运输成本的组成内容主要包括人工费、燃油费、运输杂费、运输保险费、外包运输费等。据日本有关部门的统计，企业为进行运输活动而支付的费用占物流成本总额的53%以上。影响运费的因素很多，主要有商品运输量、运输工具、运输里程、装卸技术改进程度和运输费率等。因此，运输成本控制要根据不同的情况采取不同的措施。

1. 减少运输环节，节约成本

运输是物流过程中的一个主要环节，围绕着运输活动，还要进行装卸、搬运、包装等工作，多一道环节，须多花费劳动，增加不少成本。因此，在组织运输时，对有条件直运的，应尽可能采用直运，减少中间环节，使物资不进入中转仓库，越过不必要的环节，由产地直接运到销地或用户，减少二次运输。同时，更要消除相向运输、迂回运输等不合理现象，以便减少运输里程，节约大量的运费开支。

对于一些特定的制造企业，如日化业、医药业、电子业等，其产品产量大，品种比较固定，包装比较规范，这些企业的产品销售物流是很重要的，物流的合理组织将会给企业节约大量的成本。目前，许多制造企业对原有的仓储场地进行改造之后，建设了大型的多功能物流中心，通过物流中心的组织，对原有的销售渠道和销售网络进行重新整合，实现了销售物流的合理化。

制造企业的传统分销渠道一般都是冗长而复杂的，一般来说，产品只有经过一级批发商和二级批发商才能到零售商手中。在这种情况下，制造商有时很难确切地掌握其产品处于分销过程中的数量，因为批发商在经销产品时彼此是独立的，所以冗长又复杂的分销渠道实际上阻碍了制造商对产品最终销售情况的有效跟踪。这种信息上的滞后性又反过来使制造商不能及时根据消费者喜好的变化调整生产，这样，制造商就会面临产品生产过剩的风险。所以，对于制造商来说，为了获得分销过程中的即时信息，尽可能缩短分销渠道是非常重要的。通过建立大型物流中心，可以把原来的复杂分销渠道简化，一方面可以及时有效地跟踪产品销售信息；另一方面，也促进了销售物流的更加合理化。

图6-1反映了大型制造企业或分销企业物流网络发展的一种趋势。

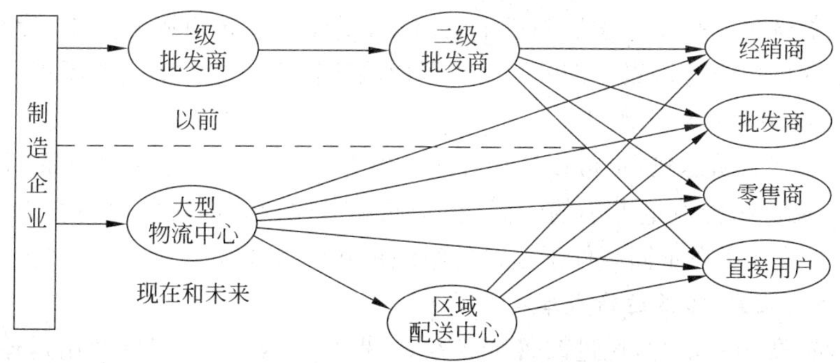

图6-1　制造企业销售物流网络的发展

2. 合理选择运输方式和运输工具

对于不同货物的形状、价格、运输批量、交货日期、到达地点等货物特点，都有与之相对应的适当运输工具。运输工具的经济性与迅速性、安全性、便利性之间存在着相互制约的关系。因此，在目前多种运输工具并存的情况下，在控制运输成本时，必须注意根据不同货物的特点及对物流时效的要求，对运输工具所具有的特征进行综合评估，以便做出合理选择运输工具的策略。一般来说，空运比较贵，公路运输次之，铁路运输便宜，水运最廉。因此，在保证物流时效，不使商品损失的情况下，应尽可能选择廉价的运输工具。表 6-1 为运输方式选择的一般原则。

表 6-1　运输方式的选择原则

货物属性	空　运	水　运	铁　路	公　路
时限	短	没有时限要求	长	中
价值	高价值	低价值	均可	均可
体积/重量	轻货	均可	均可	均可
运距	600km 以上	长距离	200km 以上	中短程

(1) 公路运输主要承担近距离、小批量的短途运输。公路运输的主要优点是灵活性强，可以实现“门到门”的运输，而无须转运或反复装卸搬运。公路运输的经济半径一般在 200km 以内。

(2) 铁路运输主要承担长距离、大数量的货运，是在干线运输中起主力运输作用的运输形式。铁路运输的优点是速度快，运输不大受自然条件限制，载运量大，运输成本较低。主要缺点是灵活性差，只能在固定线路上实现运输，需要以其他运输手段配合和衔接。铁路运输经济里程一般在 200km 以上。

(3) 水运运输主要承担大批量、长距离的运输，是在干线运输中起主力作用的运输形式。水运的主要优点是成本低，能进行低成本、大批量、远距离的运输；缺点是运输速度慢，受港口、水位、季节、气候影响较大。

(4) 航空运输的单位成本很高，因此，主要适合运载的货物有两类：一类是价值高、运费承担能力很强的货物，如高档贵重产品等；另一类是紧急需要的物品。空运的主要优点是速度快，不受地形的限制。在火车、汽车都达不到的地区也可利用空运，因而有其重要意义。

运输方式的选择不仅要考虑运输成本的因素，还要考虑客户服务要求、货物种类，以及与库存成本之间的关系等因素。图 6-2 反映了影响运输方式选择的主要因素。

3. 合理选择运输组织模式

企业可以选择自营运输，也可以选择外包运输业务。而对于不同的产品，由于客户需求特点的不同以及货物价值量大小的不同，在仓储和运输模式的选择上也会有很大的不同。表 6-2 和表 6-3 反映了在不同条件下运输的组织模式的选择。

4. 通过合理装载，降低运输成本

在单位运输费用一定时，通过改善装载方式、提高装载水平，充分利用运输车辆的容积和额定载重量，可以使单位运输成本降低，最终减少总运输成本。合理的装载方式包括：

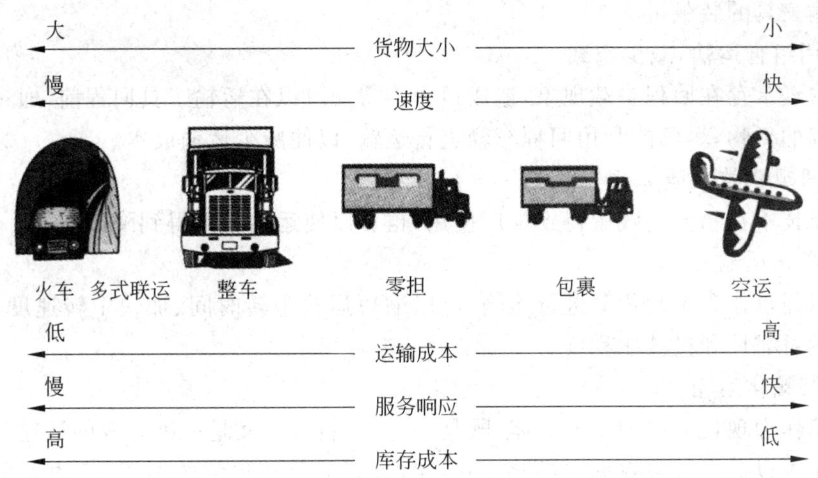

图 6-2　选择运输方式的影响因素

表 6-2　自营或外包运输业务的选择

客户	短距离	中距离	长距离
高密度	自有车队巡回运输	转运巡回运输	转动巡回运输
中密度	第三方巡回运输	零担承运人	零担或包裹承运人
低密度	第三方巡回运输或承担承运人	零担或包裹承运人	零担或包裹承运人

表 6-3　不同类型产品的运输和库存组织模式选择

产品类型	高价值	低价值
需求大	分散周转库存，集中安全库存，采用便宜的运输方式补充周期库存，采用快速运输方式补充安全库存	分散所有库存，采用便宜运输方式补充库存
需求小	集中所有库存，采用快速运输方式履行客户订单	只集中安全库存，采用便宜运输方式补充周转库存

1）拼装整车运输

整车运输和零担运输运价相差较大，进行拼装整车运输可以减少部分运输费用，拼装整车运输的做法有：零担货物拼整车直达运输；零担货物拼整接力直达运输；整车分卸；整装零拆。

2）轻重配载

将重量大、体积小的货物与重量小、体积大的货物组装，可充分利用运输工具的装载空间和载重定额，提高运输工具使用效率。

3）解体运输

对于体积大、笨重、不易装卸、易损坏的货物，可拆卸装车，分别包装。这样既缩小了占据的空间，又易于装卸和搬运，可以提高运输效率。例如，自行车之类的商品以零件的形式进行运输，到了消费地再进行组装和销售。再比如说，品牌台式电脑商品，也可以采用解体运输方式。

4）多样堆码

根据运输工具的货位情况、所载货物的特点，可采取不同的堆码方式，如多层装载等，以便提高运输工具的装载量。

5）利用组合运输，减少空载

运输中经常存在回程空载现象，造成运力浪费。可以在运输工具回程前，通过各种方式安排好回程的货物，尽可能利用回程车辆进行运输，以便减少运输成本。

5. 运用现代技术降低运输成本

各种新技术在物流实践中得到推广使用，也可以使运输成本得到降低。

1）托盘化运输

全程以托盘作为单元货载进行运输，可以缩短运输中转时间、加快中转速度，同时提高实际操作的可靠性和机械化程度。

2）集装箱化运输

集装箱作为现代运输的重要载体，既是一种包装容器，又是一种有效的运输工具。通过集装箱运输可以提高装载效率、减轻劳动强度，起到强化外包装的作用，节约大量商品包装费用和检验费用，并减少货损货差。

3）特殊运输工具和运输技术

新运输技术和运输工具的运用，解决了原先运输的许多难题。例如，专用散装罐车使粉状、液态状货物运输损耗大、安全性差的问题得到解决；集装箱高速直达车船加快了运输速度。

6. 运用线性规划、非线性规划技术制订最优运输计划，实现运输优化

在物流过程中，运输组织问题是很重要的。例如，某产品现有某几个企业生产，又要供应某几个客户，怎样才能使企业生产的产品运到客户所在地时达到总运费最小的目标？在企业到消费地的单位运费和运输距离，以及各企业的生产能力和消费量都已确定的情况下，可用线性规划技术来解决运输的组织问题；如果企业的生产量发生变化，生产费用函数是非线性的，就应使用非线性规划来解决。属于线性规划类型的运输问题，常用的方法有单纯形法和表上作业法。

7. 搞好自有运输工具的维修、保管和管理工作，严格控制各项费用支出

要加强运输途中的物品保管工作，减少运输途中损耗。

（二）仓储成本的控制

在物流活动中，仓储的任务是对供应和需求之间在时间上的差异进行调整。对于使用自备仓库的仓储活动，其相关的仓储成本主要是仓库维护费、出入库和库存的操作费、仓库折旧、存货占用资金的利息等；如果租用营业仓库，则仓储成本主要是仓库使用费和存货占用资金的利息。仓储成本控制的目标就是要实行货物的合理库存，不断提高保管质量，加快货物周转，发挥物流系统的整体功能。储存成本管理的一个重要方面，是要研究保管的货物种类和数量是否适当。高价商品长期留在仓库中，就会积压资金。若是银行贷款，还要负担利息支出。而过分地减少储存量，虽对减少利息负债有利，但对客户的订货来说又有脱销的危险，这也会失去赢利的机会。由此可见，保管成本控制也是物流成本控制的一项重要内容。一般说来，仓储保管成本控制应抓好如下工作。

1. 优化仓库布局，减少库存点

目前，许多企业通过建立大规模的物流中心，把过去零星的库存集中起来进行管理，对一定范围内的用户进行直接配送，这是优化仓储布局的一个重要表现。需要注意的是，仓库

的减少和库存的集中，有可能会增加运输成本，因此，要从运输成本、仓储成本和配送成本的总和角度来考虑仓库的布局问题，使总物流成本达到最低。

2. 自有仓库与租用仓库的战略选择

企业需要仓库储存存货，可以自建也可以租用仓库。在这两者中怎样选择，才能使制定的仓库战略既经济又合理呢？可以从以下几个方面考虑仓库战略的选择。

1）仓库的满仓率

一般来说，仓库全年满仓的可能性很小，基本上会有75%～85%的时间仓库不满仓。而仓库往往按照满仓的要求来设计，于是未满仓的部分就浪费了。因此，自营仓库只要能够满足最大需求量75%左右的需求即可，在仓库使用高峰期，租用仓库更经济。

2）作业灵活性

作业灵活性是指仓库调整仓储策略和作业程序以满足产品和客户需求的能力。自营仓库往往对所有客户都采用同一仓储政策和作业程序，灵活性差。所以当仓库作业灵活性要求高时，应选择租用仓库。

3）地点灵活性

地点灵活性包括：在需要更多仓库时，能使用到所需仓库；在淡季时，可以不必负担额外的仓储费用；改变仓库位置时，基本不发生转换成本。租赁、合同仓库具有更大的地点灵活性，不需要企业投入大量的资金，在需要时支付租金即可。

4）规模经济效应

大流量的仓库更能够利用先进技术来降低材料搬运和储存成本，发挥规模经济效应。租赁、合同仓库一般拥有更大规模，具有这方面的优势。

5）特殊仓储技术

有些产品（如药品、化学品）仓储时，需要专业存储人员或专门设备。这时，自营仓库可能是唯一可行的选择方案。当然，现在也有一些专业物流公司为客户提供专门的行业性物流服务。

6）其他因素

选择仓库战略时还要考虑其他一些因素，如拥有自营仓库可能产生的增值收益；仓库空间在未来某个时间可能转为他用，如改为生产设施等；仓库还可以作为销售部门、自营车队、运输部门和采购部门的服务基地等。

一般而言，企业既自建仓库又适当租赁仓库是一种不错的选择，这样既满足了各方面需求，又能节约成本。

3. 采用现代化库存计划技术来控制合理库存量

采用物料需求计划（MRP）、制造资源计划（MRPⅡ）、准时制（JIT）生产和供应系统等，可以合理地确定原材料、在制品、半成品和产成品等每个物流环节最佳的库存量，在现代物流理念下指导物流系统的运行，使存货水平最低、浪费最少、空间占用最小。

4. 运用存储论确定经济合理库存量，实现货物存储优化

货物从生产到到达客户之间需要经过几个阶段，几乎在每一个阶段都需要存储，究竟在每个阶段库存量保持多少为合理？为了保证供给，隔多长时间补充库存？一次进货多少才能达到费用最省的目的？这些都是确定库存量的问题，也都可以在存储论中找到解决的方法。其中应用较广泛的方法是经济订购批量模型，即EQQ模型及其模型的扩展。

5. 库存管理中采用 ABC 分类法管理

利用 ABC 分类法管理,可以搞好库存物品种类的重点管理和库存安排,提高保管效率。ABC 分类法符合“抓住关键少数”、“突出重点”的原则,是库存成本控制中一种比较经济合理的常用方法。对于品种少但占用资金额高的 A 类货物,应作为重点控制对象,必须严格逐项控制;而 B 类货物则作为一般控制对象,可根据不同情况采取不同的措施;而对于 C 类货物,则不作为控制的主要对象,一般只需要采取一些简单的控制方法即可。

A、B、C 三类货物库存管理方法的比较如表 6-4 所示。

表 6-4 A、B、C 三类货物库存管理方法的比较

管理项目	A 类货物	B 类货物	C 类货物
定额的综合管理	按品种甚至按照规格	按大类品种	按该区总金额
消耗定额	技术计算法	现场查定法	经验估算法
周转库存定额	按库存量不同条件下的数学模型计算	按库存量不同条件下的数学模型计算	经验统计法
检查	经常检查	一般检查	按季度或年度检查
统计	详细统计	一般统计	按总金额统计
控制	严格控制	一般控制	按金额总量控制
安全库存量	较低	较大	允许较高

6. 加强仓库内部管理,降低日常开支

加强仓库内部管理主要是:在保证货物质量安全的情况下,更好地堆放和储藏物品,以节约保管费用;提高仓库与仓储设备的利用率,掌握好储存额的增减变化情况,充分发挥仓库使用效能;提高保管人员通风、倒垛、晾晒的工作效率,减少临时工工资的支出;在物品保管中所需的保养、擦油、防虫药剂、托保、代保及仓库小修等费用支出,均须纳入计划,节约使用;做好仓库盘点工作,尽可能减少货物损失等。

(三)配送成本的控制

为了提高对客户的服务水平,越来越多的企业建立配送中心,进行配送作业,但是配送作业的实施往往会带来成本的居高不下,从而使企业的竞争力降低。因此,对配送成本的控制就显得非常重要。对配送成本的控制从配送中心选址、配送中心内部的布局开始,一直到配送运营过程。配送中心的选址实际上也就是仓库的选址,它涉及配送的范围和配送路线等,对配送成本的影响很大。对配送成本的日常控制方法包括以下几个方面。

1. 配送中心的合理选址

配送中心的选址首先要考虑诸多非量化的因素,除此之外,还要利用配送成本最低的原理进行定量的分析。配送中心的选址方法有方案比较法、分等加权评分法、坐标分析法、线性规划模型法等。仓库选址的基本思想是要求在满足整体布局及其他要求的基础上达到配送费用最小。用公式表示为:

$$\min C(x,y)=\sum_{i=1}^{n}W_i\cdot\sqrt{(x_i-x)^2+(y_i-y)^2}$$

式中:C 表示配送总成本;(x,y)表示配送中心的坐标位置值;(x_i,y_i)表示各个配送客户的坐标位置,$i=1,2,\cdots,n$;;W_i 表示各客户在一定时期内的材料需要量。

2. 优化配送作业，降低配送成本

优化配送作业的主要手段有混合配送、差异化配送、共同配送等。混合配送是指部分配送作业由企业自身完成，另一部分外包给第三方，这种混合配送可以合理安排配送任务，使配送成本达到最小。差异化配送是指按产品的特点、销售水平，来设置不同的配送作业，即不同的库存、不同的配送方式和不同的储存地点。例如，对 A、B、C 三类物资采用不同的配送作业。共同配送是一种战略运作层次上的共享，它是几个企业联合，集小量为大量，共同利用统一配送设施的配送方式。

3. 运用系统分析技术，选择配送线路，实现货物配送优化

配送线路是指各送货车辆向各个客户送货时所要经过的路线，它合理与否，对配送速度、车辆的利用效率和配送费用都有直接影响。

合理配载以后，应选择适当的配送路线，按顺序把货物送到用户手中。其目标是要在保证生产供应的前提下，实现运输的距离最短，运输的费用最省。合理配载和运输路线的选择并不是相互孤立的。在进行配载时，不但要考虑货物的品种、数量、重量、体积等因素，也要充分考虑运输路线的因素。

配送路线的选择可以采用 0-1 规划法和节约法。节约法是将车辆的配载和运输路线的选择结合在一起进行考虑的一种方法。

4. 通过自动化技术，提高配送作业效率

配送作业包括入库、保管装卸、备货、分拣、配载、发货等作业环节。入货和发货效率的提高可以通过条形码技术和便携式终端性能的提高来实现；而在保管和装卸作业中，也可以通过自动化技术来降低人工成本，并实行作业的标准化；备货作业的自动化是比较难的，最常用的是数码备货，这是一种不使用人力而是借助于信息系统有效地进行作业活动的方法，具体地说，就是在由信息系统接受客户订货的基础上，向分拣员发出数码指令，从而按照指定的数量和种类准确迅速备货的作业系统。

5. 建立通畅的配送信息系统

在配送作业中，需要处理很多的数据。降低配送中心内部成本的策略方法是要借助于通畅的信息系统，导入自动化仪器，力图做到配送中心作业的机械化和自动化，节约人力资源成本，简化订发货作业，制订最佳的配载计划和配送路线，最终降低配送成本。

（四）包装成本的控制

一般来说，包装可以认为是生产环节的终点，又是销售物流的起点。企业生产的产品只有在销售给用户时才具有使用价值，为了确保使用价值不受影响并吸引用户购买，需要对产品进行包装和对外观进行必要的装潢，但是必须遵循合理适用的原则，不能一味追求华而不实的包装，从而造成浪费。

一般说来，包装成本控制应采取如下几项措施：

(1) 所有包装物品购入时，主管部门必须登账掌握，根据领用凭证发料，并严格控制使用数量，以免损失、浪费；

(2) 各使用部门应按需要时间提出使用数量计划，交主管部门据以加工、购置，如逾期没计划或数字庞大造成浪费或供应不及时，均应追究责任；

(3) 要加强包装用品规格质量的验收和管理，注意搞好包装用品的回收利用；

(4) 在保证商品在运输、装卸、保管、销售过程中质量、数量不受损失的前提下，适当采

用一些包装代用品，选择质好价廉的包装材料，节约费用开支；

（5）要加速包装物的周转，延长使用年限和使用次数，避免损失浪费现象；

（6）根据产品的特点、运输的远近，研究包装物的要求，改善包装方法；

（7）了解用户情况，改进不必要的装潢，力求包装简单化、朴素化。

二、以物流成本形成过程为对象的物流成本控制

（一）投资阶段的物流成本控制

投资阶段的物流成本控制主要是指企业在厂址选择、设备购置、物流系统布局规划等过程中对物流成本所进行的控制，其内容如下。

1. 合理选择厂址

厂址选择合理与否，在很大程度上决定了以后物流成本的高低。例如，把廉价的土地使用费和人工费作为选择厂址的第一要素时，可能会在远离原料地和消费地的地点选点建厂，这对物流成本的高低会造成很大的影响。除了运输距离长以外，还需要在消费地点设置大型仓库，而且运输工具的选择也受到了限制。如果在消费地附近有同行业的企业存在，在物流成本上就很难与之竞争，即使将人工费和土地使用费的因素考虑在内，也很难断定是否有利。所以工厂选址时应该重视物流这一因素，事先要搞好可行性研究，谋求物流成本的降低。

2. 合理设计物流系统布局

物流系统布局的设计对于物流成本的影响是非常大的，特别是对于全国性甚至全球性的物流网络设计而言，如何选择物流中心和配送中心的位置、运输和配送系统的规划、物流运营流程的设计等，对于整个系统投入运营后的成本耗费有着决定性的影响。在物流系统布局规划时，应通过各种可行性论证，比较选择多种方案，确定最佳的物流系统结构和业务流程。

3. 优化物流设备投资

优化物流设备投资是为了提高物流工作效率和降低物流成本，企业往往需要购置一些机械化、自动化的物流设备，但在进行设备投资时，一定要注意投资的经济性，要研究机械化、自动化的经济临界点。对于一定的物流设备投资来说，其业务量所要求的条件必须适当。一般来说，业务量增加时，采用机械化和自动化有利，而依靠人工作业则成本提高。相反，如果超过限度搞自动化，那么将不可避免地增大资金成本，同样是不可取的。

（二）产品设计阶段的物流成本控制

物流过程中发生的成本大小与物流系统中所服务产品的形状、大小和重量等密切相关，而且不仅局限于某一种产品的形态，同时还与这些产品的组合、包装形式、重量及大小有关。因此，实施物流成本控制有必要从设计阶段抓起。特别是对于制造企业来说，产品设计对物流成本的重要性尤为明显。具体地说，设计阶段的物流成本控制主要包括如下几方面的内容。

1. 产品形态的多样化

耐用消费品，特别是家用电器制品，在产品的形态设计上可以考虑多样化。例如，将电炉和电风扇设计成折叠形式，就易于保管和搬运；将机床设计为带有把柄，就能为搬运和保管过程中的装卸作业提供方便。

2. 产品体积的小型化

体积的大小从很大程度上决定了物流成本的高低。例如，要把一个体积大的产品装到卡车车厢里，如果这个产品的底面积占整个车厢底面积的51%，一辆卡车只能装一件，其余49%的底面积若不装其他东西，就只能空着。如果要以同样方法运两件这种产品，就需要两辆卡车，花双倍的费用。如果设计时考虑这一点，按照占卡车车厢底的50%的大小制造该产品，则一辆卡车可运两件，运输费用就可以得到有效节约。再例如，洗涤剂浓缩化可大大降低物流成本；餐饮行业所用的调料和作料，如果由液体改制成粉末状态，也可以使配送效率成倍增长等。

3. 产品批量的合理化

当把数个产品集合成一个批量保管或发货时，就要考虑物流过程中比较优化的容器容量。例如，一个箱子装多少件产品？箱子设计成多大？每个托盘上堆码多少个箱子？

4. 产品包装的标准化

各种产品的形状是多种多样、大小不一的，大多数都在工厂进行包装。包装时通常需要结合产品的尺寸等选择包装材料。也就是说，根据产品的大小、形状，分割包装材料并进行捆包，这样做才不会浪费。但是，多种多样的包装形态在卡车装载和仓库保管时，容易浪费空间。从降低物流成本的角度看，这种做法不一定是最合理的。根据物流管理的系统化观点，应该是包装尺寸规格化，形状统一化，有时即使需要增加包装材料用量，或者另外需要填充物，但总的物流成本可能会降低。

从上述情况可知，产品设计阶段决定着物流效率和物流成本的高低。这就要求在设计阶段就必须扎实地掌握和分析本企业由上（零部件、原材料的供应商）到下（产品销售对象、最终需要者）的整个流程，弄清产品设计对整个物流过程各个环节所需成本的影响，从整体最优的原则出发，搞好产品设计，实施物流成本的事前控制。

（三）供应阶段的成本控制

供应与销售阶段是物流成本发生的直接阶段，这也是物流成本控制的重要环节。供应阶段的物流成本控制主要包括以下内容。

1. 优选供应商

企业进货和采购的对象很多，每个供应商的供货价格、服务水平、供货地点、运输距离等都会有所区别，其物流成本也就会受到影响。企业应该在多个供应商中考虑供货质量、服务水平和供货价格的基础上，充分考虑其供货方式、运输距离等对企业物流成本的综合影响，从多个供货对象中选取综合成本较低的供货厂家，以有效地降低企业的物流成本。

2. 运用现代化的采购管理方式

JIT采购和供应是一种有效降低物流成本的物流管理方式，它可以减少供应库存量，降低库存成本，而库存成本是供应物流成本的一个重要组成部分。另外，MRP采购、供应链采购、招标采购、全球采购等采购管理方式的运用，也可以有效地加强采购供应管理工作。对于集团企业或连锁经营企业来说，集中采购也是一种有效的采购管理模式。这些现代化采购管理方式的运用，对于降低供应物流成本是十分重要的。

3. 控制采购批量和再订货点

每次采购批量的大小对订货成本与库存成本有着重要的影响，采购批量大，则采购次数减少，总的订货成本就可以降低，但会引起库存成本的增加，反之亦然。因此，企业在采购管理中对订货批量的控制是很重要的。企业可以通过相关数据分析，估算其主要采购物资的最佳经济订货批量和再订货点，从而使得订货成本与库存成本之和最小。

4. 供应物流作业的效率化

企业进货采购的对象及品种很多，接货设施和业务处理要讲求效率。例如，同一企业不同分厂需采购多种不同物料时，可以分别购买、各自进货，也可由总厂根据各分厂进货要求，由总厂统一负责进货和仓储，在各分厂有用料需要时，总厂仓储部门按照固定的路线，把货物集中配送到各分厂。这种有组织的采购、库存管理和配送管理，可使企业物流批量化，减少工厂事务性工作，提高了配送车辆和各分厂进货工作的效率。

5. 采购途耗的最省化

供应采购过程中往往会发生一些途中损耗，运输途耗也是构成企业供应物流成本的一个组成部分。运输中应采取严格的预防保护措施尽量减少采购途耗，避免损失、浪费，降低物流成本。

6. 供应物流交叉化

销售和供应物流经常发生交叉，因此可以采取共同装货、集中发送的方式，把外销商品的运输与从外地采购的物流结合起来，利用回程车辆运输的方法，提高货物运输车辆的使用效率。同时，这样还有利于解决交通混乱现象，促使发货进货业务集中化、简单化，促进搬运工具、物流设施和物流业务的效率化。

（四）生产物流过程的成本控制

生产物流成本也是物流成本的一个重要组成部分。生产物流的组织与企业生产的产品类型、生产业务流程及生产组织方式等密切相关，因此，生产物流成本的控制是与企业的生产管理方式不可分割的。在生产过程中有效控制物流成本的方法主要包括以下几种。

1. 生产车间和生产工艺流程的合理布局

生产车间和生产工艺流程的合理布局，对生产物流会产生重要影响。通过合理布局，可以减少物料和半成品迂回运输，提高生产效率和生产过程中的物流运转效率，降低生产物流成本。

2. 合理安排生产进度，减少半成品和在制品库存

生产进度的安排合理与否，会直接或间接地影响生产物流成本。例如，生产安排不均衡，产品成套性不好，生产进度不一，必然会导致库存半成品、成品的增加，从而引起物流成本的升高。生产过程中物流成本控制的主要措施是采用“看板管理方式”。这种管理方式的基本思想是力求压缩生产过程中的库存，减少浪费。

3. 实施物料领用控制，节约物料使用

物料成本是企业产品成本的主要组成部分，控制物料消耗，节约物料使用，直接关系到企业的生产经营成果和经济效益。通过物料领用的控制，可以有效地降低企业的物料消耗成本。物料的领用控制可以通过“限额领料单”（或称定额领料单、限额发料单）来进行，它是一种对指定的材料在规定的限额内多次使用的领发料凭证。使用限额领料单，必须为每种产品、每项工程确定一个物料消耗数量的合理界限，即物料消耗量标准，作为控制的依据。

（五）销售阶段的物流成本控制

销售物流活动作为企业市场销售战略的重要组成部分，不仅要考虑提高物流效率、降低

物流成本，还要考虑企业销售政策和服务水平。在保证客户服务质量的前提下，通过有效的措施，推行销售物流的合理化，以降低销售阶段的物流成本，主要的措施包括以下几种。

1. 商流与物流相分离

在许多商品分销企业和特约经销商的产品销售流通过程中，大部分采取商流和物流管理合一的方式，即销售公司各分公司、经营部、办事处既负责产品的促销、客户订货、产品价格管理、市场推广、客户关系管理等与商品交易有相关的商流业务，又负责仓储、存货管理、物品装卸、搬运、货物配送等与实物库存、移动有关的物流业务，这在企业产品和商品品种单一、经营渠道单一和信息化水平不高的条件下是有一定道理的。然而，随着公司商品品种多样化、销售渠道多元化趋势的发展和信息系统建设的逐步完善，这种管理模式将越来越不适应社会专业化大分工和市场竞争发展的需要。由于商物合一，仓库随销售业务层层设立，也导致公司物流成本居高不下、库存管理混乱、存货积压严重，同时销售费用和物流成本不易区分，也不利于各部门专业化水平的提高。

现在，商流与物流分离的做法已经被越来越多的企业所采纳。其具体做法是订货活动与配送活动相分离，由销售系统负责订单的签订，而由物流系统负责货物的运输和配送。运输和配送的具体作业，可以由自备车完成，也可以通过委托运输的方式来实现。此外，还可以把销售设施与物流设施分离开来，如把同一企业所属的各销售网点的库存实行集中统一管理，在最理想的物流地点设立仓库，集中发货，以压缩流通库存，解决交叉运输，减少中转环节。这种商物分流的做法，把企业的商品交易从最大的物流活动中分离出来，有利于销售部门集中精力搞销售。而物流部门也可以实现专业化的物流管理，甚至面向社会提供物流服务，以提高物流的整体效率。

事实上，许多专业物流公司就是从制造企业的物流部门分离出来后，不断扩大经营规模而形成的。

2. 订单管理与物流相协调

订单的重要特征表现在订单的大小、订单交货时间等要素上。订单的大小和交货时间要求往往会有很大的区别，在有的企业中，很多小订单往往会在数量上占了订单总数的大部分，它们对物流和整个物流系统的影响有时也会很大。因此，企业为了提高物流效率，降低物流成本，在订单量上必须充分考虑商品的需求特征和其他经营管理要素的需要。

3. 销售物流的大量化

销售物流的大量化是指通过延长备货时间，以增加运输量，提高运输效率，减少运输总成本。例如，许多企业把产品销售送货从“当日配送”改为“次日配送”或“周日指定配送”，就属于这一类。这样可以更好地掌握配送货物量，大幅度提高配货装载效率。为了鼓励运输大量化，日本采取一种增大一次物流批量折扣收费的办法，实行“大量(集装)发货减少收费制”，因实行物流合理化而节约的成本由双方分享。现在，这种以延长备货时间来加大运输或配送量的做法，已经被许多企业所采用。需要指出的是，这种做法必须在能够满足客户对送货时间要求的前提下进行。

4. 增强销售物流的计划性

以销售计划为基础，通过一定的渠道把一定量的货物送达指定地点。如某些季节性消费的产品，可能会出现运输车辆过剩或不足，装载效率下降等现象。为了调整这种波动性，可事先同买主商定时间和数量，制订出运输和配送计划，使生产厂按计划供货。在日本啤酒行业，这种方法被称为“定期、定量直接配送系统”的计划化物流。

5. 实行差别化管理

实行差别化管理是指根据商品流转快慢和销售对象规模的大小，把保管场所和配送方法区别开来。对周转快的商品分散保管，反之集中保管，以压缩流通库存，有效利用仓库空间；对供货量大的实行直接送货，供货量小而分散的实行营业所供货或集中配送。差别化方针必须既要节约物流成本，又要提高服务水平。

6. 物流的共同化

物流的共同化是实施物流成本控制的最有效措施。超出单一企业物流合理化界限的物流，是最有前途的物流发展方向。一方面，通过本企业组合而形成的垂直方向的共同化，实现本系列集团企业内的物流一体化、效率化，如实行同类商品共同保管、共同配送；另一方面，通过与其他企业之间的联系而形成的水平方向的共同化，解决了两个以上产地和销售地点距离很近而又交叉运输的企业在加强合作以提高装载效率、压缩物流设备投资、解决长途车辆空载和设施共同利用等方面的问题。

前沿理论与技术

在分析应用传统作业成本法核算物流成本面临诸多问题的基础上，也有学者讨论了时间驱动作业成本法核算物流成本的实施以及相关优势，并就核算得到的物流成本信息，结合具体算例，提出了作业基础上的基于DEA的物流成本评价方法。

实训项目

- 实训内容：物流成本认知实训。
- 实训手段：视频片段、企业物流成本案例计算与讨论。
- 实训目的：了解物流成本及成本管理的含义、物流成本计算的方法以及成本控制的措施。

练习题

一、单项选择题

1. 物流成本的削减，对(　　)具有乘数效应。

A. 企业利润的减少　　B. 企业资产的增加

C. 企业利润的增加　　D. 企业资产的减少

2. 效益背反理论主要包括(　　)与服务水平的效益背反和物流各功能活动的效益背反。

A. 物流价格　　B. 物流收益　　C. 物流价值　　D. 物流成本

3. (　　)是物流成本管理的中心环节。

A. 物流成本核算　　B. 物流成本控制

C. 物流成本分析　　D. 物流成本预测

4. 物流成本管理的对象是(　　)。

A. 物流　　B. 成本　　C. 物流费用　　D. 运输费用

5. (　　)是在企业的物流活动中,针对物流的一个或某些局部环节的开支所采取的策略和控制,以达到预期的物流成本目标。

A. 物流成本的局部控制　　B. 物流成本的综合控制

C. 运输环节的控制　　D. 物流过程的控制

二、名词解释

1. 成本计算对象;
2. 物流成本的分配;
3. 物流成本归集;
4. 单轨制;
5. 双轨制。

三、判断题

1. "物流成本冰山说"的观点体现的是企业所掌握的物流成本,只占企业物流成本的一小部分,大部分物流成本并未被管理者所认识。(　　)
2. 降低物流成本可以以牺牲物流服务质量为条件。(　　)
3. 物流运输过程增加产品的使用价值。(　　)
4. 对成本计划完成情况的分析要通过成本降低率来进行。(　　)
5. 仓储环节可以有效地实现物流的增值服务。(　　)

四、简答题

1. 物流成本的特点有哪些?
2. 物流成本管理方法有哪些?
3. 物流成本控制的内容包括哪些方面?
4. 降低运输成本的措施有哪些?
5. 降低物流成本的手段有哪些?

本章参考文献

[1] 冯耕中. 物流成本管理与控制[M]. 北京：中国人民大学出版社,2010.

[2] 王欣兰. 物流成本管理[M]. 北京：清华大学出版社,2010.

[3] 易华,李伊松. 物流成本管理[M]. 2 版. 北京：机械工业出版社,2009.

[4] 朱伟生. 物流成本管理[M]. 北京：机械工业出版社,2011.

[5] 乐艳芬. 成本会计[M]. 上海：上海财经大学出版社,2012.

[6] 宋胜菊,刘学华. 成本会计[M]. 北京：机械工业出版社,2011.

[7] 赵钢,周凌云. 物流成本分析与控制[M]北京：清华大学出版社,2011.

[8] 陈洁. 物流成本管理[M]. 北京：中国水利水电出版社,2010.

[9] 孙定兰. 物流成本管理[M]. 武汉：华中科技大学出版社,2009.

[10] 倪风琴. 物流成本管理[M]. 2 版. 北京：电子工业出版社,2011.

[11] 郭士正,刘军. 物流成本管理[M]. 北京：清华大学出版社,2011.

[12] 张晓焱，杨红，朱庆宝. 物流成本管理 [M]. 北京：航空工业出版社，2011.
[13] 王亚军，李志刚. 物流成本管理[M]. 北京：机械工业出版社，2011.
[14] 李英，冷雪艳. 物流成本管理. [M]. 北京：清华大学出版社，2010.
[15] 鲍新中. 物流成本管理与控制[M]. 北京：电子工业出版社，2012.
[16] 何海军. 物流成本管理[M]. 北京：中国传媒大学出版社，2011.
[17] 赵弘志. 物流成本管理[M]. 北京：清华大学出版社，2010.
[18] 张国健，李艳萍. 物流成本管理[M]. 北京：经济管理出版社，2011.
[19] 李卫东. 物流统计学[M]. 北京：清华大学出版社，2006.
[20] 万志坚. 物流成本管理[M]. 广州：广东教育出版社，2009.
[21] 曹霁霞，黄志宁. 物流成本管理与控制[M]. 大连：大连理工大学出版社，2011.
[22] 鲍新中，李晓非. 物流成本管理：理论与实务[M]. 北京：机械工业出版社，2011.
[23] 李严峰，董永茂物流成本管理[M]. 杭州：浙江大学出版社，2011.
[24] 傅桂林，袁水林. 物流成本管理[M]. 2 版. 北京：中国物资出版社，2010.

CHAPTER

第七章

物流税收

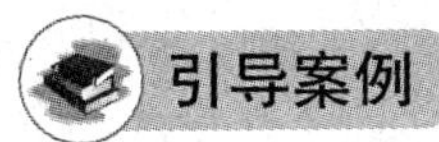

浙江省台州市路桥区物流业税收之困

据统计，2012 年浙江省台州市路桥区拥有道路货运企业 23 家，物流企业 310 多家，货运站场 3 个，货运车辆共 16130 辆，其中 30 吨位以上货运车辆 368 辆，2 吨以下货运车辆 14280 辆，总吨位 37522 吨，平均吨位为 2.33 吨。近几年来，随着物流业的发展，从事交通运输的各企业税款缴纳也呈较快增长：2008 年入库税款(地税部分，下同)347 万元，2009 年入库 618 万元，2010 年 1 月至 7 月入库 453 万元。

但与此同时，税收体制上存在的各种问题，以及物流业面临的税收困境，在一定程度上制约和影响了行业发展。

物流企业属于微利行业，仓储业务利润率仅为 2.6%，物流企业税后纯利润率为 1%～3%，但仓储及其他物流服务目前仍然执行国家规定的 5%的税率。

由于路桥与周边县市代开票税率不同，如路桥代开票税率为 5.85%，玉环代开票税率为 3.5%，这样的差距，促使众多物流企业去外地开票，导致路桥的税款严重流失。据估计，2011 年路桥区货运开票超过 10 亿元，但税收流失高达 70%以上。

在路桥还有相当一部分小物流企业和个体户因为没有实行合同制物流服务，提供的多为临时性物流服务，因此，企业无法完整地将支付的费用发票交给被挂靠公司，再从被挂靠公司报销现金。如果被挂靠公司为这部分物流企业开具发票，将造成无实际收入的“代开票”，被挂靠公司将承担很重的所得税压力。

案例解析

无专门的物流业税目、行业没有统一发票、重复征税、税款流失严重、企业管理不透明、财务混乱是物流行业税收现存的问题。

案例思考

结合案例谈谈你认为如何解决“路桥物流业税收之困”？

案例涉及的主要知识点

仓储业　税率　合同制物流　物流税收

学习导航

- 了解税收的基本概念、职能和分类。
- 掌握物流业主要税种和税类。
- 了解国内外物流业税收政策。
- 理解"营改增"对物流企业的影响。
- 理解并掌握物流企业纳税筹划的基本方法。

教学建议

- 备课要点:"营改增"环境下物流税收面临的机遇与挑战;物流企业纳税筹划的基本方法。
- 教授方法:案例引导,政策导向,理论与实际相结合。
- 扩展专业领域:21世纪中国物流业税收面临的困境与解决思路。

第一节 概 述

一、税收理论

(一) 税收的起源与发展

从汉字的解析角度看,税从禾、从兑,本义是田赋,政府征收的农产品。西方关于税收的概念是政府对其管辖下的经济活动主体(包括个人、团体、企业等)所拥有的货币、实物或劳动力本身按一定比例的征收,是经济活动主体为维持政府满足公共需求所做的纳贡。

自人类进入文明社会之后,无论在地球的哪个角落,无论在经济与社会发展的哪个阶段,税收都是客观存在的。文明之初,宗教领袖与政府首脑合二为一,教会与朝廷融为一体,出于对神灵的崇拜与敬畏,在世界各国,人们曾自发地向统治者贡献一部分劳动或物品,这种自由贡献可视为税收的胚胎。后来,随着政府职能的扩大和政治权利的扩张,自由贡献的劳动转化为"役",如兵役、徭役、力役等,自由贡献的物品转化为按照人身或财产课征的税收。在漫长的农业社会中,几乎所有的国家,每个有劳动能力的人都要按照性别和年龄缴纳一定数额的人头税,每块用于耕作的土地都要按照等级和面积缴纳一定数额的土地税,原始的手工业和服务业也要缴纳一定的工商业税。进入工业社会后,随着物质财富规模、种类的增加和经济活动主体的多元化,税收的种类和数量发生了重大变化。企业生产销售的货物或提供的服务要按照货物或服务的种类与数量缴纳一定数额或比例的商品税,实现的利润要按照利润的大小缴纳一定比例的所得税,占有的财产要按照财产的种类与数量缴纳一定数额或比例的财产税。同时,个人从事劳动、投资和经营要按照收入的多少缴纳一定比例的所得税,到市场购买货物或服务要承担货物或服务的价格中包含的商品消费税,占有的财产也要缴纳一定数额或比例的财产税。

我国的税收经历了一个漫长的演变过程。相传,自夏朝开始,中国就有了"贡"。在夏、商、西周三代,"贡"是政府收入的主要来源。春秋战国时期,随着生产力水平的提升和生产关系的变革,各国相继进行了财政制度改革,如齐国实行了"相地衰征"、鲁国实行了"初税亩”，初步确立了按照土地征收“税”和“赋”的税收制度。秦汉时期，在征收土地税的同时，开始按照人口征收人头税，形成了以土地税和人头税为主的税收制度。在土地税和人头税之外，还对农林、渔猎、矿产等资源产品及手工业、服务业等征收一定数量的工商业税。这种以人头税和土地税为主、工商业税为辅的税收制度，一直延续到了清代前期。清代不再单独征收人头税，转变为以土地税（农业税）和工商业税为主、房屋及车船等财产税为辅的税收制度。民国时期，借鉴西方各国税收制度建设的成功经验，对税收制度进行重大改革，在工商税收领域，增设了商品税、所得税等现代税种，为建立现代税收制度奠定了重要基础。2005年，农业税（土地税）被取消。至此，农业税、工商税、财产税并列的税收制度进一步转变为商品税、所得税、财产税并列的现代税收制度。

（二）税收的特征与职能

1. 税收的特征

税收的特征是税收目的与依据的外在表现，是税收区别于政府其他收入形式的标志。与其他财政收入形式相比，可将税收的特征概括为以下三个方面。

1）强制性

税收的强制性是指经济活动主体必须按照税收法律、法规的要求准确、及时地履行纳税义务，否则就要受到法律的制裁。

税收之所以具有强制性，是由税收的依据决定的，税收的依据是政府为经济活动主体提供的一般利益，这种一般利益同时又是社会的整体利益。在现实经济与社会生活中，一般利益与特殊利益，整体利益与局部利益，总是既有统一的一面，又有冲突的一面。并且，从政府的角度看，一般利益与特殊利益或整体利益与局部利益总是冲突的。在这种观念支配下，经济活动主体就会经常地为维护自己的特殊利益或局部利益而逃避税收或抗拒税收。在这种情况下，政府为维护社会的一般利益或整体利益，就要采取各种强制措施，对逃避和抗拒税收的经济活动主体实施必要的制裁。

2）无偿性

税收的无偿性是指税收所体现的政府和经济活动主体之间的利益关系是一种不完全对等的互利关系。具体来说，税收的无偿性包含两层含义：第一层含义是，税收所体现的政府与经济活动主体之间的利益关系是一种互利关系。从政府的角度看，政府一方面向经济活动主体提供和平、秩序和便利；另一方面向经济活动主体征税，二者的关系是一种互利关系。从经济活动主体的角度看，经济活动主体一方面向政府纳税；另一方面享受政府提供的和平、秩序与便利，二者的关系也是一种互利关系。第二层含义是，政府与各个经济活动主体之间的互利关系，是一种不完全对等的互利关系。纳税多者所获不一定较多，纳税少甚至不纳税的人却可能获得较多的公共产品利益。

3）固定性

税收的固定性是指税收是按照事先确定的范围和标准征收的，包括事先确定了征税对象和纳税人、确定了税基和税率、确定了纳税时间与地点等。在税收征收中，任何单位与个人都不能随意改变税收的征收范围和标准，过多或过少地向纳税人征税。

税收的固定性同样是由税收的依据决定的。税收的依据是政府为经济活动主体提供的一般利益。这意味着，在税收的征收过程中，政府不仅不应当破坏经济活动主体的利益，而且应当保护并增进经济活动主体的利益。这就要求税收具有固定性。只有具有固定性，生产者才能从长安排自己的生产经营活动，消费者才能从长安排自己的消费活动，经济才能持续发展，社会才能不断进步。纵观历史，税收之所以能够产生与存在，也是与这种固定性分不开的。

2. 税收的职能

税收职能是税收本身所固有的职责与功能，具体说就是税收所具有的满足国家需要的能力，它所回答的是税收能够干什么的问题。

1）财政职能

税收的财政职能是指税收具有组织财政收入的功能，即税收作为参与社会产品分配的手段，能将一部分社会产品由社会成员手中转移到国家手中，形成国家财政收入的能力。

税收之所以具有财政职能，是因为税收是以国家的政治权力为依据的、强制的、无偿的分配形式，可以将一部分社会产品由分散的社会成员手中转移到国家手中，形成可供国家支配的财政收入，以满足国家行使职能的需要。

税收的财政职能是随着税收的产生而产生的，在税收漫长的发展过程中，它经历了由实物到货币的演变形式，但始终作为国家取得财政收入的重要手段而存在，并将随着国家的存在而存在下去。

2）调节经济职能

税收的调节经济职能是指税收在组织财政收入的过程中，改变国民收入原有的分配格局，从而对经济产生影响的能力。

税收调节经济的职能主要表现在三个方面：

(1) 税收对总需求与总供给平衡的调节；

(2) 税收对资源配置的调节；

(3) 税收对社会财富分配的调节。

（三）税收的分类及税制构成要素

1. 税收分类

从不同的角度出发可将税收进行如下分类。

1）按征税对象分类

征税对象是进行税收分类的主要依据。按照征税对象的不同，税收可分为三大类，一是流转税(turnover taxes)，是以商品生产流转额和非生产流转额为课税对象征收的一类税，如销售税、周转税、增值税、消费税、营业税等；二是所得税类(income taxes)，所得税也称收益税，是指以各种所得额为课税对象的一类税，如企业所得税、个人所得税等；三是财产税类(property taxes)，财产税是指以纳税人所拥有或支配的财产为课税对象的一类税，如房地产税、遗产税等。

2）按税收计征标准分类

根据税收计征标准，税收可分为从量税(specific tax)和从价税(advalorem tax)。从量税是指以课税对象的数量(重量、面积、件数)为依据，按固定税额计征的一类税。如我国现行的资源税、车船使用税和土地使用税等。从价税是指以课税对象的价格为依据，按一定比例计征的一类税。如我国现行的增值税、营业税、关税和各种所得税等税种。

3）按税收负担是否转嫁分类

以税收负担是否转嫁为标准，可把税收分为直接税（direct tax）与间接税（indirect tax）。直接以个人收入、企业财产、自有财产为征税对象，税负不能转嫁给他人的税为直接税；以商品劳务流转额为征税对象，税负可以转嫁给他人的税为间接税。

4）按税收与价格的关系分类

按税收与价格的关系角度，税收可分为价内税（taxes included in price）和价外税（taxes excluded from price）。价内税是指税款在应税商品价格内，作为商品价格一个组成部分的一类税。如我国现行的消费税、营业税和关税等税种。

价外税是指税款不在商品价格之内，不作为商品价格的一个组成部分的一类税。如我国现行的增值税（目前商品的价税合一并不能否认增值税的价外税性质）。

5）按照税收管理的权限分类

以税收管辖权的层次来划分可将税收划分为中央税（central taxes）和地方税（local taxes）。中央税是指由中央政府征收和管理使用或由地方政府征收后全部划解中央政府所有并支配使用的一类税，如我国现行的关税和消费税等。地方税是指由地方政府征收和管理使用的一类税，如我国现行的个人所得税、屠宰税和筵席税等，这类税一般收入稳定，并与地方经济利益关系密切。

6）按税收收入形态分类

以税收收入形态来区分，税收可分为实物税（tax in kind）和货币税（tax in money）。实物税是指纳税人以各种实物充当税款缴纳的一类税；货币税是指纳税人以货币形式缴纳的一类税。在现代社会里，几乎所有的税种都是货币税。

2. 税制构成要素

税制的构成要素，是指税制应当具备的必要因素和内容。税制的构成要素一般包括征税人、纳税义务人、征税对象、税目、税率、计税依据、纳税环节、纳税地点、纳税期限、减免税、违章处理等。其中，纳税义务人、征税对象和税率是税制三个最基本的构成要素。

1）纳税人

纳税人是“纳税义务人”的简称，是指税法上规定的直接负有纳税义务的单位和个人，也称纳税主体。纳税人可以是自然人，也可以是法人。纳税人因税种的不同而不同，每个税种都应明确规定各自的纳税义务人。

2）征税对象

征税对象又称课税对象，是征税所指向的客体，表明对什么东西征税，即征税的目的物。征税对象可以是商品、货物、所得、财产，也可以是资源、行为等。每一种税都有特定的征税对象。征税对象实质上规定了不同税种的征税领域，凡属于征税对象范围的，就应征税；不属于征税对象范围的，就不征税。所以，征税对象是一种税区别于其他税的主要标志。与征税对象有关的概念如下。

(1) 税目：即征税对象的具体内容，是在税法中对征税对象分类规定的具体的征税品种和项目。设计税目的方法，可以是一种商品就是一个税目，也可以是一大类的商品是一个税目。

(2) 计税依据：是计算应纳税额的根据，国外通常在狭义上将其称为“税基”。是征税对象的计量单位和征收标准。征税对象解决对什么征税，计税依据解决税款如何计量；有些

税的征税对象和计税依据是相同的或一致的,有些又不一致。

计税依据分为两类:一类是计税金额,是从价税的计税依据;另一类为计税数量,是从量税的计税依据。

(3) 税源:是税收收入的来源,即各种税收收入的最终出处。

3) 税率

税率是指应纳税额与征税对象的比例或征收额度。它是计算税额的尺度。税率是税制的核心要素和中心环节。税率的高低直接关系到国家收入的多少和纳税义务人的负担轻重,因此,每一种税的适用税率都必须在税法中事先明确规定。

税率一般可以分为三类,即比例税率、定额税率和累进税率。

(1) 比例税率是指对同一征税对象,不论其数量多少,数额大小,都按同一个比例征税。特点是:对同类征税对象实行等比负担,有利于鼓励规模经营和平等竞争。

(2) 定额税率,也称固定税额或单位税额,是按征税对象计量单位直接规定应征税额,而不采用百分比形式的税率,它适用于从量计征的税种。

(3) 累进税率是指按征税对象的多少划分若干等级,分别规定不同的税率,即按征税对象数额大小,规定不同等级的税率,征税对象数额越大,征收比例也越大,累进税率税额与征税对象量的比,表现为税额增长大于征税对象数量的增长幅度。特点是:按纳税能力确定税收负担,收入多的多征,收入少的少征,是政府调节收入、分配财富、体现税收负担均衡的手段。一般适用按所得课税的税种。

二、我国物流业主要税类和税种

物流服务是现代服务的一种,物流企业的具体业务涉及运输、储运、搬运、包装、流通加工、配送、信息处理等多方面的业务,从税收的角度来说,物流业涉及的税种税目也比较复杂。由于自 2013 年 8 月 1 日起,物流业由营业税改征增值税(铁路运输和邮政业是从 2014 年 1 月 1 日起实施的),因此,我国现行税收体系中,物流业所涉及的主要税种为增值税和企业所得税。我国物流业涉及的主要税类、税种如表 7-1 所示。

表 7-1 我国物流业主要税类、税种

税 类	税 种
流转税	营业税;增值税
所得税	企业所得税;个人所得税
财产税	房产税;城镇土地使用税;车船税;车辆购置税;契税;船舶吨税等
行为税类	城市维护建设税;印花税;教育费附加等

(一) 增值税

增值税的基本原理是:商品的最终销售收入额等于商品在各个生产经营环节的增值额;对商品最终销售收入额征的税等于对商品在各个生产经营环节的增值额征的税。为了促进经济结构调整,支持现代服务业发展,从 2012 年 1 月 1 日起,我国率先在上海市交通运输业和部分现代服务业开展营业税改征增值税(以下称"营改增")试点。自 2012 年 8 月 1 日起,由上海市分批扩大至北京市、天津市、江苏省、浙江省(含宁波市)、安徽省、福建省(含厦门市)、湖北省、广东省(含深圳市)8 个省(直辖市)。自 2013 年 8 月 1 日起,在全国范围内开展交通运输业和部分现代服务业“营改增”试点。自 2014 年 1 月 1 日起，在全国范围内将铁路运输和邮政业纳入“营改增”试点。

“营改增”试点行业包括交通运输业和部分现代服务业中的物流辅助服务。交通运输业包括了陆路运输、水路运输、航空运输、管道运输、铁路运输；部分现代服务业中的物流辅助服务包括航空服务、港口码头服务、货运客运场站服务、打捞救助服务、货物运输代理服务、代理报关服务、仓储服务和装卸搬运服务。对于一般纳税人，交通运输业服务、邮政业服务税率为 11%；物流辅助服务税率为 6%；实行进项税抵扣制度。小规模纳税人采用简易计税办法，增值税征收率为 3%，不得抵扣进项税。另外，物流业中的流通加工业务，仍按《中华人民共和国增值税暂行条例》的规定征税：一般纳税人税率为 17%，实行进项税抵扣制度；小规模纳税人征收率为 3%，不得抵扣进项税。营业税改征增值税行业税目、税率如表 7-2 所示。

表 7-2　营业税改征增值税行业税目、税率

行业类别	改征行业范围	试点增值税税率/%	原营业税税率/%	税目注释
交通运输业	陆路运输服务	11	3	通过陆路（地上或者地下）运送货物或者旅客的运输业务活动，包括公路运输、铁路运输、缆车运输、索道运输及其他陆路运输
	水路运输服务	11	3	通过江、河、湖、川等天然、人工水道或者海洋航道运送货物或者旅客的运输业务活动
	航空运输服务	11	3	通过空中航线运送货物或者旅客的运输业务活动
	管道运输服务	11	3	通过管道设施输送气体、液体、固体物质的运输业务活动
部分现代服务业	研发和技术服务	6	5	包括研发技术、技术转让服务、技术咨询服务、合同能源管理服务、工程勘察勘探服务
	信息技术服务	6	5	包括软件服务、电路涉及测试服务、信息系统服务、业务流程管理服务
	文化创意服务	6	5	包括涉及服务、商标著作权转让服务、知识产权服务、广告服务、会议展览服务
	物流辅助服务	6	5	航空服务、港口码头服务、货运客运场站服务、打捞救助服务、货物运输代理服务、代理报关服务、仓储服务
			3	装卸搬运服务
	有形动产租赁服务	17	5	包括有形动产融资租赁、有形动产经营性租赁
	鉴证咨询服务	6	5	包括认证服务、鉴证服务、咨询服务

注：《营业税改征增值税试点方案》（财税〔2011〕110 号）规定，小规模纳税人增值税征收率为 3%。

（二）企业所得税

企业是独立的经济实体，是将土地、资本和劳动力结合起来从事生产、经营活动的经济组织。企业所得税是对企业取得的所得征收的一种税，是政府直接参与各类企业收入分配的主要形式。根据《中华人民共和国企业所得税法》的规定，我国企业所得税基本税率为

25%,符合条件的小型微利企业税率为20%,国家重点扶持的高新技术企业按15%的税率征税。

(三) 房产税

房产税是以房屋为征税对象,按照房屋的计税余值或租金收入向房屋产权人征收的一种财产税。按照房产计税余值的1.2%或租金收入的12%征收。物流企业(特别是仓储企业)需要建设仓库或者货场,从而不可避免要涉及房产税和城镇土地使用税。

(四) 城镇土地使用税

城镇土地使用税是以城镇土地为征税对象,对拥有土地使用权的单位和个人所征收的一种税。城镇土地使用税的计税依据是实际占用的土地面积;采用地区差别定额税率,每平方米年税额标准为:大城市1.5～30元,中等城市1.2～24元,小城市0.9～18元,县城、建制镇、工矿区0.6～12元。

(五) 车辆购置税

车辆购置税是对在中华人民共和国境内购买、进口、自产、受赠、获奖或者以其他方式取得并自用应税车辆的单位和个人所征收的一种税。应税车辆包括汽车、摩托车、电车、挂车、农用运输车。车辆购置税实行从价定率征收,税率为10%,计税依据为应税车辆的计税价格,计税价格视情况分别确定:纳税人购买自用的应税车辆的计税价格,为纳税人购买应税车辆而支付给销售者的全部价款和价外费用,不包括增值税税款;纳税人进口自用的应税车辆的计税价格为关税完税价格、关税、消费税之和;纳税人自产、受赠、获奖或者以其他方式取得并自用的应税车辆的计税价格,由主管税务机关参照国家税务总局规定的最低计税价格核定。

(六) 车船税

车船税是对车辆和船舶的所有人或者管理人所征收的一种税。实行定额税率,按照车船种类及吨位规定不同的税额(见表7-3)。物流企业(特别是交通运输企业)需要大量车船等运输工具,从而需要缴纳车船税。

表7-3 车船税税目税额表

税目	计税单位	每年税额/元	备注
载客汽车	每辆	60～660	包括电车
载货汽车	按自重每吨	16～120	包括半挂牵引车、挂车
三轮汽车低速货车	按自重每吨	24～120	
摩托车	每辆	36～180	
船舶	按净吨位每吨	3～6	拖船和非机动驳船分别按船舶税额的50%计算

(七) 船舶吨税

船舶吨税是对自中华人民共和国境外港口进入境内港口的船舶征收的一种税。船舶吨税采用优惠税率和普通税率两种税率,优惠税率适用于具有我国国籍的应税船舶以及船籍国(地区)与我国签订含有相互给予船舶税费最惠国待遇条款的条约或者协定的应税船舶;普通税率适用于除上述以外的其他应税船舶。

第二节　物流业税收政策

一、发达国家物流业税收政策

在经济全球化迅速发展的今天，作为一种新兴的综合型服务产业，物流业的发展对提高资源配置效率、提升第三产业地位、增强区域竞争力、带动经济发展和创造就业机会都有重要意义。因此，物流业日益受到各国重视，许多国家给予了多种税收优惠政策鼓励和支持本国物流业的发展，取得了丰硕的成果和宝贵的发展经验。

（一）美国物流业税收政策

美国是世界上经济最发达的国家，经济总量十分庞大，目前现代物流业在美国已经发展得相当成熟，呈现出超前性和创新性，对全球物流业的发展起着引领作用。美国政府通过一整套引导支持物流业发展的政策措施，为物流业提供了良好的政策法律环境，推动并促成美国物流业在国际上的领先地位，支撑了美国经济的持续增长。例如，美国实施了减免税、投资抵免、费用扣除、加速折旧四项优惠的税收政策，而且这些优惠是面向物流行业所有的企业，具有普遍性。关于减免税，美国华盛顿州规定，符合一定标准（建造或扩建“仓库的面积不低于 20 万平方英尺”或“谷仓储量不低于 100 万蒲式耳”）的物流企业（批发商、零售配送中心和第三方仓储服务商），经其事后申请，可以免征州销售和使用税，退还已纳税款。费用扣除的相关规定是：纳税企业可以将与商业活动、贸易相关的研究和开发支出不作为资本的支出而作为费用直接进行扣除；要是企业当年的研发支出大于前三年的均值，对于超出的部分可以享受 25%的税收抵免政策。对于物流业的研发设备可以采用加速折旧的方式，而且最短可以为 3 年。通过税收政策的支持和政府的合理引导，美国的物流业发展取得了骄傲的成就。

（二）新加坡物流业税收政策

新加坡地处马六甲海峡，具有得天独厚的地理位置。作为一个城市国家，新加坡是太平洋至印度洋重要的商贸、资讯、交通、金融及服务中心。新加坡当局长期以来大力发展物流业，物流业在国民生产总值中占到 8%左右，促进了新加坡经济的持续发展。作为劳动密集型产业，新加坡有大约 100 万的劳动人口从事物流相关行业，解决了大量人口的就业问题。目前，物流业已经成为新加坡现代经济的支柱产业，新加坡港的港口吞吐量也居于世界前列（2006 年，新加坡港以 2480 万 TEU 的吞吐量高居榜首）。新加坡政府对物流产业的大力扶持和积极引导，对物流业发展起了十分关键的作用。

（1）对物流业在国内商品和劳务的增值额征收税率为 7%的商品与劳务税，商品与劳务税与增值税原理相同。新加坡按照税款抵扣法纳税，实行消费型增值税税收制度，允许对与企业外购固定资产相关的进项税额进行抵扣。相对我国企业而言，新加坡物流企业的增值税税负较低。

（2）扩大零税率适用范围。放宽对于国际运输服务及相关装卸、搬运和保险等在内的进出口运输服务的政策规制，对其适用零税率。

（3）致力于建设国际物流中心的新加坡，对物流企业自己进口或委托海外受托人进口的货物、经由保税仓库获取的货物、向经核准的其他非己方物流企业、大宗出口企业和保税仓库提供货物，实行免征货物劳务税的“核准的第三方物流公司计划”。

(4) 新加坡仅17%的企业所得税税率，远低于同等条件下我国25%的税率。而且政府为了支持物流产业的发展，在5年内，对经核准的船务物流企业，对其提供货运和物流服务所得给予10%(一般税率为20%)的企业所得税优惠税率。并且特别给予具有新技术开发性质的物流企业5～15年的免税期。

(三) 其他国家物流业税收政策

不少国家，如马来西亚、泰国、法国等都非常重视物流业的发展，并在物流税收方面给予明确的优惠措施。

1. 马来西亚

马来西亚很重视运用税收手段支持物流业的发展，在所得税方面，专门对仓储业、综合物流服务业采取了如下税收优惠措施。

(1) 仓储服务。规定存储出口和复出口货物的仓库，其符合条件的资本性支出每年可以在税前扣除10%。

(2) 综合物流服务。根据马来西亚1986年的《投资促进法》，符合条件的综合物流公司可以申请享受税收优惠。首先，“开创型企业”(Pioneer Status)免征所得税。新成立的综合物流公司，可以享受为期5年的法定所得的70%免纳所得税的优惠，现有综合物流公司可以享受为期5年的再投资新增所得的70%免纳所得税的优惠。其次，投资和再投资扣除优惠。新成立的综合物流公司，在5年内发生的符合条件的资本性支出可以税前扣除60%，但每年的扣除额不得超过当年法定所得的70%；现有综合物流公司可以享受为期5年的追加投资扣除，扣除标准同上。设在马来西亚半岛东部走廊、沙巴岛和沙捞越地区的综合物流公司，投资扣除比例和限额比例都提高到100%。

2. 泰国

泰国把物流业作为优先鼓励发展的行业，除进口设备可以免征进口关税外，还规定物流企业可以享受8年免征公司所得税的优惠。

3. 法国

法国中央政府和地方政府都根据新物流企业的投资规模和预期的就业数量为其提供某些优惠。就所得税政策而言，法国政府明确规定，允许物流中心采用“成本加计法”确定应税所得，即通过事先的税收裁定方式，由纳税人与税务部门商定平均成本利润率，用以计算物流中心的应税所得，成本利润率一般为5%～10%。法国税务局明确规定，适用“成本加计法”计税的物流中心是指跨国集团在法国设立的子公司或常设机构，它专门为该跨国集团成员提供仓储、包装、贴签和配送等服务，并承担相应服务的管理风险。此外，为降低物流成本、促进物流业发展，还规定对物流中心的境外职员全部或部分免征个人所得税。

二、我国物流业税收政策的变迁

改革开放以来，随着我国财税领域改革的不断推进，我国物流业税收政策也发生了很大变化，大体上可以分为以下四个阶段。

第一阶段：“放权让利”阶段(20世纪80年代～90年代初)

改革开放初期，为了增强企业活力，我国实行了“利改税”改革，将国有企业上缴利润改为纳税。在“利改税”过程中，对铁道、邮电、民航等物流业采取了扶持性的税收政策，例如，

“七五”期间，铁路运输的所得税和税后利润全部留在铁道部用于铁路基建和技术改造；从1986年起，对铁道部直属铁路局的营业税税率由15%降为5%；1991年，财政部决定对有技术开发任务和消化能力的铁道、交通、民航、邮电部门所属的工业企业，经同级财政部门批准，可以享受加速折旧政策，并可按最高不超过销售收入的1%提取技术开发费。综上所述，改革开放初期，为了加快改善我国基础设施条件，国家对铁道、交通、民航、邮电等国有企业实行“放权让利”、“休养生息”的税收政策，对加快基础设施建设，搞活交通邮电企业起到了重要作用。

第二阶段：有限支持阶段(20世纪90年代初～21世纪初)

1994年，我国财税体制进行重大改革，目的是建立适应社会主义市场经济要求的财税体制；1998年以后，我国明确了财政体制改革的终极目标是构建公共财政体系，相继进行了一系列改革，如预算制度改革、支出管理制度改革等。这一阶段，税收政策对物流业的支持主要体现在以下两个方面。

(1) 在税制设计上体现对物流业的支持。1994年税制改革体现了三个原则：一是确保财政收入增长；二是税负公平；三是贯彻既定的产业政策和经济发展规划。对物流业的支持主要体现在营业税适用低税率上，即交通运输业、邮电通讯业适用的营业税税率为3%，这一税率低于其他产业，如金融保险业为5%、娱乐业为5%～20%，由于物流业主要涉及的流转税就是营业税。因此，这一制度设计虽从根本上体现了对物流相关产业的扶持，但是营业税制因为重复征税的弊端也制约着物流业的发展。

(2) 改革政府收费制度，优化物流发展的制度环境。乱收费、收费膨胀是长期困扰我国物流业发展的一个重大问题，这一方面增加了社会物流成本；另一方面极大地制约了物流业的发展。从1997年开始，我国把改革收费制度列入财政工作的重点内容，分批取消不合理收费。仅1998年就取消了不合法、不合理的收费和基金727项，减轻企业和社会负担370多亿。取消乱收费对包括物流业在内的各行各业的发展起到了保护作用。

第三阶段：加大支持阶段(21世纪初～2012年)

为了解决物流业税收政策方面存在的重复征税和合并纳税问题，促进物流业发展，根据一系列支持物流业发展的宏观政策精神，2005年，国家税务总局发布了《关于试点物流企业有关税收政策问题的通知》，对国家发改委和国家税务总局确认的试点物流企业进行营业税差额征税试点。2006年，国家税务总局发布《关于物流企业缴纳企业所得税问题的通知》，规定了物流企业汇总缴纳企业所得税的具体办法。

营业税差额征税是指试点物流企业将承揽的运输业务分给其他单位并由其统一收取价款的，以该企业取得的全部收入减去支付给其他运输企业的运费后的余额为营业额计算征收营业税；试点物流企业将承揽的仓储业务分给其他单位并由其统一收取价款的，以该企业取得的全部收入减去付给其他仓储合作方的仓储费后的余额为营业额计算征收营业税。截止到2010年，共认定六批583家物流企业适用试点税收政策。营业税差额征税消除了物流企业在运输、仓储业务分包业务时的重复征税问题，不仅减轻了试点物流企业的税负，有利于促进物流外包和物流专业化发展，而且由于促进了物流企业良性发展，扩大了税源，试点物流企业的纳税总额不仅没有减少反而有所增加。据中国物流与采购联合会2007年对17家试点物流企业的调查，营业税差额征税试点当年直接减少了被调查企业重复纳税额1487.7万元，同时被调查企业的营业税总额2005年和2006年的增幅分别达到14.9%和32%。

物流企业汇总缴纳企业所得税是指物流企业在同一省、自治区、直辖市范围内设立的跨区域机构(包括场所、网点),凡在总部统一领导下统一经营、统一核算,不设银行结算账户、不编制财务报表和账簿,并与总部微机联网、实行统一规范管理的企业,其企业所得税由总部统一缴纳,跨区域机构不就地缴纳企业所得税。现代物流企业需要发达的运送网络为客户提供满意的服务,因而常采用连锁经营方式,但在缴纳企业所得税时,根据属地征管的原则,会出现各营业网点不能盈亏相抵,无法合并纳税的情况。为了避免多交税,物流企业在外地设点时都采用挂靠的方式,导致货运市场混乱。实行总部汇总缴纳企业所得税以后,物流企业可以根据企业经营战略的需要在全国范围设点,有利于培育大型第三方物流企业,促进物流业健康发展。

另外,2012年,财政部发布了《关于物流企业大宗商品仓储设施用地城镇土地使用税政策的通知》(财税〔2012〕13号),规定自2012年1月1日起至2014年12月31日止,对物流企业自有的(包括自用和出租)大宗商品仓储设施用地,按所属土地等级适用税额标准的50%计征城镇土地使用税。这在一定时期内一定程度上减轻了物流企业尤其是仓储企业的税收负担。

第四阶段：增值税扩围阶段(2011年至今)

2011年,财政部和国家税务总局发布了《关于在上海市开展交通运输业和部分现代服务业营业税改征增值税试点的通知》(财税〔2011〕111号),“营改增”拉开了我国物流行业新一轮税制改革的序幕。2012年,“营改增”试点范围扩大,财政部和税务总局发布了《关于在北京等8省市开展交通运输业和部分现代服务业营业税改征增值税试点的通知》(财税〔2012〕71号)。在上述试点的基础上,2013年,“营改增”试点扩大至全国,财政部和税务总局发布了《关于在全国开展交通运输业和部分现代服务业营业税改征增值税试点税收政策的通知》(财税〔2013〕37号)。增值税扩围是我国流转税制改革迈出的重要一步,物流业是这次改革的重点领域,“营改增”势必会对我国物流业发展产生重大影响。

三、物流业现行税收政策

(一) 货物和劳务税收政策

1. 现行相关政策

1) 营业税政策

目前,“物流业”这一行业并没有在我国的行业大类中出现,根据各项功能不同,物流业分散在运输业、仓储业、租赁业、邮政业、加工业五个行业中,对物流业兼营不同应税项目的应税行为进行分别核算和分别纳税,营业税按照《中华人民共和国营业税暂行条例》中规定的营业税税目和税率征收。该条例第五条规定其计税依据为营业额的全额或者差额,“纳税人的营业额为纳税人提供应税劳务、转让无形资产或者销售不动产收取的全部价款和价外费用。除从事加工承揽业务、旅游业务和建筑工程分包转包业务以及外汇、有价证券、期货等金融商品买卖业务采取差额计征”。在我国,作为服务业的现代物流业正处于初步发展的起步阶段,在当前的税收环境下,主要负担的货物和劳务税是营业税,国家对物流业实行全额纳税,不允许物流业从收入总额中扣除外包业务,这严重阻碍了物流业的发展。所以,我国也开始对现代物流业进行了改革：依次选取部分物流企业作为试点,允许企业在得到税务机关认可的抵扣凭证条件下,对运输仓储业务使用差额计征的征收方式,并逐步将改革的范围推广实行至全国。

2006年6月,《国家税务总局关于增加试点物流企业名单的通知》(国税函〔2006〕575号)公布了第一批企业名单。2007年2月6日发布《国家税务总局关于下发试点物流企业名单(第二批)的通知》(国税函〔2007〕146号),先后将197家被国家发改委和国家税务总局联合确认为试点的物流企业,进行了营业税差额纳税的试点工作。2012年11月28日,国家税务总局公布了包括北京东方信捷物流有限责任公司在内的158家物流企业纳入营业税差额纳税试点范围的名单,从2011年1月1日开始执行。2012年国家税务总局同时又公布了第八批试点物流企业的名单,截至目前,大概有1500多家试点物流企业可以实现营业税差额纳税。

2) 增值税政策

根据我国先后发布的相关"营改增"政策规定,试点地区从事交通运输业和部分现代服务业的纳税人将由缴纳营业税改为缴纳增值税;交通运输业实行的税率为11%,部分现代服务业里面的租赁有形动产(仓储业)的税率为17%,而小规模纳税人的征收率也降为3%,其他剩余部分现代服务业的税率为6%;原来享受技术转让等其他营业税减免政策的试点纳税人,试点后改成增值税免税或者即征即退;所有现行的增值税一般纳税人从试点纳税人处购买的增值税应税服务,可以用来抵扣进项税额;提供符合条件的诸如国际运输服务、向境外提供的设计和研发服务的纳税人,适用增值税零税率、在境外或者向境外提供那些符合条件的工程勘察勘探等服务的纳税人,免征增值税;在试点期间,试点纳税人以前享受的营业税差额征收税收优惠政策仍可以延续;试点地区取得的营业税收入,改征增值税后仍然归属原部门;国家税务总局将负责征管营业税改征的增值税。

2. 对物流业的影响

营业税的试点改革有效减少了试点企业的重复纳税额,同时对试点企业的经营发展也产生了良好效果(见图7-1)。

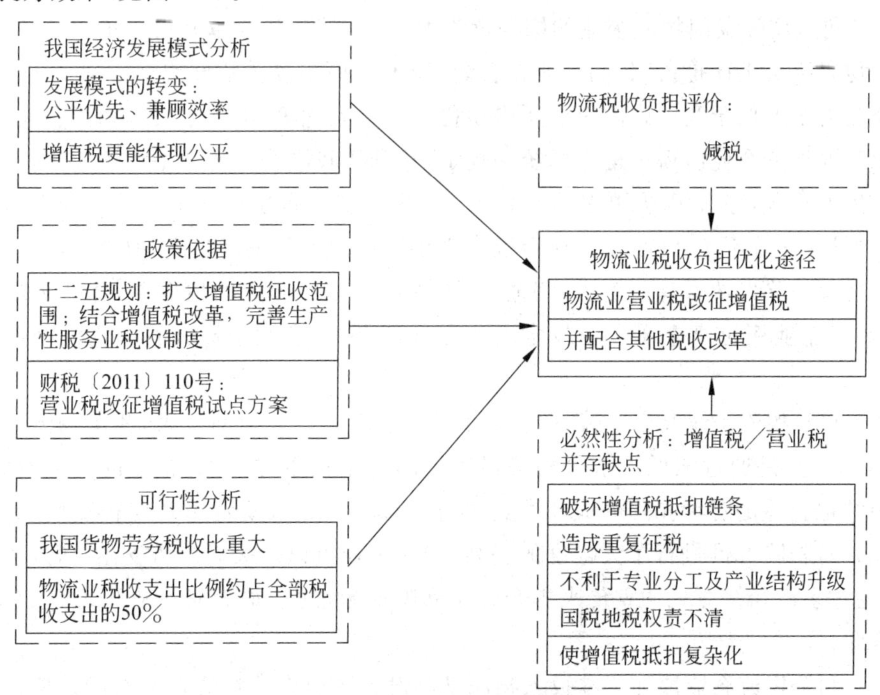

图7-1　物流业营改增分析

将营业税改征增值税对我国物流业产生的影响主要有以下两点：一是使物流业脱离低端的物流业态，逐步转变成高端物流业态。比如不承担具体运作活动的第四方物流，其作为物流供应链的集成商，专门为第一、第二、第三方提供物流规划、咨询等服务性物流，也可以接受企业整体的物流业务，再将其中的物流运作等低端运输部分分包给低端的物流企业，自己专注于解决方案设计。二是刺激低端的运输业务劳动生产率的提高，使其加大投入，提高技术含量。因为在营业税改征增值税后，多投入的成本是可以抵扣的。

（二）所得税税收政策

1. 现行相关政策

我国从 2008 年 1 月 1 日开始正式实施《中华人民共和国企业所得税法》，按照新企业所得税法的规定，我国物流业企业所得税税率为 25%，小型微利企业可以适用 20%的税率，对于物流企业合理发放的工资、薪金可以全额扣除，对于物流企业除了飞机、火车以外的运输工具，最低折旧年限缩短为 4 年，同时，允许物流企业在同一省、自治区、直辖市范围内设立的跨区域机构，满足以下条件可以统一缴纳企业所得税：总部是同一个公司，经营模式、会计核算方法全部统一，不单独开立银行结算账户，不编制财务报表和设置账簿，同总部联网并且按照统一的规范管理企业。

2. 对物流业的影响

现行企业所得税法的实施，对物流业的影响是非常明显的，主要体现在以下方面。

(1) 对中小物流企业的发展壮大起到了积极的促进作用。我国那些规模小、业务单一、实力弱的物流企业占据了大部分的物流企业市场份额，真正具有实力的物流企业并不多。中小企业所得税税率统一下调为 20%后，扶持了中小微利物流企业的发展。

(2) 有利于增强我国物流企业的综合竞争力。自 1978 年改革开放以来，我国物流市场多被外国物流巨头迅速抢占，我国企业在管理、技术上原本就落后于外资企业，而旧税法中对外资企业给予的低于我国国内企业所得税税率的税收优惠，不利于我国物流企业的成长。新税法中对内外资企业所得税税率的统一规定，有利于我国企业的公平竞争。

(3) 有利于物流企业引进更多的专业人才。旧企业所得税法对企业的工资支出设定了限额，超出限额部分不予扣除，而新所得税法废止了这种计税工资制度，取消了限额规定，企业被允许全额扣除发放合理的工资、薪金，在企业不变成本固定的情况下，降低了企业的总成本，有利于企业引进高素质专业技术人才和管理人才，有利于提升我国物流企业的服务品质。

(4) 有利于物流企业改变经营方式，减少低层次竞争。长时间以来，我国物流企业吸收和维护客户主要是通过压低上游价格等最简单的价格竞争方式，对企业的长远发展不利。新所得税法把企业的各种扣除分成几大类，包括捐赠支出、研发费用和广告费用，另外一个不同点就是对扣除标准进行了大幅度的提高，物流企业可以加大对广告支出、研发支出的成本投入，通过多途径多方式的宣传来提升企业品牌形象，通过加大研发支出增强竞争力、提高技术含量。

(5) 有利于物流企业增加资本投入物流基础设备的建设。物流企业对固定资产的投入比例高，属于长期投资，新所得税法将可以扣除的折旧费用限额予以提高，并允许按照实际修理固定资产的费用全额扣除。从而减少了企业不必要的支出，使得企业的盈利能力得到提高，并促进了企业加大对新的物流设施的投资建设规模。

最后，有利于物流企业的机构重组。现行所得税法中明确规定企业的股息、红利收入不需要征税，从而有利于规模较大的物流企业重组并购，强强联合，壮大我国物流业，避免恶性竞争。

（三）其他税收政策

1. 现行相关税收政策

物流业需要缴纳的税种不仅有货物和劳务税中的增值税和营业税，还涉及所得税及各种其他税，包括房产税、车船税和城市维护建设税、教育费附加等附加税，以及印花税、城镇土地使用税、耕地占用税、车辆购置税等税种。

1）房产税政策

房产税是以房屋为征税对象，征收范围仅限于城镇的经营性房屋以房屋的计税余值或租金收入为依据按比例征收。对于物流地产企业将其建筑的仓库、港口等物流设施转让给物流企业时，房产税从价计征，按房产原值扣除10%～30%后按余额乘以1.2%计算。当物流企业将相关的物流设施转租给客户时，房产税从租计征，按房产出租的租金收入乘以12%计算。财政部在《国家税务总局关于明确免征房产税、城镇土地使用税的铁路运输企业范围的补充通知》（财税〔2006〕17号）中对部分铁道部所属铁路运输企业给予免征房产税、城镇土地使用税的税收优惠。国家在政策需要的范围内通过制定相关的房产税的税收优惠，最大限度地降低了纳税人的税收负担，并给予了地方政府一定的自主权，使得地方政府根据当地自身的发展情况制定出相应的税收政策。

2）城镇土地使用税政策

城镇土地使用税主要是对在城市、县城、建制镇、工矿区范围内的国有土地进行征税。城镇土地使用税以有幅度的差别税额为主，实行定额税率。为了支持物流业的发展，体现国家产业政策倾向，对铁路、民用港口等交通用地，邮电等一些特殊用地采取了政策性减免税和免税界限照顾。出于对中国物资储运总公司旗下的物资储运企业的经营状况的考虑，对中国物资储运总公司所属的物资储运企业的铁路专用线、库区道路、露天货场等非建筑用地免征城镇土地使用税问题，根据“对于经营情况好、有负税能力的企业，恢复征收城镇土地使用税；对经营情况差、负税能力差的企业，在授权范围内给予适当的减免税照顾”原则，由省、自治区和直辖市地方税务局酌情处理。

2. 对物流业的影响

1）房产税统一设置加重物流业税收负担

按照房产的性质，主要把房产分为以下三大类：作为“固定资产”的房产、作为“投资性房地产”的房产和存量房产。物流企业建造库房、港口等物流基础设施时，需要物流企业把大量可用于再生产的资金投入这种“固定资产”房产的建设中，而且这种房产要按照房产余值征收房产税。所以物流地产建造物流基础设施更具有优势。根据客户的要求，物流企业组建相关物流设施，然后再将这些物流设施转租给客户，并在后期组成专业人员对物业进行管理和服务。物流地产在“投资性房地产”科目下核算，物流地产房产税的缴纳分为已出租和尚未出租两部分。

房产税最初设置的目的是使我国房产价格在合理的可控范围内，而物流系统与供水、供电系统一样具有社会公益性。一个城市物流业的健康发展，将影响到制造、零售等各个行业。构成物流地产企业的主营业务收入，主要有仓储、配送中心、物流园区、货柜码头等的出租收入，同商用房地产和居民区房地产不同的是，物流地产业的成本费用占收入的比重高，回收利润也较缓慢而稳定。然而，物流地产企业要负担的税收不仅包含5%的营业税，还包括12%的房产税，租赁收入中有17%的部分要上缴国家，因此，物流业的房产税税负很重。

2）城镇土地使用税提高土地评级阻碍物流业发展

2006年年底，我国政府颁布了"国务院关于修改《中华人民共和国城镇土地使用税暂行条例》的决定"，改变了物流业城镇土地使用税的单位税额，理论上将税额提高到1～3倍；提高了土地评级，根据区位条件重新评级了仓储企业原来使用的土地。

土地使用税的相关改革措施增加了物流企业的土地使用税税额，约普遍提高了2倍，有的地方甚至涨到9倍、15倍。土地使用税与日俱增的成本压力成为限制物流企业增强竞争力的主要障碍。这一问题已经被很多地区意识到。如福州市政府规定，物流企业2009年度和2010年度需要缴纳的土地使用税，将按照福州经济技术开发区、保税区等属于四级(含四级)以上土地的征收办法征收，也就是单位税额为8元，另外，企业所属区的财政局要每年对其进行每平方米2元的财政补贴。但是，这种政策并没有成为主流政策，多数地区还是没有实行这种政策，大部分的物流企业并没有成为财政补贴的对象，而是同其他房地产企业一样，适用同样的土地使用税政策，负担相同的税收。

第三节　物流企业纳税筹划

一、纳税筹划

（一）纳税筹划的内涵

纳税筹划是纳税人依据所涉及的现行税法及相关法规(不限一地一国)，遵循税收国际惯例，在遵守税法、尊重税法的前提下，对企业组建、经营、投资、筹资等活动进行的旨在减轻税负、有利于实现企业财务目标的谋划、对策与安排。纳税筹划是一项理论性和实践性均比较强的经济活动，不同的筹划理论和筹划方法背后隐含着的是对纳税筹划概念的不同理解。

由于体制和经济环境的原因，我国物流企业由原来的国有物资企业发展到现在的初步整合运输、装卸、仓储、配送、加工整理、信息等环节并进行一体化经营的新兴产业，经历了一个较为缓慢的发展过程。造成目前物流企业发展缓慢的原因除了物流企业自身经营管理的因素以外，政府在税收政策上扶持物流业发展的优惠政策也很少，物流企业的税收负担较重，税金成本占企业总成本的比重较高。在这种情况下，作为物流企业自身有必要对物流企业所适用的税收政策进行分析，制订有效合理的纳税筹划方案，以降低税金成本，促进企业更好的发展。

（二）纳税筹划的特征

纳税筹划一般应具备以下三个特征：合法性、筹划性和目的性。

1. 合法性

合法性表示纳税筹划只能在法律许可的范围内。违反法律规定，逃避税收负担，属于偷

逃税行为，显然要坚决加以反对和制止。征纳关系是税收基本关系，法律是处理征纳关系的共同准绳。纳税义务人要依法缴税，负责征税的税务机关也要依法征税，纳税人偷逃税是触犯法律的行为。不过在有多种合法的筹划纳税方案可供选择时，纳税人做出选择最符合自身利益的决策，是无可非议的，也是税法赋予纳税人的基本权利，征税人不应当加以反对。用道德的名义劝说或其他手段迫使纳税人选择高税负，不是税收法律的要求，不符合市场经济的根本要求，因而不值得提倡。市场经济要求纳税人在法定的游戏规则框架内，发挥主观能动性和聪明才智，创造更多的财富。抑制纳税人的纳税筹划行为，不符合市场经济精神。

2. 筹划性

筹划性表示事先规划、设计、安排的意思。在经济活动中，纳税义务通常具有滞后性。企业交易行为发生后才缴纳流转税；收益实现或分配之后，才缴纳所得税；财产取得之后，才缴纳财产税。这在客观上提供了对纳税事先做出筹划的可能性。另外，经营、投资和理财活动是多方面的，税收规定也是有针对性的。纳税人和征税对象的性质不同，税收待遇也往往不同，这在另一个方面为纳税人提供了可选择较低税负决策的机会。如果经营活动已经发生，应纳税收已经确定而再去偷逃税或欠税，都不能认为是纳税筹划。

3. 目的性

纳税筹划的目的是实现税后利润最大化，取得“节税”的税收收益。这表现在两个方面：一是选择低税负，低税负就意味着低税收成本，低税收成本意味着高资本回报率；二是滞延纳税(不是指不按税法规定期限缴纳税款行为)。纳税期的推后，也许可以减轻税收负担(如避免高边际税率)，也许可以降低资本成本(如减少利息支出)。不管是哪一种，其结果都是税收支付的节约。

(三) 纳税筹划与偷税、避税、节税的关系

纳税筹划虽然与偷税、避税、节税的目的一致，都是为了减轻税收支出，但是，纳税筹划与其他三种有着一定的区别(见表 7-4)。归纳起来，主要表现在以下两个方面。

表 7-4　纳税筹划与偷税、避税、节税的关系

纳税人行为		与立法意图关系	与法律的关系	政府态度
偷税		违背立法意图	违反法律规定	制裁处罚
纳税筹划	避税	违背立法意图	法律空白	完善税法、强制调整
	节税	顺应立法意图	符合法律规定	鼓励宣传

第一，从行为过程的内容看，偷税主要是纳税人通过有意识地谎报和隐匿有关纳税情况和事实，达到少缴或不缴税款的目的，其行为具有明显的欺诈性质。避税是指纳税人利用税法漏洞或者缺陷钻空取巧，对已经发生的“模糊行为”，即介于应税和非应税之间的行为，通过对经营及财务活动的精心安排，以期达到纳税负担最小的经济行为。节税是通过避免应税行为的发生或事前以轻税行为来替代重税行为，达到减少纳税。纳税筹划主要是节税，但是在筹划过程中也会利用税法缺陷，所以也包含避税的成分。

第二，从法律方面的处理看，偷税这种违法行为，法律除了追缴税款和加处罚金外，严重的还要追究刑事责任，包括判处有期徒刑并处罚金；而对于避税，由于其不违法，则一般只是进行强制调整，要求纳税人补缴税款，政府要做的是完善税法，堵塞漏洞；但对于节税，由于其是一种合理的财务行为，所以不会受到法律方面的处理；而纳税筹划行为的内容涵盖了避

税和节税,故其行为的法律后果也就包括避税和节税行为的法律后果。

(四)物流企业纳税筹划的必然性

1. 物流企业纳税筹划的微观经济效应

1)有利于增强纳税人的纳税意识

从实际情况来看,纳税筹划是纳税人纳税意识增强到一定阶段的产物,并且将随着纳税意识的进一步增强而逐渐走向规范与完善;另外,纳税人对纳税筹划工作的重视与普及,在某种程度上也将有利于宏观税收环境的进一步好转,为全面提高公民的纳税意识创造良好的氛围。

2)有利于促进企业提高经营管理水平

物流企业通过纳税筹划可促使企业精打细算,减少不必要的浪费,增加预测、决策能力,提高经济效益和经营管理水平。物流业是运用信息技术和供应链管理技术对分散的运输、储存、装卸、搬运、包装、流通加工、配送、信息处理等多种社会功能进行有机整合和一体化运作而形成的蓬勃发展的产业。国家“十二五”期间提出要求“大力发展现代物流业”,明确要求“切实减轻物流企业税收负担”。在这样的大背景下,物流业务的多元化和国家税收政策的倾斜就对税收筹划提供了广阔空间。企业通过掌握财务管理,税收相关法规,运营管理等多种知识和技能,综合运用各种合法手段筹划来最大限度地降低税务成本。

3)有利于监督税务部门的征税行为

物流企业进行纳税筹划获得正当的税收利益是建立在企业纳税意识增强、税收知识全面掌握的基础之上。企业进行纳税筹划将有利于制约税务人员随意征税的行为。现实生活中,我们不难看到企业由于不懂税法,任由税务部门征管,这种严重的“信息不对称”状况使纳税人对税务部门的监督成为一纸空文。所以提倡企业进行纳税筹划势必会带来对税务部门的有效监督。

2. 物流企业纳税筹划的宏观经济效应

1)改变了国民收入的分配格局

企业纳税筹划一般会使企业节约税款支出,因此,在一定时期内待分配的国民收入为一既定量的前提下,纳税筹划的结果将使企业分得的国民收入份额相应增加,而政府所分得的份额相应减少。

2)有利于发挥国家税收调节经济的杠杆作用

在市场经济条件下,追求经济利益是企业经营的根本准则。企业自身这种强烈的节税欲望,使得国家可以利用税收杠杆来调整纳税人的行为,从而实现税收的宏观经济管理职能。如果政府的税收政策导向正确,纳税筹划行为将会对社会经济产生良性的、积极的作用。所以,企业纳税筹划行为从某一角度看,是企业对国家税法和政府税收政策的反馈行为。在建立和完善我国社会主义市场经济体制的过程中,国家不会对纳税人的纳税筹划加以反对,因为这将会抑制税收调节作用的发挥。

3)促使国家税法及政府税收政策不断改进和完善

纳税筹划是纳税人对国家税法及有关税收经济政策的反馈行为,同时也是对政府政策导向的正确性、有效性和国家现行税法完善性的检验。国家可以利用纳税人纳税筹划行为反馈的信息,改进有关税收政策和完善现行税法,从而促使国家税制建设向更高层次迈进。而从长远来看,更为科学、合理的税收制度,对企业稳定发展是非常有利的。

4）有利于国家财政收入的增加

纳税筹划既有利于国家财政收入的增加，又可减轻纳税人的税负，这二者看似矛盾，实质上是统一的。因为国家在制定税法时，为了体现产业政策，吸引资金，发挥税收在宏观经济管理方面的调控引导作用，有意使税负在不同产业、不同纳税人、不同课税对象、不同地域之间有所区别，这就为纳税人提供了优化选择其纳税方案的种种机会，只要纳税人的选择行为符合税法的立法精神，其结果一方面可以减轻纳税人的税负；另一方面又会促进落后地区的发展，开辟出更多的税源，增加财政收入。

二、物流企业的税基筹划

（一）我国物流企业涉税税基

我国物流企业的涉税种类主要包括流转税、所得税和财产税。

流转税类是指对商品流转额和非商品流转额如营业额、交易收入额、劳务收入额等的课税。流转税的基本特点是以商品流转额和非商品流转额作为课税依据，在生产、经营和服务收入环节征收，因而不受生产、经营和劳务服务成本的影响。我国的流转税税种主要有：增值税、营业税、消费税、资源税、城市维护建设税、关税、印花税等。而物流企业涉及的流转税税种主要是营业税以及以营业税为基础的城市维护建设税。营业税的税基为营业收入，包括：销售货物收入、提供劳务收入、转让财产收入、股息红利收入、利息收入、租金收入、特许权使用收入、接受捐赠收入、其他收入。

所得税类是指以各种纯收益或总收益额包括投资收益、工薪所得、交易所得、劳务费收入以及其他收益或所得所课征的税收。对纳税人应税所得的课税，有利于调节国家、企业、个人之间的收入分配关系。所得税的基本特点是以纳税人的纯收入或净收入为课税对象，因而有利于兼顾纳税人的负担能力，贯彻“量力负担”的原则。例如，我国现行的企业所得税、个人所得税，以及历史上曾经开设过的个人收入调节税、奖金税、城乡个体工商业户所得税等。物流企业涉及的所得税种主要为企业所得税，如果物流企业为个人独资企业或合伙企业，则比照个人所得税中个体工商户生产、经营所得征税规定执行。所得税的税基为应纳税所得额，等于收入总额减除不征税收入、免税收入、各项扣除以及允许弥补的以前年度亏损的余额。

财产税类是指以纳税人具有的财产数量或财产价值额为课征对象的一些税种。财产税的基本特点是课税直接与纳税人拥有的财产数量和财产价值相关联，便于公平分配、缓解收入悬殊的状况。比如我国的房地产税、车船使用税、车船使用牌照税、船舶吨税、城镇土地使用税等。物流企业大量的仓储配送业务，需要仓库、配送中心等基础设施，物流企业不管是自建仓库还是租用仓库，都会涉及房产税的缴纳。根据房产税条例规定，房产税课税模式有两种：一种是从价计征，即以房产的账面原值为课税依据。其课税公式为“应纳房产税额＝房产原值×（1－扣除比例）×适用税率”。另一种是从租计征，即以企业出租房产的租金收入为课税依据。其课税公式为“应纳房产税额＝出租房屋租金收入×适用税率”。据此得出，企业拥有房产自用经营，其缴纳房产税在计算上与其经营收入无直接关系；只有当企业将自己拥有的房产出租给他人时，才按出租收入缴纳房产税。

（二）税基筹划实现途径

1. 税基递延实现

税基递延实现，即税基总量不变，税基合法递延实现。在一般情况下可以递延纳税，等于取得了资金的时间价值和无息贷款，节约了融资成本；在通货膨胀的情况下，税基递延等于降低了实际应纳税额；在适用累进税率的情况下，有时可以防止税率的爬升。

物流企业有大量的固定资产，如运输车辆、配送中心、越来越先进的仓储设施。在物流企业成本中，固定资产折旧占有很大的份额。这些固定资产的折旧提取办法，影响着物流企业的成本，是企业计算缴纳企业所得税税前扣除的重要项目之一。固定资产折旧扣除的大小会影响企业所得税的税基，从而影响企业税负，最终影响企业本年利润。

具体而言，在会计核算方面有多种固定资产折旧核算的方法供选择，如平均年限法、双倍余额递减法、年数总和法等。这些不同的折旧方法及其因素对企业各期折旧额计算结果产生不同的影响，现分别对其进行分析。

1）平均年限法

平均年限法，又称使用年限法或直线法，是按照固定资产使用年限平均计算折旧的一种方法。平均年限法的计算公式是：

年折旧额 ＝ 固定资产原值 ×（1 － 净残值率 / 预计使用年限）　(8-1)

这种方法的主要特征是：计算出来的固定资产折旧额，在每个使用年份或月份都是相等的。采用平均年限法计算，折旧额随着使用的月数、年数增加成正比例增加，累计折旧额呈直线上升趋势，所以也称为直线法。

2）双倍余额递减法

双倍余额递减法是根据每期期初固定资产账面净值和双倍直线法折旧率计算固定资产折旧的一种方法。双倍余额递减法的折旧额计算公式是：

年折旧率 ＝ 2 － 折旧年限 × 100％　(8-2)

年折旧额 ＝（固定资产原值 － 预计净残值）× 年折旧率　(8-3)

这种方法的主要特征是：固定资产使用的前期折旧额大，后期折旧额小，使投资者回收资金快；相对固定资产折旧直线法，双倍余额递减法是加速折旧计算方法之一。

3）年数总和法

年数总和法是将固定资产原值减去预计净残值后的净额，乘以一个递减的分数计算每年的折旧额，这个分数的分子代表固定资产尚可使用的年限，分母代表使用年数的逐年数字总和。其计算公式如下。

年折旧率 ＝（折旧年限 － 已使用年限）－［折旧年限 ×（折旧年限 ＋ 1）＋ 2］× 100％　(8-4)

年折旧额 ＝（固定资产原值 － 预计净残值）× 年折旧率　(8-5)

这个计算方法的主要特征也是固定资产使用前期折旧额大，后期折旧额小，使投资者回收资金快，是另一种加速折旧计算方法。在同一类具体固定资产中，分别采用上述不同的三种固定资产折旧的计算方法计提折旧，其总折旧数额相等，但各种不同方式计算的每一期折旧数额有差异。对于处于所得税减免期的物流企业和不处于所得税减免期的物流企业，如何选择固定资产折旧方法，极大地影响其企业所得税税负。

对于无法享受企业所得税减免期优惠的物流企业而言，要使各期的所得税课税对象，即课税所得额尽量往后递延实现，就要每期的收入额尽量往后递延实现，或者成本、费用尽量地往前递增。企业在这段时间，在各期收入安排上往后递延，各期成本费用需往前递增实现，在固定资产折旧方面采取双倍余额递减法和年数总和法等加速折旧法为佳。

对于享受所得税减免期优惠的物流企业而言，企业所得税纳税筹划重点考虑的是运用税收减免期限取得实际减免税利益的问题。因此与没有所得税减免期优惠的物流企业纳税筹划思维相反，应考虑企业在一定经营时期内，连贯性地合理安排各期经济活动及其相关的会计核算方式，使各企业所得税课税对象尽量提前实现纳税义务发生的时间，使课税对象在减免税期内递增实现，从而在企业所得税减免期内获得最大的减免税利益。在固定资产折旧方面则采取直线折旧法为佳。

2. 税基均衡实现

税基均衡实现，即税基总量不变，税基在各纳税期之间均衡实现。在有免征额或税前扣除定额的情况下，可实现免征额或者税前扣除的最大化；在适用累进税率的情况下，可实现边际税率的最小化。

如物流企业充分利用税法关于起征点和免征额的规定。起征点主要运用于自然人纳税人方面。如增值税起征点幅度：销售货物为月销售额 5000～20000 元；销售应税劳务为月销售额 5000～20000 元；按次纳税为每次销售额 300～500 元。营业税起征点幅度是：按期纳税为月营业额 5000～20000 元；按次纳税为每次营业额 300～500 元。

个人所得税起征点幅度是：国内公民每月工资薪金为 3500 元；外籍人员每月工资薪金为 4800 元。免征额是在课税对象总额中免于征税的数额。如个人所得税规定；劳务报酬、稿酬以及财产租赁所得项目分别是每次收入小于 4000 元的，按 800 元扣除免征额；每次收入超过 4000 元，按收入额的 20%扣除免征额。

再如个人独资物流企业根据所适用的五级超额累进税率的特征，注重充分利用每个累进税率所规定的应纳税所得额的界点：5000 元、10000 元、30000 元和 50000 元，使企业的边际税率最小化。

3. 税基即期实现

税基即期实现，即税基总量不变，税基合法提前实现，在减免税期间，可以实现减免税的最大化。如上述享受所得税减免期优惠的物流企业纳税筹划的情形，在此不再赘述。

4. 税基最小化

税基最小化，即税基总量合法减少，可以减少纳税或者避免多纳税。物流企业充分利用现行优惠政策，如物流企业应争取成为试点企业以降低税基。国家税务总局于 2005 年 12 月 29 日下发《国家税务总局关于试点物流企业有关税收政策问题的通知》，该文件是针对试点物流企业在运输和仓储两个服务环节的营业税计征基数，可以扣除外包业务的营业额，按差额计征营业税。例如，某试点物流企业的某项仓储劳务营业额为 10000 万元人民币，假设全部外包给其他仓储服务企业的仓储费是 8000 万元人民币，试点企业的计征基数就由原来的 10000 万元降低到 2000 万元，意味着营业税由原来按 500 万元缴纳，现在按 100 万元缴纳，减少 400 万元的营业税金。这条政策的出台对于物流企业改善重复纳税有重大意义。

再如物流企业通过费用筹划可以相对降低企业所得税税基。从企业纳税筹划角度考察，企业经营过程中实际发生的费用开支共划分为三部分：第一部分是可以全额在企业所得税前列支的成本费用，即无限制列支部分。第二部分是按税务标准列支的费用，也称限制列支的费用。这类费用的特点是，如果实际发生额小于列支标准，则按实际发生额列支；如果实际发生额大于列支标准，则按标准额列支。超过标准部分费用，又分为可以延期列支和不得再列支费用两部分。可以延期列支的费用指当期实际发生的超过列支标准那部分费用可以延至下期在标准额内继续列支，如果在下期未能列支完毕，再延至下一期，一直到扣除完毕。这类费用通常也称为分期列支的费用。其差异只是时间上的差异，即该实际发生的差异额仅于因超标准不能再当期列支，需延至下期列支而已。这类费用有固定资产提取折旧、无形资产摊提费用、广告费摊销等。不得再列支的超标准部分费用是指当期实际发生的超过列支标准那部分费用再也不得以任何形式在企业所得税前列支。这类费用有业务招待费超标准部分、经营借贷利息超过金融机构同期同类贷款利率部分等。第三部分是按照税收法规规定完全不能在企业所得税前列支的费用。一般这些费用是与经营收入无关的支出，如资本利息、违法经营的行政罚款和税务滞纳金、罚款以及与经营收入无关的其他各项开支等。

当企业因实际发生的费用大于税务列支标准需要调整时，其超过标准不能列支部分的费用就要相对增大企业所得税课税对象；当企业实际发生的费用符合税务列支要求并小于列支标准时，其企业所得税课税对象相对缩小。企业所得税的课税对象与企业实际发生费用支出结构以及税务列支的要求和标准密切相关。企业实际发生费用总额相同，但费用列支的结构不同，可获得税务扣除的结果不一样，导致其课税对象的大小有差异；同时各种成本费用的税务列支标准不同，也会直接影响课税对象的大小。所以，企业在实际发生费用总额相同、适用税率相同的情况下，也会产生所得税税负的差异。

因此，企业应根据上述费用结构在税务列支方面的特点，在企业纳税筹划中控制资本性的支出，以尽量减少不能作为税务扣除的费用项目开支；在有限制列支的费用项目中，注意在类似性质的费用或者可替代费用开支之间进行调节，尽量将标准内的实际开支控制调整至标准临界点，既防止出现超标准列支，也尽量减少各项费用标准未达空间，造成筹划资源的浪费。

又如影响房产税税收负担的关键因素有：房产的购买价格或承建价格；出租房产的租金收入；以及从价计征与从租计征两种不同课税模式的适用税率。所以房产税的纳税技术筹划的主要内容有房产税两种课税模式的筹划以及自建房产税基核算的筹划。

1）房产税两种课税模式的选择

从房产税课税模型（见图 7-2）得知：房产税课税模式有从价计征和从租计征两种。这两种课税模式计算的税收负担可能产生差异。当企业具备条件对房产税两种课税模式选择的话，需要在两种课税模式之间做出关于各自税收负担对满足目标的优劣程度的测量及权

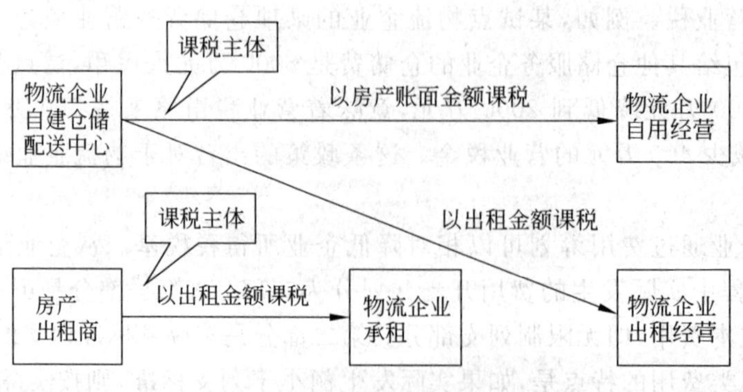

图 7-2　房产税课税模型

衡。现对企业在可比条件下的两种课税模式的税负平衡点进行计算、分析。

从价计征，即以房产的账面原值为课税依据。其课税公式为“应纳房产税额＝房产原值×(1－扣除比例)×适用税率”。房产原值为企业购买房产的价格或者自建房产的价格，我国税法规定的扣除比例为10％～30％，企业将该房产作为自己经营使用时适用房产税率为1.2％。从租计征，即以企业出租房产的租金收入为课税依据。其课税公式为“应纳房产税额＝出租房屋租金收入×适用税率”。企业从租计征适用的房产税率为12％。

2）自建房产税基核算的筹划

税法规定，企业自购、自建房屋、建筑物用于经营，需要从购买或竣工之日起，计算交纳房产税。房产税的课税对象是房屋、建筑物的账面原值。因此，关于房屋、建筑物原值的会计核算是影响房产税负的重要因素。在物流企业组建阶段，企业自建厂房、建筑物竣工验收后，就要通过会计核算归集该固定资产相应的成本费用，确定该固定资产原值，并构成房地产税收的征收依据。自建仓库、配送中心建筑物原值核算范围一般包含厂房、建筑物的主体框架、外墙装修、室内各种消防、通风、供排水、供电、供汽管网以及电梯等不可分割的附属设施价值；有部分投资如室内个性化的装修、相对独立的附属设备和设施等价值是否列入自建厂房、建筑物的原值的核算范围视该工程分包承建方式而定。如果自建仓库、建筑物连同室内个性化装修、相对独立的设备和设施等由承建商总承包，统一竣工验收，则房产原值包括上述工程的价值；如果自建仓库、建筑物的室内个性化装修、相对独立的设备和设施等分别由不同承建商承建而进行不同时间竣工验收，则可不包含在自建仓库、建筑物的原值内。因此，会计核算中关于房产税计税原值的大小与建设企业采取对仓库、建筑物分包的范围、程度及其分项竣工的范围、时间密切相关。在同等建筑规模情况下，采取不同的分包合同方式及分项竣工方式，对该房屋、建筑物的总体折旧额不产生影响，但对企业作为竣工后计算缴纳房产税纳税依据的那部分账面原值产生差异效果。

三、物流企业的税率筹划

目前我国物流企业所涉税种的税率主要有比例税率、定额税率和累进税率三种。

（一）比例税率

在流转税方面，除极小数产品同时适用定额税率之外，绝大部产品和劳务都适用比例税率。流转税的比例税率的特征是：税率档次较多，税率差异较大。营业税的比例税率为3％、5％、20％；房产税的比例税率是按房产原值计算的1.2％与按租金收入的12％、18％；在所得税方面，企业所得税的比例税率在不同地区、不同性质的企业以及不同的项目分别使用20％、25％；个人所得税个别项目适用的比例税率为20％；在行为类税收中，印花税绝大部分是比例税率，分别为千分之一、千分之二、千分之五、万分之三、万分之五。

（二）定额税率

在流转税方面，主要运用在消费税和资源税方面。消费税的定额税率有9档税额，最低为0.1元，最高为225元。资源税的定额税率有58档税额，最低为0.3元，最高为60元。另外，定额税率常被运用于个体经营者的核定征收模式中。

（三）累进税率

累进税率包括超额累进税率和超额累进税率。超额累进税率主要运用于个人所得税征收方面。个人所得税中的工资薪金所得项目是按九级超额累进税率计缴税额，九档税率分别从5%～45%；而对个体工商户生产、经营所得和对企事业单位承包经营、承租经营所得，则按五级超额累进税率计算缴纳税额，五档税率分别从5%～35%。超额累进税率目前在我国主要运用于土地增值税的征收，其税率共分四档，分别从30%～60%。

四、物流企业的税额筹划

税额筹划是指纳税人通过直接减少应纳税额的方式来减轻税收负担或者解除纳税义务，常常与税收优惠中的减免税、退税相联系。在税基筹划和税率筹划中，纳税人通过缩小税基或是降低适用税率进行筹划，节减的税额往往要经过较为复杂的计算过程才能知道。而在税额筹划中，节减的税额比较明确，一般不需经过复杂的计算过程。对税额进行筹划，可以有效实现税后收益的最大化。税额对物流企业纳税筹划的影响主要体现在两大方面：具有自开票资格的物流企业增值税抵扣；税收政策对税额的税收优惠。

物流企业应申请自开票纳税人资格。《国家税务总局关于货物运输业若干税收问题的通知》(国税发〔2004〕88号)规定：利用自备车辆提供运输劳务的同时提供其他劳务(如对运输货物进行挑选、整理、包装、仓储、装卸、搬运等劳务)的单位(以下简称物流劳务单位)，凡符合规定的自开票纳税人条件的，可以认定为自开票纳税人。有自开票资格的企业，其开立的运费发票中运输费用可以做增值税进项税抵扣，有利于降低下游企业的增值税负。

税收优惠的主要内容是减免税。减免税是税率的辅助和补充手段。税率是根据社会经济发展的一般情况和社会平均承担能力确定的，它适应普遍性、一般性要求，而不能适应特殊性、个别性要求。由于不同纳税人及课税对象受各种客观因素影响，其税收负担能力有差别。因此税收制度在统一税率的基础上，以税收优惠政策差别机制的灵活性进行补充调节。

减免税规定有各种类型。企业所得税主要有地区减免、行业或企业类型减免；流转税主要有项目减免；财产税主要有特殊减免等。上述减免按减免程度分有定期减免、不定期减免、全免以及部分减免。

(一) 企业所得税税收优惠

2008年1月1日，《中华人民共和国所得税法》及《中华人民共和国企业所得税实施条例》正式实施，根据新法规定，物流业可享受的优惠政策如下。

(1) 免税收入。免税收入包括：国债利息收入；符合条件的居民企业之间的股息、红利等权益性投资收益；在中国境内设立机构、场所的非居中民企业从居民企业取得与该机构、场所有实际联系的股息红利等权益性投资收益；符合条件的非营利组织的收入。

(2) 项目优惠。一是企业从事《中华人民共和国企业所得税法实施条例》第八十七条所称的国家重点扶持的公共基础设施项目的投资经营的所得，即投资《公共基础设施项目企业所得税优惠目录》规定的港口码头、机场、铁路、公路、城市公共交通、电力、水力等项目的所得，自项目取得第一笔生产经营收入所属纳税年度起，第一年到第三年免征企业所得税，第四年到第六年减半征收企业所得税。二是符合条件的技术转让所得免征、减征企业所得税，居民企业在一个纳税年度内技术转让所得不超过500万元的部分，免征企业所得税，超过500万元的部分，减半征收企业所得税。

(3) 低税率优惠。一是符合条件的小型微利企业，减按20%的税率征收企业所得税，符合条件的小型微利企业是指从事国家非限制和禁止行业，并符合下列条件的企业：工业企业，年度应纳税所得额不超过30万元，从业人数不超过100人，资产总额不超过3000万元；

其他企业，年度应纳税所得额不超过30万元，从业人数不超过80人，资产总额不超过1000万元。物流企业属于服务行业，按其他企业享受小型微利企业所得税优惠。二是国家需要重点扶持的高新技术企业，按15%的税率征收企业所得税。三是非居民企业取得以下所得(非居民企业在中国境内未设立机构场所的，或者虽设立机构场所但取得的所得与其所设机构场所没有实际联系的，应当就其来源于中国境内的所得缴纳企业所得税)，减按10%的税率征收企业所得税。

(4) 区域优惠。民族自治地方的自治机关对本民族自治地方的企业应缴纳的企业所得税属于地方分享的部分，可以决定减征或者免征。自治州、自治县决定减征或者免征的，须报省、自治区、直辖市人民政府批准。民族自治地方，是指依照《中华人民共和国民族区域自治法》的规定，实行民族区域自治的自治区、自治州、自治县。对民族自治地方内国家限制和禁止行业的企业，不得减征或者免征企业所得税。

(5) 加计扣除。企业的下列支出，可以在计算应纳税所得额时加计扣除：①开发新技术、新产品、新工艺发生的研究开发费用。研究开发费用的加计扣除，是指企业为开发新技术、新产品、新工艺发生的研究开发费用，未形成无形资产计入当期损益的，在按照规定据实扣除的基础上，按照研究开发费用的50%加计扣除；形成无形资产的，按照无形资产成本的150%摊销。根据《关于企业技术创新有关企业所得税优惠政策的通知》(财税〔2006〕88号)规定，开发费项目包括新产品设计费，工艺规程制定费，设备调整费，原材料和半成品的试制费，技术图书资料费，未纳入国家计划的中间实验费，研究机构人员的工资，用于研究开发的仪器、设备的折旧，委托其他单位和个人进行科研试制的费用，与新产品的试制和技术研究直接相关的其他费用。②安置残疾人员及国家鼓励安置的其他就业人员所支付的工资。企业安置残疾人员所支付的工资的加计扣除，是指企业安置残疾人员的，在按照支付给残疾职工工资据实扣除的基础上，按照支付给残疾职工工资的100%加计扣除。残疾人员的范围适用《中华人民共和国残疾人保障法》的有关规定。《中华人民共和国企业所得税法实施条例》第三十条第二项所称企业安置国家鼓励安置的其他就业人员所支付的工资的加计扣除办法，由国务院另行规定。

(6) 比例抵扣。创业投资企业从事国家需要重点扶持和鼓励的创业投资，可以按投资额的一定比例抵扣应纳税所得额。抵扣应纳税所得额，是指创业投资企业采取股权投资方式投资于未上市的中小高新技术企业2年以上的，可以按照其投资额的70%在股权持有满2年的当年抵扣该创业投资企业的应纳税所得额；当年不足抵扣的，可以在以后纳税年度结转抵扣。

(7) 缩短与加速折旧。企业的固定资产由于技术进步等原因，确需加速折旧的，可以缩短折旧年限或者采取加速折旧的方法。可以采取缩短折旧年限或者采取加速折旧方法的固定资产包括：一是由于技术进步，产品更新换代较快的固定资产；二是常年处于强震动、高腐蚀状态的固定资产。采取缩短折旧年限方法的，最低折旧年限不得低于规定折旧年限的60%；采取加速折旧方法的，可以采取双倍余额递减法或者年数总和法。

(8) 减计收入。企业综合利用资源，生产符合国家产业政策规定的产品所取得的收入，可以在计算应纳税所得额时减计收入。减计收入，是指企业以《资源综合利用企业所得税优惠目录》规定的资源作为主要原材料，生产国家非限制和禁止并符合国家和行业相关标准的产品取得的收入，减按90%计入收入总额。该原材料占生产产品材料的比例不得低于《资源综合利用企业所得税优惠目录》规定的标准。

(9) 税额抵免。企业购置用于环境保护、节能节水、安全生产等专用设备的投资额,可以按一定比例实行税额抵免。税额抵免是指企业购置并实际使用《环境保护专用设备企业所得税优惠目录》、《节能节水专用设备企业所得税优惠目录》和《安全生产专用设备企业所得税优惠目录》规定的环境保护、节能节水、安全生产等专用设备的,该专用设备的投资额的10%可以从企业当年的应纳税中抵免;当年不足抵免的,可以在以后5个纳税年度结转抵免。

(10) 税收优惠的监督管理。①企业同时从事适用不同企业所得税待遇的项目的,其优惠项目应当单独计算所得,并合理分摊企业的期间费用;没有单独计算的,不得享受企业所得税优惠。②从事国家重点扶持的公共基础设施项目投资经营的所得,从事符合条件的环境保护、节能节水项目的所得依照规定享受减免税优惠的项目,在减免税期限内转让的,受让方自受让之日起,可以在剩余期限内享受规定的减免税优惠;减免税期限届满后转让的,受让方不得就该项目重复享受减免税优惠。③享受税额抵免优惠的环境保护、节能节水、安全生产等专用设备,应是企业实际购置并自身实际投入使用的专用设备;企业购置上述专用设备在5年内转让、出租的,应当停止享受企业所得税优惠,并补缴已经抵免的企业所得税税款。

(11) 享受过渡性减免税优惠。在新所得税法公布前已经批准设立的企业(老企业):①依照当时的税收法律、行政法规规定,享受低税率优惠的,按照国务院规定,可以在本法施行后五年内,逐步过渡到本法规定的税率。②享受定期减免税优惠的,按照国务院规定,可以在本法施行后继续享受到期满为止;但因未获利而尚未享受优惠的,优惠期限从本法施行年度起计算。③由法律设置的发展对外经济合作和技术交流的特定地区内,以及国务院已规定执行上述地区特殊政策的地区内新设立的国家需要重点扶持的高新技术企业,可以享受过渡性税收优惠,具体办法由国务院规定。④国家已确定的其他鼓励类企业,可以按照国务院规定享受减免税优惠。

(二) 关于财产税减免税优惠

财产税减免税主要以特殊减免形式运用于房产税方面。外商投资企业在一些地区注册经营,可以向当地政府申请在一定时期内减免房产税,企业在经营过程遇到自然灾害,造成损失并陷入经营困境,可以向经管税务机关申请减免房产税。

五、物流企业的税期筹划

税期,即纳税期限,是指纳税人在发生纳税义务后,按照税法规定缴纳税款的期限。纳税期限有两层含义:一是结算应纳税款的期限,也称结算期限,不同的纳税人和征税对象有不同的结算期限,一般规定为1日、3日、5日、10日、15日或1个月为一期;不能按期计算的,则按次计算。二是缴纳税款的期限,也称缴款期限或入库期限,一般规定按月结算的,在期满后10日内报缴税款。物流企业除了注意在纳税期限内进行纳税申报外,还可以通过跨期结转和其他的一些延期纳税方法,进行税期筹划。

(一) 跨期转接

1. 增值税进项税额跨期抵扣

税法规定,纳税人销售货物或提供应税劳务,应纳税额为当期销项税额抵扣当期进项税

额后的余额。当期销项税额小于当期进项税额不足抵扣时可以结转下期继续抵扣其不足部分。

2. 企业亏损跨年度弥补

在计算缴纳所得税时,准许纳税人在某一年度发生的亏损,用以后年度的盈利去弥补,从而减少以后年度的应缴税款。现行《中华人民共和国企业所得税暂行条例》及其实施细则、《外商投资企业和外国企业所得税法》及其实施细则都对盈亏互抵做出了规定,这种税收优惠规定对于扶持新办企业的发展具有十分重要的作用,对于扶持具有较大风险的投资作用更大。

(二)其他延期纳税法

1. 由于纳税人纳税确有困难可延期纳税

纳税人、扣缴义务人因不可抗力,不能按期办理纳税申报或报送代扣代缴、代收代缴税款报告的,可以延期办理。但应当在不可抗力情形消除后立即向税务机关报告。税务机关应当查明核实,予以批准。纳税人因有特殊困难,不能按期缴纳税款的,经县以上税务局(分局)批准,可以延期缴纳税款,但最长不得超过3个月。经税务机关批准延期缴纳税款的,在批准的期限内,不加收滞纳金。

2. 在会计核算中采用有利的处理方法,实现延期纳税

为了延期纳税,纳税人可以采用一些有利于纳税的会计处理方法,如合理地确定固定资产折旧的方法、科学地确定存货计价的方法、在规定的标准范围内计提坏账准备和削价准备、采用允许所得税会计处理的时间性差异等。

实训项目一

- 实训内容:校内实训——参观江西财经大学“税票博物馆”。
- 实训手段:校内参观。
- 实训目的:通过实物、图片、视频展示了解我国税收、税制的发展历史与变迁。

实训项目二

- 实训内容:校外实训——物流企业调研。
- 实训手段:校外参观。
- 实训目的:了解“营改增”对物流企业的影响,结合本章理论知识思考我国物流税收之困。

练习题

一、单项选择题

1. 税收所体现的政府和经济活动主体之间的利益关系是一种不完全对等的互利关系指的是税收的(　　)。

A. 强制性　　B. 有偿性　　C. 无偿性　　D. 固定性

2. 按照税收的（　　）来划分，可将税收划分为实物税和专用税。

A. 收入形态　　B. 负担是否转嫁　　C. 管理权限　　D. 计征标准

3. 营改增的范围不包括（　　）。

A. 轨道交通运输

B. 航空公司出租飞机，配备操作人员

C. 出租车公司收取的管理费用（出租车属于出租车司机）

D. 单位和个人从事的快递服务

4. 增值税属于（　　）税收类型。

A. 所得税类　　B. 流转税类　　C. 财产税类　　D. 资源税类

5. 提供有形动产租赁服务的税率为（　　）。

A. 11%　　B. 6%　　C. 13%　　D. 17%

二、填空题

1. "营改增"试点行业包括________和________。

2. 税率一般可分为三类，即________、________和________。

3. 税制构成要素一般指的是________、________、________。

4. 为促进经济结构调整，支持现代服务业发展，从________年________月________日起，率先在上海市交通运输业和部分现代服务业开展营业税改征增值税试点。

5. 所得税类是指以各种纯收益或总收益额包括________、________、________、________以及其他收益或所得所课征的税收。

三、简答题

1. 简述税收调节经济的主要职能。

2. 简述我国物流业税收政策的变迁。

3. 简述"营改增"对物流业的影响。

四、实务题

1. A厂是生产钢铁的厂家，其产品的市场销售价格为0.3万元/吨（不含增值税），B公司为物流企业，由于该公司每年可为A厂销售10万吨产品，所以可以享受0.28万元/吨（不含增值税）的优惠价格。现在C企业需要买进1000吨A厂的钢材，请提出三种进货方式，并提出纳税筹划方案。

2. 2013年9月，上海东方物流有限公司的销售额为40万元，其中属于交通运输业的销售额为30万元，属于部分现代服务业的销售额为10万元。由于该公司没有对两种不同性质的收入分别进行核算，被税务机关认定为一律按"交通运输业"征收增值税。请对其进行纳税筹划。

本章参考文献

[1] 杨斌. 税收学[M]. 北京：科学出版社，2011.

[2] 李永芳. 我国物流业涉税分析与纳税筹划研究[D]. 北京：北京交通大学，2009.

[3] 胡基学. 支持物流业发展的财税政策研究[D]. 北京：财政部财政科学研究所，2014.

[4] 马国强. 中国税收[M]. 大连：东北财经大学出版社，2014.
[5] 张钦斐. 基于营改增的物流业涉税分析[D]. 济南：山东财经大学，2014.
[6] 龚辉文. 国外物流业税收政策的比较与借鉴[J]. 涉外税务，2008(9)：30-33.
[7] 王民浩. 我国物流业税收政策研究及改革探讨[D]. 成都：西南财经大学，2013.
[8] 张莹莹. 促进我国物流业发展的税收政策研究[D]. 大连：东北财经大学，2011.
[9] 杨静. 中国现代物流业的税收困境与重构[D]. 成都：西南财经大学，2012.
[10] 冯丽. 促进我国物流业发展的财税政策研究[D]. 乌鲁木齐：新疆财经大学，2010.
[11] 王冬梅. 中国物流业税收负担水平评价与优化研究[D]. 北京：北京交通大学，2013.
[12] 杨玉娟，王展，席爽. 物流企业的纳税筹划研究[J]. 经济研究导刊，2013(07)：29-30.
[13] 瞿继光，张晓东. 新税法下企业纳税筹划[M]. 北京：电子工业出版社，2008.
[14] 沈晓英. 营改增后的企业纳税筹划研究[J]. 财政税收，2015(5)：32-33.

电子商务物流

571亿，“双十一”盛宴背后

5200万元、9.36亿元、53亿元、191亿元、350亿元、571亿元，这是从2009年到2014年阿里“双十一”的成交额，5年增长近千倍！不过，2012年“双十一”天猫交易额与2011年“双十一”相比是260%的同比增长，2014年“双十一”是63%的同比增长，增速明显放缓。

不过于马云和阿里而言，2014年“双十一”的交易额增长势头不如去年，未必不是件好事，马云在接受央视对话栏目专访时就表示“我担心数字背后的东西，如果卖四百亿、卖五百亿，有多少包裹得寄出去，得安全地送到，路上不能有故障，不能下雪，不能下雨，这些事情我比较关心”。从物流订单的情况来分析，2013年是1.5亿的包裹数，2014年是2.78亿，增长了1.2亿。2013年“双十一”菜鸟首次投入使用，离它组建不到半年，还只是处于信息流整合阶段，2014年“双十一”菜鸟物流平台已经对仓储、联运转运、保税、电子商务等产业链进行整合。加上阿里联手海尔打造的日日顺，目前在全国有90多个仓储中心，消费者运营中心也相继完成，2014年天猫上销售的所有品牌的大家电都是通过日日顺完成配送的。

在2014年“双十一”时，北方没有出现大雪天气等自然因素的阻碍，订单量也在菜鸟物流和日日顺承载能力之内，且其电商技术平台经受住了考验：抗住了“双十一”零点开场大流量进入的压力，升级到每秒钟完成7万笔订单的能力，交易系统也未出现强买和超卖的状况。因此，马云和阿里才能在571亿元的交易额背后欣喜。

（资料来源：http://www.huxiu.com/article/101234/1.html）

案例解析

“双十一”，这个从所谓“光棍节”衍生出来的“节日”恐怕是中国近年来对电商而言“最成功”的节日。每年的“双十一”，我们看到的是电子商务卖家们忙得不可开交，其实背后为他们提供物流支持的快递公司同样压力巨大。物流不给力，直接影响用户对电子商务服务的体验评价，虽然在交易额上取得了漂亮的数据，但线下物流服务的表现却明显拉低了狂欢的含金量，甚至让不少人对“双十一”活动心有余悸。面对信任危机，天猫、京东、易迅等电子商务巨头纷纷主推物流优势，希望借此提振用户信心。

案例思考

电子商务与物流是什么关系？电子商务物流与一般物流的区别在哪里？阿里采取了什

么方式应对“双十一”电子商务物流难题？

案例涉及的主要知识点

电子商务　电子商务物流　快递　物流平台

学习导航

- 掌握电子商务物流的相关概念。
- 掌握电子商务物流与现代物流的差异。
- 掌握电子商务物流的运行模式。
- 了解电子商务物流的发展现状和发展前景。

教学建议

- 备课要点：电子商务定义和相关概念、跨境电子商务物流相关概念、实体商务与电子商务物流的区别。
- 教授方法：案例，讲授，实证，启发式。
- 扩展知识领域：中国电子商务物流发展热点。

第一节　电子商务

一、电子商务的定义和相关概念

（一）电子商务的定义

电子商务源于英文 Electronic Commerce，指产品或服务通过使用计算机网络进行交易。电子商务利用移动商务、电子资金转移、供应链管理、网络营销、在线交易处理、电子数据交换（EDI）、库存管理系统、自动数据收集系统等技术。

（二）电子业务的定义

与电子商务相近似，有一个概念叫电子业务（Electronic Business）。电子业务是对狭义的“电子商务”的扩充。它不仅仅是产品或服务的交易，还包括客户服务，与商业伙伴的协调、合作，利用网络开展学习和培训，以及组织内部的电子信息交换。也有人认为，电子业务是指利用互联网开展的交易以外的各种活动，即狭义电子商务活动的售前、售后活动。

（三）电子商务的重要概念

1. 完全电子商务与部分电子商务

数字化程度的高低决定了电子商务的不同形态。传统的、没有数字化模块的商务活动为实体商务。而商务活动中只要有一个要素是数字的，即可认为是电子商务，但是为“部分电子商务”。完全电子商务则必须所有模块都必须是数字化的。例如，在大学书店购买图书，属于实体商务；若是在亚马逊公司的网站上购买实体书籍或者是在苏宁易购上购买冰箱，则属于部分电子商务；而如果从亚马逊网站上购买一本电子书，或者在某网站上购买正版软件，就属于完全电子商务。

2. 电子商务组织

纯粹的实体公司或者组织可以称为砖瓦灰浆式组织（brick-and-mortar organization），

也可称为旧经济组织(old economy organization)。若一家企业或者组织只开展电子商务活动,不管是纯粹的还是部分的,那么就可以称为虚拟组织(virtual organization),或是纯电子商务组织(pure-play organization)。还有一种组织称为砖瓦鼠标式组织(click-and-mortar organization 或 click-and-brick organization),它们从事一些电子商务活动,作为营销渠道的补充。许多传统企业都在一步步的开展电子商务活动,从而成为砖瓦鼠标式组织。

二、电子商务的类型

电子商务按照交易形式或参与者的关系可以分为以下几种类型。

(一) B2B

B2B 是英文 Business to Business(商家对商家)的缩写,是商家(泛指企业)对商家的电子商务模式,即企业与企业之间通过互联网进行产品、服务及信息的交换。这些过程包括发布供求信息,订货及确认订货,支付过程及票据的签发、传送和接收,确定配送方案并监控配送过程等。国内目前比较知名的 B2B 网站有阿里巴巴、慧聪网、网盛生意宝、环球资源网、中国制造网、中国网库、敦煌网、中国化工网等。

(二) B2C

B2C 是英文 Business to Consumer(商家对客户)的缩写,就是通常说的商业零售,即直接面向消费者销售产品和服务。这种形式的电子商务一般以网络零售业为主,主要借助于互联网开展在线销售活动。B2C 模式是我国最早产生的电子商务模式,以 8848 网上商城正式运营为标志。国内目前比较知名的独立 B2C 网站有京东商城、当当网、卓越亚马逊、易迅网、一号店、新蛋、麦网、好乐买、凡客诚品、酷运动、左岸女人等。

(三) B2B2C

B2B2C 是一种新的网络通信销售方式,是英文“Business to Business to Customer”的简称。第一个 B 指广义的卖方(即成品、半成品、材料提供商等),第二个 B 指交易平台,即提供卖方与买方的联系平台,同时提供优质的附加服务,C 即指买方。卖方不仅仅是公司,还可以包括个人,即一种逻辑上的买卖关系中的卖方。平台绝非简单的中介,而是提供高附加值服务的渠道机构,是拥有客户管理、信息反馈、数据库管理、决策支持等功能的服务平台。买方同样是逻辑上的关系,可以是内部的,也可以是外部的。B2B2C 定义包括了现存的 B2C 和 C2C 平台的商业模式,更加综合化,可以提供更优质的服务。如淘宝商城、QQ 商城、乐酷天等。

(四) C2C

C2C 是英文 Consumer to Consumer(个人对个人)的缩写,C2C 同 B2B、B2C 一样,都是电子商务的主要模式之一。不同的是 C2C 是个人对个人的电子商务模式,最早由个人通过第三方交易平台(如 eBay、淘宝、拍拍等)进行在线交易。个人卖家最早仅出售一些二手商品,以竞价为主要手段。后逐渐演变成经营性交易,个人卖家逐步成长为商家,以团队和公司进行运营。因此现在将以前的 C2C 商家称为“平台电子商务”可能更为合适。为 C2C 买家和卖家提供交易平台,收取服务费、佣金、广告费等,也是一种电子商务模式。

需要注意的是早期的很多平台 C(个人)店卖家逐步成长为规模较大的大卖家。C(个人)只是一个暂时的状态,随着经营情况的发展,C(个人)店的身份也会转化为企业组织。

（五）B2T

B2T 是英文 Business to Team 的缩写，可以简单地归纳为是一种多方共赢（消费者，商家）的电子商务和线下消费的模式。消费者、商家、网站运营商各取所需，让资源分配得到最大的优化。国内目前比较知名的 B2T 模式网站有美团、拉手、F 团、糯米、满座等。B2T 团购网站 2010 年在国内快速发展，达到上千家的规模。

（六）电子政务

电子政务是政府机构利用网络向企业（G2B）或是个人（G2C）提供商品、服务和信息，或是从企业（B2G）、个人（C2G）那里购买商品、服务、信息。政府机构与机构之间也可利用网络开展商务活动，则是 G2G。

（七）C2B

C2B 全称 Consumer to Business，即消费者对企业，是指消费者聚集起来进行集体议价，把价格主导权从厂商转移到自身，以便同厂商进行讨价还价。

以消费者为中心、消费者参与设计与生产、消费者主导等属于 C2B 的特征，但这些特征不是 C2B 区别于其他模式的关键因素。真正的 C2B 应该先有消费者需求产生而后才有企业生产，即先有消费者提出需求，后有生产企业按需求组织生产。通常情况为消费者根据自身需求定制产品和价格，或主动参与产品设计、生产和定价，产品、价格等彰显消费者的个性化需求，生产企业进行定制化生产。

C2B 模式的核心是通过聚合为数庞大的用户形成一个强大的采购集团，以此来改变 B2C 模式中用户一对一出价的弱势地位，使之享受到以大批发商的价格买单件商品的利益。例如淘宝、易趣、拍拍等网站上的团购业务都属于 C2B 这样一个基本范畴。

（八）O2O

O2O，全称 Online to Offline，又被称为线上线下电子商务，是一种区别于传统 B2C、B2B、C2C 等的电子商务模式。O2O 就是把线上的消费者带到现实的商店中去：在线支付线下（或预订）商品、服务，再到线下去享受服务。通过打折、提供信息、服务等方式，把线下商店的消息推送给互联网用户，从而将他们转换为自己的线下客户。这样线下服务就可以用线上来揽客，消费者可以用线上来筛选服务，成交可以在线结算，很快达到规模。

前沿理论与技术

除上述分类涉及的物流术语外，其他还有一些常见的理论研究与实践热点，包括跨境电子商务物流、电子商务物流 APP、“互联网＋”电子商务物流、海外仓储、快递自提点等。

第二节　电子商务物流

一、电子商务物流概述

（一）电子商务物流的定义

电子商务物流的定义可以表述为：在电子商务的条件下，依靠计算机技术、互联网技术、电子商务技术以及信息技术等所进行的物流(活动)。它是基于传统物流的概念,结合电子商务中的信息流、商流、资金流的特点而提出的,是电子商务环境下的新的物流表现方式。

(二)电子商务物流的特点

1. 信息化

物流信息化表现为物流信息的商品化、物流信息收集的数据库化和代码化、物流信息处理的电子化和计算机化、物流信息传递的标准化和实时化、物流信息存储的数字化等。因此,条码技术、数据库技术、电子订货系统(EOS)、电子数据交换(EDI)、快速反应(QR)及有效客户反应(ECR)、企业资源计划(ERP)等技术与观念在物流中将会得到普遍的应用。信息化是一切的基础,没有物流的信息化,任何先进的技术设备都不可能应用于物流领域,信息技术及计算机技术在物流中的应用将会彻底改变世界物流的面貌。

2. 网络化

网络化是电子商务模式下物流活动的主要特征之一。这里指的网络化有两层含义:一是物流配送系统的计算机通信网络,包括物流配送中心与供应商或制造商的联系要通过计算机网络,另外与下游顾客之间的联系也要通过计算机网络通信,比如物流配送中心向供应商提出订单这个过程,就可以使用计算机通信方式,借助于增殖网(VAN)上的电子订货系统(EOS)和电子数据交换技术(EDI)来自动实现,物流配送中心通过计算机网络收集下游客户的订货的过程也可以自动完成;二是组织的网络化,即所谓的企业内部网(Intranet)。比如,我国的台湾地区于20世纪90年代在计算机制造领域提出了"全球运筹式产销模式",这种模式的基本点是按照客户订单组织生产,生产采取分散形式,即采取外包的形式将一台计算机的所有零部件、元器件、芯片外包给世界各地的制造商去生产,然后通过全球的物流网络将这些零部件、元器件和芯片发往同一个物流配送中心进行组装,由该物流配送中心将组装的计算机迅速发给订户。这一过程需要有高效的物流网络来支持,当然物流网络的基础是信息、计算机网络。

物流的网络化是物流信息化的必然,是电子商务下物流活动的主要特征之一。当今世界Internet等全球网络资源的可用性及网络技术的普及为物流的网络化提供了良好的外部环境,物流网络化不可阻挡。

3. 智能化

智能化是物流自动化、信息化的一种高层次应用,物流作业过程中大量的运筹和决策,如库存水平的确定、运输(搬运)路径的选择、自动导向车的运行轨迹和作业控制、自动分拣机的运行、物流配送中心经营管理的决策支持等问题都需要借助于大量的知识才能解决。在物流自动化的进程中,物流智能化是不可回避的技术难题。好在专家系统、机器人等相关技术在国际上已经有比较成熟的研究成果。为了提高物流现代化的水平,物流的智能化已成为电子商务下物流发展的一个新趋势。

4. 柔性化

柔性化本来是为实现"以顾客为中心"理念而在生产领域提出的,以便使企业能根据消费者的需求变化来灵活调节生产和工艺。但要真正做到柔性化,即真正地能根据消费者需求的变化来灵活调节生产工艺,没有配套的柔性化的物流系统是不可能达到目的的。20世纪90年代,国际生产领域纷纷推出弹性制造系统(FMS)、计算机集成制造系统(CIMS)、制造资源系统(MRP)、企业资源计划(ERP)以及供应链管理等概念和技术,这些概念和技术的实质是要将生产、流通进行集成，根据需求端的需求组织生产，安排物流活动。因此，柔性化的物流正是适应生产、流通与消费的需求而发展起来的一种新型物流模式。这就要求物流配送中心要根据消费需求"多品种、小批量、多批次、短周期"的特色，灵活组织和实施物流作业。

另外，物流设施、商品包装的标准化，物流的社会化、共同化也都是电子商务下物流模式的新特点。

（三）传统物流和电子商务物流的比较

1. 供应链的结构和流程差异

传统的供应链呈线性结构，电子商务下的供应链转变为中心结构（见图 8-1）。在中心型供应链中，供应链合作伙伴和各要素之间的链接更短，中心结构中的中央也进行协调和控制，使得管理更加有效，并增加了透明度。同时，中心结构的管理通常是完全电子化的，这会使订单的履行更快捷、更省钱并且问题更少。

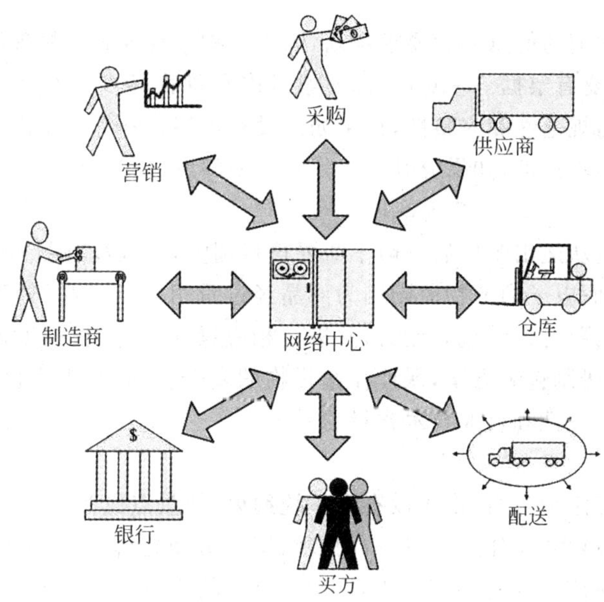

图 8-1　电子商务下的供应链

2. 仓储环节差异

1）存储方式

传统物流一般情况下会共用存储区和拣配区域，这是由少品种、大批量的出入模式所决定的。库内设施一般为平面库（堆垛）和立体高位货架。由于大批量的特点，进出以箱数为单位，甚至以托盘为辅助单位；存储和转移多以托盘为载体。而电子商务的物流则需要适应多品种、小批量的特点，同时在目前以人工作业为主的前提下，必须设专门的存储区来提高存储利用率，设专门的拣货区提高拣选效率（配以轻型货架为主，平面托盘库位补充），因此仓库布局、辅助器械与传统物流都有很大差异。传统仓库品类的 ABC 分类基本稳定，所以其存储方位大致确定；电子商务物流则由于多种组合和空间压缩让 ABC 分类极具动态性，所以这种常用方式（分类存储）变得很难上手，亚马孙的随机存储也一定程度上反映了这种困境。

2）拣货方式

概括来讲，传统物流出库批量大，可以用叉车直接拣货，在衡量拣货效率时多以箱数（原包装箱）为主要单位；很少使用RF辅助，因为数量大，但品种少，可重复清点；拣货过程中直接摘果，或者摘果后播种；一个订单批量已经足够大，不需要考虑订单如何组建波次。相反，电子商务需要以规模制胜，品种繁多，但数量多为个位数，甚至多为一件两件，拣货时一个订单显然不足以摘果，需要统筹考虑以波次为单位，边摘果边播种，这种精细是无法驾驶叉车类似的粗糙工具完成的，所以常见的电子商务拣货多是RF、拣货小车、周转箱。RF代替人眼做到完成一个动作的校验，周转箱则代替移动包装单位（托盘）。

3）复核

传统出库的复核程序很重要，但基本上以数量清点和品种校验为主，且多为人工单独可以完成，而电子商务的复核几乎是重新清点，通过电子设备终端一一完成校验。

4）信息元素

传统物流对货物上的信息元素要求不高，因为货物本身外表或物理属性可以区分，如可以不贴标签，也不需要有票据一一对应，即发票可以和货物异步流通；然而电子商务物流却严格要求标签信息的规范性和完整性，订单如果没有标签、条码，订单内容信息就无法知晓，发票也必须和货物同步流动，如果分开不仅是费用的问题，更是对核心“顾客体验”的破坏。

5）包装

传统物流的包装从运出工厂后一般不需要再行调整，所以没有明显的包装线，其包装的起因是加固或安全；而电子商务物流则因为商品经过重组，“新产品”处于无包装状态，电子商务仓库包装线则需要有设计包装能力，并进行相应操作，需要根据不同的商品特征，在成本及时间的约束下，研制包装方案，保证在途货物的安全。因此，电子商务物流的包装环节是仓储物流中最具专业性和行业技术含量的一环。

6）盘点

传统物流的盘点定期进行，由于没有强系统约束，使盘点成为库存管理问题暴露的重要手段。传统物流可以停止运作进行盘点，而多级库存分布也保证了停止作业的可行性。电子商务物流则无法达成这样的静态盘点，7×24小时的服务一直让仓库处于运转中。那如何保证账实一致呢？在电子商务的仓库，首先要重点控制过程，杜绝差异产生（传统过程可以偏离系统要求，事后补救）。其次，差异的处理要不断通过系统引导控制进行处理，做到数量、状态、位置的每次变化都保证系统、实物同步进行。通过这些方面的严格管控，来弥补无法进行静态盘点工作的不足。较为可行的是局部盘点、分类盘点。

3. 运输与配送环节差异

传统运输批量大，类型较为单一，且目标地点较为固定，容易产生规模效益；很多专线公司，甚至于1台车1个人就可以开一个物流公司，就算到配送环节，也往往是RDC（区域配送中心）到门店。而对电子商务而言，由于货物类别不同、特点不一，较难整合，我们可以理解为相对传统物流而言，多了“一公里”，即站点至客户，而这“一公里”往往是电子商务配送核心所在。具体包括以下几点。

1）货源组织

传统运输货源简单，附属某单个企业便可以组织货源，并且节奏相对稳定，货量相对可

靠。电子商务则不是如此，如果一个运输企业打算经营某个区域的配送，必须要有较多的货源对象才能保证总体稳定，同样，做自营配送决策也需要订单量有足够规模，否则决策很不科学，容易造成资源闲置。

2）运输计划

传统物流点固定、量标准，有很大计划空间，尤其可以较准确地预计到一些季节性或者交通因子的影响，做到提前安排运输计划。显然电子商务不到订单最后一刻是无法进行运输作业的，因为我们无法预测运输什么，无法提前安排运输计划。

3）配送“最后一公里”

对电子商务物流而言，“最后一公里”扮演着非常重要的角色，是电子商务唯一和用户直接面对面的通道。服务中积累的数据，蕴含着客户端的触角，基于对数据的采购管理、前端市场预测以及供应链管理极具价值。随着大物流、大数据时代的到来，“最后一公里”蕴含的商业价值将会愈加明显。以京东商城为例，除了自建物流体系，京东先后推出校园营业厅、地铁自提点和社区自提柜服务，其中的“自提”成了关键词。对企业来说，集约化送件能降低配送成本，在配送时间上也更灵活，同时还能提高用户体验，保护消费者隐私。为此，电子商务企业与社会资源合作，推便利店、第三方服务机构、收货宝、24 小时自助收费站等产品。到底是资源整合最终占据上风还是自提成为最优，目前尚无定论。

4）运输信息流

运输过程中的监控和信息反馈十分重要，但传统物流和电子商务物流相比侧重点各有不同。

（1）运输单位的基本信息：传统物流对运输单位基本信息的准确性要求很高，需要其严格的重量、体积等信息，因为这些信息对车辆的安排影响很大。电子商务物流则因为包裹化使得运输单位的信息变得不是非常重要，因为一般情况不会因为包裹内货物不同造成重量等信息的巨大差异，也不会造成结算费用的巨大差异。

（2）在途跟踪：相对传统物流，电子商务物流的在途跟踪已经成为“终极产品”的一部分，要随时能够反馈给客户可以看到的地方；而传统物流则允许其不完整，甚至缺失。

（3）收货反馈：在传统物流行业，通常将收货人的签单作为交易完成的最终凭证，这也是解决任何纠纷的最佳凭证，因为这些凭证都要通过“扫描＋原件”进行档案管理。而电子商务行业由于其庞大的订单量和及时配送要求，使实名制签收流于形式，甚至出现了很多“冒名顶替签收”的现象。

二、电子商务与物流的关系

（一）电子商务对物流活动的影响

随着电子商务环境的改善以及电子商务所具备的巨大优势，电子商务受到了政府、企业界的高度重视，使电子商务飞速发展。在电子商务改变着传统产业结构的同时，也对物流的发展产生了深远影响。

1. 电子商务给物流带来了发展机遇

在电子商务环境下，物流公司既是生产企业的仓库，又是用户实物供应者，物流业成为社会生产链条的领导者和协调者。电子商务把物流业提升到了前所未有的高度，为其提供了空前的发展机遇。

2. 电子商务促进物流服务的社会化和多功能化

在电子商务条件下，在网上订购、网上支付实现后，最关键的问题就是物流配送，通常，企业无法完全独立完成，特别是小企业，当面对跨地区、跨国界的用户时，将显得束手无策。因此，物流的社会化，如第三方物流、第四方物流将是电子商务环境下物流发展的一个十分重要的趋势。

3. 电子商务促进增值性物流服务的发展

电子商务需要的不是普通的运输和仓储服务，它需要的是物流服务，尤其是增值性物流服务，包括：给客户带来便利性的服务；能够加快反应速度的服务；能够降低成本的服务；以及可以延伸的服务，并将供应链集成在一起。

4. 电子商务促进物流管理的信息化

传统的物流和配送过程是由多个业务流程组成的，受人为因素和时间影响很大。传统的物流活动在其运作过程中，不管是以生产为中心，还是以成本利润为中心，实质都是以商流为中心，从属于商流活动，因而物流的运动方式是伴随商流运动进行的。

而在电子商务下，物流的运作是以信息流为中心的，信息不仅决定了物流的运作方向，而且也决定着物流的运作方式。在实践中，通过网络上的信息传递，可以有效地实现对物流的控制，实现物流的合理化。

5. 电子商务促进物流技术水平的提高

在计算机网络技术的应用普及后，尤其是电子商务的飞速发展，物流技术中又综合了许多现代技术，如 GIS、GPS、EDI、BARCODE 等。

电子商务与物流的互相影响和作用，促成了不同的物流管理模式。在电子商务环境下，物流管理的主要模式包括自营物流、第三方物流、第四方物流等，发展的主要趋势是物流联盟和物流一体化。

6. 对供应商选择的影响

在电子商务模式下，企业在网上寻找合适的供应商，从理论上讲有无限的选择性，而这种无限选择的可能性会导致市场竞争的加剧，并带来供货价格降低的好处。但是，这仅仅是理论上的分析，对于供应商的选择问题，实际上无限选择性并不存在，所有企业都知道频繁地更换供应商，将增加物质认证的成本支出，并面临较大的采购风险。

7. 对物流运输的影响

在电子商务环境下，提高配送速度已经上升为物流业最主要的竞争手段之一。物流系统要提高满足客户对产品可得性要求的能力，在仓库、配送中心等物流节点设施布局已经确定的情况下，运输将起到决定性作用。由于运输活动的复杂性，对运输信息共享的基本要求是运输单据的格式标准化和传输电子化。

8. 电子商务对物流人才提出了更高的要求

电子商务不仅要求物流管理人员具有较高的物流管理水平，还要求物流管理人员要掌握较丰富的电子商务知识，并在实际的运作过程中，能有效地将两者有机地结合在一起。

要建立一个高效、畅通、合理的适应电子商务发展需要的物流系统，就一定要有一支既懂管理又懂技术的高级物流人才队伍。

（二）物流对电子商务的影响

1. 物流是电子商务系统的组成部分

电子商务领域是一个林林总总的大框架，包含着各种各样的经营管理工作，还包括各种

组织结构和技术。要运用好电子商务，企业需要信息、基础设施以及各种支持服务。图 8-2 中显示出电子商务应用需要五大支持系统。

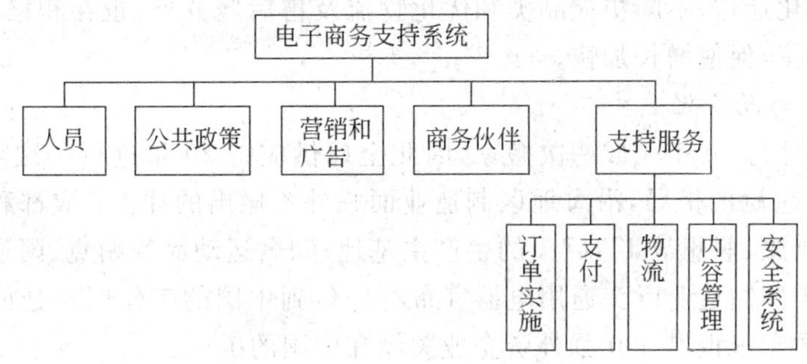

图 8-2　电子商务支持系统

（1）人员。包括买家、卖家、中间商、服务商、网络服务人员、网络管理人员等。

（2）公共政策。法律、法规、政策等都是由政府来制定并实施的，如税收政策、电子商务法规、隐私保护政策等。还有一些与公共政策有关的技术标准，一般由权威的行业协会来制定，业内人士都要遵守。

（3）营销和广告。与其他的商务活动一样，电子商务也需要营销和广告的支持。在 B2C 网络交易中，营销和广告尤其重要，因为买卖双方并不熟悉。

（4）商务伙伴。电子商务中的网站联盟、合资公司、产业联盟、信息互通等都是常见的合作形式。尤其多见于供应链中，即企业与其供应商、客户以及各种商务伙伴之间的交流与合作。

（5）支持服务。电子商务需要各种支持系统，其中包括安全系统、内容管理、支付、订单实施、物流等。

2. 现代物流是电子商务的执行保证

电子商务极大地改变了我们的交易方式，可是，在实现网上订货、网上支付的同时，电子商务也因实体物流障碍而遭遇尴尬。例如，戴尔电脑公司目前面临的最大问题就是物流方面的难题，在收到订单后，如何及时采购到各种零配件，如何将产品及时配送到顾客手上，都需要一个完整的物流系统来支持。可见电子商务是信息传送保证，物流是执行保证。没有物流，“电子商务只能是一张空头支票”。

3. 物流是实现电子商务中跨区域物流的重点

随着电子商务的业务范围扩大，电子商务的应用将更加重视跨区域物流。要解决电子商务跨国物流、跨区域物流中可能出现的问题，需依赖于完善的物流系统。国际电子商务的推广，离不开物流系统的支持。

三、我国电子商务物流的发展背景和现状

（一）电子商务物流的发展背景

1. 电子商务的迅猛发展

2014 年，我国电子商务市场交易规模达 13.4 万亿元，同比增长 31.4%。其中，B2B 电子商务市场交易额达 10 万亿元，同比增长 21.9%。网络零售市场交易规模达 2.82 万亿元，同比增长 49.7%。电子商务市场细分行业结构中，B2B 电子商务仍然占主导地位，整体

占比略减少至 74.6%。另外，网络购物占比有小幅度提升，由 2013 年的 17.6%增长至 21%。同时，随着网络购物行业发展的日益成熟，各家电子商务企业除了继续立足于网购市场的深耕和精细化运作，不断扩充品类和优化物流及售后服务外，也在积极向三、四线城市甚至农村市场扩张，促使增长加快。

2. 制造业的格局变化

全球制造基地每 20 年完成一次搬家，因此全球供应链 20 年进行一次重组，2013 年的中国制造业面临尴尬的格局，沿海地区制造业面临外资撤出的冲击：成都和郑州取代深圳和东莞，成为富士康、联想等 IT 巨头的生产主基地；知名运动品牌耐克、阿迪达斯关闭在中国的直属工厂；美国制造业巨头通用电器宣布将外包到中国的工作岗位迁回美国本土。据统计，近年来有数十家世界 500 强外资企业关闭在中国的工厂。

离开中国的企业有两种：一种是传统的低端制造业，向越南、柬埔寨、孟加拉等国家转移；另一种是高端制造业，在欧美等发达国家重振本国制造业、加快实施“再工业化”战略背景下，纷纷回流本土。与此同时，欧美国家纷纷运用新的信息技术、互联网优势整合传统劳动密集型制造业，大力发展生物工程、节能环保、新能源、新材料等战略性新兴产业，力保在世界制造业价值链上的高端位置和全球控制者的地位。

“中国制造”——这个见证了中国崛起、足以让中国人感到骄傲和自豪的字眼，正面临前所未有的挑战。制造业的变迁对服务于制造业的物流带来了较大的冲击。中国物流在电子商务高速发展和制造业格局变化的双重驱动下，进入转型升级的快车道。传统的物流服务模式正在被一些新的商业模式所颠覆，传统的物流服务企业正在从砖瓦灰浆式组织向砖瓦鼠标式组织、虚拟组织进行转变。

（二）电子商务物流发展现状

我国电子商务的发展尤其是网络购物的爆发式增长大大促进了电子商务物流服务业尤其是快递服务业的发展，使其成为社会商品流通的重要渠道。据统计，与淘宝网合作密切的圆通、申通等快递企业，其六成以上的业务量都来自网络购物。

1. 电子商务物流服务业受到了国家和地方政府的重视

2012 年 3 月 27 日，工业和信息化部发布《电子商务“十二五”发展规划》，提出：“加快建设适应电子商务发展需要的社会化物流体系，优化物流公共配送中心、中转分拨场站、社区集散网点等物流设施的规划布局，积极探索区域性、行业性物流信息平台的发展模式。……提高物流企业信息化水平，促进物流服务和电子商务集成创新。推进煤炭、钢铁、塑料和粮食等大宗商品电子交易与物流服务集成健康发展。推动快递、零担、城市配送企业依托信息化提高社会化服务水平，增强对网络零售的支撑能力。适时启动物联网在物流领域的应用示范。”2015 年发布的《国务院关于大力发展电子商务 加快培育经济新动力的意见》和《国务院关于积极推进“互联网＋”行动的指导意见》都对电子商务物流的发展做出了明确指示。

2014 年 9 月 26 日，深圳市正式发布《关于促进深圳电子商务物流业发展的若干措施》并开始实施，这是全国首个规范和促进电子商务物流业发展的地方政策性文件。

2. 我国价格低廉的快递物流业为电子商务物流服务业提供了重要保障

我国的网上购物发展速度和规模远远超过经济发达的西方国家的重要原因之一是我国的快递服务价格低廉，低到了在西方国家不可想象的水平。这种低价格的快递服务源于三个方面：一是我国有足够的富余劳动力，工资水平低下，快递公司可以以较低的成本雇用员

工;二是城市配送车辆和网点简陋,运营成本低,很多配送车辆是轻型三轮或两轮摩托车,末端网点甚至设置在临时空地内的废弃车辆上;三是配送员通过降低服务水平节约配送时间和费用,典型的例子是利用简陋的末端网点,让顾客前来取货。尽管"电子商务+快递"为人们带来了实惠与方便,节省了大量时间和精力,但是,目前很多物流企业盈利薄,无心致力于业务的扩大、服务的提高、技术的更新等,因此造成了物流业的发展跟不上电子商务业发展的步伐。

3. 网络购物快递市场呈现爆发式发展

据中国电子商务研究中心监测数据显示,2014 年全国电子商务物流包裹超过了 140 亿件,六年来增长 8.2 倍。其中,同城业务收入累计完成 265.9 亿元,同比增长 59.8%;异地业务收入累计完成 1130.6 亿元,同比增长 36.4%;国际及我国港澳台地区业务收入累计完成 315.9 亿元,同比增长 16.7%(同期邮政包裹业务累计完成 6024.2 万件,同比下降 13.0%)。人均快递使用量为 10.2 件,年人均快递支出 149.5 元。

4. 电子商务企业纷纷自建物流

目前我国物流业服务水平低,物流成本高,成为制约电子商务高速发展的瓶颈,尤其是季节性的快递企业"爆仓"问题以及频繁涨价等问题,迫使大多数具有先行优势的电子商务企业投入了巨大的物流成本却收效甚微。甚至有的电子商务企业纷纷自建物流。自建物流虽能给顾客提供更好的个性化服务,但是建设前期需要大量的投入,且必须经过长期运作后其作用和利润才会显现,这必然会耗费企业大量精力。

5. 快递物流企业搭建电子商务平台

一方面,随着油价、人力成本的持续攀高,大多数快递物流公司的利润持续下降;另一方面,受到行业的竞争压力和对电子商务市场前景的看好,争取供应链的控制权,众多快递物流企业已经开始大规模搭建电子商务平台。快递物流企业往往积累了大量的客户资料,同时可通过自身配送网络的优势搭建电子商务平台为下游提供优质高效的物流服务。但是,传统的快递物流企业在商品的采购和供应链上游的资源上有其自身的缺点,同时在电子商务平台的推广、营销和运作上也缺乏经验。

6. 电子商务物流瓶颈越来越凸显

物流一直是电子商务发展的"瓶颈",随着电子商务在近几年爆发式的发展,更使得两者之间的差距扩大。据相关数据统计,国内电子商务的发展速度是 200%～300%,而物流增速只有 40%,物流发展水平远远不能满足电子商务发展的需求,尤其在节假日,快递物流公司频频出现"爆仓"现象。再加上物流服务水平不高,频繁出现到货慢、货物丢失、商品损毁、送货不到位等服务问题,成了消费者主要的投诉对象之一。

第三节　电子商务物流的运作

一、B2B 电子商务物流

随着世界经济的快速发展和现代科学技术的进步,B2B 电子商务物流产业作为国民经济中一个新兴的服务部门,正在全球范围内迅速发展。在国际上,B2B 电子商务物流产业被认为是国民经济发展的动脉和基础产业,其发展程度成为衡量一国现代化程度和综合国力的重要标志之一,被喻为促进经济发展的"第三利润源泉"。我国 B2B 电子商务物流产业作为近几年新兴发展起来的产业，产业规模越来越大，科技含量越来越高，越来越显示出新的经济增长点的巨大效能。

近几年来，我国B2B电子商务物流市场需求和现代物流产业均已进入快速增长时期。一批超大型国有物流企业投身第三方物流市场，70%的物流服务提供商在过去的三年中，年均业务增幅都高达30%。但是总体来看，由于受我国经济发展的水平和许多影响物流产业健康发展因素的制约，目前我国物流产业的总体规模还比较小，发展水平也比较低。

（一）B2B电子商务物流特点

对于我们常见的电子商务中的B2C或者C2C的小批量、多批次的物流需求特点而言，B2B电子商务是企业间的电子商务交易方式，具有大批量、少批次、单次物流量大的特点。其对物流的需求也有更加严格和苛刻的标准。B2C电子商务交易中，所针对的目标客户是个人，所交易往往是价值低、替代性强、时效要求不高、无特殊安全需要，以及不需要随时掌握物流动向的商品，即使是在运输中遇到了延误、破损，以至于丢失，都不会对买卖双方造成很大，甚至致命的影响。然而，B2B电子商务下的交易双方都是企业，甚至是知名的大企业，所交易的商品价值少则上万，多则过亿，大部分都是生产、销售、供应急需的货品，一旦延误、破损、丢失，或者货款无法回收，都会对买卖双方造成难以挽回的巨大损失，乃至打垮一个企业，使其破产。

（二）我国B2B电子商务物流产业发展的现状

我国B2B电子商务物流产业发展的现状可以概括为以下几点。

(1) 国内经济增长强劲，物流市场规模继续扩大。据中国电子商务研究中心发布的《2014年度中国电子商务市场数据监测报告》数据显示，2014年我国B2B电子商务市场交易额达10万亿元，同比增长22%。

(2) 企业物流仍然是全社会物流活动的重点，专业化物流服务需求已初露端倪。近年来，随着买方市场的形成，企业对B2B电子商务物流领域中存在的“第三利润源泉”开始有了比较深刻的认识，优化企业内部物流管理，降低物流成本成为目前多数国内企业最为强烈的愿望和要求。与此同时，专业化的物流服务需求已经出现且发展势头极为迅速。

(3) 专业化物流企业开始涌现，多样化物流服务有一定程度的发展。近年来，我国经济中出现的许多物流企业，主要由三部分构成：一是国际B2B电子商务物流企业，如丹麦有利物流公司等；二是由传统运输、储运及批发贸易企业转变形成的物流企业；三是新兴的专业化B2B电子商务物流企业，如广州的宝供物流公司、北京华运通物流公司等。这些企业依靠先进的经营理念、多样化的服务手段、科学的管理模式在竞争中赢得了市场地位，成为我国物流产业发展中一个不容忽视的力量。

(4) 物流基础设施和装备发展初具规模，信息化建设呈大势所趋。经过多年发展，目前我国已经在交通运输、仓储设施、信息通讯、废物包装与搬运等物流基础设施和装备方面取得了长足的发展，为物流产业的发展奠定了必要的物质基础。

在交通运输方面，我国目前已经建成了由铁路运输、公路运输、水路运输、航空运输和管道运输5个部分组成的综合运输体系，运输线路、场站建设以及运输车辆和装备方面有较大的发展。同时，物流企业的信息化和现代化建设得到普遍关注，装备的信息化水准越来越高。物流信息技术涉及电子数据(EDI)、销售时点信息管理系统(POS)、企业管理系统

(ERP)、条码与识别系统、无线通信(WAP)以及互联网技术(WEB)、电子订货系统(EOS)、供应链管理系统(SCM)、全球卫星定位系统(GPS)、地理信息系统(GIS)等。近几年，物流企业经营形象的提升与一些企业的物流改造大都体现在信息系统与客户服务水准的提高。

(5) 物流产业发展正在引起各级政府的高度重视。由于各级政府的高度重视，物流法规政策加速细化与完善，由理论探讨走向实际操作。我国建立了无船承运业务管理制度。这对规范无船承运经营行为具有重要意义，并有利于防范和减少海运欺诈，保护当事人的合法权益。

(6) 国内物流高等教育快速发展，但规模仍然偏小。近年来随着现代物流的蓬勃兴起，国内人才市场出现了物流人才热，尤其是物流高级管理人员的需求急剧增加，促使我国物流高等教育的快速发展。但相对于国内巨大的物流市场来说，物流人才仍处于供不应求的状态。

(7) 国外物流公司加速抢占中国物流市场。随着我国加入 WTO，快速发展的 B2B 电子商务物流业使外资物流企业纷纷进入中国，物流业已成为外资新的投资方向，如投资连锁超市配送中心、物流基础设施建设，投资采购中心，组建中外合资物流公司等。国际上 50 家最大零售企业 2/3 已进入中国，这些跨国集团纷纷在中国设立采购中心，使相关物流业快速起步。跨国物流公司快速进入中国，与中国企业合资合作，扩大市场占有份额。以美国联邦快递与天津大田集团合作为例，双方共同组建大田联邦快递有限公司，业务已扩展到我国的 210 个城市，经营额每年以 30%的速度上升。国外物流巨头在带给我们新的经营理念、管理方法，提高我们技术水平的同时，也给我们自有物流产业带来强大的压力。面对来自国外 B2B 电子商务物流企业的激烈竞争，我国物流业面临的发展压力和机遇日益突出，尽早做好全局性战略部署，将有利于我国 B2B 电子商务物流业的健康发展。

二、B2C 电子商务物流

(一) B2C 电子商务物流配送模式

B2C 电子商务模式最大的难点在于配送，但我国的物流配送环境相对较差。企业必须选择合适的措施来解决这个问题，目前的各种 B2C 电子商务物流模式各有优缺点。

1. 采用邮政特快专递(EMS)服务的物流模式

电子商务企业或商家从网站或虚拟网站上获得消费者的购物清单和家庭地址等信息，然后到附近的邮局办理特快专递手续将商品寄出，消费者收到邮局的取货通知后，到所在地邮局将商品取回，或由邮递员直接将商品送到消费者家中。

采用 EMS 方式具有方便、快捷的特点。但是这种方式存在以下问题：首先，EMS 服务收费偏高，如果这部分费用由企业或商家负担，则其经营利润会大大降低；如果由消费者承担，则对于小件低价商品，消费者肯定难以接受。其次，EMS 很难保证消费者在期望的时间内收到商品。

2. 网站自建配送点的物流模式

企业或网站在各地的网民密集地区，自建配送点，在获得消费者的购物信息后，由配送点的人员将商品送货上门。这种物流模式可以满足消费者"即购即得"的购物心理需求。

但它也存在如下问题：首先，配送点的布局、人员的配备数量、商品的库存量等很难合理确定；其次，由于要满足用户的即时需求，对配送时效有严格的要求；最后，采用此模式难免产生高额配送费用，因此需要有更大的商品配送规模来缓解。

3. 借助第三方物流企业的模式

第三方物流就是电子商务主体将一部分或全部物流活动委托给外部的专业物流公司来完成的一种物流运作模式。物流公司本身不拥有商品，而是与企业或商家签订合作协议或结成合作联盟。

采用这种物流管理方式，将货物送达消费者的时间比前述两种方式都要快，而且服务是专业化的、多功能的和全方位的。但是如果送货量太小，送货费用一般比 EMS 服务还要高。这种管理模式要求专业物流公司要在基础设施、人员素质、信息系统等方面加强建设。

4. 网站与传统商业结合的模式

传统商业特别是连锁经营商业具有得天独厚的资源优势、丰富合理的商品种类、高附加值的服务、高效的配送体系等，这些正是电子商务主体所欠缺的。电子商务与传统连锁经营的结合能够充分发挥两者的优势，实现资源共享、优势互补。

（二）B2C 电子商务下的仓储

近年来，随着“双十一”、“6·18”等“节日”促销盛行，电子商务网络零售销售量在短时间内激增，订单爆棚。仓储物流成为高速发展的电子商务行业的短板；爆仓、错发、漏发、暴力分拣、快件丢失等现象屡见不鲜。然而避免爆仓的关键并不仅在于快递的配送能力，也有赖于仓库的发货能力。电子商务仓储作业复杂而繁重，高效仓储管理和快速准确发货都离不开规范化、信息化和标准化作业。

1. 仓储管理规范化

行业标准《网络零售仓储作业规范》(SB/T 11068—2013)，已经国家质量监督检验检疫总局、国家标准化管理委员会批准并正式发布（商务部公告 2014 年第 23 号），于 2014 年 12 月 1 日起开始实施。

该标准对网络零售仓储作业的基本要求、管理方针、基本流程、基本规范、信息化管理、配送管理、安全管理进行了规范，并对网络零售仓储企业的评价和改进提出了要求。该标准的实施将对规范网络零售仓储作业、提高作业效率、加强信息化建设、提升配送能力、提升客户满意度有积极作用，对推动电子商务物流的发展有重要意义。

2. 仓储作业信息化

依托电子商务仓库管理系统对仓储作业进行全程信息化管理，即对仓库内每个作业环节和人员操作情况进行信息化管理和可视化管控，所有作业流程和人员操作均在信息系统的规划指导下进行，对每一步骤和动作都进行分解、计算，并合理规划，提高人员操作的效率和可执行性。

(1) 设计多重防错措施。通过唯一标准条码、数量比对、重量比对、视频监控等方式，依靠管理系统对人员操作进行防错、纠错，人员在系统的管理和提示下进行操作，即使面对大批量订单，仍能有效避免误操作，降低错发、漏发率。

(2) 预分配策略。采用管理系统根据整仓任务量和不同岗位的需求量提前进行规划安排，使资源与人力配置最优化，人员开始工作前便可获悉一天的工作安排和工作量，便可自主进行工作安排，增强灵活性。这种策略的优势在“双十一”等订单高峰期间尤其明显。

(3) 有效工时考核法。根据各岗位工作强度和特性，依照合理算法将人员工作转化为有效工时，进行公平合理的绩效考评，并通过电子看板实时展现工作状态，有效提高人员工作的积极性、主动性，彻底解决仓库员工（临时工）考核困难等问题。

3. 仓储作业标准化

（1）一人多岗，一岗多能。库内的各个岗位均采用标准化模式，降低人员操作的复杂度，使一人可兼任多岗，一岗可实现多能，仓储管理系统根据仓库内作业情况可随时进行人员岗位调配。如包装任务量大时，可随时增设包装作业台，并调拨其他较空闲岗位的人员进行包装，从而避免因某一作业岗位工作量巨大而导致的整体效率降低。

（2）建立标准化信息技术服务管理体系。针对电子商务企业自有仓库，能够提供仓储管理系统软件输出和改进、仓库内部硬件升级、仓库内部流程优化、团队管理经验共享、管理人员培训等一系列标准服务，运用成熟高效的仓储管理软件和系统支持服务以及先进的仓内管理流程方案进行高效准确的智能仓库管理。

4. 作业监控可视化

（1）加强智能仓库管理系统对所有货物情况和作业环节的监管，使货物的存储、发货、运输等情况可以随时通过系统进行查看，仓库内员工的作业情况通过系统和智能终端等进行记录和管理，使客户实时掌握自己商品的动态，保证每一环节的可追溯性，确保货物安全性。

（2）建立信息安全管理体系。仓库内通过信息系统进行管理，与电子商务平台的管理系统和快递公司管理系统进行无缝对接，全程采用无纸化作业，对所有与客户相关的信息进行严格保密，确保客户信息安全。

三、C2C 电子商务的物流模式

（一）物流联盟模式

所谓物流联盟，是指电子商务网站与邮政、快递等物流企业组成物流产业链，电子商务平台在其中扮演产业链的中枢角色，对各方面的物流资源进行合理而高效的整合与利用。

建立物流联盟模式的基本条件是第三方物流足够成熟。虽然我国的第三方物流发展迅猛，国外的物流大鳄、中国邮政的 EMS 以及大量出现的民营快递公司齐头并进，但也有越来越多的问题暴露出来，如入市门槛低、服务网络覆盖率不高、物流过程跟踪难度大、服务质量差、纠纷解决难等，这些问题都阻碍着物流联盟模式在我国的发展。

（二）便利店模式

便利店模式源自于日本的“7-11”公司的服务模式，即充分利用分布于各居住区的便利店来完成物流快递的最初和“最后一公里”，让便利店成为物流快递公司的接货起点与终点。这种模式既可以极大地降低或减少物流快递公司的配送成本，又可以使原有的便利店资源得以充分发挥作用。

在我国，全国范围内统一的便利店系统始终未能形成，如果利用散落的便利店，势必不能充分利用信息平台进行资源整合，便利店模式的优势也就不存在了。

（三）物流代理模式

物流代理是指物流渠道中的专业化物流中间人，以签订合同的方式在一定期间内为其他公司提供所有或某些方面的物流业务服务。

一般情况下，卖家难以监督物流快递公司的运作过程，从而导致风险性增大，为解决这一问题，卖家可以选择多家专业物流代理公司，开展综合性分析和评价，在经过充分比较后选择适用的物流快递公司作为自己的合作伙伴。

（四）指定或推荐物流模式

为了减少物流成本的差异性，提高网上商店的物流服务质量，电子商务平台或网站应该充分利用自身的优势，与规范的专业化的物流快递公司建立战略合作伙伴关系，向全体网商推荐这些物流快递公司，鼓励网商选择具有合作伙伴关系的物流快递公司提供物流服务。

四、电子商务物流"最后一公里"解决方案

（一）电子商务送货上门方式

电子商务送货上门方式是指电子商务企业自建物流，按照客户订单，直接通过自有物流将商品配送至客户家里。这"最后一公里"的主要工作内容，就是将货物从分拣中心或者配送中心送达客户手中，该模式有利于保证商品质量，提高客户服务水平，适合于大型商品如家电等的配送。

（二）第三方快捷点联盟方式

快捷点是指离用户很近又可以作为接收电子商务货物的站点，比如小区物业以及离家很近的百货商店、便利店、干洗店等。该方式基于中国电子商务物流的发展现状，保留了第三方物流模式的优势，避免了快递加盟方式的诸多不足，将快捷点纳入自营或共建的配送网点，成为"最后一公里"配送的实现者。

（三）外包物流站点取货方式

外包物流站点取货方式是指电子商务企业将物流配送活动外包给第三方物流公司或快递公司，由第三方完成客户订购商品的配送活动，这种模式在电子商务物流配送中最为常见。第三方物流公司在"最后一公里"配送时，经常由快递员指定一个地点，比如快递员指定在学校的广场收货，那么这所学校里的所有消费者都在这里取货，也有由快递提供直接送货上门服务的情况。

以卓越亚马逊为例，目前的运作流程大概是这样的：客户在网上下订单后，经过订单处理中心处理后集中汇总到库房，然后进行拣货、配货，交由配送公司将包装好的货品集中运输到分布在全国各地的配送站点，再根据不同的送货线路分配给相关配送员，最终由配送员将货品送到客户手中。亚马逊的物流配送方式包括邮政体系配送、自有配送和外包配送。借助第三方物流公司是目前最为常用的配送方式。他们一般会寻找符合自己公司要求、同时和本公司文化相近的公司进行合作，建立长期合作关系。卓越亚马逊的配送合作伙伴主要有宅急送和UPS。

（四）邮局站点方式

邮政在我国的覆盖面积极其广阔，几乎每一个县市甚至每一个小区附近都有邮局，具有其他物流企业或者其他配送方式所不可比拟的优势，其较高的邮局网点覆盖率已引起电子商务企业的关注。

以敦豪公司(DHL)为例，敦豪是一家私营公司，主要的合作伙伴是德国邮政世界网络、汉莎和日本航空公司。2003年，德国邮政全球网络将其下属所有的快递和物流业务整合至一个单一品牌：DHL。2005年12月，德国邮政全球网络并购Exel的举措进一步巩固了DHL的品牌。2012年10月，敦豪德国公司为私人客户推出一项"邮局直递"服务，客户可

以自行选择在方便的邮局领取包裹。

从 2012 年 9 月起，敦豪包裹可以按照客户的要求投递至客户认为最便利的邮局。客户只需到邮局或通过敦豪包裹业务网站注册便可获取邮政号。对已有邮政号的客户，只需在线选择指定的邮局网点并注明投递地址即可。客户既可标注私人地址、工作地址，也可标注全国 2500 个包裹站的任意一家，或提前预约其他地址。此外，敦豪德国公司还将通过收集短信或电子邮件的方式通知客户包裹直递信息，客户可在每周 7 天的工作时间内到邮局领取包裹。

（五）设立快递自提点

快递自提点是一种建立在电子商务发展基础上的新型提货模式。它是电子商务结合线下物流、快递、仓储应运而生的一种新型的快递包裹收发模式。目前在国内这种模式已经经过多家电子商务公司和快递公司探索并将逐步完善和发展。这种新型的快递自提模式目前有四种运作模式。

第一种就是电子商务公司自营的快递自提点，运作比较成功的有京东商城、苏宁易购、天猫商城和淘宝自提联盟。这种快递自提点是商家自行建立、运营和搭建的位于社区、行政区和交通便利位置的快递包裹的代收发和自取服务。

第二种就是快递公司为了收发件方便而自己运营和建立的快递自提点网络，当中要数顺丰速运的自营店和顺丰便利店最为出名。顺丰速递公司以自身业务发展和业务探索为前提，在国内很多地方自己建立了很多快递自提和自发网络，大大提高了顺丰快递包裹收送的便利和快捷。

第三种就是电子商务公司或者快递公司与便利店合作模式的快递自提点，像顺丰与“7-11”便利店的合作，淘宝网与便利店、干洗店的合作等。

第四种就是基于都市连锁式私人仓储公司的快递自提点模式，这种快递自提点是私人仓储公司利用自身仓储设施和仓库优势，代理国内绝大多数快递公司的快递收发业务和代理国内主要电子商务公司的快递包裹收送业务。该模式立足自身仓储点，辐射仓库周边三公里范围，协助快递公司与商家为周边客户提供快递送达、快递收件、客户快递自取等的全方位解决方案。目前这种模式已经被深圳好管家迷你仓进行很多实践和推广。

五、电子商务下逆向物流的特点

电子商务环境下逆向物流的特点主要有以下两点。

（一）不确定性

逆向物流的来源很分散，涉及社会的每一个角落；逆向物流的需求时间和数量不确定，预测十分困难；有时候逆向物流的目的地也是不确定的，导致逆向运输等的不确定性。在电子商务模式下，客户往往只能看到商品的电子图片或电子说明书，不能全面了解所购商品的特性，收到商品后发现实物与在网上看到的不一致，就会导致大量逆向物流的产生。依靠电子商务手段，通过效率的提高和逆向物流活动的缩减，可以降低企业逆向物流的成本，发挥逆向物流的“利润中心”优势。

（二）复杂性

逆向物流的产品往往种类繁多、状况不同，其退回资源利用方式不同，处理手段不同对恢复资源价值的贡献也有显著的差异。这种复杂性决定了商品逆向物流的周期会比较长，而现有的逆向物流运营又缺乏整体的统筹和管理，致使逆向物流效率低下、周期过长。

第四节　跨境电子商务物流

一、跨境电子商务相关概念

（一）跨境电子商务的概念和类型

跨境电子商务是指分属不同关境的交易主体，通过电子商务平台达成交易、进行支付结算，并通过跨境物流送达商品、完成交易的一种国际商业活动。目前根据跨境电子商务模式的不同，平台提供支付结算、跨境物流送达、金融贷款的服务内容均有不同。

按照进出境货物流向，跨境电子商务可分为跨境电子商务出口和跨境电子商务进口。其中，跨境电子商务出口模式主要有外贸企业间的电子商务交易（B2B）、外贸企业对个人零售电子商务（B2C）与外贸个人对个人网络零售业务（C2C），并以外贸 B2B 和外贸 B2C 为主；进口模式以外贸 B2C 以及海外代购模式为主。

1. 跨境 B2B 电子商务

跨境 B2B 是指分属不同关境的商户通过电子商务手段将传统进出口贸易中的展示、洽谈和成交环节电子化，通常会以规模化的现代物流方式送达货物给境外商户，从而完成交易的一种国际商业活动。

2. 跨境 B2C 电子商务

跨境 B2C 是指商户通过电子商务将商品直接出售给不同关境的消费个人，并采用快件、小包等行邮的方式通过跨境物流送达商品、完成交易的一种国际商业活动。

3. 跨境 C2C 电子商务

跨境 C2C 是指分属不同关境的个人卖方对个人买方开展在线销售产品和服务，由个人卖家通过第三方电子商务平台发布产品和服务售卖产品信息、价格等内容，个人买方进行筛选，最终通过电子商务平台达成交易、进行支付结算，并通过跨境物流送达商品、完成交易的一种国际商业活动。

（二）跨境电子商务平台

1. 以产业终端用户类型分类

1）B2B 平台

B2B 跨境电子商务平台所面对的最终客户为企业或集团客户，提供企业、产品、服务等相关信息。目前，中国跨境电子商务市场交易规模中 B2B 跨境电子商务市场交易规模占总交易规模中 90%以上。在跨境电子商务市场中，企业级市场始终处于主导地位。

B2B 平台代表企业有敦煌网、中国制造、阿里巴巴国际站、环球资源网等。

2）B2C 平台

B2C 类跨境电子商务企业所面对的最终客户为个人消费者，针对最终客户以网上零售的方式，将产品售卖给个人消费者。

B2C 类跨境电子商务平台同时在不同垂直类目商品销售上也有所不同，如炽昂科技主营 3C 数码电子产品，兰亭集势则在婚纱销售上占有绝对优势。B2C 类跨境电子商务市场正在逐渐发展，且在我国整体跨境电子商务市场交易规模中的占比不断升高。在未来，B2C

类跨境电子商务市场将会迎来大规模增长。

B2C类跨境电子商务平台代表企业有速卖通、DX、兰亭集势、米兰网、大龙网等。

2. 以服务类型分类

1）信息服务平台

信息服务平台主要是为境内外会员商户提供网络营销平台，传递供应商或采购商等商家的商品或服务信息，促成双方完成交易。

信息服务平台代表企业有阿里巴巴国际站、环球资源网、中国制造网等。

2）在线交易平台

在线交易平台不仅提供企业、产品、服务等多方面的信息展示，并且可以通过平台线上完成搜索、咨询、对比、下单、支付、物流、评价等全购物链环节。在线交易平台模式正在逐渐成为跨境电子商务中的主流模式。

在线交易平台代表企业有敦煌网、速卖通、DX、炽昂科技、米兰网、大龙网等。

3. 以平台运营方分类

1）第三方开放平台

第三方开放平台型电子商务通过线上搭建商城，并整合物流、支付、运营等服务资源，吸引商家入驻，为其提供跨境电子商务交易服务。同时，平台以收取商家佣金以及增值服务佣金作为主要盈利模式。

第三方开放平台代表企业有速卖通、敦煌网、环球资源、阿里巴巴国际站等。

2）自营型平台

自营型电子商务通过在线上搭建平台，平台方整合供应商资源，通过较低的进价采购商品，然后以较高的售价出售商品。自营型平台主要以商品差价作为盈利模式。

自营型平台代表企业有兰亭集势、米兰网、大龙网、炽昂科技等。

（三）我国跨境电子商务发展历程

自1999年阿里巴巴实现用互联网连接中国供应商与海外买家后，我国对外出口贸易就实现了互联网化。在此之后，共经历了三个阶段，实现从信息服务到在线交易、全产业链服务的跨境电子商务产业转型。

1. 跨境电子商务1.0阶段(1999—2003年)

跨境电子商务1.0时代的主要商业模式是网上展示、线下交易的外贸信息服务模式。在跨境电子商务1.0阶段，第三方平台主要的功能是为企业信息以及产品提供网络展示平台，并不在网络上涉及任何交易环节。此时的盈利模式主要是通过向进行信息展示的企业收取会员费(如年服务费)。跨境电子商务1.0阶段发展过程中，逐渐衍生出竞价推广、咨询服务等为供应商提供一条龙的信息流增值服务。

在跨境电子商务1.0阶段中，阿里巴巴国际站平台以及环球资源网为典型代表平台。其中，阿里巴巴成立于1999年，以网络信息服务为主，线下会议交易为辅，是我国最大的外贸信息黄页平台之一。环球资源网1971年成立，前身为Asian Source，是亚洲较早的提供贸易市场资讯者，并于2000年4月28日在纳斯达克证券交易所上市。

在此期间还出现了中国制造网、韩国EC21网、Kellysearch等大量以供需信息交易为主的跨境电子商务平台。跨境电子商务1.0阶段虽然通过互联网解决了我国贸易信息面向世界买家的难题，但是依然无法完成在线交易，对于外贸电子商务产业链的整合还停留在完成信息流整合环节。

2. 跨境电子商务2.0阶段(2004—2012年)

2004年,随着敦煌网的上线,跨境电子商务2.0阶段来临。这个阶段,跨境电子商务平台开始摆脱纯信息黄页的展示行为,将线下交易、支付、物流等流程实现电子化,逐步实现在线交易平台。

相比较第一阶段,跨境电子商务2.0更能体现电子商务的本质,借助于电子商务平台,通过服务、资源整合有效打通上下游供应链,包括B2B(平台对企业小额交易)平台模式和B2C(平台对用户)平台模式两种模式。跨境电子商务2.0阶段,B2B平台模式为跨境电子商务主流模式,通过直接对接中小企业商户实现产业链的进一步缩短,提升商品销售利润空间。2011年敦煌网宣布实现盈利,2012年持续盈利。

在跨境电子商务2.0阶段,第三方平台实现了营收的多元化,同时实现后向收费模式,将"会员收费"改以收取交易佣金为主,即按成交效果来收取百分点佣金。同时还通过平台上的营销推广、支付服务、物流服务等获得增值收益。

3. 跨境电子商务3.0阶段(2013年至今)

2013年成为跨境电子商务的重要转型年,跨境电子商务全产业链都出现了商业模式的变化。随着跨境电子商务的转型,跨境电子商务3.0"大时代"随之到来。

跨境电子商务3.0具有大型工厂上线、B类买家成规模、中大额订单比例提升、大型服务商加入和移动用户量爆发五方面特征。与此同时,跨境电子商务3.0服务全面升级,平台承载能力更强,全产业链服务在线化也是3.0时代的重要特征。

在跨境电子商务3.0阶段,用户群体由草根创业向工厂、外贸公司转变,且具有极强的生产设计管理能力。平台销售产品由网商、二手货源向一手货源、好产品转变。

跨境电子商务3.0阶段的主要卖家群体正处于从传统外贸业务向跨境电子商务业务的艰难转型期,生产模式由大生产线向柔性制造转变,对产业链配套服务需求较高。另外,3.0阶段的主要平台模式也由C2C、B2C向B2B、M2B模式转变,批发商买家的中、大额交易成为平台主要订单。

二、跨境电子商务物流

(一)我国跨境电子商务物流发展现状

1. 我国跨境电子商务物流政策支持不足

跨境电子商务在我国起步较晚,但是发展速度惊人,如最具有代表性的阿里巴巴。尽管我国还没有出台扶持相关企业的政策,但由于跨境电子商务是我国外贸一个新的增长点,越来越受到各方关注。2013年,商务部出台了《关于实施支持跨境电子商务零售出口有关政策意见的通知》,对零售出口企业在海关、检验检疫、税收等方面遇到的问题提出了具有针对性的措施。这一政策无疑打破了出口的"寒冰",对所有零售出口企业来说都是可遇而不可求的机会。另外,国家积极建立基础信息标准和接口的规范准则,目前有一小部分地区实现了海关、出入境检验检疫、税务、外汇管理等部门与电子商务企业、物流配套企业之间的标准化信息交流。与发达国家相比,我国的政策支持尤为不足,这在某种程度上阻碍了跨境电子商务企业以及物流企业的快速发展。

2. 当前国际物流发展速度与跨境电子商务需求不匹配

我国跨境电子商务发展速度是十分惊人的,2011年交易额为1.6万亿元左右,2012年

约为2万亿元，2013年约为3.1万亿元。仅浙江省义乌市，2014年上半年跨境快递日均出货量就达到了20万票。与之相对应的从事跨境电子商务的物流企业则比较少，大多数是由国际快递公司完成物流配送服务。如此大的物流量，仅仅靠国际快递企业是远远不够的，尤其是在购物旺季，经常会出现快件积压、爆仓等现象，这给跨境电子商务的发展带来了巨大障碍。

3. 我国物流基础设施不完善

物流在我国出现的时间比较晚，整体物流环境相对比较差，连接不同运输方式的交通枢纽比较少，各种配套设施也有待完善。而跨境电子商务涉及跨境的仓储、配送、运输、报关、核税等一系列问题，为了使运输过程损耗尽可能减少，且速度更快、成本更低，需要建立合理高效的物流体系，并且需要更先进和完备的物流基础设施。然而，目前国际快递的运输时间长、手续多、成本高违背了跨境电子商务物流快捷和便利的特点，严重制约了跨境电子商务的进一步发展。

4. 缺乏第三方物流提供专业化服务

我国第三方物流企业数量较多，但是大型的、专业化程度较高的第三方物流企业（如宝供物流、德邦物流）是比较少的。大多数物流企业提供的都是国内物流服务，即使是为电子商务服务也都是为国内电子商务服务的。对于国际快递服务，主要是以普通快递的形式，且没有专门为跨境电子商务企业提供全方位的专业物流服务。目前在我国，为跨境电子商务提供国际快递服务的也只有联合包裹服务公司（United Parcel Service，UPS）、联邦快递公司（FedEx，FDX）、敦豪速递公司（DHL）、中国邮政速递物流公司（EMS）、顺丰速运公司等。大力发展专业化的国际第三方物流服务是十分必要的，这有利于推动我国跨境电子商务更好的发展，并在国际市场竞争中处于有利地位。

（二）跨境电子商务物流模式

1. B2B跨境电子商务物流

我国进出口企业与国外批发商和零售商通过互联网线上进行产品展示和交易，线下按一般贸易完成的货物进出口，即B2B跨境电子商务的进出口，本质上仍属传统贸易，该部分以货物贸易方式进出境的商品，已经全部纳入海关贸易统计。此外有一些通过创建电子平台为外贸企业提供进出口服务的公司，如深圳的一达通，这些企业所实现的商品进出口，在实际过境过程中都向海关进行申报，海关已全部纳入贸易统计。以货物方式通关的商品，由于是按传统的一般贸易方式完成的货物进出口，在通关商检、结汇及退税等方面运作相对成熟和规范。B2B跨境电子商务物流与传统贸易下的物流方式基本一样（见图8-3）。

2. B2C跨境电子商务物流

（1）直邮模式（见图8-4）

B2C跨境电子商务物流直邮模式的特点是：先订单，后物流。物流指定人可以是卖家，也可以是平台，缺点是时间长、价格贵；优点是简单、方便，适用于小卖家、卖家临时补货或小型电子商务平台等情景。随着B2C成交量不断增大，这种准入门槛较低的物流模式竞争日益激烈，发展空间相对有限。

2）集货直邮（见图8-5）

B2C跨境电子商务物流集货直邮模式的特点是：①对海外仓、清关能力、多元化的干线运输方案要求较高，而串联物流、卖家、平台、政府监管的信息传输解决方案，成熟的操作体

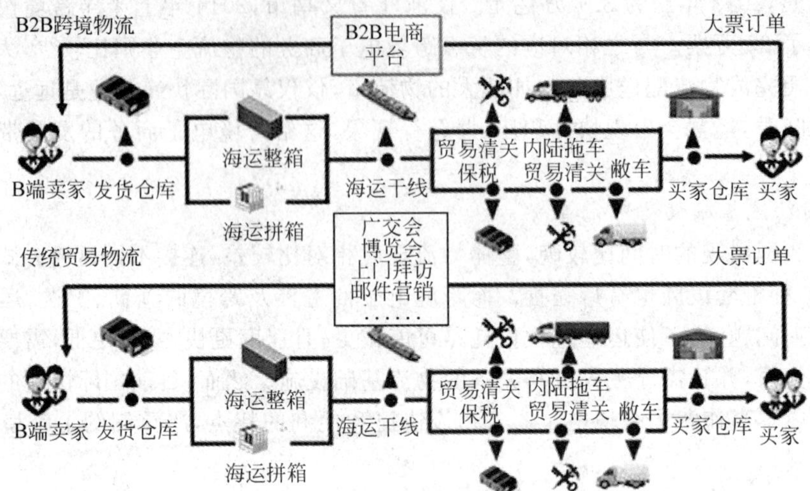

图 8-3 B2B 跨境物流与传统贸易物流

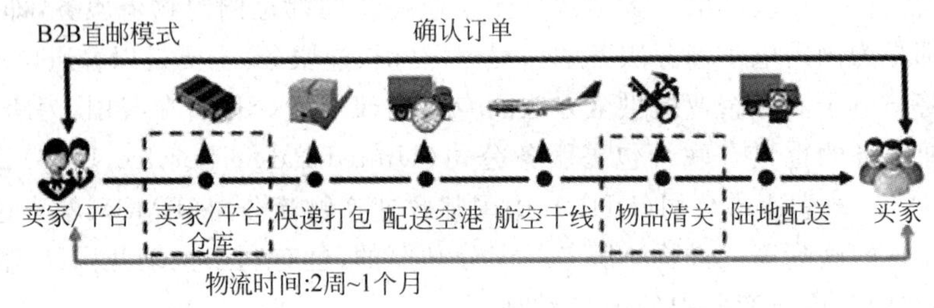

图 8-4 B2C 跨境电子商务物流直邮模式

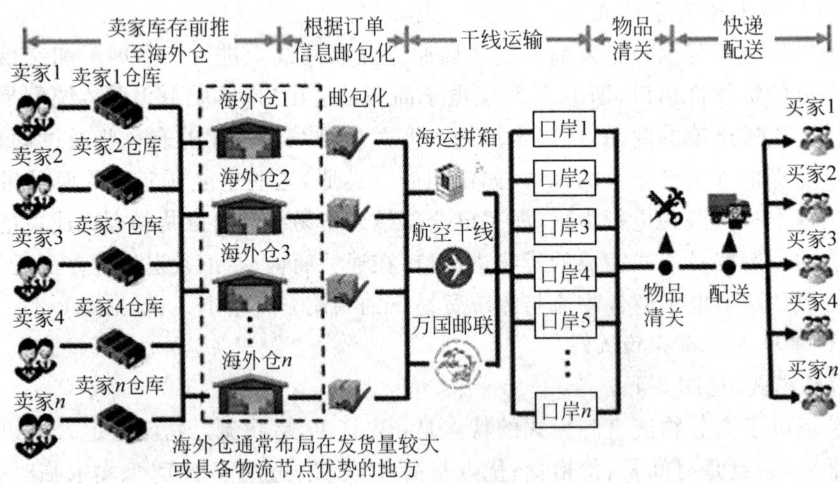

图 8-5 B2C 跨境电子商务物流集货直邮模式

系和员工更是核心竞争力。②卖家商品前推至物流商海外大仓,物流商具备库存管理能力,根据平台反馈解决商品退、补、换货功能,运量规模化后能带动干线运输、清关成本摊薄,吸引更多客户形成“雪球”效应。③“集货”模式总体仍属“先订单,后物流”,适应不同销量的各

类卖家需求，物流商能通过系统（订单）响应需求、高效管理库存和进行清关，最大限度缩短全程物流时间，性价比较直邮模式有很大程度改善。

3）保税模式（见图 8-6）

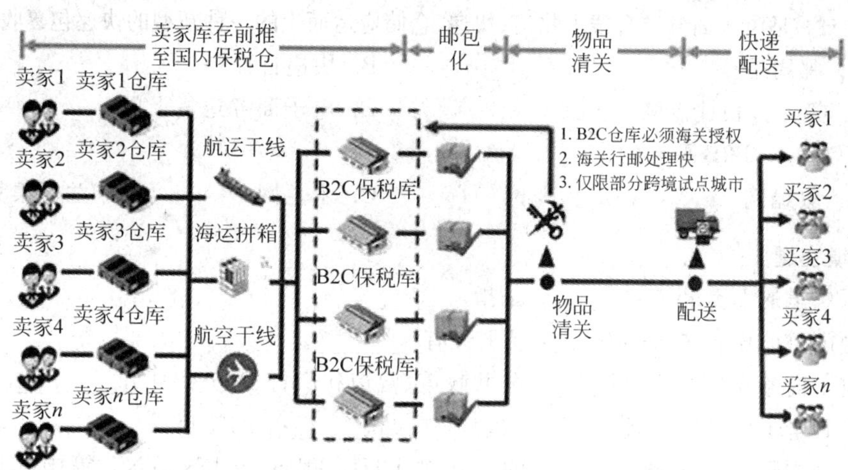

图 8-6　B2C 跨境电子商务物流保税模式

B2C 跨境电子商务物流保税模式的特点是：①实际为“先物流，后订单”，卖家可大规模地将货物（主要是海运）提前发至国内保税仓做库存，前程物流如同普通一般贸易，运输成本极低，订单生成后商品实际是从国内保税仓出发，原则上 4～5 天就能送达消费者，而大量国内库存也能保障退换货等售后体验。②该模式的核心资源是 B2C 保税库，而申请到仓库即意味着得到海关、商检等相关机构的认可，意味着后续快速清关迎刃而解，目前能获得仓库资源的机构主要是大型电子商务平台或央企、龙头物流公司。③该模式适用于母婴、食品、化妆品等日常销量大的品类，或者是 SKU 量大、具备销量大数据分析能力的龙头电商。此外，国际电商企业在“双十一”等销售旺季，为解决大量商品集中清关的拥堵，也会采用该模式提前备货。

实训项目

- 实训内容：电子商务物流认知实训。
- 实训手段：视频片段、实物图片展示。
- 实训目的：了解电子商务物流相关概念和发展现状、主要模式。

练习题

一、单项选择题

1. 如果从亚马逊网站上购买一本电子书，属于（　　）。

　A. 实体商务　　B. 部分电子商务　　C. 完全电子商务　　D. 都不是

2. 砖瓦鼠标式组织是指（　　）。

　A. 纯粹的实体公司　　　　　　B. 旧经济组织

C. 纯电子商务组织　　　　D. 开展部分电子商务的企业

3. (　　)可以简单地归纳为一种多方共赢(消费者,商家)的电子商务和线下消费的模式。

A. B2G　　B. B2C　　C. C2C　　D. B2T

4. (　　)是电子商务结合线下物流、快递、仓储应运而生的一种新型的快递包裹收发模式。

A. 邮局站点　　　　B. 快递自提点

C. 第三方快捷点联盟方式　　　　D. 电子商务送货上门

5. 下列属于B2B平台的是(　　)。

A. 敦煌网　　B. 大龙网　　C. 米兰网　　D. 兰亭集势

二、填空题

1. B2C里的B是指________,C是指________。

2. 国内目前比较知名的C2C交易平台有________。

3. 电子商务支持系统包括人员、公共政策、营销和广告、商务伙伴和________。

4. B2B电子商务物流有________、________和________的特点。

5. 中国国际快递市场________的份额被DHL、UPS、FedEx、TNT等国际快递巨头占据。

6.《网络零售仓储作业规范》于________年起开始实施。

7. ________是指电子商务企业将物流配送活动外包给第三方物流公司或快递公司,由第三方完成客户订购商品的配送活动。

8. ________是指离用户很近又可以作为接收电子商务货物的站点。

9. ________是指电子商务企业自建物流,按照客户订单,直接通过自有物流将商品配送至客户家里。

10. ________是指物流渠道中的专业化物流中间人,以签订合同的方式在一定期间内为其他公司提供所有或某些方面的物流业务服务。

三、判断题

1. B2B按地域可以分为分内贸B2B和外贸B2B,按照是否有实质交易产生又可以分为展示型和交易型的B2B。　(　　)

2. 根据消费者需求的变化来灵活调节生产工艺,没有配套的柔性化的物流系统也可以实现。　(　　)

3. 电子商务市场细分行业结构中,B2C电子商务仍然占主导地位。　(　　)

4. 在电子商务模式下,企业在网上寻找合适的供应商,有无限的选择性。　(　　)

5. 电子商务网站就那么几个,所以它的逆向物流的来源比较集中。　(　　)

四、简答题

1. B2C电子商务物流配送模式有哪些?

2. C2C电子商务的物流模式有哪些?

3. 电子商务物流最后一公里的解决方案有哪些?

4. 电子商务逆向物流的特点是什么?

5. B2C跨境电子商务物流保税模式的特点有哪些?

五、案例分析题

京东 CEO 刘强东说："我们自建物流的时候，我们看到中国有一个巨大的机会，这个机会基于以下三个原因。第一，中国没有 UPS，没有 FedEx，亚马逊羡慕我们，其实在 2007 年的时候，记者问亚马逊的相关负责人，'你在亚马逊这么多年创新，你有什么遗憾？'他说'我们没有自己的物流，只能用 FedEx'。但是中国没有这样大型的物流公司，所以给了我们机会。第二，中国的物流成本奇高无比，到 2013 年的时候，我们国家公布了我国的物流成本占我们 GDP 的 17%～18%，在我们整个国家企业利润这么微薄的情况下，欧洲 6%～7%，日本5%～6%，人家的物流成本比我们低 10%。第三就是服务，因为过去多少年，我国的快递发展虽然非常迅速，但是服务品质比较低，加盟商和集团公司的利益其实是违背的，二者并不一致，加盟者希望收单多，因为快递公司给快递员结算，送件是义务的，收件才是赚钱的。所以中国快递发展成加盟模式，给快递带来巨大的服务隐患。基于这三点，服务不好，成本很高，没有大型的快递公司，所以我们有机会。我们京东物流模式又进了一步，我们绝对不承认我们是快递公司，非常简单，因为我设计的理念是不一样的。三通一达也好，顺丰也好，它追求的是如何让货物快速流动，就是怎么把一件货从北京发到上海去，又快还要便宜，三通一达物流设计的时候就是这样，它的模式是每个点都在收货，每个点都在送货，所以导致网络非常的复杂，而京东的物流模式非常简单，我们就是把货物从仓储地送到消费者家里，我们的点和点之间，如上海的配送站和北京的配送站之间，没有一毛钱的关系，上海这个配送站永远不会收一件货送到北京的配送站。而且我们是仓配一体化，我们建的仓库越来越多，货物离我们消费者越来越近，导致我们的货物移动的距离越来越短，所以速度越来越快，成本也越来越低，因此是一个正向循环，规模越大，物流越明显。所以京东这种仓配一体化模式，最后还是拿几个数字跟大家分享，从我们公布的第一个季度的公司财报可以发现，京东商城的物流成本占我们销售收入是 5.8%，和去年和前年都差不多，5%～6%。"

马云则说："京东将来会成为悲剧，这个悲剧是我第一天就提醒大家的，不是我比他强，而是方向性的问题，这是没办法的。你知道京东现在多少人吗？5 万人！阿里巴巴是慢慢长起来的，现在才 23000 人。收购后加起来是 25000 人。你们知道我为什么不做快递？现在京东 5 万人，仓储将近三四万人，一天配上 200 万个包裹。我现在平均每天要配上 2700 万个包裹，什么概念？中国十年之后，每天将有 3 亿个包裹，你得聘请 100 万人，那这 100 万人就太恐怖了。而且它的 60%收入是在中关村和淘宝，它自己网上不可能有这么大量。所以，我在公司一再告诉大家，千万不要去碰京东。别到时候自己死了赖上我们。"

请问：京东电子商务物流采用的是哪种模式？马云为什么说京东会成为悲剧？你怎么看待这个问题？

本章参考文献

[1] 特班，等. 电子商务：管理与社交视角[M]. 7 版. 北京：机械工业出版社，2014.

[2] 李海刚. 电子商务物流与供应链管理[M]. 北京：北京大学出版社，2014.

[3] 吴建. 电子商务物流管理[M]. 北京：清华大学出版社，2013.

[4] 李向文. 电子商务物流及其信息化[M]. 北京：清华大学出版社，2014.

[5] 来有为，王开前. 中国跨境电子商务发展形态、障碍性因素及其下一步[J]. 改革，2014(5)：68-74.

[6] 张滨，刘小军，陶章. 我国跨境电子商务物流现状及运作模式[J]. 中国流通经济，2015(1)：51-56.

第九章 CHAPTER

物流与供应链金融

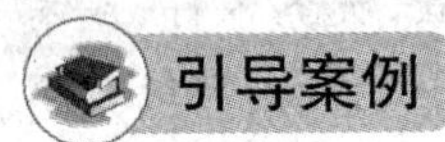

物流与供应链金融成功案例

1. 预付账款模式案例

重庆永业钢铁(集团)有限公司是一家钢铁加工和贸易民营企业,与四川攀枝花钢铁集团一直有着良好的合作关系,但与上游企业攀钢相比在供应链中还是处于弱势地位,因此永业钢铁与攀钢的结算主要采用现款现货的方式。永业钢铁由于自身扩张的原因,流动资金紧张,无法向攀钢打入预付款,给企业日常运营带来很大影响。永业钢铁开始与深圳发展银行(以下简称"深发展")接触。深发展重庆银行在了解永业钢铁的具体经营情况后,与当地物流企业展开合作,短期内设计出一套融资方案:由物流企业提供担保,并对所运货物进行监管,深发展重庆银行给予永业钢铁4500万元的授信额度,并对其陆续开展了现货质押和预付款融资等业务模式,给永业钢铁的扩大经营注入了一剂强心针。在取得"深发展"的授信以后,当永业需要向攀钢预付货款的时候,深发展会将资金替永业钢铁付给攀钢,或替永业钢铁开出银行承兑汇票。与深发展合作以来,永业钢铁的资金状况得到了极大改善,增加了合作钢厂和经营品种,销售收入也稳步增长。

2. 动产质押模式案例

深圳市财信德实业发展有限公司(以下简称"财信德")是一家从事国内商业批发、零售业务的贸易公司,是伊利股份在深圳地区的总代理。财信德是一家资产规模和资本金规模都不大的民营企业,其自有资金不能满足与伊利的合作需要;同时又没有其他可用作贷款抵押的资产,进行外部融资困难,因此资金问题成为公司发展的瓶颈。"财信德"向当地民生银行提出以牛奶作为质押物申请融资的业务需求,民生银行广州银行在了解财信德的实际需求和经营情况,并结合其上游供货商伊利股份进行研究分析后,与提供牛奶运输服务的物流企业合作,推出了以牛奶作为质押物的仓单质押业务。物流企业对质押物提供监管服务,并根据银行的指令,对质押物进行提取、变卖等操作。银行给予"财信德"综合授信额度3000万元人民币,以购买的牛奶做质押,并由生产商伊利股份承担回购责任。该业务自开展以来,"财信德"的销售额增加了近2倍。充分说明了供应链金融服务能够很好地扶持中小企业,解决企业流动资金不足的问题,同时也有效控制了银行的风险。

3. 应收账款模式案例

冠鑫公司主要从事生产和销售薄晶晶体管液晶显示器成品及相关部件，其上下游企业均是强大的垄断企业。其在采购原材料时必须现货付款，而销售产品后，货款回收期较长(应收账款确认后的4个月才支付)。随着公司成长和生产规模扩大，应收账款已占公司总资产的45%，公司面临着极大的资金短缺风险，严重制约了公司的进一步发展。江苏银行详细了解到冠鑫公司的处境后，为其提供了应收账款质押贷款业务，由第三方物流企业为该项贷款提供信用担保，帮助冠鑫公司解决了流动资金短缺瓶颈。

案例解析

在上述三个物流与供应链金融成功案例中，第一个案例成功的关键首先在于融资的预付账款用途是向攀钢进口原料，银行的融资直接付给攀钢，借助供应链核心企业的资信为下游企业进行融资；其次在于当地物流企业同意为其授信额度提供担保，并对所运货物进行监管，使银行可以降低信贷风险，在融资时通过第三方获得了物权控制。

第二个案例成功的关键在于民生银行业务创新，采用易变质的动产牛奶作为质押物对企业进行授信。同时，第三方物流企业和核心企业与银行等金融机构合作，有效降低了信贷风险，提高了金融机构参与供应链金融服务的积极性。

第三个案例成功的关键在于应收账款是强大的垄断企业，下游核心企业具有良好的资信；第三方物流企业的担保也是案例中冠鑫公司获得资金的重要条件。

案例思考

从以上成功案例分析，你认为在物流与供应链金融业务开展中，各个主体发挥的主要作用有哪些？各个主体所获得的主要收益？业务开展中存在哪些风险？

案例涉及的主要知识点

预付账款模式　动产质押模式　应收账款模式　监管　授信　担保

学习导航

- 了解物流与供应链金融的演化进展及发展背景。
- 熟悉我国中小企业物流与供应链金融发展现状。
- 掌握物流与供应链金融概念的核心内涵。
- 理解物流与供应链金融基本业务模式。
- 了解物流与供应链金融风险概念，并熟悉其主要防范措施。
- 了解物流与供应链金融的新发展。

教学建议

- 备课要点：物流与供应链金融的演化、发展背景、我国中小企业开展物流与供应链发展现状、物流与供应链金融基本业务模式的分类及比较、物流与供应链金融风险产生原因及其主要防范措施、物流与供应链金融未来发展方向。
- 教授方法：案例，讲授，实证，启发式。
- 扩展知识领域：互联网环境下物流与供应链金融的发展。

第一节 物流与供应链金融概述

一、物流与供应链金融发展

(一) 国际物流与供应链金融发展

物流与供应链金融发展起源于物资融资业务。金融和物流的结合可追溯到数千年前，当时的美索不达米亚地区已出现了谷物仓单，而英国最早出现的流通纸币就是可兑付的银矿仓单。国际物流与供应链金融是随着物流的渐进发展而呈现演进式发展形态，可划分为三个发展时期。

第一个时期是19世纪中前期，当时物流金融业务主要形式——存货质押已获得较大发展并已初具规模。物流仓储企业的参与改变了传统质押业务中银行与借款企业的关系，提高了存货质押融资的效率。在这一时期，美国于1916年颁布了统一的仓单法案(U.S. Warehousing Act of 1916)，建立了社会化的仓单系统，增强了存货的流通性，促进了存货融资业务的进一步发展。由于在这一时期中作为第三方的物流仓储企业仅限于为质押存货提供简单的仓储服务，银行则多采用静态质押为主，借款企业须偿还欠款后才将质押存货予以解冻，因此物流金融业务对企业运营的总体支持力度较低。

第二个时期为19世纪中叶至20世纪70年代。随着物流仓储企业具备更为丰富的经验和更为规范的操作，物流仓储企业能够提供更为灵活的业务监管方式，使得融资企业的质押存货品种涵盖面得到拓宽，并从初期的静态质押形式发展到了动态质押形式，借款企业就可以在保持质押存货总量平衡的情况下通过交纳保证金、补充新的存货或根据银行的授权等方式取回质押存货用于企业的生产和运营，从而有效地支持了企业的运作。同时在这一时期，应收账款与存货的有机结合在企业经营中的重要性日益得到重视。

第三个时期为20世纪80年代至今，此时由世界级企业寻求成本最小化、全球化业务外包所衍生出来的供应链管理概念得到兴起。为解决全球性外包活动导致的供应链整体融资成本问题，以及部分节点资金瓶颈带来的“木桶短板”效应。企业开始了对财务供应链管理的价值发现过程，展开了相应的金融业务创新，以适应这一新的形式。应收账款融资、存货质押融资、预付款融资、保理、保险等供应链金融业务得到快速发展。由于物流与供应链金融中融资还款的第一来源主要依靠产品的自偿性，即依靠供应链上的物资的快速流动变为现金来偿还贷款。客观要求物流企业深度参与甚至主导物流与供应链金融业务，以有效加强银行与借款企业的沟通。

综上所述，国际物流与供应链金融的发展经历了从简单到复杂，从机械到灵活，从单环节到多环节直至全程化，并随着物流与供应链的发展不断创新。

(二) 中国物流与供应链金融发展

随着现代物流在我国的跨越式发展，物流金融业务开始进入国内，其中以20世纪90年代末中国物资储运总公司开展我国第一单存货质押融资业务为代表。我国的物流与供应链金融服务同样经历了一个从无到有，从简单到复杂的过程；其发展历程具有明显的跨越式特征，发展过程中创新性特色非常明显，目前在诸多方面已达到国际先进水平。

在20世纪90年代以前，我国物流金融业务开展的最初目的是为跨国公司以及部分中资企业提供存货质押融资服务，但各商业银行缺乏对质押存货信息的掌握及运营控制的专

业经验。基于信贷风险的考虑，商业银行在存货质押融资业务开展上非常谨慎，物流仓储企业也较少地参与存货质押业务。随着物流金融业务发展，融资产品从单一仓储融资进一步发展了商业贸易融资。自从2005年以来，随着金融市场竞争加剧，众多国内银行开展不同程度的物流金融业务，推出一系列的创新方案，物流金融业进入快速发展阶段。2007年10月，《中华人民共和国物权法》(以下简称《物权法》)正式实施，也极大改善了物流与供应链金融业务的制度环境。处于东部的沿海地区凭借得天独厚的优势，物流金融业务发展尤为迅速。如2006年5月，深圳发展银行在总结广州分行的"能源金融"、佛山分行的"有色金融"，上海分行的"汽车金融"和大连分行的"粮食金融"经验后，正式提出了"供应链金融"的战略，意图将深圳发展银行打造成为从事贸易融资和供应链金融服务的专业银行。

总之，我国的物流与供应链金融在现阶段呈现出三个主要特征：一是物流与供应链金融业务在我国实现了跨越式发展，但由于整体行业规范性不高及第三方物流企业经营水平有限等原因，限制了物流与供应链金融业务的开展；同时沿海的业务模式和发展水平明显领先内陆，呈现出不均衡的发展态势，并形成了初级、中级与高级等多种形式的物流与供应链金融业务在我国共存的格局。二是根据我国现行法律对从事金融业务的规定，现阶段不能像西方国家一样实现混业经营；因此现阶段我国仍适用由大型物流仓储企业、银行和借款企业三方合作的物流与供应链金融商业模式。三是现阶段以现货商品交易市场(包括集贸市场和批发市场)为主的中国特色的流通机制，也决定了许多物流与供应链金融服务依托现货交易市场开展的格局。

在借鉴西方发展的经验基础上，我国物流与供应链金融发展过程中仍面临着各种挑战，包括制度与行业环境的完善、业务标准的制定、风险控制水平的提高以及适合我国的创新性产品的开发等。在有效消除各种发展障碍基础上，利用物流与供应链金融的多赢性质，充分调动政府、金融机构、物流企业、研究机构以及供应链上企业的参与热情，具有中国特色的物流与供应链金融必将有更大的发展空间。

二、物流与供应链金融概念分析

和物流与供应链业务相关的金融创新包括物流金融(Logistics Finance)、贸易金融(Trade Finance)以及供应链金融(Supply Chain Finance)。这三个概念具有高度的相关性，同时又在业务模式、参与方组成、风险管控等方面存在差异性，本节将对三个相关概念进行详细分析。鉴于在国内实践中，相较其他金融机构，商业银行是最为主要的供应链金融参与者，本章在概念及模式分析过程中，均以商业银行作为金融机构的代表。

(一) 物流金融

物流金融指在面向物流运营全过程，银行和第三方物流服务提供商通过应用和开发各种金融产品，有效地组织和调剂物流领域中货币资金的运动，从而提高资金运行效率和物流服务绩效的一系列经营活动。从狭义上讲，物流金融是指贷款企业通过物流企业获得金融机构的资金支持；同时物流企业与金融机构为贷款企业提供物流监管及相应的融资及金融结算服务，是一种集物流运作、商业运作和金融管理为一体的管理行为和过程。物流金融在我国实业界也被称为"金融物流"，两者的本质含义相同，只不过金融物流强调的是因金融活动而伴随产生的物流，而物流金融则强调业务模式的核心与重点是金融创新和运营。物流金融的典型模式包括仓单质押模式、授信融资模式、买方信贷模式和垫付贷款模式。

在物流金融中主要涉及三个主体：第三方物流企业、贷款企业与其上下游和金融机构（如商业银行），物流企业与金融机构联合起来为资金需求方企业提供结算和融资服务，这三者在金融活动中扮演着不同的角色，相互合作、互利互惠。在物流金融中第三方物流发挥着平台服务商和综合风险管理者的作用。金融机构成了风险承担者和流动性提供者，在某些时候也与第三方物流公司一同发挥风险管理者的作用。

物流金融不仅能提升第三方物流企业的业务能力及效益，而且能为物流客户企业融资并提升资本运用的效率。对于金融业务来说，物流金融的功能是帮助金融机构扩大贷款规模、降低信贷风险，在业务服务扩展上能协助金融机构处理部分不良资产、有效管理客户，提升质押物评估、企业理财等顾问服务项目。物流金融虽然也是基于真实贸易背景和上下游企业的资信实力进行融资活动，但其还款来源是立足在物流服务以及货物、动产的控制管理上。

图 9-1 为通常意义上的物流金融业务流程关系，从图中可以看出，物流金融仅为供应链或非供应链中的某一贷款企业进行服务，由于物流金融业务仅面向一个企业，此融资方式流程简洁，不存在关联担保，且融资关系简单清楚，风险性小。

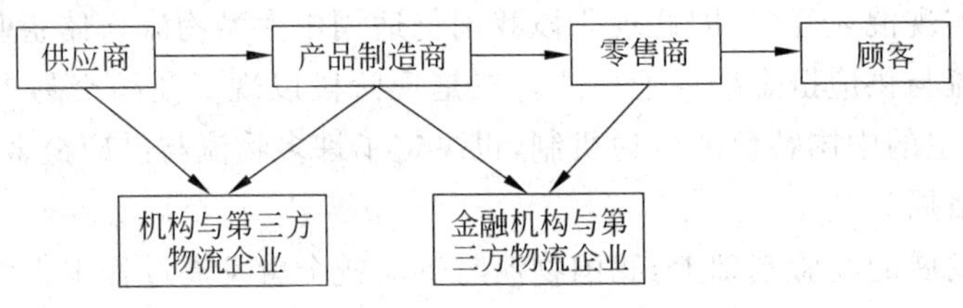

图 9-1　物流金融业务流程关系

从严格意义上讲，物流领域的供应链金融的创新主体是第三方物流，金融活动展开的基础上第三方物流的服务资源和能力。物流企业开展物流金融业务的收益主要来自以下三个方面：一是物流金融的直接收益，也是利息净收入；二是物流服务收益，包括货物监管、品质管理、仓储运输等物流活动所产生的收益；三是其他隐性收益，即由于与客户企业的关系衍生出的其他专业技能服务收益。如美国联合包裹服务公司（UPS）在融资过程中，不仅可以获得融资收益以及物流服务收益，同时还能获得由于与客户的长期关系衍生出来的物流网络规划、供应基地优化、分销解决方案等综合服务收益。

（二）贸易金融

贸易金融是在贸易双方债权债务关系的基础上，为国内或跨国的商品和服务贸易提供的贯穿贸易活动整个价值链的全面金融服务。它包括贸易结算、贸易融资等基础服务，以及信用担保、保值避险、财务管理等增值服务。其中贸易融资是基于买卖双方的交易过程而为产业链中的上下游提供资金融通，既满足其生产经营的正常需要，同时也保障交易的安全、顺利、高效地开展。贸易金融本质上是为商品和服务交易提供支付、结算、信贷、信用担保等服务，是紧紧围绕“贸易”这一实体经济活动而进行的；而物流金融则是以物流和产品（或货物）为基础来为贸易中的买卖双方提供金融服务。

在贸易金融中，对企业的贷款是以企业销售收入或贸易所产生的确定的未来现金流作为直接还款来源。贸易金融收益主要来自于三个方面：一是贸易融资的直接收益，即利息净收入；二是中间业务收益，包括手续费收入、汇兑收入等；三是资金交易的佣金收入。

在贸易金融中一般会涉及第三方物流企业、客户与其上下游和金融机构(如商业银行),通常是以商业银行、上下游企业作为平台提供商和综合风险管理者角色。

(三) 供应链金融

供应链金融是以核心企业为切入点,通过对信息流、物流、资金流的有效控制或对有实力关联方的责任捆绑,针对核心企业上、下游长期合作的供应商、经销商提供的融资服务。其目标客户群主要为处于供应链上、下游的中小企业。目前供应链金融已应用在了汽车、钢铁、能源、电子等大型稳固的供应链中。供应链金融本质上是一种集物流运作,商业运作和金融管理为一体的管理行为和过程,它将贸易中的买方与卖方、第三方物流以及金融机构紧密地联系在一起,给予企业商品交易项下应收应付、预收预付和存货融资而衍生出来的组合融资。

从产业供应链角度出发,供应链金融的实质就是金融服务提供者通过对供应链参与企业的整体评价(行业、供应链和基本信息),针对供应链各渠道运作过程中企业拥有的流动性较差的资产,以资产所产生的确定的未来现金流作为直接还款来源,运用丰富的金融产品,采用闭合性资金运作的模式,并借助中介企业的渠道优势,来提供个性化的金融服务方案,为企业、渠道以及供应链提供全面的金融服务,提升供应链的协同性,降低其运作成本。

供应链金融主要涉及四个运作主体:金融机构、核心企业和上下游企业、第三方物流企业。其中核心企业和上、下游企业是融资服务的需求者,金融机构为融资服务的提供者;物流企业仅作为金融机构的代理人或服务提供商为贷款企业提供仓储、配送、监管等业务。供应链金融通过银行、生产企业以及多家经销商的资金流、物流、信息流的互补,突破了传统的地域限制,使厂家、经销商、下游用户和银行之间的资金流、物流与信息流在封闭流程中运作,达到提高销售效率,降低经营成本,多方共赢的目的。从风险控制体系的差别以及解决方案的问题导向维度,供应链金融的主要运作模式分为存货融资、预付款融资、应收账款融资模式。

(四) 物流金融、贸易金融与供应链金融的概念比较

供应链金融与物流金融和贸易金融三者概念之间有较大重叠,三者都以中小企业为主要服务对象,可解决中小型企业融资困境,有效支持中小型企业的融资活动,实现多方共赢,业务中均涉及金融、贸易和物流服务。这些融资方式既能有效盘活中小企业存量资产,缓解融资难问题,又为金融机构及物流企业拓展业务范围,受到了广大中小企业和金融机构的普遍欢迎。

在理论和实践过程中,物流金融、贸易金融常常被认为是供应链金融的组成部分,或者被看作是同一种融资方式的多个称谓。三者在概念、运作主体、运作模式、运作流程等方面有所区别,由此三者运作中所产生的问题和应采取的相应对策有所不同。对于三者之间区别可首先从供应链三个维度(物流、商流、信息流)进行分析。

供应链第一个维度是物流活动管理的层级,可区分为基础性及高级物流活动管理。基础性物流活动主要指的是商品或货物在时空上的移动,如仓储运输;高级物流活动指的是提供综合物流方案和集成服务。供应链第二个维度是商流活动的层级。可区分为单一商品生产和交易环节的较低商流管理和涉及企业价值链组织和管理的高级商流管理。供应链第三个维度是信息聚合的层级。可从信息多样化(各种不同类型参与者的信息和活动)、信息广

度、长度和频率进行分级。信息的广度指的是供应链各类信息的整合程度，即能综合反映从订单接受、拣货、配送到客户数据更新等全面的信息管理。信息的长度体现的是信息在供应链中的延伸度，即能否掌握、获取、整合上游的上游及下游的下游的信息。信息频率代表了信息的流动性和持续性。交易的持续性和信息的不断更新越强，交易的效果越明显。

从以上供应链三个维度分析，可知物流金融表现出来的物流整合度较高，商流整合力相对物流整合力而言偏低，也就是说物流金融中资金流的产生和相应的风险控制更多地凭借物流的整合来实现。作为融资方来讲，商流介入和管理的程度有限，相应的信息整合也更多地侧重于物流信息的聚合管理，对交易信息的整合相对有限。贸易金融商流整合度较高，而物流的管理能力相对商流而言偏低，金融活动产生的依据和风险管理主要凭借对商流的把控。融资方介入物流活动的程度较弱，对交易信息的聚合度较高，而对物流信息的整合有限。供应链金融则在掌握和管理全面的商流和物流的基础上，展开综合性的融资业务。其风险的控制既来源于对整个交易过程和价值增值过程的设计、运营和管理，又来源于物流方案的设计、流程的运营和操作，供应链金融中对物流和交易信息的整合程度高。

三种融资方式除了运作方式不同外，从服务对象上看，物流金融、贸易金融是面向所有符合其准入条件的中小企业，不限规模、种类和地域等；而供应链金融是为供应链中的上、下游中小企业及供应链的核心企业提供融资服务。

在担保及风险控制方面，开展物流金融、贸易金融业务时，中小企业以其自有资源提供担保，融资活动的风险主要由贷款企业产生。供应链金融业务不再片面强调受信主体的财务特征和行业地位，也不再简单地依据对受信主体的孤立评价做出信贷决策，而是真正注重并结合其真实贸易背景。供应链金融的担保以核心企业为主，或由核心企业负连带责任，其风险由核心企业及上下游中小企业产生；供应链中的任何一个环节出现问题，将影响整个供应链的安全及贷款的顺利归还，因此操作风险较大。但是，金融机构的贷款收益也会因整条供应链的加入而随之增大。对于物流金融，物流企业作为融资活动的主要运作方，为贷款企业提供融资服务；供应链金融则以金融机构为主，物流企业仅作为金融机构的辅助部门提供物流运作服务。在融资活动中，物流金融一般仅涉及贷款企业所在地的金融机构；对于供应链金融，由于上下游企业及核心企业经营和生产的异地化趋势增强，因而涉及多个金融机构间的业务协作及信息共享，同时加大了监管难度。

对于三种业务模式的区别可通过 UPS Capital 的综合金融解决方案为例进行说明。企业在供应链运作过程中面临着现金流量周期的挑战，企业的现金流量周期是涵盖了供应链运营的全过程。当融资需求方向上游供应商采购产品，或者向下游分销商售卖产品时，就产生了订单到现金周期，即下达订单产生应付账款、应收账款到收到现金这个过程中会产生资金缺口。而融资需求方基于市场做出预测，到生产制造和分销，则会产生预测到履行周期。上游供应商从接到采购订单到实际获得贷款产生了采购和付款周期，在上下游应收账款、应付账款之间还会产生信贷与利率周期。针对这样复杂综合的现金流量周期问题，UPS Capital 通过其丰富的产品线，借助于业务模式的组合就形成了供应链金融模式。当 UPS Capital 为供应链上的参与者提供这种综合性解决方案时，其业务模式的复杂度较高。其中的融资针对不同的对象和状况，既有可能采用物流金融的形式，也有可能采用贸易金融的形式，甚至既有物流操作和管理，又有贸易流程管理。

物流金融、贸易金融和供应链金融三种紧密关联的业务模式的共同点为依托于供应链运营的某些流程或全部流程，对供应链上的参与者，特别是需要改善现金流、提供资金能力的企业，如成长型的中小型企业提供综合性的金融方案。共同目的是促进供应链运行的持续与稳定，实现供应链买卖企业、平台服务提供商、综合风险管理者以及风险承担者或流动性提供者多方面的共赢。因此从严格意义上讲，供应链金融是物流金融和贸易金融的高级阶段。

前沿理论与技术

供应链金融与互联网金融的结合

国内供应链金融已经发展多年，大多数都采取“1＋N”模式。即首先要选取产业链中最优质、最强势的企业为核心。这类企业本身需具备如下硬性条件：运转良好、信誉良好、实力过硬、行业地位领先、财务状况优质等。其次，以该优质企业为核心，向其上下游延伸，从上游 N 家供应商以及下游 N 家经销商中，挑选出有融资需求的企业。最后，根据核心企业与拟融资企业的业务关系，获取相关信息和交易数据，基于商品交易中产生的应收账款、预付账款、存货等资产对拟融资企业提供资金支持。随着互联网金融的不断发展，供应链金融嫁接互联网基因后，衍生出新的发展模式。

1. 电商模式

电商最核心的资源是中小微企业的交易数据，通过综合分析企业的交易数据，对拟融资企业的资质、信用进行初步筛选，既可以降低交易成本，又可以提高交易效率。其中，最有代表性的平台是阿里小贷。除此之外还可延伸到钢铁等大宗商品领域的电商平台，如东方钢铁网、找钢网以及斯迪尔等电商平台也提供不同程度的融资服务。以阿里小贷为例，2010 年6 月，阿里巴巴小额贷款公司成立，为淘宝、天猫、阿里巴巴 B2B 的商家提供订单贷款和信用贷款。阿里小贷凭借海量交易数据以及大数据应用技术成为行业的佼佼者。凭借申请订单贷款，很多淘宝小商户的资金周转效率大大提高。

从业务流程来看，小商户收到订单后，先向阿里小贷申请订单贷款，采购货源、完成发货，买家付款；贷款到期后，阿里小贷后台系统会自动扣取贷款金额。从风险控制来看，阿里小贷从贷前、贷中、贷后三方面入手，建立了多层次的风险控制流程。在贷前，根据小微企业在电商平台上的交易数据以及第三方认证数据，分析企业经营状况，财务指标及偿债能力；在贷中，利用支付宝及阿里云平台实时监控贷款用户的现金流及经营情况，及时发现风险；在贷后，为提高违约成本，一旦发现风险预警，对贷款用户的网络店铺或网络账号可启动关停机制。阿里小贷最核心的优势在于阿里巴巴在电子商务领域积累的庞大的客户资源以及海量的交易数据，这些数据包括商户在阿里巴巴平台上的活跃度、交易量、网上信用评价等。阿里小贷模式有效地解决了传统金融模式下，由于交易数据造假、征信体系不健全导致的信息不对称问题，满足了小微企业的融资需求，也成为其评估拟融资小微企业信用资质的“核武器”。

2. 产业集团模式

产业集团凭借多年来在产业链上下游的资源积累，对拟融资企业的业务模式、潜在风险、还款实力、品牌信誉等情况具有深刻的理解，通过参股或收购互联网金融企业的方式布局供应链金融，具有得天独厚的产业资源优势。其中最有代表性的平台是海尔集团。2014年9月1日，海尔集团下属供应链网络金融平台(SCF)正式上线。该平台将海尔日日顺与平安银行、中信银行和建设银行等传统银行相嫁接，基于海尔日日顺积累的经销商与海尔之间的大量的交易数据，运用大数据分析技术，为海尔经销商打造了一个在线融资平台。平台上线后，海尔旗下2万多家经销商凭借其在海尔日日顺平台上的交易数据、信用记录，可在线完成贷款额度申请、审批、放款以及贷款额度查询等业务，并可获得银行授信、订单融资等服务。便捷的操作流程，有效地解决了经销商融资难的问题，进一步扩大了海尔的销售规模。

从授信条件来看，经销商只需满足如下四个条件即可申请。第一，与海尔集团合作一年以上，年度提货额在150万元以上；第二，有完整的年度财务报表；第三，在人民银行征信系统无不良记录；第四，在银行开户完毕。从贷款用途来看，该笔资金将专项用于支付在日日顺B2B官网上订购海尔产品的开支。与阿里小贷不同，海尔供应链网络金融平台选择与传统银行合作的发展路径。因此，该平台将产业集团的交易数据、分销渠道、物流数据与金融机构的资金渠道、风险控制、技术优势整合起来，走出一条“产业＋资本＋互联网基因”的新路径。

3. P2P 平台模式

随着业务的不断延伸，P2P平台也纷纷进入供应链金融领域。在项目渠道方面，有的P2P平台与银行、保理、融资租赁、小贷公司等金融机构合作，有的则与产业链中强势、优质企业合作。在资金渠道方面，P2P平台利用其“普惠金融”的特性，在融资方面具有不可比拟的优势。截至2015年8月底，据网贷天眼数据中心统计，全国P2P网贷问题平台共计965家，很多是跑路平台，有的是提现困难。与P2P其他业务相比，由于P2P供应链金融具有风险小等特点，国内已经有多达61家上市公司进入P2P供应链金融领域。专注P2P供应链金融的平台包括熊猫金控旗下的银湖网，拉拉财富、电网贷、绿化贷、珠宝贷、爱投资、五粮液旗下的万盈金融、专注环保领域的众信金融以及银行系的工商贷等。

比较有代表性的平台是2014年5月12日上线的中瑞财富。依托母公司中瑞控股的产业资源，利用旗下市值超百亿的煤炭供应链上市公司——瑞茂通在大宗商品领域的布局，从时下最热门的P2P领域切入，中瑞财富打造了全国首家专注于大宗商品供应链金融的P2P平台。中瑞财富的商业逻辑很简单：由于抵押、质押、担保不足，信用信息不对称，抗风险能力弱等原因，再加上受政策影响较大，大宗商品贸易企业很难获得银行授信。但行业对资金的需求量非常大，所以需要打开新的资金端口。

从资金来源来看，中瑞财富通过P2P模式将大量社会闲置个人资金引入供应链金融。从项目来源看，中瑞财富具有天然优势。其母公司中瑞控股在大宗商品领域，每年的交易量高达数百亿元，为中瑞财富提供了源源不断的潜在项目源。从项目类型看，中瑞财富目前主要有三类业务：第一类业务为“卖方应收账款直接转让”；第二类业务为“保理商应收账款转让”；第三类业务为“企业流动资金借款”。

第二节　物流与供应链金融基本业务模式

根据上节对物流与供应链金融相关概念的分析，可知物流与供应链金融基本业务模式涵盖面广，目前国内外理论与实践界在一定程度上将物流金融、贸易金融、供应链金融统称为供应链金融。典型供应链是由供应商、生产商、分销商和最终客户组成的。在大部分制造领域，供应链核心企业一般是生产关键部件或者完成最终产品的企业，处于供应商与经销商之间，属于生产商；而在另外一些行业集中度不是很高的制造领域，供应链的核心企业也可能是分销商，如大型的超市等。虽然核心企业的类型不同，但是从融资需求的角度去考虑都可以分为核心企业上游和下游的融资。整个供应链的融资需求，如图 9-2 所示。

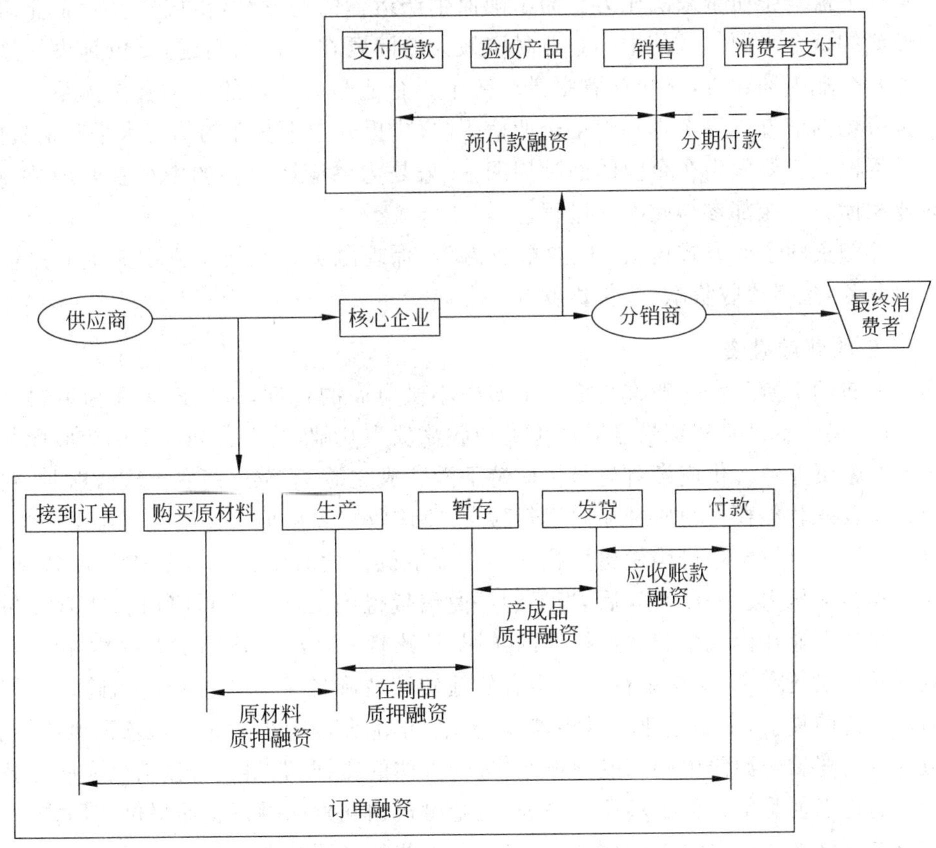

图 9-2　供应链融资需求

从供应链融资需求示意图 9-2 中可知将供应链上的融资需求包括订单融资、原材料融资、在制品融资、产成品融资和应收账款融资等，这些融资需求分布在生产经营周期的不同阶段（采购、生产、销售）。上述融资需求可进一步按照生产经营周期的不同阶段分为应收类、存货类、预付类，即应收账款融资模式、存货融资模式和预付账款融资模式，如图 9-3 所示。基于上述理解，本章将选取三大类融资模式中的典型形式进行具体介绍。

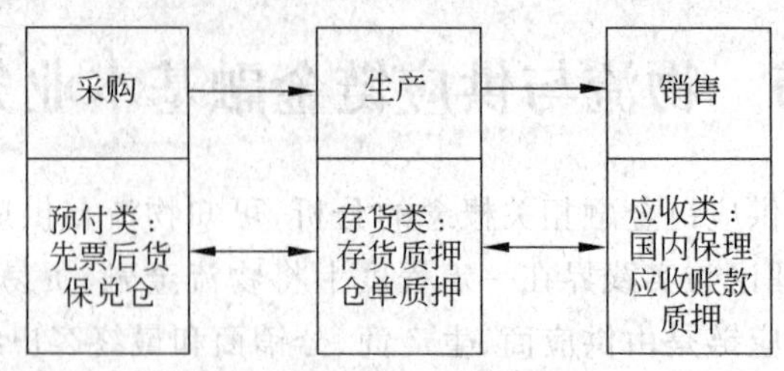

图 9-3 物流金融模式分类图

一、应收类融资模式

应收类融资产生背景为适应赊销成为企业的主要销售方式，此时供应链上游的企业普遍承受着现金流紧张所带来的压力。为了确保生产运营的持续性，供应链上游企业需要找到较为便捷的资金来源。目前中小企业融资最大的问题在于信用问题，要想解决好这一问题除了做好企业内部建设，还应该着眼供应链中小企业与大企业的分工合作体系。从大企业在信贷市场的信息优势来弥补中小企业信用缺位，提升中小企业的信用水平和信贷能力。应收类融资模式主要发生在企业的回款周期，一般是为供应链上游的中小企业融资，银行、债权企业和债务企业都参与此融资过程。

应收类融资的主要方式包括：应收账款融资、保理融资以及第三方物流企业在应收类中的主要业务，包括代收货款、垫付货款等。

（一）应收账款融资

由于强势的下游厂商一般都会拖欠上游中小供应商的货款，供应商企业为取得运营资金，以卖方与买方签订真实贸易合同产生的应收账款为基础，并以合同项下的应收账款作为还款来源的融资业务。供应商首先与供应链下游达成交易，下游厂商发出应收账款单据，融资企业以应收账款债权作为质押品向银行融资，将应收账款单据转让给银行金融机构，同时供应链下游厂商也对金融机构做出付款承诺。金融机构此时给供应商提供信用贷款，缓解供应商的资金流压力。一段时间后，当下游厂商销货得到资金之后再将应付账款支付给金融机构。债务企业在模式中起着反担保的作用，若购货方拒绝付款或无力付款，银行有权向融资企业要求偿还资金，这样银行进一步有效地转移和降低了其所承担的风险。在拥有良好贸易记录的前提下，中小企业可以将连续、多笔、单笔金额较小的应收账款汇聚成“池”，即将分散的应收账款资源集中起来发挥作用，进行整体的质押，获得银行授信。应收账款质押融资最大的特点便是债权的不转移。另外，在金融机构同意向融资企业提供信用贷款前，金融机构仍要对该企业的风险进行评估，只是更多关注的是下游企业的还款能力、交易风险以及整个供应链的运作状况，而并非只针对中小企业本身进行评估。

应收账款供应链融资模式主要的优势体现在：对于融资企业而言，有利于弱化银行对融资企业本身的限制。基于供应链金融的应收账款融资是围绕着一个产业链上的核心企业，针对其他多个中小型企业提供的全面金融服务。因而，银行服务的主体不再局限于中小企业本身，而是整个供应链；银行的信用风险评估也从对中小企业静态的财务数据的评估转到对整个供应链交易风险的评估。对于银行而言，有利于缓解银行信息不对称的程度。供应链金融是把中小企业放在整个供应链中加以考虑，处于供应链中的企业信息比较畅通，银行容易随时掌握和控制潜在的风险，降低了企业的逆向选择风险和道德风险；企业具有稳定的上下游企业，良好的运营环境，且产业发展方向明确，因而很容易对其信贷风险进行预测。

应收账款供应链融资具体的融资模式操作流程，如图 9-4 所示。

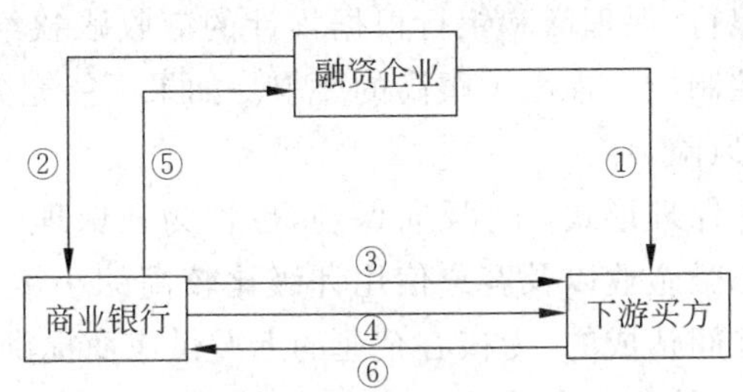

图 9-4　应收账款质押融资操作流程图

具体流程如下。

(1) 买卖双方签订贸易合同，卖方(融资企业)向买家提供赊销；

(2) 融资企业基于其与买方(可以是多家核心企业)的贸易关系积累应收账款，在银行办理应收账款质押手续；

(3) 银行接受应收账款质押，向买方通知应收账款质押事宜和回款路径；

(4) 银行将单据寄送至应收账款涉及的下游买方；

(5) 银行在一定的额度内向融资企业提供授信出账；

(6) 下游买方将款项按通知路径汇至银行回款账户，部分偿还融资企业质押应收账款部分的贷款，部分划入融资企业的结算账户。

(二) 保理融资

保理(Factoring)又称应收账款承购，保理业务主要是为以赊销方式进行销售的企业设计的一种综合性金融服务，是一种通过收购企业应收账款为企业融资并向其提供资金融通、买方资信评估、销代账户管理、信用风险担保、账款催收等一系列服务的综合金融服务方式。保理融资的最大特色在于运用对融资企业的资产负债管理来实现债权保全，再结合债权让与和债权担保等制度，确保收回融资。对于融资企业而言，不仅获得了急需的资金，而且取得了保理商专业性的债权管理。

保理业务也有多种分类。根据供应商是否会将应收账款转让行为通知买方，可分为明保理和暗保理。按有无第三方担保，可分为有担保的保理和无担保的保理。按有无追索权，可以分为有追索权保理和无追索权保理两种形式。其中无追索权的保理又称买断保理，是指企业将其贸易型应收账款，通过无追索权形式出售给专业保理商或银行等金融机构，从而获得一种短期融资。有追索权的保理又称回购保理，是指到期应收账款收不回时，保理商就有权向供应商索回已付融资款项并拒付尚未收回的差额款项。

保理业务的一般操作流程是：保理商首先与其客户即商品销售行为中的卖方签订一个保理协议。一般卖方需将所有通过赊销而产生的合格的应收账款出售给保理商。签订协议之后，对于无追索权的保理，保理商首先需要对与卖方有业务往来的买方进行资信评估，并给每一个买方核定一个信用额度。对这部分应收账款，在买方无能力付款时，保理商对卖方没有追索权。而对于有追索权的保理，当买方无力付款时，保理商将向卖方追索，收回向其提供的融资。

为充分挖掘零散应收账款的融资能力，同时免去了多次保理服务的手续，提高了融资效率，采用可保理池融资，即将一个或多个具有不同买方、不同期限、不同金额的应收账款全部一次性转让给保理商或银行，保理商和银行根据累计的应收账款给予融资。但保理池融资对保理商或银行的风险控制能力提出了很高的要求。如果不能充分掌控每笔应收账款的交易细节，很容易出现坏账风险。

同时还存在另外一种保理形式——反向保理，也称为逆保理。主要适用于与核心企业有大量稳定贸易往来的小微企业以及客户信用评级比较高的小微企业。通俗地讲，反向保理就是银行与核心企业之间达成的，为核心企业的上游供应商提供的一揽子融资、结算解决方案，这些解决方案所针对的是焦点企业与其上游供应商之间因贸易关系产生的应收账款。即核心企业具有较强的资信实力及付款能力，无论任何供应商保有该核心企业的应收账款，只要取得核心企业的确认，就都可以转让银行以取得融资。其实质就是银行对高质量买家的应付账款进行买断。反向保理与普通保理的根本区别在于：①保理商是对作为供应链核心企业的买家进行风险的评估，而不是对供应商进行信用评估；②由于对买家比较了解，保理商可以选择买家同意支付的应收账款进行融资，降低了整体风险。

当开办保理业务的主体由银行转变为专业物流公司时，物流保理这样一种全新的保理形式由此产生。从保理业务的服务内容来说，物流保理业务与银行保理业务并无本质的不同，但是其经营的主体由银行变为了为客户经营物流业务的物流企业，使物流和金融流的联系更为紧密，由此衍生出许多银行保理业务所不具备的优势。随着保理业务的迅速发展，物流企业开始认识到这一业务的巨大潜力和自身从事保理业务的潜在优势。

物流保理最大的优势在于融资风险的降低。融资风险是指由于融资方式的选择所带来的财务风险、信用风险、经营风险等。物流保理业务融资是应收账款承购，不存在债务融资清偿能力的问题。因此，物流保理业务融资具有较小的财务风险。在经营风险方面，由于物流供应商越来越多地介入客户的供应链管理当中，往往对于买卖双方的经营状况和资信程度都有相当深入的了解，因此在进行信用评估时不仅手续较银行更为简捷方便，而且其经营风险也能够得到有效地降低。在信用风险方面，银行保理业务的主要风险来自于买卖双方对银行的合谋性欺骗，一旦银行在信用评估时出现失误，就很可能陷入财货两空的境地。而在物流保理业务中，由于货物尚在物流企业手中，这一风险显然已经得到大大的降低。根据物流保理业务的要求，物流客户在其产品装箱(柜)的同时就能凭提单获得物流企业预付的货款，物流运输和保理业务的办理是同时并行的。而银行保理业务一般必须在货物装运完毕后再凭相应单据向银行要求预付货款。比较而言，显然前者更为简捷方便。

与仓单质押贷款一样，提供保理业务的公司也有可能因无法追讨货款而将货物滞留于手中。金融机构一般都没有从事商品贸易的工作经验，与商品市场也缺乏必要的沟通和联系，因此在货物变现时常常会遇到很多困难。而物流企业，尤其是一些专业化程度很高的物流企业，对于所运输的货物市场却会有相当深入的了解，而且与该行业内部的供应商和销售商有着长期合作的关系，因此在货物的变现时能够享受到诸多的便利。

物流保理模式业务流程如下(见图 9-5)。

(1) 出口企业向进口企业的保理银行提出保理申请；

(2) 保理银行通过其授信的物流企业对进口企业进行资信调查，待其确定好进口企业信用额度，通知银行，银行同出口企业签订保理协议，为防止联合欺诈，银行一般要求物流企

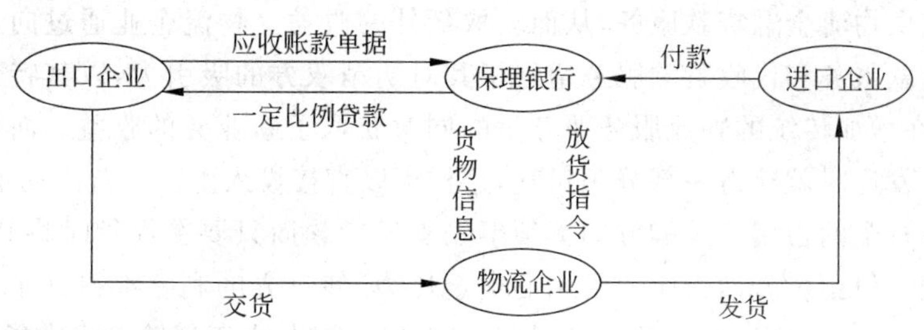

图 9-5 物流保理业务模式

业提供担保；

(3) 出口企业在信用额度内发货，并将发票和运输单据通过保理银行转给进口企业，银行收到票据后获得质押权并通知物流企业提货和监管货物，同时进口企业将发票副本寄给保理银行；

(4) 出口企业如果需要融资，则保理银行在收到发票副本后即以预付款方式向出口企业支付发票金额一定比例的融资(一般不超过 80%)，银行负责对应收账款的管理及催收，并向出口企业提供百分百的风险担保；

(5) 到期后进口企业将货款全额付给保理银行，也可由物流企业在进口企业向其提供货物质押或担保情况下垫付给保理银行；

(6) 保理银行在扣除相关费用及贴息后将余下金额转入出口企业的银行账户。在物流保理业务中，出口企业在其产品交付物流企业运输的同时就能凭提单获得物流企业或保理银行预付的货款。

(三) 代收货款模式

代收货款是一种第二方物流企业在向供应商提供货物承运服务前代替采购方先预付一定额度货款给供应商，从而取得货物运输业务和供应商货款收取代理权利，采购方在提货时将货款一次性支付给物流企业的服务形式。

代收货款业务流程如下(见图 9-6)。

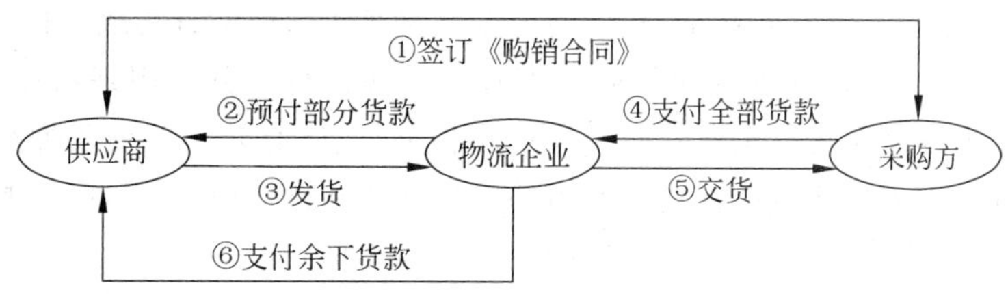

图 9-6 代收货款业务模式

(1) 供应商与采购方根据需要签订《购销合同》；

(2) 物流企业按照供应商和采购方双方签订的购销合同，取得货物的承运权；

(3) 物流企业代替采购方先向供应商预付一定比例的货款，获得货物所有权；

(4) 采购方支付物流企业全部货款并取得货物；

(5) 物流企业在一定期限后将余款在扣除相关业务费用后支付给供应商。

代收货款模式下，物流企业除了获得货物运输等费用外，还可以使用延迟支付的购货款向其他客户提供物流金融贷款服务，从而获取额外的收益。物流企业通过向采购方和供应商提供垫付货款服务和代收货款服务增强了其对购销双方的吸引力，以其特色服务扩大了市场占有率，在增加传统的物流服务业务量的同时获取了新业务的收益。而供应商在货物交给物流企业发运时就获得一部分预付款，这样可以直接投入生产经营活动中，从而减少在途货物对企业资金的占用。采购方则无须事先支付货款而只要在提货时将其结清，这样能减少采购方因支付预付款而给企业带来的资金压力，使三方的利益都得到了保障。在代收货款整个服务过程中，物流企业的风险得到了有效的控制，由于运输过程中货物一直处于物流企业的控制下，其事先向供应商支付的预付货款可以由在途货物得以保证，这能有效地避免供应商和采购方联合欺诈的发生，而采购方在提货时需结清货款，这时物流企业的收益也能获得确保。

代收货款模式适合的条件和范围为发货方和第三方物流企业具有较强的合作关系；货物质量较稳定，货差损失较小；货物利于计量；收货方信誉较高，能够做到货到付款。在这一方式中，第三方物流发挥的作用非常有限，是物流金融的初级阶段。

代收货款模式还有一种演变形式——托收货款，即为消除因垫付货款给第三方物流公司带来的资金占有问题，发货人将货权转移给金融机构，金融机构根据市场情况按一定比例提供融资，当提货人向金融机构偿还贷款后，金融机构向第三方物流企业发出放货指示，将货权还给提货人。此种方式下，物流公司的角色发生了变化，由原来的商业信用主体变成了为金融机构提供货物信息、承担货物运送，协助控制风险的配角。

二、存货类融资模式

存货类融资又被称为库存融资，是以资产控制为基础的商业贷款。存货类融资业务模式主要发生在持有或制造周期以及销售周期，是目前国内物流金融实践成果最多的模式。目前主要包括两种形式：存货质押融资和仓单质押融资。其中存货质押的标的物是以实物为主，而仓单质押则属于一种权利质押，其标的物为仓单，既是一种有价证券也是一种物权凭证。两者风险考察的主要目标不同，存货质押主要考察动产本身的价值和对进出仓库进行严格的管理，而仓单质押的主要风险控制则是针对仓单本身的真实性及信用风险。目前根据国内的物流金融业务发展水平，仓单的证券化流通还远远没有实现，因此国内更多是以存货质押融资业务为主。存货类融资业务模式可以使银行充分利用好物流企业的专业技能，低成本且准确地获得借款企业和质押存货的相关信息，有效地监控质押存货的流动，如果融资企业破产，物流企业可以通过行业内的信息优势和特殊地位，及时地对融资企业易变现的质押存货进行清偿，极大地规避借贷的变现风险。

（一）静态质押授信模式

静态质押授信是指客户以自有或第三人合法拥有的动产为质押的授信业务。银行委托第三方物流公司对客户提供的抵押的商品实行监管，质押物不允许以货易货，客户必须还款赎货。静态质押授信适用于除了存货以外没有其他合适的质押物的客户，而且客户的购销模式为批量进货、分次销售。静态质押授信是货押业务中对客户要求较苛刻的一种，更多地适用于贸易型客户。利用该产品，客户得以将原本积压在存货上的资金盘活，扩大经营规模。同时，该产品的保证金派生效应最为明显，因为只允许保证金赎货，而不允许以货易货，而赎货后所释放的授信敞口可被重新使用。

（二）动态质押授信模式

动态质押授信是静态质押授信的延伸产品。银行对于客户质押的商品价值设定最低限额，允许在限额以上的商品出库，客户可以以货易货。这适用于库存稳定、货物品类较为一致、抵押物的价值核定较为容易的客户。同时，对于一些客户的存货进出频繁，难以采用静态质押授信的情况，也可运用该产品。对于客户而言，由于可以以货易货，因此质押设定对于生产经营活动的影响相对较小。特别对于库存稳定的客户而言，在合理设定质押价值底线的前提下，授信期间几乎无须启动追加保证金赎货的流程，因此对盘活存货的作用非常明显。

对银行而言，该产品的保证金效应相对小于静态质押授信，但是操作成本明显小于后者。因为以货易货的操作可以授权第三方物流企业进行。在动态质押授信模式中，还存在另外一种授信融资形态，即金融机构根据第三方物流企业经营规模、运营现状、负债比例以及信用程度，授予物流企业信贷额度，物流企业可直接利用这些信贷额度向相关企业提供灵活质押业务，该模式有利于企业更加便捷地获得融资，减少原先质押贷款中一些烦琐的环节；也有利于银行提高对质押贷款的全过程监控能力，更加灵活地开展质押贷款服务，优化其质押贷款的业务流程和工作环节，降低贷款风险。

（三）仓单质押授信模式

仓单质押可分为标准仓单质押授信和普通仓单质押授信，其区别在于质押物是否为期货交割仓单。标准仓单质押授信是指客户以自有或第三人合法拥有的标准仓单为质押的授信业务。标准仓单是指符合交易统一要求的、由指定交割仓库在完成入库商品验收、确认合格后，签发给货主用于提取商品的、并经交易注册生效的标准化提货凭证。标准仓单质押适用于通过期货交易市场进行采购或销售的客户以及通过期货交易市场套期保值、规避经营风险的客户。对于客户而言，相对动产质押，标准仓单质押手续简便、成本较低。对银行而言，成本和风险都较低。此外，由于标准仓单的流动性很强，这也有利于银行在客户违约情况下对质押物的处置。

普通仓单质押授信是指客户提供由仓库或其他第三方物流公司提供的非期货交割仓单作为质押物，并对仓单做出质背书，银行提供融资的一种银行产品。仓单是指物流公司签发给存储人用以记载仓储货物唯一合法所有权的物权凭证，仓单的原始作用在于寄托品的转让或者货物所有人可以随时凭单向保管方提取货物。在物流金融业务中，仓单的作用为以“单”为质押品向银行机构借款的凭证。鉴于仓单的有价证券性质，出具仓单的仓库或第三方物流公司需要具有很高的资质，应建立区别于动产质押的仓单质押操作流程和风险管理体系。

仓单质押融资模式流程，如图 9-7 所示。图中序号说明如下。

① 融资企业向第三方仓库交付货物，申请制作仓单；

② 第三方仓库检查货物并入库后对企业开具仓单；

③ 融资企业向银行提交仓单并制作出质背书；

④ 银行向企业提供授信出账；

⑤ 企业为获得提货权向银行存入追加保证金；

⑥ 银行向企业释放出质仓单；

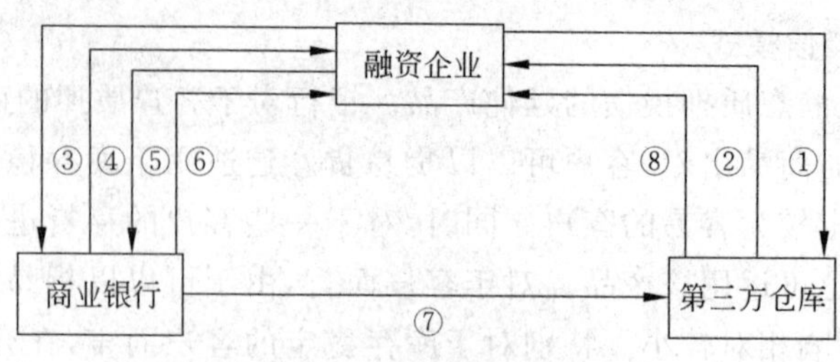

图 9-7 仓单质押融资操作流程

⑦ 银行通知第三方仓库释放仓单项下的货物;

⑧ 企业凭借仓单向第三方仓库提货。

作为一种新的物流业务模式的延伸,仓单质押既可以解决中小企业流动资金紧张,同时又保证银行放贷安全,降低担保物流企业担保风险,还能拓展第三方物流企业仓库服务功能,增加货源,提高效益。对融资企业而言,开展仓单质押融资业务可以解决部分中小企业自身资金短缺问题。对商业银行而言,有利于银行规避贷款风险并拓展新的经济增长点。对于银行而言,开展仓单质押业务可以帮助金融机构吸引和稳定客户,增加放贷机会,培育新的经济增长点。对第三方物流企业而言,一方面可以利用能够为货主企业办理仓单质押贷款的优势,吸引更多的货主企业进驻,保有稳定的货物存储数量,提升企业的综合竞争力;另一方面又可以通过收取手续费、提供场所以及信息等形式增加企业的经济收益。

三、预付类融资模式

预付类融资可称为未来存货的融资,主要用于融资企业的采购阶段。预付类融资的担保基础是预付款项下客户对供应商的提货权,或提货权实现后通过发货、运输等环节形成的在途存货和库存存货。当货物到达后,融资企业可以向银行申请将到达的货物进一步转化为存货融资,从而实现融资的"无缝连接"。由于中小企业采购方在经营过程中常常会出现资金不足无法一次性付款的问题,此时中小企业可以利用采购合同作为凭证,申请融资进行采购,最终以还款凭证为依据,获得货权。在这种模式下,通常有先票后货、保兑仓等模式,其核心都是通过借助核心企业的信用,在交易业务中为中下游企业提供信贷支持。预付类的特点是需要对市场随机性需求进行一定的预测和风险控制,由于主要针对的是下游的经销企业进行的业务,因此一旦下游经销企业不能及时的还款就有可能造成风险。

根据已有研究与相关企业实践,预付款融资的主要类型可以归纳为如下两种:保兑仓、未来提货权融资仓储监管模式(先票/款后货授信)(四方保兑仓)。

(一) 保兑仓

保兑仓为三方预付款融资模式,也被称为"厂商银模式"。在这种融资模式中,核心企业(制造商)、经销商以及银行三方签订合同,在经销商交纳一定保证金的前提下,银行贷出全额贷款供客户向核心企业(卖方)采购用于授信的质押物。客户分次向银行提交提货保证金,核心企业(制造商)根据银行的分次通知指示发货给经销商,经销商提货。卖方就发货不足部分的价值向银行承担退款责任。在一些情况下又以核心企业回购承诺作为担保措施。保兑仓适用于一些特殊的贸易背景,例如客户为了取得大批量采购的折扣,采取一次性付款方式,而厂家因为排产问题无法一次性发货。或者客户在淡季向上游打款,提供上游生产所

需的流动资金，并锁定优惠的价格，然后在旺季分次提货用于销售。保兑仓融资模式的提出主要是针对商品采购阶段的资金短缺问题。其流程如图 9-8 所示。

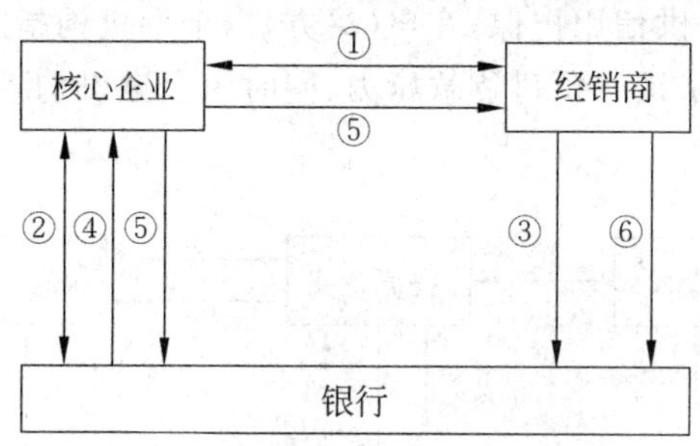

图 9-8　保兑仓模式流程

图 9-8 中数字说明如下。

① 核心企业与其经销商签订购销合同，并向银行申请三方预付款融资；

② 银行审查核心企业资信情况、回购能力，与核心企业签订回购及质量保证协议；

③ 根据核心企业以及经销商的资信情况，银行确定经销商缴纳保证金的比例，而经销商根据该比例缴纳保证金；

④ 在经销商缴纳保证金的基础上，银行签发以核心企业为收款人的银行承兑汇票或者向核心企业支付货款；

⑤ 核心企业向经销商发货，并将合格证等其他文件交予银行作为监管方式；

⑥ 经销商实现销售，需要提货时，向银行补足货款，银行将其合格证交予经销商以便于与产品一同交付顾客。

保兑仓模式中通过核心企业和经销商的参与，为银行利用未来提货权作为担保，使得融资业务得以实现。这就使得一些单位价值较高产品的经销商利用银行的资金，来满足销售需求，降低缺货情况发生的概率，可以获得大批量采购的价格优惠。此外，由于货物直接由上游监管，省去了监管费用的支出。对于银行来说，三方预付款模式使得银行在发放贷款的同时吸收了保证金的存款，同时为生产商和经销商提供结算服务，获得中间业务收入。对银行而言，将卖方和物流监管合二为一，简化了风险控制难度的同时，引入卖方发货不足的退款责任，实际上直接解决了质押物的变现问题。此外，该产品中核心企业的介入较深，有利于银行对核心企业自身资源的直接开发。通过核心企业的回购承诺，银行的风险也得到控制，对核心企业而言可以实现大笔预收款，缓解流动资金瓶颈。同时，锁定未来销售，可以增强销售的确定性。同时，通过核心企业可以向其多家经销商进行授信融资，扩大了贷款规模。

在保兑仓模式中银行主要委托核心企业监管货物，对于一些特殊的行业如汽车销售行业，销售过程中必须实现汽车与合格证一同销售，一车一证，因此合格证可以作为银行的一种监管方式。为了便于控制货物的流动，在三方预付款模式的基础上，引入物流公司来对货物监管，这就形成了四方保兑仓模式。

（二）未来提货权融资仓储监管模式

未来提货权融资仓储监管模式（先票/款后货模式）（四方保兑仓模式）是存货融资的进一步发展，是指由制造商、经销商（融资企业）、物流企业与商业银行共同签署“保兑仓业务合作协议”这一框架，客户（买方）从银行取得授信，在交纳一定比例保证金的前提下，银行为融资企业开出银行承兑汇票为其融资，向卖方议付全额贷款；卖方按照购销合同以及合作协议书的约定发运货物，货物到达后设定质押作为银行授信的担保。在上游企业承诺回购的前提下，由第三方物流企业提供信用担保，客户（买方）以金融机构指定仓库的既定仓单向银行等金融机构申请质押贷款来缓解预付货款压力，同时由金融机构控制其提货权的融资业务。其业务流程如图 9-9 所示。

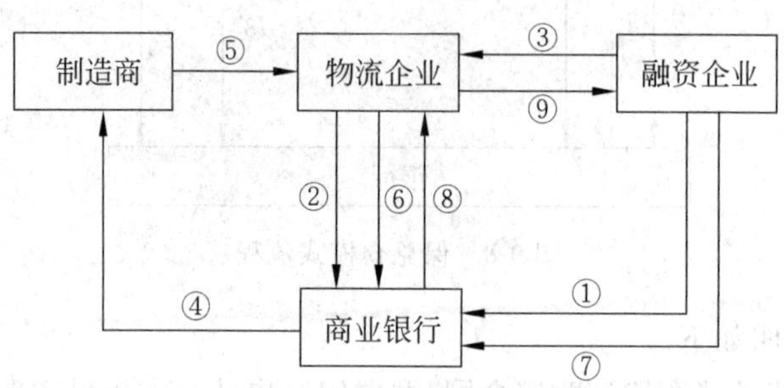

图 9-9　保兑仓融资模式流程

图 9-9 中数字说明如下。

① 融资企业向银行缴纳一定比例的保证金；

② 物流企业为融资企业提供担保；

③ 融资企业对物流企业进行反向担保；

④ 银行向制造商开具承兑汇票；

⑤ 制造商向银行指定仓库发货；

⑥ 货物入库后转为仓单质押，由物流企业开具仓单交给银行，金融机构在承兑汇票到期时兑现，将款项划拨到制造商账户；

⑦ 融资企业进行分批还贷；

⑧ 银行根据还贷金额通知物流企业发货；

⑨ 物流企业在借款企业履行了还款义务后释放质押物。

对客户而言，由于授信时间不仅覆盖了上游的排产周期和在途时间，而且到货后可以转为库存融资，因此该产品对客户流动资金需求压力的缓解作用要高于存货融资。其次，因为是在银行资金支持下的大批量采购，所以客户可以从卖方获取较高的商业折扣，进而提前锁定商品采购价格，防止涨价的风险。对银行而言，可以利用贸易链条的延伸，进一步开发上游企业业务资源。此外，通过争取订立卖方对其销售货物的回购或调剂销售条款，有利于化解客户违约情况下的变现风险。由于货物直接从卖方发给客户，因此货物的权属要比存货融资模式更为直观和清晰。对物流企业而言，通过与银行和供应链上下游的企业合作扩大了物流企业的业务范围，形成了新的盈利模式。对未来提货权融资仓储监管模式来说，在考察风险的时候需要对上游客户的发货、退款和回购等履约能力要进行考察；对在途风险的防范、损失责任的认定和货后入库环节的控制方面也要有所考虑。

本节综合分析了以应收账款融资、存货类融资与预付款融资为代表的物流与供应链金融模式。由于有着较为成熟的运作模式和产品，银行能够将风险控制在一定的限度内，因此以上三种融资方式在国内得到了广泛的运用。在基本物流与供应链金融形态基础上，可结合不同的产业特征衍生出不同的供应链金融模式。

第三节　物流与供应链金融风险分析与防范

一、物流与供应链金融风险的影响因素

供应链金融系统由供应链系统、金融系统以及与之相关联的其他要素系统所组成，供应链金融风险的产生与形成有着外部各种错综复杂的驱动因素与内部形成机制。找到风险的成因，认清风险的内在本质与表象特征，可以有助于更加准确地识别风险，找准风险控制点，为供应链金融风险防控提供决策依据。供应链金融风险的影响因素可分为外生因素和内生因素两大类。

（一）外生因素

良好的外部生态环境可促进供应链金融的发展，降低各类风险发生的概率和可能性。其中制度安排、法律、法规以及金融合作框架等等都是重要的外部环境因素。和供应链中的产品、物流和信息相比，这些因素不受供应链金融各参与方的控制，但是却对供应链金融业务的开展条件、合作绩效与风险水平有着十分重要的影响。

（二）内生因素

供应链金融的外生因素是影响供应链金融风险的政策性因素，通过非政策性的内生因素起作用，内生因素决定了供应链金融风险的性质与程度。和传统信贷业务相比，供应链金融系统的内部结构更复杂，内生风险更突出。内生因素主要包括：①供应链本身的脆弱性。供应链金融是基于整个供应链的授信行为，供应链自身的风险水平直接影响到供应链金融的风险水平。供应链各节点上的不确定性因素是供应链金融风险的主要来源，通过供应链流程在各个企业间传导和累积，显著影响整个供应链的风险水平，直接影响到供应链金融的存在条件和合作可能性。②金融风险的传导性。供应链融资活动中，融资企业内部的不确定性和外部经营环境带来的风险会在供应链内向银行等金融机构、物流企业和供应链上的其他关联企业传导、扩散。

二、物流与供应链金融风险分析

在物流与供应链融资业务的具体运作中，伴随着资金、货物、单证（仓单）等的流动，关系到金融机构、物流企业、核心企业、中小融资企业等多方面利益，在给各方带来诸多好处的同时，也存在着信用风险、操作风险、市场风险、环境风险、法律风险等潜在风险。

（一）信用风险

供应链融资中排在第一位的风险就是信用风险，是指受信人不能履行还本付息的责任使得授信一方预期收益与实际收益发生偏离。从另一角度来说，供应链融资本身就是一种比较特殊的用来加强对信用风险进行管理的技术。首要的信用风险为银行在对核心企业授信时的准入风险。在供应链金融体系中，核心企业的位置至关重要，对整个供应链的物流和资金流起到主导作用。一旦核心企业的业绩指标以及所处的供应链资金环节等出现问题，供应链金融就会变成由众多已贷款的中小企业及核心企业风险的聚集地。信用风险还包括中小企业信用风险。在供应链金融业务中，中小企业抗风险能力普遍较弱，其信用风险不仅受到自身状况的影响，同时受供应链的影响也较为明显。供应链融资模式下进行企业信用

评价时不能孤立地从自身因素进行评判，还要综合考察评判供应链的各种因素，这样才能更加全面而客观地评估出中小企业的信用状况。

（二）操作风险

操作风险是指由于企业内部政策的不完善、人为因素造成的错误或者是内部失控等原因而出现损失问题，而这种损失是包括与风险有关的一切支出费用。可分别从银行和物流企业角度进行分析。

对于银行来说，在调查授信的阶段，主要操作风险就是人员因素，要求调查授信情况的人员有较高专业素养，才能减少或降低疏漏与误判。在对操作模式进行设计时，最主要的是要不断完善流程的设计，减少操作风险的发生。在融资审批的过程中，主要操作风险包括人员产生的风险、系统风险以及流程风险。在人员风险中，包括了由于内部员工的越权、欺诈等主观行为而产生的风险，或者是由于工作者业务能力较差、人才流失等所造成的风险。系统风险指的是支持后台管理的系统不能进行有效识别所产生的失误的决策而引发的风险。流程风险指的是在操作过程中不能按照既定流程进行，导致授权不当而带来的风险，也包括信息传递的失误等问题。在授信后管理与出账管理过程中，频繁的操作也是造成风险产生的主要因素。

随着在线供应链金融的产生和发展，金融风险也开始由传统线下运作中风险向线上转移——在线供应链金融，由于基于互联网平台运营，一方面，信用风险与操作风险由于平台化运营和互联网技术的应用有所降低；另一方面，由于在线供应链金融操作环节及其控制要素增加，风险也更加复杂，电子合同、线上交易以及主体范围的扩大都使供应链金融风险迎来新的挑战。在不同的融资产品中，操作风险会以不同的形式表现出来，必须根据具体的情况做出全面的分析，采取周密的措施。

对于第三方物流企业来说，操作风险主要来源于客户信贷、质押货物的选择和保管以及内部操作运营。其主要表现形式有客户资信风险、仓单风险、质押物选择风险、质押监管风险等。

（三）市场风险

所谓市场风险，实质上是因为利率、股票、汇率、物价等随着市场的变化而发生改变，进而给银行带来的风险。在供应链金融中，银行的收款风险主要是由于市场风险和生产风险而造成的，即由于市场的波动或者是上游产品的市场变化而对客户或者企业产生了还款风险。同时供应链金融是在向中小企业发放贷款时以货物作为控制权进行担保，所以货物的市场价值很可能就会影响到市场风险。

（四）环境风险

环境风险主要是指由于经济环境、政治制度的改变，而使物流与供应链金融业务面临的风险，主要包括国外的经济局势变化风险和国内经济政策调整风险。

（五）法律风险

法律风险主要包括物流法律、法规风险和质押物的货权风险。我国物流与供应链金融业务尚处起步阶段，很多相关的法律、法规并不完善，现有的《合同法》、《担保法》等法律、法规也没有对其进行明确的规定，从而导致在实际运作中，可能会出现利用法律漏洞来谋取利益，使业务参与者受到损失。

三、供应链金融风险控制

供应链金融风险控制体系包括两种主要形式：结果控制与过程控制。在供应链金融的运营过程中，可以按照流程分析风险的关键控制点（结果控制）进行供应链金融运营前期、中期和后期的全程管理（行为控制）。

供应链金融前期管理指的是供应链金融业务运作前规范体系的建立和前提条件确立的状态，包括制度体系建设、管理运作的组织结构以及品种准入体系等。制度体系建设是从业务管理、额度及经营授权、业务评审、品种准入、协议文本管理、风险管理、机构及人员管理等方面做出严格规定，在此基础上订立金融业务操作规范。管理组织结构是执行关键控制点的参与人员和权限配置；品种准入是建立监管物风险评估制度和品种目录制度，对监管物品种实行准入制，对进入目录的品种严格按照风险等级对应的配套流程进行操作。中期管理是在供应链金融运营过程中的管理体系，包括标准化现场操作的规范、核查流程与方式。后期管理是指出现风险时，实现高效稳定的应对和处理，将损失降低到最小，包括风险预警机制的建立、危机事件应急预案以及替代或互补的操作方式等。

供应链金融风险管理原则包括：①业务闭合化。即供应链的整个活动是有机相连、合理组织、有序运行的，并且从最初的价值挖掘到最终的价值传递和价值实现形成完整循环。②供应链金融管理垂直化。对各个管理活动和领域实施专业化管理，并且使之相互制衡，互不从属或重叠。③收入自偿化。根据企业真实的贸易背景和供应链流程，以及上下游综合经营资信实力，向供应链中的企业提供短期融资解决方案，并且以供应链运营收益或者所产生的确定未来现金流作为直接还款来源的融资过程。④交易信息化。供应链金融风险管理有赖于高度的信息化管理。⑤风险结构化。在开展供应链金融业务的过程中，合理地设计业务结构，采用各种有效手段或组合化解可能存在的风险和不确定性。

四、供应链金融风险主要防范措施

通过对供应链融资风险识别的分析，应认真评估各类风险发生的可能性及其危害程度，采取相应策略以有效地防范和控制风险，保证供应链融资的稳定、健康发展。主要防范措施包括以下几点。

（一）建立和完善授信主体的信用评价体系

为了防范核心企业信用风险，金融机构应设定核心企业的选择标准，考察核心企业的综合经营实力，对核心企业的经营业绩、设备管理、质量控制、成本控制、技术开发、用户满意度和交货协议等方面做出及时的调查和科学的评估。

中小企业的特点是投资风险相对较高，金融机构要努力提高对中小企业真实信息的掌控能力，把握好企业经营活动、管理能力、信用意识、资金运营、资产分布及关联交易等的真实情况。通常通过收集资料、管理档案、调查资信等方式来实现，主要考察该企业的历史履约情况和履约意愿，以及以往对于合约的执行能力等等。同时金融机构要通过建立适合中小企业客户的信用等级评定体系，将对授信主体的风险评判与中小企业信用征信体系建设密切结合，变静态财务指标评估为贸易业务动态评估，对单一主体评级转变为“主体＋债项”的评级制度。对融资企业进行全方位的信誉管理，建立客户的信誉数据库。如实揭示中小企业客户的信用风险，合理确定中小企业的授信控制量，防止信用评级不客观和授信不及时而把优质中小企业排斥在信贷支持对象之外。最后，金融机构还应加强对中小企业的贷后管理，规范贷后管理操作程序，深入企业跟踪检查，实行贷后动态监控，掌握企业的贷款使用、存货增减、货款回笼、固定资产变化等情况。同时，金融机构与物流企业建立高效的信息收集和反馈机制，实现信息共享，充分发挥物流企业掌握客户及质押物第一手资料的优势，建立对客户的资料收集、资信调查核实、资信要案管理、信用动态分组、合同与结算过程中的信用风险防范、信用额度稽核等一系列制度，对客户进行全方位信用管理，形成互动的监管和控制机制。

（二）建立灵活快速的市场商品信息收集和反馈体系

在供应链融资中，预付账款、存货、应收账款等授信的支持性资产是中小企业非常重要的还款来源。买方市场时代，产品的质量、更新换代速度、正负面信息的披露等，都直接影响着质押商品的变现价值和销售。在市场风险防范中，主要是针对商品价格的波动。必须要建立快速的市场商品信息收集和反馈体系。为了掌握实施的市场动态，还需要对经销商的销售趋势和价格走势进行跟踪监控，以防止由于对市场信息不够明确而错失避免风险发生或者降低风险损失的最佳时机。在对进出口商品进行监管时，往往会涉及汇率波动的风险。此时必须能够了解到最新的汇率变动的情况，同时预测汇率的走势，以做出合理的对策。在选择质押物时，应根据市场行情来正确评价质押物的价值，选择价值透明稳定且易确定、市场占有率高、流动性好、变现性较好、质量稳定的质押物，设定合理的质押率来规避市场风险，并对其建立销售情况、价格变化趋势的监控机制，及时获得真实的资料，避免由信息不对称引起对质押货物的评估失真，控制市场风险。

（三）建立高效的信息传递渠道，规避供应链企业信息传递风险

利用现代化的通信和信息手段管理并优化整个供应链体系，实现信息共享，使供应链企业之间实现无缝连接，所有供应链企业分享业务计划、预测信息、POS 数据、库存信息、进货情况以及有关协调货流的信息，从而使供应链上的客户、零售商、分销商、生产厂、各级原材料供应商、物流运输公司和各个相关业务合作伙伴在信息共享的基础上能够进行协同工作。搭建相关企业的投融资管理、信用动态管理、结算清算管理等信息平台，与供应链中的金融机构、中小企业、核心企业、物流企业形成有效信息沟通与反馈机制，以降低信息传递风险和决策失误风险。

（四）法律风险防范措施

到目前为止，我国还没有完善的物流金融业务的法律规章制度。因此，在物流金融业务的开展过程中，要注重一切依照法律程序来实施。对于质押物货权的合法性方面，金融机构要对质押物的货权进行详细的考察。

（五）环境风险防范措施

在物流与供应链金融发展过程中，金融机构应当提高自身的响应能力，以应对随时发生变化的国内外经济形势。金融机构必须建立严格有效的经济形势预测体系。对不同的经济形势做出各种响应。

（六）监管风险防范措施

银行在开展物流与供应链金融服务前，必须选择那些库存管理水平、仓管信息水平较高、资产规模较大、具有一定偿付能力的大型专业物流公司进行合作才能够保证其在监管过

程中有足够的能力进行风险控制。第三方物流企业所构建的组织构架必须结合自身的状况和特点，在分工和职责的界定方面做到详细规范。构建相应的信息平台，加强各参与者之间的沟通，使得更好完成监管工作，提高工作效率，并防止信息不对称所造成的风险。

实训项目

- 实训内容：物流与供应链金融业务流程实训。
- 实训手段：计算机模拟、企业参观见习。
- 实训目的：熟悉物流与供应链金融的业务流程、如何规避操作过程中的风险、目前国内外第三方物流供应商提供的物流与供应链金融服务，以及物流与供应链金融的多种操作模式如垫付货款、代收货款、仓单质押和保兑仓等。

练习题

一、不定项选择题

1. 制约中小企业融资的主要因素有（　　）。
   A. 信用等级评级普遍较低　　B. 可抵押资产少
   C. 财务制度不健全　　D. 中小企业没有必要发展
2. 物流金融的产生是为了解决中小企业的（　　）。
   A. 信用等级评级问题　　B. 可抵押资产少问题
   C. 财务制度不健全问题　　D. 融资难问题
3. 供应链金融的特点概括有（　　）。
   A. 物流、信息流、资金流分开管理　　B. 参与主体多元化
   C. 具有自偿性、封闭性和连续性的特点　　D. 突破了传统的授信视角
4. 物流金融与供应链金融的区别有（　　）。
   A. 参与主体与作用范围　　B. 运作机理与服务产品
   C. 服务对象　　D. 担保及风险
   E. 物流企业的作用　　F. 异地金融机构的合作程度
5. 供应链金融业务模式有（　　）。
   A. 基于预付账款的保兑仓融资模式　　B. 融通仓模式
   C. 基于存货的融通仓融资模式　　D. 基于应收账款的融资模式
6. 以下物流与供应链金融风险的产生由外部事件因素造成的有（　　）。
   A. 监管仓库和场地的安全设施的到位情况不佳造成的损失
   B. 质押物因如火灾、盗抢等造成的损失
   C. 银行对物流仓储机构准入审查不严、巡核库工作流于形式导致风险
   D. 合同、协议和操作流程设计中的明显漏洞与缺陷导致的风险

二、判断题

1. 物流、信息流和资金流集成管理的需要是供应链金融产生的因素之一。　（　　）
2. 物流企业，客户和金融机构是物流金融中的三个主体。　（　　）
3. 按照金融在现代物流中的业务内容，物流金融分为物流结算金融、物流仓单金融、物

流授信金融。 ( )

4. 供应链金融改变了过去银行对单一企业主体的授信模式，全方位地为链条上的 N 个企业提供融资服务，通过相关企业的职能分工与合作，实现整个供应链的不断增值。 ( )

5. 供应链金融不具有自偿性、封闭性、连续性的特点。 ( )

6. 物流金融与供应链金融均以融通资金为目的。 ( )

7. 物流金融与供应链金融相比参与主体与作用范围不同。 ( )

8. 任何情况下风险回避都是物流与供应链金融风险防范的最好方法。 ( )

9. 物流与供应链金融风险防范方法包括风险回避、风险自留、风险转移等。 ( )

10. 物流与供应链金融业务的风险仅来自于金融系统的各个环节。 ( )

三、简答题

1. 请按企业采购、运营、销售顺序排列以下供应链融资的三种模式。

A：存货融资，包括现货质押、标准仓单质押、非标准仓单质押；

B：应收账款融资，包括保理、应收账款质押；

C：预付款融资，包括未来货权质押、保兑仓。

2. 请按三方保兑仓业务流程排列下列序号。

(1) 买卖双方签订商品购销合同。

(2) 卖方收到《退款通知书》后，核对台账，办理退款，卖方将退款汇入银行指定账户。

(3) 银行扣收退款兑付银行承兑汇票。

(4) 卖方和买方在《商品购销协议》，约定结算方式为买方提供一定的预付款，卖方分批发货，银行和卖方、买方签订《保兑仓三方合作协议》。

(5) 根据《保兑仓三方合作协议》规定，在银行承兑汇票到期前，买方提货金额不足银行承兑汇票金额，银行向卖方发出《提货申请书》。

(6) 根据《商品购销协议》，买方签发以卖方为收款人的银行承兑汇票，银行办理承兑。根据《保兑仓三方合作协议》规定的条款，买方在银行存入一定保证金，并向银行提交《提货申请书》。

(7) 银行为卖方和买方核定一定金额的授信额度，明确买方首次保证金比例，可以使用授信品种通常为银行承兑汇票，明确卖方的退款授信额度。

(8) 银行核对存入保证金金额与《提货申请书》面额一致，向卖方签发《发货通知书》，通知卖方将等额货物发至买方。

本章参考文献

[1] 李毅学，汪寿阳，冯耕中，等. 物流与供应链金融评论[M]. 北京：科学出版社，2010.

[2] 汤曙光，任建标. 银行供应链金融[M]. 北京：中国财经经济出版社，2014.

[3] 宋华. 供应链金融[M]. 北京：中国人民大学出版社，2015.

[4] 张璟，朱金福. 物流金融与供应链金融的比较研究[J]. 金融理论与实践，2009(10)：35-38.

[5] 陈小雷. 基于中小企业的供应链融资模式研究[D]. 济南：山东大学，2014.

[6] 赵莉. 供应链金融融资模式及案例分析[D]. 济南：山东大学，2010.

[7] 范堃. 供应链金融风险控制研究[D]. 青岛：中国海洋大学，2013.

CHAPTER

第十章

国际物流

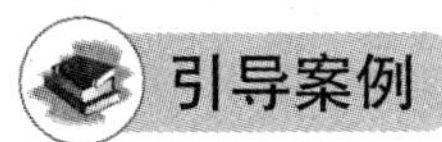

奥运物流

2015年7月31日在马来西亚吉隆坡举行的国际奥委会第128次全会上，中国北京和张家口击败阿拉木图获得2022年冬奥会的主办权(会标见图10-1)。这是中国继北京奥运会、南京青奥会后的又一个重大奥运赛事，是中国首次举办的冬奥会，也是中国第三次举办的奥运赛事。

图10-1 北京冬奥会会标

现代奥运会是一场全球瞩目的体育盛会，更是展示经济、科技与文化实力的舞台。1984年美国洛杉矶奥运会通过采取市场化运作，实现奥运会主办方的首次经营性营利。以此为标志，奥运会彻底转型为以体育为媒介的现代商业活动。奥运会展示在普罗大众面前的是追求更高、更快、更强的奥运目标的运动员，其背后却是设计精良、程序缜密的市场和物流的系统运作。从2008年北京夏季奥运会申办成功以来，奥运物流作为会展物流领域的一个特色分支，越来越受到国内专家学者的重视。

案例解析

当奥运圣火在主会场燃起时，每一件物品都必须到位，这是堪与夺取奥运金牌媲美的任务。2020年北京冬奥会这百亿级人民币的物流“蛋糕”等待中外企业的争夺。如何抢占最具国际水平的奥运物流市场，应成为众多国内外国际物流企业关注的重大战略课题。

案例思考

作为总规模超400亿元的物流市场，奥运物流是怎么定义的呢，它具有什么特点呢？

案例涉及的主要知识点

会展物流 国际物流 奥运物流 全球供应链

学习导航

- 了解国际物流的基本概念。
- 熟练掌握国际物流系统构成与基本业务。
- 熟练掌握国际物流节点与通道。

- 掌握国际货物运输方式及业务程序。
- 了解国际货物运输代理的基本概念与报关实务。
- 掌握口岸物流的特点与功能、分类。
- 掌握保税货物与保税制度。
- 了解保税物流园区的建设和管理。

教学建议

- 备课要点：国际物流的基本概念、国际物流的环节、国际物流与国内物流的区别、口岸物流、保税物流。
- 教授方法：案例，调研，实证，启发式。
- 扩展知识领域：国际贸易、货运代理、报关报检。

第一节 国际物流概述

一、国际物流的含义与特点

（一）国际物流的含义

国际物流(International Logistics，IL)是两个或两个以上的国家或独立区域之间所进行的物流，是国内(境内)物流的延伸和扩展，是跨国界的物流活动。国际物流的产生是为了克服生产和消费之间的空间距离和时间间隔，从而实现国际化的商品交易，即实现买方提供订单、资金，卖方交付单证、货物的过程。它是国际贸易的一个必然组成部分，各国之间的相互贸易最终都将通过国际物流来实现。国际物流是现代物流系统中重要的物流领域，近十几年有很大发展，也是一种新的物流形态。

国际物流的产生很早，可以追溯到丝绸之路的开通。此后一直发展缓慢，直到在第二次世界大战以后，尤其在20世纪70年代，国际贸易兴盛繁荣起来，大型船舶的运用，国际集装箱及国际集装箱船的发展，国际各主要航线的定期班轮都投入了集装箱船，使物流服务水平获得很大提高。80年代前期和中期，需要国际物流服务的企业对服务水平提出了更高的要求，出现了"精细物流"，物流的机械化、自动化水平提高。同时，伴随新时代人们需求观念的变化，国际物流着力于解决"小批量、高频度、多品种"的物流。八九十年代在国际物流领域的另一大发展，是伴随国际联运式物流出现的物流信息和电子数据交换(EDI)系统。信息的作用，使物流向更低成本、更高服务、更大量化、更精细化方向发展，国际物流步入物流信息时代。90年代国际物流依托信息技术发展，实现了"信息化"，依托互联网公众平台，全球卫星定位系统、电子报关系统等新的信息系统，国际贸易企业纷纷构筑国际供应链，形成国际物流系统，使国际物流水平进一步得到了提高。进入21世纪，跨国公司的兴起，随着全球一体化时代的脚步和网络化的普及，国际物流越来越朝向网络化、系统化、信息化、标准化迈进。

（二）国际物流的特点

国际物流相对国内物流而言，需要较长距离的运输、较长的作业周期，跨越多国海关，具有以下特点。

1. 物流环境存在差异

国际物流活动所覆盖的各国的物流环境存在较大差异，尤其是物流软环境的差异。不同国家的不同物流适用法律增加了国际物流的复杂性，甚至会阻断国际物流；不同国家的不同经济和科技发展水平也会造成国际物流被“拦腰斩断”，甚至由于部分地区的落后而造成全线的崩溃；不同国家的不同技术标准，也造成国际“接轨”的困难，因而使国际物流系统难以建立；不同国家的风俗人文也使国际物流受到很大局限。

由于物流环境的差异就迫使一个国际物流系统需要在几个不同环境下运行，无疑会大大增加物流的难度和系统的复杂性。

2. 国际物流必须有国际化信息系统的支持

相对于境内物流，国际物流对物流的运转效率、货物的安全提出了更高的要求，而国际化的物流信息系统则是国际物流，尤其是国际联运的重要支持手段。国际信息系统建立的难度在于，一是管理困难，二是投资巨大。另外，由于世界各地区物流信息水平差异大，所以会出现信息水平不均衡因而信息系统的建立更为困难。

当前国际物流信息系统一个较好的建立办法是和各国海关的公共信息系统联机，以及时掌握有关各个港口、机场和联运线路、站场的实际状况，为供应或销售物流决策提供支持。

3. 物流系统范围广

物流本身的功能要素、系统与外界的沟通就已很复杂，国际物流再在这复杂系统上增加不同国家的要素，这不仅是地域的广阔和空间的广阔，而且所涉及的内外因素更多，所需的时间更长，广阔范围带来的直接后果是难度和复杂性增加，风险增大。

当然，也正是因为如此，国际物流一旦融入现代化系统技术之后，其效果才比以前更显著。例如，开通某个“大陆桥”之后，国际物流速度会成倍提高，效益显著增加，就说明了这一点。

4. 国际物流的标准化要求较高

要使国际物流畅通起来，统一标准是非常重要的，可以说，如果没有统一的标准，国际物流水平是难以提高的。目前，美国、欧洲基本实现了物流工具、设施的统一标准，如托盘和集装箱采用几种统一规格、条码技术等。这样一来，物流运作效率得以大幅提高，大大降低了物流费用，降低了转运的难度。在物流信息传递技术方面，欧洲各国不仅实现了企业内部的标准化，而且也实现了企业之间及欧洲统一市场的标准化，这就使欧洲各国之间系统比亚洲、非洲国家交流更简单、更具有效率。而不向这一标准靠拢的国家，必然在转运、换车底等许多方面要多耗费时间和费用，从而降低其国际竞争能力。

二、国际物流的分类

根据货物的性质、货物的流向、货物的属性等，国际物流可以进行细分。

（一）按货物的性质分类

按该种分类标准，国际物流分为贸易型物流和非贸易型物流，具体含义如图 10-2 所示。

（二）按货物的流向分类

按货物流向分类，国际物流分为进口物流和出口物流。

（三）按货物的属性分类

按该种标准分类，国际物流分为国际商品物流、国际展品物流、国际军火物流、国际邮政

贸易型物流	组织国际贸易货物（进出口）在国际间的合理流动
非贸易型物流	会展物品、办公物品、援建物资、国际快递等非贸易物资的流动

图 10-2　国际物流按货物性质分类

物流和国际逆向物流，具体含义如图 10-3 所示。

国际商品物流	通过国际贸易实现的交易活动的商品在国际间的流动。——有去无回
国际展品物流	以展览、展示为目的，暂时将商品运入一国境内，待展览结束后再复运出境的物流活动。——有去有回
国际军火物流	军用品作为商品及物资在不同国家和地区之间的流通。——内容和对象选择上极其严格，管理上高度集中
国际邮政物流	通过国际邮政运送系统办理的包裹、函件等递送活动。——门到门或手到手
国际逆向物流	对国际贸易中回流的商品进行改造和重修的活动，包括循环利用容器和包装材料、退货、调货等

图 10-3　国际物流按物品属性分类

当然，国际物流还可以按照其他标准进行分类，在此不一一介绍。

三、国际物流系统与基本业务

国际物流系统（International Logistic System），是由商品的包装、储存、运输、检验、流通加工等子系统组成，如图 10-4 所示。其中，储存和运输子系统是物流的两大支柱。

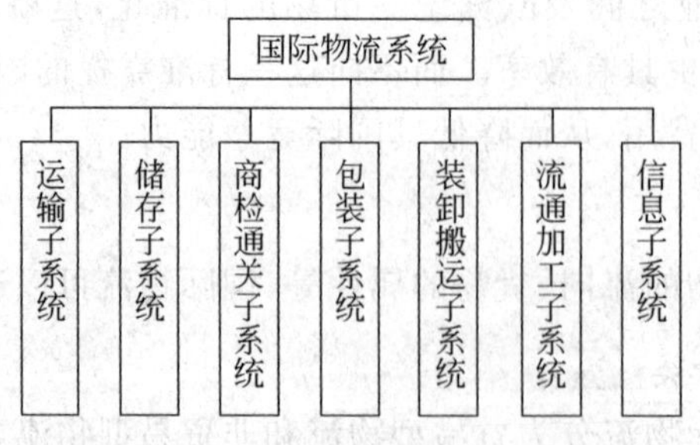

图 10-4　国际物流系统的构成

（一）运输子系统

国际货物运输存在两段性，它包含国内运输段（包括进口国、出口国）和国际运输段。

1. 出口货物国内运输段

出口货物国内运输段指出口商品由生产地或供货地运送到出运港(站、机场)的国内运输。国内运输工作涉及面广,环节多,包括摸清货源、产品包装、加工、短途集运、船期安排和铁路运输配车等多个环节,需要做好车、船、货、港的有机衔接,减少压港、压站等物流不畅的局面。主要工作有发运前的准备工作、清车发运、装车和装车后的善后工作。

2. 国际货物运输段

国际货物运输段是国内运输的延伸和扩展,同时又是衔接出口国运输和进口国货物运输的桥梁与纽带,是国际物流畅通的重要环节。出口货物被集运到(站、机场),办完出口手续后直接装船发运,便开始国际段运输。有的则需暂进港口仓库储存一段时间,等待有了泊位,或有船后再出仓装船外运。

(二) 储存子系统

商品流通是一个由分散到集中,再由集中到分散的源源不断的流通过程,中间的停存状态就是储存。以下情形需要储存:

(1) 外贸商品从生产商或供应部门被集中运送到装运出口港(站、机场),以备出口,有时需临时存放一段时间,再从装运港转运出口。

(2) 一些出口商品需要在流通领域内进行出口商品贸易前的整理、组装、再加工、再包装或换装等,形成一定的贸易前期的准备储存。

(3) 一些出口商品在产销时间上背离,须留有一定数量的季节储备。

(4) 一些临时到货,且货主一时又运不走;或者进口商品到了港口或边境车站,通知不到货主或无人认领等特殊情况的临时存放保管,即所谓的压港、压站现象。

国际物流中的储存和保管作业主要是在各国的保税区和保税仓库进行的。保税仓库的出现,为国际物流的海关仓储提供了既经济又便利的条件。有时会出现对货物不知最后作何处理的情况,这时买主(或卖主)将货物在保税仓库暂存一段时间。若货物最终复出口,则无须缴纳关税或其他税费;若将货物内销,可将纳税时间推迟到实际内销时为止。但从物流角度看,应尽量减少储存时间、储存数量,加速货物和资金周转,实现国际物流的高效率运转。

关于国际货物的保税制度和保税区(仓库)运作,将在本章第二节进行详细阐述。

(三) 商检通关子系统

国际贸易具有投资大、物流风险高、物流周期长等特点,有必要通过商品检验,确定交货品质、数量和包装条件是否符合合同规定。如发现问题,可分清责任,向有关方面索赔。在买卖合同中,一般都订有商品检验条款。

根据国际贸易惯例,商品检验时间与地点的规定可概括为以下三种做法。

1. 在出口国检验

在出口国检验可分为两种情况,并以检验节点货物的状态作为卖方提交的货物状态:①在工厂检验,卖方只承担货物离厂前的责任;②装船前或装船时检验,以当时的检验结果为准,买方对到货的品质与数量原则上一般不得提出异议。

2. 在进口国检验

在进口国检验包括卸货后就地查验和入买方合同内指定目的地查验两种情况。其检验结果可作为货物品质和数量的最后依据。在此条件下，卖方应承担在此及节点前运输过程中品质、重量变化的风险。

3. 在出口国检验、进口国复验

货物在装船前进行检验，以装运港双方约定的商检机构出具的证明作为议付货款的凭证，但货到目的港后，买方有复验权。如复验结果与合同规定不符，买方有权向卖方提出索赔，但必须出具卖方同意的公证机构出具的检验证明。

在国际贸易中，从事商品检验的机构很多。在我国，统一管理和监督商品检验工作的是国家进出口商品检验局及其分支机构。

（四）包装子系统

按包装在商品流通过程中所起的不同作用，分为销售包装和运输包装，销售包装又称内包装，主要作用是保护商品、方便使用、促进销售，并应符合销售地国家的法律和法规。运输包装的主要作用是方便搬运、保护商品。

（五）装卸搬运子系统

装卸搬运是对运输、保管、包装、流通加工等物流活动进行衔接的中间环节，以及在保管等活动中为进行检验、维护、保养所进行的装卸活动，它是短距离的物品搬移。

装卸作业的代表形式是集装箱化和托盘化，使用的装卸设备有吊车、叉车、传送带和各种台车等。

装卸搬运的管理对象是对装卸搬运方式、装卸搬运机械设备的选择和合理配置与使用以及装卸搬运合理化，尽可能减少装卸搬运次数，从而降低物流成本。

（六）流通加工子系统

流通加工是商品在从生产者向消费者流通过程中，为了增加附加价值，满足客户需求，促进销售而进行简单的组装，剪切，套裁，贴标签，刷标志，分类，检量，弯管，打孔等加工作业。流通加工是商品进入流通领域后进行的再加工。流通加工和一般生产型加工在加工方法、加工组织、生产管理等方面并无显著区别，但在加工对象、加工程度方面差别较大。

(1) 流通加工的对象是进入流通领域的商品，生产加工的对象不是最终产品，而是零部件、半成品。

(2) 流通加工大多是简单加工，而不是复杂加工。流通加工对生产加工是一种辅助及补充，绝不是对生产加工的取代或代替。

(3) 从价值观点来看，生产加工的目的在于创造价值和使用价值，而流通加工在于完善其使用价值，并在结构、功能不做大改变的情况下提高价值。

流通企业所获得的利润，一般只能从生产企业的利润中转移过来。进行流通加工，流通企业不仅能获得从生产领域转移过来的一部分价值，而且能够创造新的价值，从而获得更大的利润。物流企业有能力从事流通加工活动。进行流通加工为商业企业带来的利益是：一是由于物流企业开展流通加工，可以购进加工程度低的便宜商品，降低进货成本；二是要在物流企业对商品进行加工，可以使商品更适合销售特点。

（七）信息子系统

国际物流信息子系统主要功能是采集、处理和传递国际物流和商流的信息情报。没有功能完善的信息系统，国际贸易和跨国经营将寸步难行。国际物流信息的主要内容包括进出口单证的作业过程、支付方式信息、客户资料信息、市场行情信息和供求信息等。国际物流信息系统的特点是信息量大，交换频繁；传递量大，时间性强；环节多、点多、线长。

所以要建立技术先进的国际物流信息系统。国际贸易中 EDI 的发展是一个重要趋势。我国应该在国际物流中加强推广 EDI 的应用，建设国际贸易和跨国经营的高速公路。

四、国际物流节点与通道

（一）国际物流节点

常见的国际物流节点有制造厂商仓库、中间商仓库、口岸仓库、国内外中转点仓库以及流通加工配送中心和保税区仓库、物流中心、物流园区等。

根据其主要功能不同，国际物流节点分为转运型节点、储存型节点、流通加工型节点、综合型节点，具体含义如图 10-5 所示。

转运型节点	以连接不同运输方式为主要职能的节点，如货站、编组站、车站、货场、机场、港口、码头等。
储存型节点	以存放货物为主要职能的节点，如储备仓库、营业仓库、中转仓库、口岸仓库、港口仓库、货栈等。
流通加工型节点	以组织货物在系统中运动为主要职能，并根据需要对货物施加包装、分割、计量、组装、刷标志、商品检验等作业的节点，例如流通仓库、流通中心、配送中心等。
综合型节点	指多功能的国际物流节点，往往表现为一个大区域，如国际物流中心、出口加工区、国际物流园区、自由经济区等。

图 10-5　国际物流节点分类

国际物流系统中的主要节点一般有：口岸、港口和机场、仓库、国际物流中心等，不同的节点对应不同的通道，将国际物流体系织成网状，使得国际物流业加速发展。

1. 口岸

口岸是由国家指定的对外经贸、政治、外交、科技、文化、旅游和移民往来的，并供往来人员、货物和交通工具出入国（边）境的港口、机场、车站和通道。简单地说，口岸是由国家指定对外往来的门户，是国际货物运输的枢纽。从某种程度上说，它是一种特殊的国际物流节点。口岸是一个国家主权的象征，是一个国家对外开放的门户，是国际货运的枢纽。我们在本章第二节就口岸物流会进行详细阐述。图 10-6 为我国具有代表性的口岸。

2. 港口

港口是具有水陆联运设备和条件，供船舶安全进出和停泊的运输枢纽，是水陆交通的集结点和枢纽，工农业产品和外贸进出口物资的集散地，船舶停泊、装卸货物、上下旅客、补充给养的场所。由于港口是联系内陆腹地和海洋运输（或国际航空运输）的一个天然界面，因此人们也把港口作为国际物流的一个特殊节点。港口具有运输功能、工业功能、商业功能和物流功能。图 10-7 为我国最大的港口——上海港。

3. 机场

在国际物流中，我们将机场这一节点称为航空港（如图 10-8）。航空港是货物快速周转的重要节点，一般用于运输和转运需求迫切、活体、价值高昂、对时间限制严格的物品。由于

图 10-6　中华人民共和国吉木乃口岸(新疆)

图 10-7　上海港

航空港的特殊性,货物运输路线与航线制定密切相关,而且考虑人工成本和运输作业成本等,航空港的建设要求非常高。

4. 仓库

仓库具有克服生产和消费在时间间隔上的作用,并在质量上对进入市场的商品起保证作用。同时,还有加速商品周转、加快流通的作用,进而调节商品价格,调节运输工具载运能力不平衡。

仓库由储存物品的库房、运输传送设施(如吊车、电梯、滑梯等)、出入库房的输送管道和设备以及消防设施、管理用房等组成。仓库分类标准很多,按所储存物品的形态可分为储存固体物品的、液体物品的、气体物品的和粉状物品的仓库;按储存物品的性质可分为储存原材料的、半成品的和成品的仓库;按建筑形式可分为单层仓库、多层仓库(图 10-9)、圆筒形仓库。

5. 国际物流中心

国际物流中心是物流系统的基础设施和管理中心,是基础设施集中、货物配送、运输调度、交通枢纽的中心。国际物流中心在国际物流活动中处于枢纽或重要地位的、具有较完整

图 10-8　法兰克福航空港

图 10-9　苏宁云商南京高架货仓

的物流环节，并能将物流集散、信息和控制等功能实现一体化运作的物流节点。国际物流中心多是指由政府部门和物流服务企业共同筹建的具有现代化仓库、先进的分拨管理系统和计算机信息处理系统的外向型物流集散地。图 10-10 为具有代表性的我国国际物流中心规划效果图。

（二）物流通道

物流通道(Logistics Corridor)是指连接物流园区、物流基地、物流中心等之间，以及它们和外部交通基础设施(包括铁路、公路、水运、航空等货运站场)之间的货运道路系统。物流通道主要是构建快速畅通的货运道路体系，保证物流中心与物流园区、物流节点等之间的各项物流功能顺利实施，达到货畅其流的目的。

国际物流通道的作用是使货物产生空间位移，实现货物的空间效益，主要包括国际远洋航线及通道、国际航空线、国际铁路运输线与大陆桥、国际主要输油管道等。

图 10-10 国际物流中心规划效果图

1. 国际水路运输通道

1）航线

国际航线按船舶运营方式分为定期航线，不定期航线。定期航线(班轮航线)是指使用固定的船舶，按固定的船期和港口航行，并以固定的运价经营客货运输业务的航线；不定期航线是指经营大宗、低价货物运输业务的客户根据货运需要，按市场价格临时租用船舶、临时选择的航线。

国际航线按航程可划分为远洋航线、近洋航线和沿海航线。其中，远洋航线是指船舶航行跨越了大洋的运输航线；近洋航线是指本国各港口至邻近国家港口间的海上运输航线；沿海航线是指本国沿海各港口之间的海上运输航线。

我国习惯上以也门的亚丁港为界，把去往亚丁港以西，包括红海两岸和欧洲以及南北美洲广大地区的航线划为远洋航线，而把东至日本海、西至马六甲海峡、南至印度尼西亚沿海、北至鄂霍次克海的各港间的航线划为近洋航线。

2）运河

运河是国际水运通道上不可缺少的环节。国际著名的运河有苏伊士运河、巴拿马运河、基尔运河、圣劳伦斯海道。

3）海峡

在国际水路通道上，与运河并驾齐驱的是海峡。国际著名的海峡有马六甲海峡、英吉利海峡、直布罗陀海峡、黑海海峡(土耳其海峡)。

2. 国际铁路运输通道

铁路运输通道是仅次于水运通道的一种主要的国际物流通道。著名的国际铁路运输通道有西伯利亚大铁路、加拿大连接东西两大洋的铁路、美国连接东西两大洋的铁路，以及中东—欧洲铁路。

3. 国际航空运输通道

航空是一种重要的国际物流运输方式。20 世纪 90 年代以来，世界经济一体化、贸易自由化发展，提供了可靠的货源保证；科学技术的发展使现代工业品更小巧、价值更高，扩大了

适合航空运输的货物范围。影响比较大的国际航空运输通道主要有西欧—北美的北大西洋航空线、西欧—中东—远东航空线、远东—北美的北太平洋航空线。

4. 国际陆桥运输通道

陆桥运输是指以横贯大陆的铁路、公路运输系统作为中间桥梁,把大陆两端海洋运输连接起来的运输方式。在国际物流中,陆桥运输一般采用海陆联运方式,全程由海运段和陆运段组成。国际著名的陆桥有西伯利亚大陆桥、新亚欧大陆桥、美国大陆桥、美国小陆桥和微型陆桥。

(1) 大陆桥运输(Land Bridge Transport)。所谓大陆桥运输主要是指国际集装箱过境运输,它是国际集装箱多式联运的一种特殊形式。广义的大陆桥运输还包括小路桥运输和微型路桥运输,例如典型的海/陆/海形式。

(2) 小陆桥运输(Mini-land Bridge,MLB)。从运输组织方式上看与大陆桥运输并无大的区别,只是其运送的货物的目的地为沿海港口。比大陆桥的海—陆—海形式缩短一段海上运输,成为陆—海或海—陆形式。

(3) 微桥运输(Micro-land Bridge)。微桥运输与小陆桥运输基本相似,只是其交货地点在内陆地区。比小陆桥更短一段。由于没有通过整条陆桥,而只利用了部分陆桥,故又称半陆桥(Semi-land Bridge)运输,是指海运加一段从海港到内陆城乡的陆上运输或相反方向的运输形式。微型桥运输近年来发展非常迅速。

5. 国际管道运输通道

目前世界上的各种管道已达100余万千米,主要集中在北美与欧洲,美国和苏联的管道运输最发达。此外,加拿大、西欧和中东等国家的地区管道网也很发达。

五、国际多式联运

随着国际贸易和运输技术的发展,传统的海、陆、空等互不连贯的单一运输方式已不能适应形势发展,在国际集装箱运输发展和集装箱国际标准化的基础上,国际多式联运这种新型的运输方式于20世纪60年代在美国开始出现。

国际多式联运通常以集装箱为运输单元,将不同的运输方式有机地组合起来,构成一种连续的综合性一体化货物运输,由多式联运经营人按照国际多式联运合同,将货物从一国境内接管货物地点运至另一国境内指定交货地点。因此国际多式联运通常也被称之为国际集装箱多式联运。相比而言,多式联运能够综合利用各种运输方式的优点,实现运输最优化。国际多式联运程序,如图10-11所示。

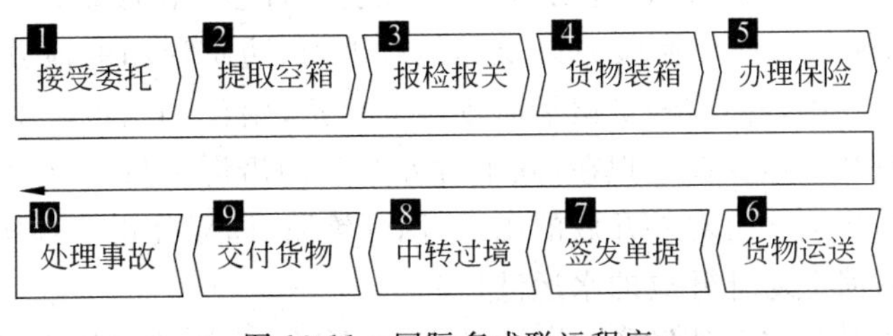

图10-11 国际多式联运程序

由于国际多式联运具有其他运输组织形式无可比拟的优越性,因而这种国际运输新技术已在世界各主要国家和地区得到广泛的推广和应用。目前,有代表性的国家多式联运主要有远东—欧洲,远东—北美等海陆空联运,其组织形式包括以下几种。

（一）海陆联运

海陆联运是国际多式联运的主要形式，也是欧洲—远东方向国际多式联运的主要形式。目前组织和经营远东—欧洲海陆联运业务的主要有班轮公会的三联集团、北荷、冠航和丹麦的马士基等国际航运公司，以及非班轮公会的中国远洋运输公司、中国台湾长荣航运公司和德国那亚航运公司等。

（二）陆桥运输

它是指采用集装箱专用列车或卡车，把横贯大陆的铁路或公路作为中间“桥梁”，使大陆两端的集装箱海运航线与专用列车或卡车连接起来的一种连贯运输方式。严格地讲，陆桥运输也是一种海陆联运形式。只是因为其在国际多式联运中的独特地位，故在此将其单独作为一种运输组织形式。

陆桥运输主要包括通过大陆两端连接海运的大陆桥运输、海陆与陆海联运的小陆桥运输、直接进行水陆联运的微陆桥运输三种形态。陆桥运输是远东—欧洲国际多式联运的主要形式，远东—欧洲的陆桥运输线路主要有西伯利亚大陆桥和北美大陆桥等。

（三）海空联运

海空联运又被称为空桥运输(Air Bridge Service)。在运输组织方式上，空桥运输与陆桥运输有所不同：陆桥运输在整个货运过程中使用的是同一个集装箱，不用换装，而空桥运输的货物通常要在航空港换入航空集装箱。总的来讲，运输距离越远，采用海空联运的优越性就越大，因为同完全采用海运相比，其运输时间更短。同直接采用空运相比，其费率更低。这种联运组织形式是以海运为主，只是最终交货运输区段由空运承担。

第二节 口岸物流

一、口岸物流的概念与分类

（一）口岸的基本含义

口岸原意是指由国家制定的对外通商的沿海港口。但现在，口岸已不仅仅是经济贸易往来(即通商)的商埠，还是政治、外交、科技、文化旅游和移民等方面的外来港口，同时口岸也已不仅仅只设在沿岸的港口。随着陆、空交通运输的发展，对外贸易的货物、进出境人员及其行李物品、邮件包裹等，可以通过铁路、公路或航空直达一国腹地。因此，在开展国际联运、国际航空、国际邮包邮件交换服务以及其他有外贸、边贸活动的地方，国家也设置了口岸。改革开放以来，我国外向型经济由沿海逐步向沿边、沿江和内地辐射，使得口岸也由沿海逐渐向边境、内河和内地发展。现在，除了对外开放的沿海港口之外，口岸还包括国际航线上的飞机场，山脉国境线上对外开放的山口，国际铁路、国际公路上对外开放的火车站、汽车站，国际河流和内河上对外开放的水运港口。

因此，口岸由国家制定对外经贸、政治、外交、科技、文化旅游和移民等来往，并供往来人员、货物和交通工具出入国(边)境的港口、机场、车站和通道。简单地说，口岸是指定对外来往的门户。

根据中国口岸协会公布的《中国口岸年鉴(2013)》，截至 2012 年年底，全国共有国务院批准的对外开放口岸285个,全年通过全国口岸进出的货运总量达28.47亿吨。[①] 全国基本形成了沿海沿边水运口岸密集分布,各省中心城市及重点旅游城市空运口岸基本覆盖,沿边陆路口岸按需设立的全方位、多层次、立体化口岸开放格局。沿海地区口岸进出运量持续扩大,沿边地区口岸积极服务睦邻友好,内陆地区口岸与沿海沿边口岸协作更加密切,口岸规模和布局较好地适应了社会经济发展需要。

(二) 口岸的分类

根据不同的分类标准,将口岸进行如表10-1所示的分类。

表10-1 口岸分类

分类标准	口岸分类
按口岸的重要性及管理层次分类	一类口岸(国务院批准开放的口岸)、二类口岸(由省级人民政府批准开放并管理的口岸)
按口岸性质及运输方式分类	航空口岸、港口口岸、陆地口岸(铁路、公路)
按口岸所处地带及对外职能分类	沿海口岸、沿江口岸、沿边(边境)口岸和内陆口岸

港口口岸是国家在江河湖海沿岸开设的供货物和人员进出国境及船舶往来挂靠的通道。

陆地口岸是国家在陆地上开设的供货物和人员进出国境及陆上交通工具停站的通道。

航空口岸是国家在开辟有国际航线的机场上开设的供货物和人员进出国境及航空器起降的通道。

此外,在实际工作中,还经常使用边境口岸、沿海口岸、特区口岸、重点口岸、新开口岸和老口岸的提法。这些分类虽然尚未规范化,但它们在制定口岸发展规划及各项口岸管理政策方面,还是有一定积极作用的。

(三) 口岸的功能

1. 口岸是一个国家主权的象征

口岸权包括口岸开放权、口岸关闭权、口岸管理权。其中口岸管理权包括通行许可权、口岸行政权、关税自主权、检查权、检验检疫权等。

2. 口岸是一国对外开放的门户

对外开放表现在政治、经济、军事、文化、资源保护、制止国际犯罪、维护世界和平等领域的广泛合作和交流,这种国际的交流和合作通过口岸得以实现。

3. 口岸是国际货物的枢纽

口岸是国际来往的门户,是对外贸易货物、进出境人员、行李物品、邮件包裹进出的地点。

(四) 口岸物流的基本含义

中国物流与采购联合会前会长陆江指出:口岸物流是指口岸城市利用其自身的口岸优势,以先进的软硬件环境为依托,强化其对口岸周边物流活动的辐射能力,突出口岸集货、存货、配货特长,以口岸产业为基础,以信息技术为支撑,以优化口岸资源整合为目标,发展具

① 中国口岸协会.中国口岸年鉴(2013年版)[M].北京:中国海关出版社,2013.

有涵盖物流产业链所有环节特点的口岸综合服务体系。口岸物流是口岸经济的重要组成部分，它以口岸为中心对周边地区的物流进行辐射，以通过口岸的货物为服务对象，涵盖运输、流通加工、仓储和装卸搬运等多项业务的综合物流体系。

（五）口岸物流的功能

口岸物流是一种综合物流形态，具有物流的基本功能要素，同时口岸物流也有其自身特有的功能。口岸物流的功能包括：运输功能、装卸搬运功能、仓储功能、流通加工、配送功能、信息处理功能、堆场功能、口岸通关、增值服务。

（六）口岸物流的重要性

口岸物流是参与国际贸易与区域经济竞争的战略支点和通道。科学地发展口岸物流，促进进出口贸易运输、仓储、加工流通、装卸搬运、配送、物流信息等全过程的有效衔接，增强国际经济贸易过程中"商流、物流、信息流"的高效流通，提升区域对外经济的竞争力和整个国家的国际竞争力。

随着经济全球化的发展，国家与地区间经济竞争日趋激烈，世界各国均在口岸城市大力建设发展海、陆、空口岸物流。以上海市为例，《上海市"十五"现代物流产业发展规划》已经把口岸物流定位于最优先发展的三大门类物流之一（其他两门是城市配送物流和电子商务物流）。

（七）口岸物流综合环境

口岸物流综合环境包括以下几个方面：

(1) 口岸具备的吞吐能力，即是指口岸的年货物总吞吐量、集装箱货物吞吐量规模。

(2) 基础设施水平。海港和河港主要指的深水航道和深水泊位的级别、数量，空港主要指空域面积与陆域的升降跑道、停机坪面积，陆港主要是其集疏运输能力；物流中心专业化水平等。

(3) 口岸物流服务企业的管理模式和管理水平。如市场化运作能力、管理效率、服务水平、营利能力、企业文化建设等。

(4) 口岸管理环境。海关、海事、联检、金融、税务等口岸相关管理部门业务协调能力，是否拥有完善的物流信息网络用于提供高水平的信息服务。

(5) 口岸在所在城市、区域乃至世界范围内的影响力。一方面，是指口岸经济腹地的情况；另一方面，是指口岸在世界航运与航空体系中的地位。

(6) 持续发展能力。

二、口岸物流分类

（一）航空口岸物流

航空口岸又称空港口岸，指国家在开辟有国际航线的机场上开设的供人员和货物出入国境及航空器起降的通道。

在世界各大洲主要国家的首都和重要城市均设有航空站。其中主要的有美国芝加哥欧哈机场（为世界机场业务最繁忙的机场）、英国希斯罗机场、法国戴高乐机场、德国法兰克福机场、荷兰阿姆斯特丹西普霍尔机场、日本成田机场、中国香港新机场、新加坡樟宜机场等，都是现代化、专业化程度较高的大型国际货运空中枢纽。

20 世纪 90 年代后，国际航空物流的增长速度几乎是客流的两倍。面对诱人的航空物

流市场，我国空港纷纷加大物流基础设施的建设和投入，拓展物流业务。2012 年我国排在前 10 的沿海地区航空口岸有：上海机场（虹桥、浦东）、北京首都国际机场、广州白云国际机场、杭州机场、厦门高崎机场、青岛机场、深圳机场（福永、深圳机场）、大连周水子机场、南京机场、沈阳机场等。

我国通过航空口岸进出口的货物主要是电子元器件、鲜活食物、高端服装、精密仪器等，具有薄、轻、短、小、高价值的特点。

航空口岸物流功能区域一般包括国内、国际货站，海关监管库房，物流分拨中心，危险品库房、冷冻冷藏库房、贵重货物库房，联检报关中心，海关监管中心等。

1. 航空口岸货物出港业务流程

（1）接受发货人的委托，预订舱位。此步骤包括从发货人取得必要的出口单据；安排运输工具取货或由发货人送货到指定地点，与单证认真核对。

（2）报关。向港口海关申报货物材料、交验单据证件，并接受海关的监管和检查等。

（3）口岸外运公司与内地公司出口运输工作的衔接。

2. 航空口岸货物进港业务流程

（1）进港航班预报：填写航班预报记录本；预先了解货物情况。

（2）办理货物海关监管：在海关批准范围内接受海关查验的进出口、过境、转运、通关。

（3）分单业务：每份货运单的正本上加盖或书写到达航班的航班号和日期；认真审核货运单，注意运单上所列目的港、代理公司、品名和运输保管注意事项；联程货运单交中转部门。

（4）核对运单和仓单：若仓单上有分批货，则应把分批货的总体件数标在运单号后，并注明分批标志，把仓单上列出的特种货物、联程货物圈出；根据分单情况，在整理出的仓单上标明每票运单的去向；核对运单份数与仓单份数是否一致，将多单运单号码加在仓单上，多单运单交查询部门。

（5）电脑输入：根据标号的一套仓单，起降航班号、日期、运单号、数量、重量、特种货物、代理商、分批货等信息输入电脑，打印出国际进口货物航班交接单。

（6）交接：将运输货物按要求进行交接。

（二）港口口岸物流

港口口岸指国家在江河湖海沿岸开设的专供人员和货物出入国境及船舶往来停靠的通道。它包括港内水域及紧接水域的陆地。港口水域包括进港航道、港池和锚地；港口口岸包括海港港口口岸和内河港口口岸。

港口口岸是水陆运输的起点和终点，是对外贸易进出口货物的集散中心，是国际物流供应链的重要节点。发展港口口岸物流不仅能进一步优化与调整物流产业结构，而且将提高整个国民经济运行的速度和质量，并对相关产业产生强大的凝聚效应和拉动效应。

从口岸的服务功能来分，世界港口的发展大致经历了三个阶段。

（1）集疏运阶段，即仅仅对货物进行装卸、存储和转运等工作。

（2）服务增值阶段，随着货运代理业的出现，港口成为对货主提供揽货、报关、分拨以及提供市场与决策信息等相关增值服务的中心。

（3）物流中心阶段，适应经济全球化对国际贸易和物流发展的要求，并得益于现代物流理念和技术的发展，港口口岸的服务功能逐步向物流中心拓展。例如，中国香港、新加坡、鹿特丹等口岸已率先向第三阶段的功能转型。

（三）公路口岸物流

公路口岸是指依托公路而开设的供人员和货物出入境的通道。公路口岸物流依托于公路运输，除了具有适应性强、机动灵活、直达性能好、运输成本高、运行持续性较差、对环境污染影响较大等特点之外，还具有以下特点。

(1) 可以广泛参与国际多式联运，作为首、尾段运输，完成"门到门"的任务。

(2) 是邻国间边境贸易货物运输的主要方式，边境公路运输政策性强。

(3) 按有关国家之间的双边或多边公路货物运输协定或公约运作。

其货物出口流程如下。

(1) 托运人填报托运单并提交有关出口许可证。

(2) 车队凭委托书及许可证，填制中华人民共和国海关出口货物报关单，向出境口岸报关。

(3) 海关征税验关后，将货物封关，运送至指定境外交货点交接。

其货物进口流程如下：

(1) 托运人向我驻外办事处办理托运手续。

(2) 接收后，驻外机构通知国内驻口岸机构，并安排具备过境承运的外运车队，派车前往装货，驻口岸办事处向收货人索取进口许可证，填报中华人民共和国海关进口货物报关单，向口岸海关报验放行。

(3) 海关验关征税放行后，按托运委托书的要求，将货物运送至指定地点，交收货人签收。

（四）铁路口岸物流

铁路口岸站是国家对外开放的重要窗口，一般设在边境附近的铁路交接点处，主要承担进口货物的换装、出口货物的运输组织及国际旅客联运工作等。随着国际经贸合作日益增多，仅有口岸站、仅开展运输服务的现状已不能适应现代铁路发展的要求，口岸站物流功能需求日益强烈，主要体现为市场对仓储、加工、配送、多式联运、综合保税、展示交易、信息服务等功能的需求日益旺盛，要求口岸站拓展服务内容，延伸物流功能，适应市场需求。

我国大部分铁路口岸流通的货物如下：进口以大宗物资为主，包括原油、矿石、木材、煤炭、化肥等；出口物资以农副产品、轻工产品、机电产品等为主。

铁路口岸物流中心主要为落地货物提供各种物流服务，主要的需求功能包括仓储、流通加工、配送、多式联运、保税、集装箱服务、展示交易、信息服务等。口岸物流中心内部功能区主要包括铁路作业区、铁路物流配套服务区、商贸物流区、综合物流服务区及保税区。

铁路作业区主要为出入物流中心的货物提供运输、装卸、转运等服务，是实现多式联运的主体区域。

铁路物流配套服务区是为铁路作业区货物提供仓储、加工、配送等物流服务的功能区域，一般临靠铁路作业区设置，并与铁路作业区采取部分或整体相融式布置形式。

商贸物流区即为口岸物流中心的 CBD(中央商务区)，可提供商业、金融、贸易、服务、办公、展览、咨询、文化等功能，形成集研发、商流、物流、信息、管理等为一体的综合协同服务。

综合物流服务区主要提供综合配套服务，包括生活、餐饮、住宿、加油、维修等服务，第三

方物流服务也布置在此区域，这一功能对于其他功能区域均具有支撑作用。

口岸物流中心规划选址根据铁路口岸站自身布置特点、地形条件及与地方规划结合情况分为两种情形——铁路口岸站原址建设及远离铁路口岸站单独选址。

其进出口货物作业流程如图 10-12、图 10-13 所示。

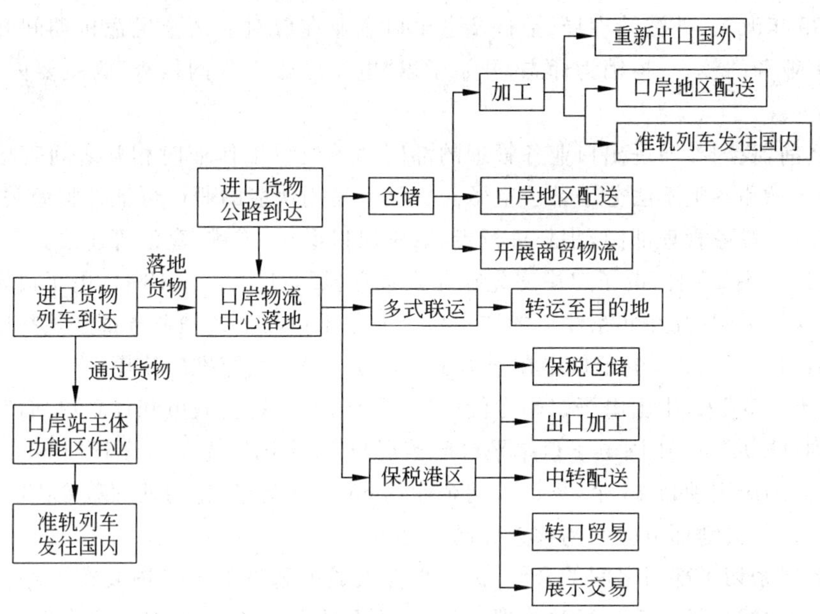

图 10-12　铁路口岸物流货物进口流程

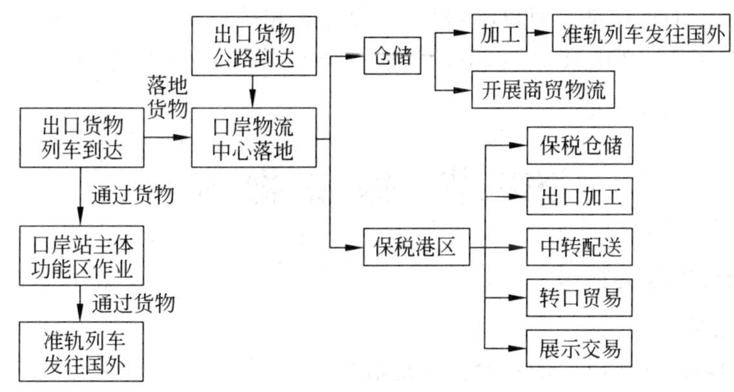

图 10-13　铁路口岸物流货物出口流程

三、电子口岸

（一）电子口岸的概念

电子口岸是中国电子口岸执法系统的简称，是国家政务系统的重要组成部分。该系统运用现代信息技术，借助国家电信公网，将各类进出口业务电子底账数据集中存放到公共数据中心，国家职能管理部门可以进行跨部门、跨行业的联网数据核查，企业可以在网上办理各种进出口业务。

电子口岸，由海关总署、税务总局、工商总局、质检总局、外汇局、民航局、商务部、人民银行等十五家有关部委(2012 年)的信息系统及各省市的电子口岸分中心互连构成。电子口岸数据中心是其中心节点，由海关负责承建。数据中心在互联网上设门户网站——中国电子口岸网(http://www.chinaport.gov.cn)，供企业接入。

(二) 电子口岸的发展及意义

以 1999 年海关、外汇管理局、银行及进出口企业在应对亚洲金融危机期间开始联网进行对外付汇业务的核查、核销为标志，开始了以“电子底账＋联网核查”为主要内容的“电子口岸”建设。

在此之前，我国参与进出口业务管理的部门和单位手工作业时相互之间直接联系的渠道很少，使走私和各类不法分子钻了空子。它们或是用伪造的假许可证件骗海关，或是用假报关单骗外汇、税务管理部门，猖狂进行走私、骗出口退税，或逃、套汇等违法犯罪活动。

2000 年 12 月 25 日，电子口岸率先在北京试点。2001 年 2 月 18 日，电子口岸在北京正式开通，从这一天起，凡在北京注册的进出口企业的出口收汇核销业务都必须在电子口岸中完成。2001 年 6 月 1 日，电子口岸在全国试点，8 月 1 日，全国推广使用。

截至“十一五”末，中国电子口岸专网已覆盖全国所有省会城市和计划单列市，骨干网络可用率达到 99.94%。中国电子口岸平台已实现与 13 个国家主要口岸管理部门、15 家商业银行，开发联网应用项目 23 个，累计入网企业约 66.4 万余家，日均处理单证 130 多万笔，基本实现了大通关关键环节的联网核查和网上办事。

电子口岸密切了部门之间的合作，进一步在大通关管理的范围内发挥了综合治理的优势，不仅有效地提高了各部门行政管理的效能，而且方便了企业办理各项进出口相关手续，降低贸易成本，提高贸易效率，全面体现了“1＋1＞2”的效益倍增作用。

比较有代表性的口岸是上海口岸，相关介绍详见相关链接：http://www.shport.gov.cn/shkaq/InfoDetail/? InfoID＝0a2dbe53-b205-4a62-a4f5-60cc29668c84&CategoryNum＝001006002。

第三节 保税物流

一、保税物流的相关概念

(一) 保税货物

保税货物(Bonded goods)的一般含义是指“进入一国关境，在海关监管下未缴纳进口税捐，存放后再复运出口的货物”。《中华人民共和国海关法》对“保税货物”的定义是：“经海关批准未办理纳税手续进境，在境内储存、加工、装配后复运出境的货物。”从海关法的定义中可以看出，保税货物具有以下三个特征。

1. 特定目的

保税货物限定为二种特定目的而进口的货物，即进行贸易活动(储存)和加工制造活动(加工、装配)，将保税货物与为其他目的暂时进口的货物(如工程施工、科学实验、文化体育活动等)区别开来。

2. 暂免纳税

《海关法》第 43 条规定：“经海关批准暂时进口或暂时出口的货物，以及特准进口的保

税货物，在货物收、发货人向海关缴纳相当于税款的保证金或者提供担保后，将予暂时免纳关税。”保税货物未办理纳税手续进境，属于暂时免纳，而不是免税，待货物最终流向确定后，海关再决定征税或免税。

3. 复运出境

复运出境是构成保税货物的重要前提。从法律上讲，保税货物未按一般货物办理进口和纳税手续，因此，保税货物必须以原状或加工后复运出境，这既是海关对保税货物的监管原则，也是经营者必须履行的法律义务。保税货物的通关与一般进出口货物不同，它不是在某一个时间上办理进口或出口手续后即完成了通关，而是从进境、储存或加工到复运出境的全过程，只有办理了这一整个过程的各种海关手续后，才真正完成了保税货物的通关。

（二）保税区

保税区(Bonded Area)，是一国海关设置的或经海关批准注册、受海关监督和管理的可以较长时间存储商品的区域。保税区具有进出口加工、国际贸易、保税仓储商品展示等功能，享有“免证、免税、保税”政策，实行“境内关外”运作方式。其功能与作用如图 10-14 所示。

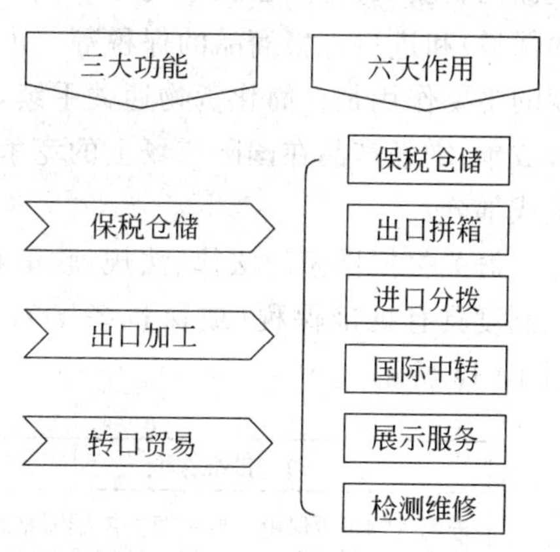

图 10-14　保税区的功能与作用

在我国，特指是经国务院批准设立的、海关实施特殊监管的经济区域。它与非保税区域的区别如表 10-2 所示。比较典型的保税区是外高桥保税区，详细介绍参见相关链接：http://www.shftz.gov.cn/wgqIndex.aspx。

表 10-2　保税区与非保税区的政策对比

项　目	保　税　区	非 保 税 区
海关管理	实行保税制度，货物从境外运入保税区或从保税区运往境外，免进口税，免许可证	只是对保税仓库或保税工厂实行保税制度
	货物从保税区运往国内非保税区，视同进口；货物从国内非保税区运入保税区，视同出口	国外货物到达口岸后必须办理进口手续；国内货物离开口岸必须办理出口手续
	区内企业与海关实行电脑联网，货物进出采取 EDI 电子报关	只有少数大企业实行 EDI 电子报关
	以《保税区海关监管办法》为法规保障	
外汇管理	外汇收入实行现汇管理，既可以存入区内金融机构，也可以卖给区内指定银行	经常性外汇收入实行强制结汇，外汇必须卖给指定银行
	无论是内资企业，还是外商投资企业，均可以按规定开立外汇账户；不办理出口收汇和进口付汇核销手续	内资企业未经批准不得保留外汇账户；企业必须办理出口收汇和进口付汇核销手续
	经常项目下的外汇开支，中资企业和外商投资企业实行统一的管理政策，由开户银行按规定办理	内资企业在结、售汇等方面都与外商投资企业有区别
	以《保税监管区域外汇管理办法》为法规保障	

（三）保税制度

保税制度(Bonded System)是一种国际通行的海关制度，是指经海关批准的境内企业所进口的货物，在海关监督下在境内指定的场所储存、加工、装配，并暂缓缴纳各种进口税费的一种海关监管业务制度。保税制度始于16世纪的英国，是随着商品经济和国际贸易的发展而产生和发展的。世界各国为促进和鼓励本国对外贸易，特别是出口贸易的发展竞相建立保税制度，其范围也从单纯加工生产的保税扩大到包括商业性质的保税(如转口贸易货物的保税)和进口寄售商品的保税等。由于具有对进口货物暂缓征收应征关税的特点，保税制度的主要作用是在简化货物通关手续，减轻企业资金负担，加快资金周转的同时，能降低出口成本，增强产品在国际市场上的竞争能力。海关保税制度已经成为当代国际物流的重要组成部分。

海关根据国家的法律、法规、政策和规范性文件对保税货物实施监管的过程，反映出保税制度具有批准保税(或保税备案)、纳税暂缓、监管延伸、核销结关的特点，具体表现如图10-15所示。

1. 批准保税	2. 纳税暂缓
进境货物可否保税，要由海关依据国家的有关法律、法规和政策来决定，货物经海关批准才能保税进境	保税货物在进境地海关凭有关单证册不办理纳税手续就可以提取。当保税货物最终不复运出境或改变保税货物特性时，需按货物实际进口申报情况办理相应纳税手续
3. 监管延伸	**4. 核销结关**
保税货物的海关监管无论是时间，还是场所，都必须延伸。直到货物储存、加工、装配后复运出境办结海关核销手续或者正式进口海关手续，海关监管才算结束	保税货物只有核销后才能算结关，但只是单票货物的形式结关。核销是保税货物监管最后一道程序

图10-15 保税制度的特点

保税制度按方式和实行区域的不同，其表现形式主要有三种类型：①商品贸易型：有保税仓库、保税展示区和免税商店等；②加工制造型：有保税工厂、保税集团和出口加工区等；③商品贸易与加工制造混合型：有保税区、自由港和自由贸易区等。在此重点介绍保税仓库和保税区两种。

（四）保税物流

保税物流特指对保税货物在海关监管的保税区域内进行的仓储、配送、运输、流通加工、装卸搬运等物流活动。

保税物流是物流分类中的一种，但同时具有不同于其他物流类别的典型特点。

1. 系统边界交叉

国内物流的边界是从国内的任意地点到口岸(装运港)，国际物流的边界为从一国的装运港(港口、机场、场站)到另一国的目的港。保税物流货物在地理上是在一国的境内(领土)，从移动的范围来看应属于国内物流，但保税物流也具有明显的国际物流的特点，例如保税区、保税物流中心及区港联动都是“境内关外”的性质，所以可以认为保税物流是国际物流与国内物流的接力区。

2. 物流要素扩大化

物流的要素一般包括运输、仓储、信息服务、配送等，而保税物流除了具有这些基本物流要素之外，还包括了海关监管、口岸、保税、报关、退税等关键要素，两者紧密结合构成完整的保税物流体系。

3. 线性管理

一般贸易货物的通关基本程序包括申报、查验、征税、放行，是“点式”的管理；而保税货物是从入境、储存或加工到复运出口的全过程，货物入关是起点，核销结案是终点，是“线性”的管理过程。

4. 瓶颈性

在海关的监管下进行物流运作是保税物流不同于其他物流的本质所在。海关为了达到监管的效力，严格的流程、复杂的手续、较高的抽查率必不可少，但这与现代物流便捷、高效率、低成本的运作要求相背，物流效率与海关监管效力之间存在“二律背反”，在保税需求日益增长的情况下，海关的监管效率成为保税物流系统效率的“瓶颈”。

5. 平台性

保税物流是加工贸易企业的供应物流的末端，是销售物流的始端，甚至包括了生产物流。保税物流的运作效率直接关系到企业正常生产与供应链正常运作，构建通畅、高效率的保税物流系统是海关、政府相关部门、物流企业、口岸等高效协作的结果。完善的政策体系、一体化的综合物流服务平台必不可少，例如集成商品流、资金流、信息流的物流中心将是保税物流的主要模式之一。

二、保税仓库货物的报关与出入库管理

（一）保税仓库货物进口报关

按照货物入境时的地点不同可以分为本地进货报关和异地进货报关。

1. 本地进货

当进口货物是在保税仓库所在地进境时，其进口报关流程如图 10-16 所示。

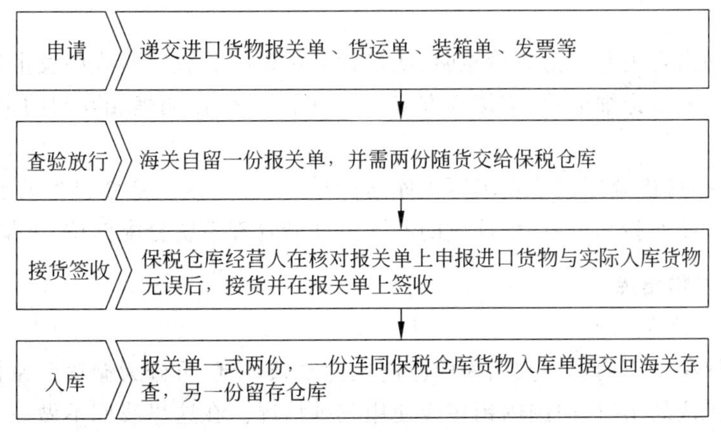

图 10-16 本地进货的进口报关流程

2. 异地进货

进口货物在本国保税仓库所在地以外其他通商口岸入境时，进口货物收货人或其代理人应按海关进口货物转关运输管理规定办理转关运输手续，其进口报关流程如图10-17所示。

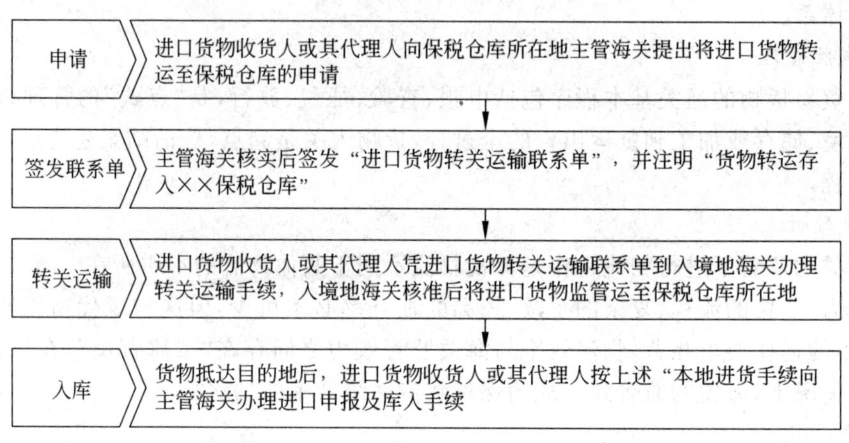

图10-17 异地进货的进口报关流程

(二) 保税货物入库

入库业务包括收货准备、货物接送、货物验收和货物入库四个环节。

1. 收货准备

根据入库货物情况提前安排货位、组织人力、物力、做好文件单证准备。

2. 货物接送

根据货物接送方式不同，保税货物进入仓库时，可分为拆箱入库与散货入库。

(1) 拆箱入库是指海运集装箱装载的货物，在仓库收货区拆封，卸至托盘上。拆箱入库方式有机械拆箱和人工拆箱两种。

(2) 散货入库是指一般货物与空运货物自仓库的收货码头卸下，堆栈在托盘上。

3. 货物验收

入库验收的内容主要包括数量检验、质量检验和包装验收。验收中发生异常问题，要会同有关人员当场做出详细记录，交接双方应在记录上签字，以明确相互间的责任。

4. 货物入库

货物入库时，应由仓库保管员填写入库通知单，以证实该批货物已经检验合格，可以正式上架保管。货品检验完毕后，依性质的不同由仓储管理系统分配储位、上架。

(三) 保税货物出库

1. 货物出库流向

对于存入保税仓库的货物其出库的流向较为复杂，一般可分为储存后原状复出口、加工贸易提取后加工成品出口、向国内销售或使用三种情况。在这里我们不做一一细致的讲解。

2. 货物出库流程

保税货物出库的一般流程如图10-18所示。

审核仓单 → 核对登账 → 配货备货 → 复核查对 → 出库交接 → 填单销账

图 10-18 保税货物出库流程

1）审核仓单

仓库存货人或仓单持有人接到出库通知后，必须对仓单进行核对。因为存货人取得仓单后，可以通过背书的方式将仓单转让给第三人，也可以分割原仓单的货物，填发两份以上新的仓单，将其中一部分转让给第三人。第三人在取得仓单后，还可以在仓库有效期内，再次转让或分割仓单。但是合同法规定，存货人转让仓储物提取权的，应当经保管人签字或盖章。

2）核对登账

仓单审核后，仓库财务人员要检查货物的品名、型号、规格、单价、数量等有无错误，收货单位、到站、银行账号等是否齐全和准确，单证上书写的字迹是否清楚，有无涂改痕迹，是否超过了规定的提货有效期等。如果核对无误后，可根据凭证所列各项内容，登入商品保管账，核销储存量，并在出库凭证上批注发货商品存放的货区、库房、货位编号以及发货后应有的储存数量。同时，收回仓单，签发仓库货物出库单，写清各项内容，连同提货单或调拨单，一起交仓库保管员查对配货。

3）配货备货

财务人员转来的货物出库凭证经复核无误后，仓库保管员按出库凭证上所列项目内容和上面的批注，到编号的货位对货，核实后进行配货。

4）复核查对

备货后仓库人员应立即进行复核，以确保出库货物不出差错。复核形式有保管员自行复查、保管员互核、专职人员复核、负责人复核等。

5）出库交接

备齐货物经复核无误后，仓库保管员必须当面与提货人或运输承运人按单逐件点交清楚、分清责任、办好交接手续。

6）填单销账

货物交点后，保管员应在出库单上填写实发数、发货日期等项目内容，并签名。然后将出库单及相关联证件资料及时交送货主，以便货主办理货款结算。保管员根据留存一联出库凭证清点货垛余数，并与账、卡核对，登记、核销实物保管明细账，账面余额应与实际库存量和货卡登记相符；出库凭证应在当日清理，定期装订成册，妥善保管；在规定时间内，转交账务人员登账复核。

保税仓库的仓管人员还应于每月的前 5 天内将上月所存货物的收、付、存等情况列表报送当地海关核查，并随附经海关签章的进出口报关单和保税仓库领料核准单等单证。

三、保税物流中心的建设与管理

（一）保税物流中心的建设

根据《中华人民共和国海关对保税物流中心（A 型）的暂行管理办法》和《中华人民共和国海关对保税物流中心（B 型）的暂行管理办法》将我国的保税物流中心分为 A、B 两种类型（见表 10-3）。

表 10-3　A、B 型保税物流中心的区别

设立保税物流中心(A 型)的条件	设立保税物流中心(B 型)的条件
一、符合海关对物流中心的监管规划建设要求； 二、主要针对大型生产型的跨国公司和大型物流企业，对申请设立企业的资信要求较高，要求企业注册资本最低为三千万元人民币； 三、公共型物流中心的仓储面积，东部地区不低于两万平方米，中西部地区不低于五千平方米； 四、自用型物流中心的仓储面积(含堆场)，东部地区不低于四千平方米，中西部地区不低于两千平方米； 五、建立符合海关监管要求的计算机管理系统，提供海关查阅数据的终端设备，并按照海关规定的认证方式和数据标准，通过“电子口岸”平台与海关联网，以便海关在统一平台上与国税、外汇管理等部门实现数据交换及信息共享； 六、设置符合海关监管要求的安全隔离设施、视频监控系统等监管、办公设施； 七、符合国家土地管理、规划、消防、安全、质检、环保等方面的法律、行政法规、规章及有关规定	一、符合海关对物流中心的监管规划建设要求； 二、经营主体注册资本最低为五千万元人民币，由直属海关受理申请并经海关总署批准设立后，对进驻企业要求注册资本必须达到五百万元人民币； 三、物流中心的仓储面积，东部地区不低于十万平方米，中西部地区不低于五万平方米； 四、选址在靠近海港、空港、陆路交通枢纽及内陆国际物流需求量较大，交通便利、设有海关机构且便于海关集中监管的地方； 五、经省级人民政府确认，符合地方经济发展总体布局，满足加工贸易发展对保税物流的要求； 六、建立符合海关监管要求的计算机管理系统，提供海关查阅数据的终端设备，并按照海关规定的认证方式和数据标准，通过“电子口岸”平台与海关联网，以便海关在统一平台上与国税、外汇管理等部门实现数据交换及信息共享； 七、设置符合海关监管要求的安全隔离设施、视频监控系统等监管、办公设施

保税物流中心(A 型)是指经海关批准，由中国境内企业法人经营、专门从事经营保税仓储物流业务的海关监管场所。按照服务范围分为公用型物流中心和自用型物流中心。

保税物流中心(B 型)是指经海关批准，由中国境内一家企业法人经营、多家企业进入从事保税仓储物流业务的海关集中监管场所。

两个管理办法中对经营主体的具体条件要求进行了详细的规定，用于区分。

保税物流中心的建设过程涉及选址、功能区域的结构和内部交通设计问题。在此，我们就中心选址、功能区规划作阐述。

1. 我国保税物流中心的选址原则

保税物流中心选址时，应遵循以下原则。

(1) 靠近海港、空港、陆路交通枢纽，其国际物流需求量较大、对外交通要便捷，与城市主干路要直接连通。

(2) 设有海关机构且便于海关集中监管。

(3) 用地要充足平整，保税物流中心用地较大，面积一般在 1 平方公里以上，同时用地应有较好的地质条件，便于建设。

(4) 位址不宜太偏，一般宜靠近所在地区的公共中心的边缘，一方面便于实现配套设施区与其他公共设施的共建共享；另一方面也可以形成较好的城市景观风貌。

比如太仓港保税物流中心(B 型)，位于太仓港港口开发区、滨江路和纬三路、纬二路交叉口，紧邻国家一类口岸太仓港和远太国际城，靠近太仓港管委会大楼和金融中心、区位环境良好。

2. 我国保税物流中心的功能区规划

一个完整的保税物流中心，一般应该有三部分组成：海关监管区、物流活动区和其他配套设施区。

1）海关监管区

海关监管区是由海关实施监管的封闭区域。包括的业务范围有保税仓储、国际中转、国际物流分拨配送、简单加工和增值服务、进出口贸易和转口贸易、物流信息处理及相关配送服务。如保税联运、海关监管检验等。

保税物流中心由海关负责实施监管。海关在区内设立专门的监管机构，并依照海关总署制定的相关条例对进出区内的货物及区内相关场所实行 24 小时监管制度。区内必须设立符合海关监管要求的隔离设施和有效的监控系统。

2）物流活动区

与普通物流园区的功能布局一样，保税物流中心总体布局也具有典型的“功能导向”特征。

在规划布局上，需要综合考虑快速通关、集约利用土地、集装箱装卸作业、便于大型货柜车通行等多方面因素，通过规整的棋盘式路网划分不同的功能区，以实现高效、快速、无障碍往来和物流运作。

保税物流中心的物流活动区应包括六大区：集装箱中转区、国际配送区、国际采购区、仓储区、检验区和商务区，其中，前 5 大功能区处于海关监管区内。

（1）集装箱中转区：对国际、国内货物及进出口保税货物进入保税物流中心进行分拆、集拼，转运至境内外其他目的港。设置集装箱中转区可以开展货物进口、出口、中转的集运、多国多地区的快速集并和国际联合快运等业务，加快货物在境内外的快速流动。

（2）国际配送区：对进口保税货物进行分拣、分配、分销、分送等配送分拨业务，或进行邻港增值加工后向国内外配送。设置国际配送区是利用保税物流中心特殊政策，在区内开展商品简单商业性加工和仓储自动化、包装标准化、配送高效化的业务，为客户提供所需的产品和服务。

（3）国际采购区：对采购进区的国际货物和进口保税货物进行出口集运的综合处理和邻港增值加工后向国内外分销。设置国际采购区是引入跨国采购中心在物流中心建立全球化的采购系统，促进国内商品出口，成为本国商品走向世界市场的一条绿色通道。

（4）仓储区：对杂货、散杂货进行储存、分拣等的专门区域。

（5）查验区：为进出园区的货物进行查验。一般在主要出入口两端分别设置。

3）配套设施区

配套设施区是为保税物流中心提供商务、办公、展览、会议、生活服务的区域。为货运代理、报关、贸易公司等企业和物流中心管委会、海关、检验等行政机构的办公场所设置的集中办公、基本生活的场所。其位于海关监管区之外。

配套设施区主要包括以下几个。

（1）商务设施：常设性商务机构入驻于此、从事与物流紧密相连的对外贸易、经济交流活动。

（2）办公设施：物流商、货代、航空公司、海关、边防、联检、银行、保险公司进行公共服务的办公设施。

(3) 会展设施：展览中心、展销中心、进出口商品批发中心、会议中心。

(4) 配套服务设施：为园区正常运作提供有力的服务保障。如餐饮、零售、邮电通信等设施。

(二) 保税物流中心的管理

我国保税物流中心是特殊的经济区域，虽然其在审批和运行过程中要国家检疫、外汇等各部门联合执法，但政府对保税物流中心的监管主要由海关来完成，因此，这里我们主要探讨海关对保税物流中心的监管模式。

1. 信息化管理

保税物流中心实施信息化管理。海关将综合各种科技手段，充分运用现代网络信息技术，建立海关之间、海关与企业之间的全范围互动的网络化信息管理平台。信息化管理一方面满足海关管理的要求；另一方面满足货物快速流通与高效运作的需要。

2. 封闭化管理

保税物流中心实施封闭化管理。在规划建设中均应按照海关的要求建立隔离设施，保税物流中心内货物置于海关监管之下。

3. 风险管理

保税物流中心实施风险管理。海关将建立风险分析、分类管理和担保机制，充分运用事后稽查与审计等手段，加强实际监管，促进企业守法自律，打击各类走私违法活动。

实训项目

- 实训内容：保税物流园区或国际物流企业参观。
- 实训手段：视频学习、现场参观见学。
- 实训目的：使同学们对国际物流/保税物流有一个初步的认识，识别常见的物流设备，了解其运作流程。

练习题

一、单项选择题

1. 国际多式联运概念是在(　　)才产生的。

A. 20 世纪初　　B. 20 世纪 40 年代

C. 20 世纪六七十年代　　D. 20 世纪末

2. 国际物流系统包括(　　)。

①运输子系统；②储存子系统；③商检通关子系统；④包装子系统；⑤商品装卸搬运子系统；⑥流通加工子系统；⑦信息子系统；⑧口岸子系统

A. ①②③④⑤⑥⑧　　B. ①②③④⑤⑥⑦

C. ①③④⑤⑥⑦⑧　　D. ①②③④⑤

3. 按口岸性质及运输方式分类方法，口岸不包括(　　)。

A. 航空口岸　　B. 港口口岸　　C. 陆地口岸　　D. 电子口岸

4. 保税区(Bonded Area),是一国(　　)设置的或经其批准注册、受监督和管理的可以较长时间存储商品的区域。

A. 海关税务　　B. 海关

C. 商务部门税务　　D. 外贸部门地方政府

5. 企业通过全球范围内组织生产可以实现(　　)。

①更接近消费者需求;②企业资源达到最佳配置;③可以避开贸易壁垒限制;④可以节约物流费用;⑤可以提高产品质量

A. ①②③④　　B. ①②③④⑤　　C. ①③④⑤　　D. ①②③⑤

二、简答题

1. 根据主要功能不同,国际物流节点主要分为哪几种?罗列其主要代表设施。

2. 可以从哪些方面分析物流口岸的区位优劣势?

3. 一个完整的保税物流中心,应至少包含哪些功能区域?

三、案例分析

"苹果创造"与国际物流

近年来,苹果公司的成就举世瞩目。这家创建于 1976 年的公司,成功推出 iPod、iPhone、iPad 系列产品,改变了人们的生活方式,重新"创造"了移动智能终端。苹果在"世界 500 强"中的排名不断攀升,2015 年,位列《财富》世界 500 强排行榜第 15 位。

"苹果创造"的成功实际上应归因于两点:一是革命性的创新产品,二是卓越的供应链管理。现代企业的竞争其实也是供应链之间的竞争。在 IT 产业的微利环境下,苹果能够独占业界 70%的利润,除了创新的产品设计之外,隐藏在幕后而未被人们广泛认知的是能够通过供应链管理实现优秀的软硬件集成,为消费者提供超乎想象的体验。业界公认,苹果产品中采用的技术并非是概念性的技术变成现实,而是现实中已经存在的技术的集合。苹果能够将这些优秀的单个技术集成起来,渗透到手机上游所有元器件的开发、生产和制造的过程中,始终领先竞争对手一到两年,大杀器正是供应链管理。在 Gartner"2014 全球最佳供应链管理 25 强排行榜"中,苹果依旧力压群雄,再次排名第一,以庞大的物流体系建设闻名的亚马逊则屈居第三。

一个全球化的供应链的基本逻辑是集优互补,即供应链上的每一个节点都是强强联合,每个企业只集中精力致力于各自核心的业务过程,成为自组织的独立制造岛,根据需求信息的传导,高效整合资金流和物流,以满足消费者需求。

苹果将制造等非核心业务外包后,初步建立起了一个全球化的供应链。但他们并不满足,而是致力于将供应链升级为一个竞争对手难以模仿的"生态系统"。这可以说是苹果供应链管理的一个核心智慧。供应链实际运行的效率取决于供应链合作伙伴关系是否和谐,因此建立战略伙伴关系的合作企业关系模型是实现最佳供应链管理的保证。只有充分发挥系统中成员企业和子系统的能动性和创造性,实现系统与环境的总体协调,供应链生态系统才能发挥最佳的效能。

苹果公司的供应商遍布全球,分布在中国台湾地区和美国、韩国、德国等地,大致上可以分为三种类型——负责组装生产的富士康、负责生产 IPS 屏幕的供应商 LG 及夏普、负责 CPU 内存等配件生产的三星电子等。以 iPhone 6 为例,这部手机后面涉及全球 700 多家供应商，中国以 391 家(大陆地区 349 家、台湾地区 42 家)名列榜首，为了降低运送成本，苹果多会就近寻找合适的供应商，甚至直接要求厂商就近建厂以供应苹果所需，因此能取得这样的业绩不让人感到意外。供应厂商数目居第二的则是日本，iPhone 许多高精密零部件仍依赖技术成熟的日系厂商，因此日本以 139 家名列第二；第三则是美国厂商的 60 家，如 iPhone 使用的 Gorilla 强化玻璃便来自于美系的康宁(Corning)，接下来的排名次序则是韩国(32)、菲律宾(24)、马来西亚(21)、泰国(21)与新加坡(17)，而欧洲只有德国以 13 家挤进第九名，越南 11 家位列第十。

苹果公司 2015 年第一财季(1 月至 3 月)共售出 7446.8 万部 iPhone，比上一年同期的 5102.5 万部增长 46%，在"苹果创造"如此优异的市场表现背后，是苹果公司"原材料—产成品—消费者"高速有效的国际物流体系。从物流运输方式上可以将该体系分为国际班轮运输、国际航空运输、国内陆路运输三类。下面就零部件至组装车间、整机出口运输、国内配送三部分具有代表性的物流活动举例说明。

由韩国三星公司提供的部件一律由中国远洋运输集团(COSCO，简称中远)转包的韩国国内运输公司负责运输至釜山港，然后转由中远的班轮运抵烟台再转中远班轮运抵深圳蛇口，交运富士康公司物流部门负责运输至组装车间。其流程如图 10-19 所示。

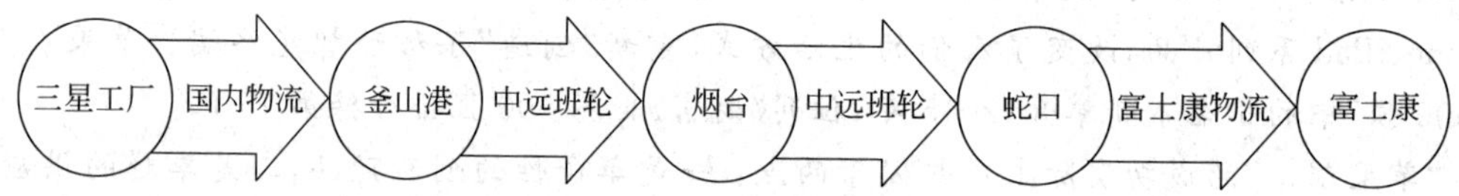

图 10-19 零部件至组装车间物流流程

美国是世界上最大的电子消费国，也是 iPhone 的主要市场。iPhone 从中国富士康工厂流水线完工后，交付苹果签约航空运输公司，通过航空港口运往美国。其流程如图 10-20 所示。

图 10-20 整机出口物流流程

iPhone 6 手机发布前，世界各地苹果仓库早已根据预售数据备好货源。中国消费者在苹果官网通过电子商务下单购买后，苹果通过 EMS 快递或者顺丰快递寄出，通过国内干线陆路运输或者航空运输，最后通过陆路运输中转配送至消费者手中。其流程如图 10-21 所示。

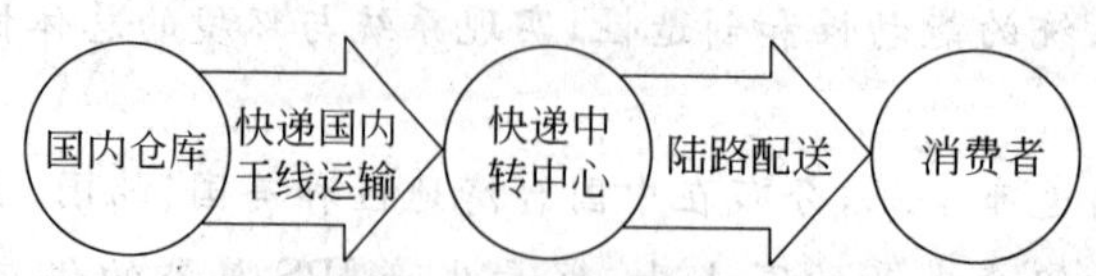

图 10-21 国内配送物流流程

此外，苹果在物流管理的细节上有很多类似的创新，领先业界。在多数手机制造商都通过低价的海运获取零部件的时候，为了确保新款 iPhone 能在发布会期间全面铺货，苹果提前签订航空运输公司所有可用的空运空间。此举令三星、索尼等临时想要增加空运订单的竞争对手陷入绝望。

思考：请小组讨论国际物流在“苹果创造”中的作用。

本章参考文献

[1] 张必清，孙永红，李琼芬.我国边境口岸物流研究综述[J].对外经贸.2012(07)：23-25.

[2] 陈涛.洋山保税港区口岸物流发展策略研究[D].上海：同济大学，2008.

[3] 向泽伟，魏瑜.我国铁路口岸站(换装站)建设与发展的建议[J].铁道运输与经济，2012(6)：48-49.

[4] 杨国勋，周明森，张国利.中国海关信息化进程[J].电子政务，2009(10)：34-42.

[5] 于璇.论我国保税物流中心的建设与优化[D].成都：西南财经大学，2007.

第十一章 CHAPTER

物流发展前沿

美国普洛斯何以“玩转”物流园区

闲置率高、入驻率低，是目前困扰多家物流园区的“心病”。昔日红红火火、大兴土木，如今门前冷落，让人不禁反思，问题出在哪儿？普洛斯是国外企业在中国运作的成功案例，与一些物流园区建成后苦守寂寞相比，位于上海市区西部的普洛斯西北物流园“幸运”得多。正在建设中的普洛斯西北物流园一期工程的三个仓库，一个已被上海惠尔租赁，另外两个也被某国际知名快速消费品生产商预定。那么，普洛斯何以“玩转”物流园区呢？

1. 全球化物流网络

普洛斯西北物流园由在业界有“工业物流地产老大”之称的美国普洛斯公司投资兴建。普洛斯是在美国纽约证交所挂牌的上市公司，管理超过 120 亿美元的资产。目前，普洛斯已与全球 4000 多家企业建立了良好的合作，其中世界 1000 强企业中近一半成为其客户，如宝洁、通用汽车、联合利华、惠普和全球四大物流公司等。据了解，作为一家全球化的物流公司，普洛斯在北美、欧洲、亚洲 70 多个市场上拥有、管理和在开发的仓储设施多达 1700 处。

普洛斯于 2003 年携带着“物流地产”这个新概念登陆中国市场，开始了紧锣密鼓的布阵。所谓“物流地产”，就是由普洛斯先选地建成相关物流设施后，再转租给客户，比如制造商、零售商、物流公司等，之后，将由一个资产管理队伍进行物业管理，他们的工作主要是提供物业相关服务。

普洛斯在中国的物流配送网络建设，集中在渤海经济圈、长江三角洲和珠江三角洲等沿海地区。正如其在海外市场的运作一样，普洛斯将在每个枢纽城市开发 3～4 个物流园区，这些园区靠近机场、海港和高速公路，从而形成一个物流配送网络。现阶段，普洛斯正在上海和苏州地区开发一些物流园区。广州、深圳、天津、北京的园区开发则在计划之中。

如此全球化的网络布局，使得普洛斯得以“一呼百应”，客户借助普洛斯的网络，可以让货物在全球自由流转，而不担心无处“落脚”。普洛斯运营系统的成功之处就在于能够提供强大物流配送服务网络，涵盖物流设施的整个流程，包括策划、构建与管理。

2. 标准化物流设施

全球化的网络并不是每个公司都能复制的，特别是国内很多的物流园区投资建设者还远远不具备普洛斯的规模与实力。普洛斯物流园吸引客户的原因也不仅限于此，能够提供标

准化物流设施是其成功因素之一。所谓标准物流，即在市场调研、设计、施工和设施管理的基础上开发出的高质量、通用型物流仓储设施。标准化设施可为不同的客户提供便捷、高性价比的物流配送设施。

普洛斯所提供的标准化设施可以在很短的周期内满足客户的需求，从而吸引了不少跨国公司。

3. 多层次服务客户

物流企业在劝说生产制造企业将物流外包之时，物流园区也在劝说物流企业将其一部分业务外包。此时，物流园区就不单单是出租仓库了，如同物流企业要为客户提供更多增值服务，园区经营者也要为物流企业提供更多的服务。

普洛斯在行业内开创了以"客户为中心"的运作方式，为客户提供整合的物流配送服务和解决方案。不仅如此，作为物流设施的长期业主，普洛斯还为客户提供新颖、灵活的租赁项目，以帮助客户应对诸如周期性变化、竞争性挑战等瞬息变化的环境。

除了预建仓储设施以外，普洛斯还通过公司的物流设施发展团队提供定制的物流设施方案。这一团队的专业人士与客户合作，开发定制物流设施来满足客户的特别需求。同时，普洛斯也为跨国经营的厂商和分销商提供咨询服务，帮助它们设计或改善客户供应链程序。

案例解析

普洛斯是国外物流企业在中国运作的成功案例，其全球化的物流网络，标准化的物流设施，多层次的客户服务，为其带来了核心竞争力，值得我们国内的物流企业借鉴。

案例思考

通过该案例，你认为我国物流园区目前发展存在的主要问题是什么？

案例涉及的主要知识点

物流园区　标准化　物流网络　物流系统优化

学习导航

- 了解绿色物流、冷链物流、快递物流、物流园区、物流标准化等物流发展前沿方向。
- 了解绿色物流、冷链物流、快递物流等前沿方向的产生背景。
- 掌握绿色物流、冷链物流、快递物流、物流园区、物流标准化等相关概念。
- 掌握绿色物流、冷链物流、快递物流、物流园区、物流标准化的未来发展趋势。

教学建议

- 备课要点：绿色物流、冷链物流、快递物流、物流园区、物流标准化等物流前沿方向、结合具体企业进行现状介绍。
- 教授方法：理论讲授、案例讲解、启发式讨论。
- 扩展知识领域：冷链物流发展困境突破。

第一节　绿色物流

一、绿色物流的产生背景

20世纪70年代以来，在世界生产力突飞猛进的同时，地球环境也在不断恶化。资源的过度消耗使人们的生存环境和经济运行受到了严峻的挑战。在此背景下，由有关国家和人士发起和倡导的一场旨在保护地球环境、保护自然资源的“绿色革命”开始在生产、流通以及消费领域蓬勃发展，并很快风靡全球。各行各业都开始利用“绿色”这一代表生命和环境保护的字眼：从产品的研制、生产、包装、运输、销售、消费，到废弃物的回收和再利用的整个生命周期内，都在考虑保护环境的问题。一时，“绿色浪潮”、“绿色食品”、“绿色标志”、“绿色产业”、“绿色营销”、“绿色消费”等各种冠以“绿色”的名词如雨后春笋，目不暇接。在这样的背景下，“绿色物流”作为可持续发展模式在物流行业开始出现，并逐渐成为21世纪物流管理的新方向。

众所周知，传统物流活动的各个环节，都在不同程度上会对环境产生负面影响。例如，运输环节中车辆的燃油污染和尾气排放；不可降解的废弃包装材料；装卸搬运环节的粉尘污染；流通加工产生边角废料造成的废弃物污染等。随着经济转入成熟的发展时期，物流将会成为经济发展的重要支柱，因此为了充分发挥现代物流产业对经济的拉动作用，实现可持续发展，必须从环境角度对物流系统进行改进，以形成一个与环境共生的现代综合物流系统，以改变原来经济发展与物流之间的单向作用关系，从而抑制物流对环境造成的危害，同时形成一种能促进经济和生活消费健康发展的物流体系，这就产生了“绿色物流”这一全新的概念。

二、绿色物流的概念

绿色物流是近几年提出的一个新概念，目前还没有形成成熟的定义。一般认为，绿色物流是指以降低对环境的污染、减少资源消耗为目标，利用先进物流技术规划和实施运输、储存、包装、装卸搬运、流通加工等物流活动。我国国家标准《物流术语》(GB/T 18354—2006)认为，绿色物流是指在物流过程中抑制物流对环境造成危害的同时，实现对物流环境的净化，使物流资源得到最充分的利用。绿色物流的行为主体主要是专业的物流企业，同时也涉及有关生产企业和消费者。

绿色物流的目标不同于一般的物流活动。一般物流活动的最终目标是追求某一主体的经济利益最大化，它往往通过满足顾客的物流需求、扩大市场占有率，最终通过物流企业的盈利来实现。而绿色物流的目标除上述经济利益目标之外，还追求节约资源、保护环境这一既具有经济属性，又具有社会属性的目标。

绿色物流是一个多层次的概念，它既包括企业的绿色物流活动，又包括社会对绿色物流活动的管理、规范和控制。从绿色物流活动的范围来看，它既包括各个单项的绿色物流作业，还包括为实现资源再利用而进行的废弃物循环物流。因而，绿色物流至少还应该从两个层次来定义，即一是微观层次，二是宏观层次。

在微观层次，绿色物流从物流活动的开始就注意防止环境污染，以先进设施和科学管理为手段，在运输、储存、装卸、搬运、包装、流通加工、配送、信息处理等功能要素中实现节能、降耗以及减少环境污染，并由此实现营利目的。

在宏观层次，绿色物流旨在通过对城市、区域乃至全国的产业布局、人口布局进行合理规划，适当调整，尽量减少重复的物流活动，降低总的物流发生量；提倡环境友好的物流技术，用健全的标准体系来规范物流企业的环境行为，建立绿色物流评审制度，从技术和管理上抑制物流对环境的破坏；大力发展废弃物流，使之规范化、产业化，最终实现物流与经济、社会的协调和持续发展。

三、绿色物流的内涵及特点

（一）绿色物流的内涵

绿色物流的内涵可以从绿色物流的目标、行为主体、活动范围及其理论基础四个方面来剖析。

1. 绿色物流的目标

绿色物流的最终目标是可持续性发展，实现该目标的准则是经济利益、社会利益和环境利益的统一。

一般的物流活动主要是为了实现企业的盈利，满足顾客需求，扩大市场占有率等。这些目标最终均是为了实现某一主体的经济利益。而绿色物流在上述经济利益的目标之外，还追求节约资源、保护环境这一既具经济属性、又具有社会属性的目标。尽管从宏观角度和长远的利益看，节约资源、保护环境与经济利益的目标是一致的，但对某一特定时期、某一特定的经济主体却可能是矛盾的。按照绿色物流的最终目标。企业无论在战略管理还是战术管理中，都必须从促进经济可持续发展这个基本原则出发。在创造商品的时间效益和空间效益、满足消费者需求的同时，注重按生态环境的要求，保持自然生态平衡和保护自然资源。

2. 绿色物流的行为主体

绿色物流的行为主体不仅包括专业的物流企业，还包括产品供应链上的制造企业和分销企业，同时还包括不同级别的政府和物流行政主管部门等。

在产品的生命周期的每一阶段，都不同程度地存在着环境问题。专业物流企业对运输、包装、仓储等物流作业的绿色化负有责任和义务。作为供应链上的制造企业，既要设计绿色产品，还应该与供应链上其他企业协同起来。从节约资源、保护环境的目标出发，改变传统的物流体制，制定绿色物流战略和策略。因为绿色物流战略是连接绿色制造和绿色消费之间的纽带，也是使企业获得持续的竞争优势的战略武器。另外，各级政府和物流行政主管部门在推广和实施绿色物流战略中具有不可替代的作用，由于物流的跨地区和跨行业特性，绿色物流的实施不是仅靠某个企业或在某个地区就能完成的，它需要政府的法规约束和政策支持。例如，制定统一的物流器具标准，限制运输工具的环境污染指标，规定产品报废后的回收处理责任等。

3. 绿色物流的活动范围

从绿色物流的活动范围看，它包括物流作业环节和物流管理全过程的绿色化。

从物流作业环节来看，包括绿色运输、绿色包装、绿色流通加工等。从物流管理过程来看，主要是从环境保护和节约资源的目标出发，改进物流体系，既要考虑正向物流环节的绿色化，又要考虑供应链上的逆向物流体系。

4. 绿色物流的理论基础

从绿色物流的理论基础看，包括可持续发展理论、生态经济学理论和生态伦理学理论。

首先，物流过程不可避免地要消耗资源和能源，污染环境。要实现持续的发展，就必须采取各种措施，形成物流环境之间的共生发展模式。其次，物流系统既是经济系统的一个子系统，又通过物料流动、能量流动建立起了与生态系统之间的联系和相互作用。绿色物流正是通过经济目标和环境目标之间的平衡，实现生态与经济的协调发展。其次，生态伦理学告诉我们，不能一味地追求眼前的经济利益而过度消耗地球资源，破坏子孙后代的生存环境，绿色物流及其管理战略将迫使人们对物流中的环境问题进行反思和控制。

（二）绿色物流的特征

绿色物流除了具有一般物流所具有的特征外，还具有学科交叉性、多目标性、多层次性、时域性和地域性等特征。

1. 学科交叉性

绿色物流是物流管理与环境科学、生态经济学的交叉。由于物流与环境之间的密切关系，在研究社会物流与企业物流时必须考虑环境问题和资源问题。又由于生态系统与经济系统之间的相互作用和相互影响，生态系统也必然会对经济系统的子系统——物流系统产生作用和影响。因此，必须结合环境科学和生态经济学的理论、方法进行物流系统的管理、控制和决策。这也正是绿色物流的研究方法。学科的交叉性，使得绿色物流的研究方法复杂，研究内容十分广泛。

2. 多目标性

绿色物流的多目标性体现在企业的物流活动要顺应可持续发展的战略目标要求，注重对生态环境的保护和对资源的节约，注重经济与生态的协调发展，追求企业经济效益、消费者利益、社会效益与生态环境效益四个目标的统一。系统论观念告诉我们，绿色物流的多目标之间通常是相互矛盾、相互制约的，一个目标的增长将以另一个或几个目标的下降为代价，如何取得多目标之间的平衡，这正是绿色物流要解决的问题。从可持续发展理论的观念看，生态环境效益的保证将是前三者效益得以持久保证的关键所在。

3. 多层次性

绿色物流的多层次性体现在三个方面：

首先，从对绿色物流的管理和控制主体看，可分为社会决策层、企业管理层和作业管理层三个层次的绿色物流活动，或者说是宏观层、中观层和微观层。其中，社会决策层的主要职能是通过政策、法规的手段传播绿色理念；企业层的任务则是从战略高度与供应链上的其他企业协同，共同规划和控制企业的绿色物流系统，建立有利于资源再利用的循环物流系统；作业层主要是指物流作业环节的绿色化，如运输的绿色化、包装的绿色化、流通加工的绿色化等。

其次，从系统的观点看，绿色物流系统是由多个单元（或子系统）构成的，如绿色运输子系统、绿色仓储子系统、绿色包装子系统等。这些子系统又可按空间或时间特性划分成更低层次的子系统，每个子系统都具有层次结构，不同层次的物流与系统通过相互作用，构成一个有机整体，实现绿色物流系统的整体目标。

最后，绿色物流系统还是另一个更大系统的子系统，这就是绿色物流系统赖以生存发展的外部环境，包括法律、法规、政治、文化环境、资源条件、环境资源政策等，它们对绿色物流的实施将起到约束作用或推动作用。

4. 时域性和地域性

时域性指的是绿色物流管理活动贯穿于产品的生命周期全过程，包括从原材料供应，生产内部物流，产成品的分销、包装、运输，直至报废、回收的整个过程。绿色物流的地域性体现在两个方面，一是指由于经济的全球化和信息化，物流活动早已突破地域限制，呈现出跨地区、跨国界的发展趋势。相应地，对物流活动绿色化的管理也具有跨地区、跨国界的特性。二是指绿色物流管理策略的实施需要供应链上所有企业的参与和响应。例如，欧洲一些国家为了更好地实施绿色物流战略，对于托盘的标准、汽车尾气排放标准、汽车燃料类型等都

进行了规定。其他国家的不符合标准要求的货运车辆将不允许进入本国。跨地域、跨时域的特性也说明了绿色物流系统是一个动态的系统。

四、绿色物流的实施策略

（一）树立绿色物流观念

绿色经济要求物流企业在经营决策时综合考虑人们的短期利益和长远利益、企业利益和社会利益，并以此观念，策划绿色物流活动。企业经营者要改变“环保不经济、绿色要花费”的观念，把绿色物流作为世界全方位绿色革命的重要组成部分，确认和面向绿色物流的未来。

（二）推行绿色物流经营

物流企业要从保护环境的角度制定其绿色经营管理策略，以推动绿色物流进一步发展。

1. 选择绿色运输

宏观上，在政府的合理布局下，做好各种运输方式相互衔接，发挥组合效率和整体优势，形成高效、安全的综合交通运输体系；微观上，通过有效利用车辆，降低车辆运行，提高配送效率。

2. 提倡绿色包装

绿色包装要醒目环保，还要符合 4R 要求，即少耗材（Reduction）、可利用（Reuse）、可回收（Reclaim）、可再循环（Recycle）。

3. 开展绿色流通加工

由分散加工转向专业集中加工，以规模作业方式提高资源利用率，减少环境污染；集中处理流通加工中产生的边角废料，减少废弃物污染等。

4. 做好物流企业的绿色转型工作

物流绿色化归根结底就是物流企业营运的绿色化。对于企业来说，首先要尽量实施联合一贯制运输，物流业对环境影响最大的是公路运输造成的废气排放、噪声和交通阻塞等，而联合一贯制运输是指以杂货为对象，以单元装载系统为媒介有效地巧妙组合各种运输工具，从发货方到收货方始终保持单元货物状态而进行的系统化运输方式，通过运输方式的转换可削减总行车量，包括转向铁路、海上和航空运输。其次要开展共同配送减少污染。共同配送是以城市一定区域内的配送需求为对象，人为地进行有目的、集约化地配送，统一集货、统一送货可以有效地消除交错运输，缓解交通拥挤状况，提高市内货物运输效率，减少空载率；有利于提高配送服务水平，使企业库存水平大大降低，甚至实现零库存，降低物流成本。

（三）开发绿色物流技术

绿色物流的关键所在，不仅依赖绿色物流观念的树立、绿色物流经营的推行，更离不开绿色物流技术的开发和应用。没有先进绿色物流技术的发展，就没有绿色物流的立身之地。而我们的物流技术与绿色要求有较大的差距，要提高自主创新能力，大力开发新型能源、新型材料、新型物流信息技术等绿色物流技术，加快物流技术创新。

（四）制定绿色物流法规、政策

在我国，关于绿色物流的法律、法规还很不健全，企业目光只是盯着常规物流这一块，缺乏有效的激励机制来驱使企业实施绿色物流。为此，政府要从建设资源节约型、环境友好型社会的理念出发，严格实施《环境保护法》、《固体废物污染环境防治法》，以及噪声污染防治条例等现有法律、法规，并加强绿色物流相关法规的制定，如通过立法控制物流污染发生源、限制交通量、控制交通流。

(五) 加强对物流绿色化的研究和人才培养

绿色物流作为新生事物，对营运筹划人员和各专业人员的素质要求较高，因此，要实现绿色物流的目标，培养和造就一批熟悉绿色理论和实务的物流人才是当务之急。各相关大专院校和科研机构应有针对性地开展绿色物流人才的培养和训练计划，努力为绿色物流业输送更多合格人才；还可以通过调动企业、大学以及科研机构相互合作的积极性，促进产学研的结合，使大学与科研机构的研究成果能转化为指导实践的基础，提升企业物流从业人员的理论业务水平。

五、绿色物流系统

一般绿色物流系统的运行需要大量的人力、财力、物力、信息投入，通过各项物流功能要素，在实现物流效益、服务、信息的同时，还会对环境产生污染。为了使物流系统在社会经济大系统中可持续发展，需要降低物流系统的物质消耗、减少环境污染。于是，实现物流系统的绿色管理十分必要。

根据绿色物流的定义，绿色物流系统的实现也分为两个层次。

(一) 微观绿色物流系统

微观绿色物流系统的实现需要从组织和过程两个方面来保障，其系统结构如图 11-1 所示。在微观绿色物流系统中，物流组织要建立全面的环境管理体系，确保系统中所有环境行为都遵守特定的规范，呈现良性循环的态势。物流过程采用先进的绿色技术，诸如绿色包装、绿色运输等，确保物流活动的环境排放和能源消耗不断减少，同时以生命周期评价方法从整体上测度改善情况，监控系统的整体优化效果。在企业物流方面，面向产品全生命周期的企业绿色物流包括运输、装卸搬运、储存、包装和流通加工、信息处理等物流活动。

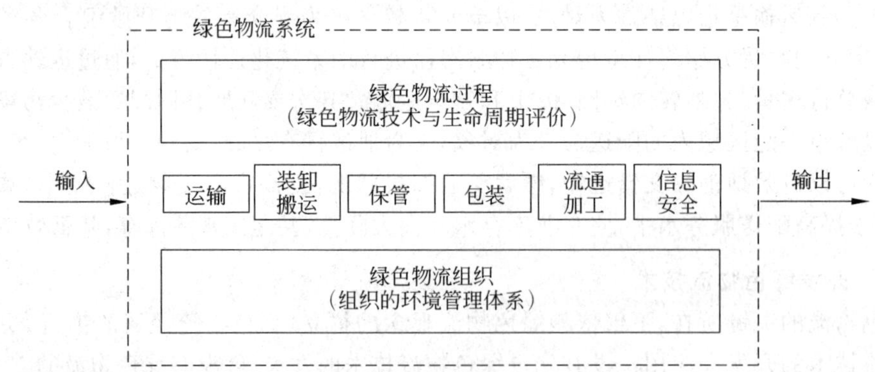

图 11-1　微观绿色物流系统结构

1. 绿色运输

绿色运输是指为了降低物流活动中交通运输所带来的尾气、噪声等污染为企业所带来的损失，节省交通运输的建设和维护费用，从而发展低污染的、有利于城市环境的多元化交通工具，来完成物流活动的协同交通运输系统，以及最大限度地降低交通污染程度而采取对交通源、交通量、交通流的规划体系。绿色运输的理念主要包括三个方面的内容，即通达有序、安全舒适、低能耗与低污染。绿色运输更深层次上的含义是综合协调的交通运输网络体系。

绿色运输主要表现为减缓交通拥挤、降低环境污染，这具体体现在以下几个方面。

(1) 减少高污染运输车辆的使用。

(2) 提倡使用清洁干净的燃料和绿色交通工具。

(3) 控制运输设备的资源消耗，降低固定资产的折旧。

(4) 控制汽车尾气排放，制定排气标准。

(5) 加强交通管制，使道路设计合理化，减少堵塞。

(6) 降低噪声等。

2. 绿色装卸搬运

绿色装卸搬运是指为尽可能减少装卸搬运环节产生的粉尘烟雾等污染物而采取的现代化的装卸搬运手段及措施。在货物集散地，尽可能减少泄露和损坏，杜绝粉尘、烟雾污染。清洗货车的废水必须经过处理后再排放。在货物集散地要采用防尘装置，制定最高容许的浓度标准。废水应集中收集、处理和排放，加强现场的管理和监督。

3. 绿色仓储与保管

仓储与保管是物流活动的主要构成要素，在物流活动中起着重要的作用，绿色仓储与保管是指在储存环节要减少储存物品对周围环境的污染及人员的辐射侵蚀。同时，要避免储存物品在储存过程中的损耗而采取科学合理的仓储保管策略体系。在整个物流仓储与保管过程中要运用最先进的保质保鲜技术，保障存货的数量和质量，在无货损的同时消除污染。尤其要注意对有毒化学品、放射性物品、易燃易爆物品的泄漏和防止污染。一般在储存环节，应加强科学养护，采取现代化的储存保养技术，加强日常的检查与防护措施，使仓库设备和人员尽可能少受侵蚀和危害。

4. 绿色包装

绿色包装是指能够循环复用、再生利用或降解腐化，且在产品的整个生命周期中对人体及环境不造成公害的适度包装。简言之，绿色包装是指采用节约资源、保护环境的包装。推行绿色包装的目标，就是最大限度地保存自然资源，形成最小数量的废弃物和最低限度的环境污染。

绿色包装的途径主要包括以下几种。

(1) 促进生产部门采用尽量简化的以及由可降解材料制成的包装。

(2) 商品流通过程中尽量采用可重复使用的单元式包装，实现流通部门自身经营活动所需包装的减量化，主动协助生产部门进行包装材料的回收和再利用。

(3) 对包装废弃物进行分类。

(4) 积极开发新型包装材料(易降解、易拆卸折叠)。

(5) 节省包装资源，降低包装物成本，提高包装效率。

5. 绿色流通加工

绿色流通加工是指出于环保考虑的无污染的流通加工方式及相关政策措施的总和。绿色流通加工的途径主要分两个方面：一方面，变消费者分散加工为专业集中加工，以规模作业的方式提高资源利用率，以减少环境污染，如餐饮业对食品的集中加工，减少家庭分散烹调所造成的能源浪费和空气污染等；另一方面，集中处理消费品加工中产生的边角废料，以减少消费者分散加工所造成的废弃物污染，如流通部门对蔬菜的集中加工，减少了居民分散垃圾丢弃及相应的环境治理问题。

6. 绿色信息处理

物流不仅是物品空间的转移，也包括相关信息的搜集、整理、储存和利用。绿色信息的处理是企业实施绿色物流战略的依据。面对大量的绿色商机，企业应从市场需求出发，搜集相关的绿色信息，并结合自身的情况，采取相应的措施，深入研究信息的真实性和可行性。绿色信息的搜集包括绿色消费信息、绿色科技信息、绿色资源和产品开发信息、绿色法规信息、绿色组织信息、绿色竞争信息、绿色市场规模信息等。绿色物流要求搜集、整理、储存的都是各种绿色信息，并及时运用于物流中，促进物流活动的进一步"绿色化"。

7. 物流业绿色指标体系

绿色指标体系是衡量物流产业发展过程中环保程度的一整套指标，加快绿色指标体系的研究和制定，有利于物流企业结构的优化，促进物流产业的可持续发展，同时，健全的绿色指标体系可以作为国际贸易活动中与贸易伙伴谈判的筹码。因此，物流管理部门应在环保和技术监督部门的配合下，组织建立绿色物流的指标体系。在具体实施过程中，可采用先易后难、先重点突破后全面推广的原则，选择一些有一定基础、技术难度不太大、易于突破的指标，然后再逐步完善和扩展，构筑起符合国际规则的物流绿色屏障。表 11-1 描述了绿色物流指标体系的构成要素。

表 11-1 绿色物流指标体系

指标体系	绿色包装	包装材料的回收比率
		可循环使用的包装材料比率
		包装材料与货物重量的比率
	绿色运输	单位公里油耗
		车辆装载率
		运输途中货物破损率
		运输及时性
	绿色仓储	仓库存储货物的破损率
		仓库货物的周转率
		仓库的利用率

（二）宏观绿色物流系统

在宏观层次，绿色物流系统体现了"4R"要求，真正实现了以有效的物质循环为基础的物流活动与环境、经济、社会的共同发展，使社会发展过程中的废物量达到最少，并实现废物资源化与无害化处理。

宏观绿色物流系统的机构如图 11-2 所示。根据物流的服务对象，由供应物流、生产物流、销售物流、回收物流及废弃物物流组成闭环系统结构。保障这个闭环正常运转的外部条件包括绿色物流技术、绿色环境影响评价标准和物流企业审核制度。

在《面向可持续发展的绿色物流管理》一文中，王长琼认为："大量生产、大量流通、大量

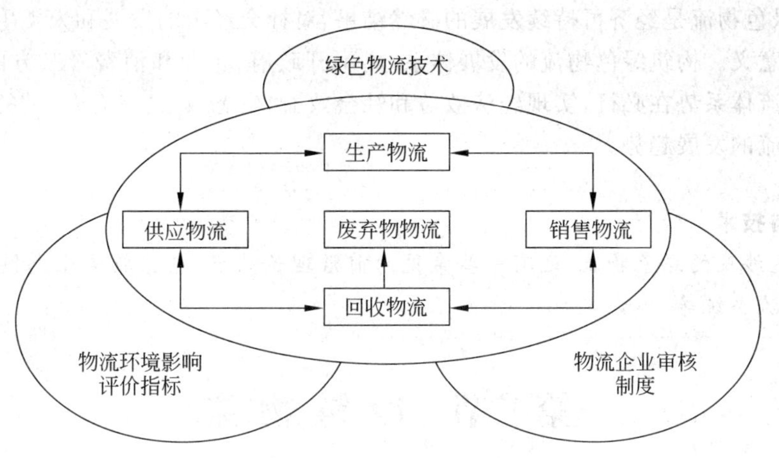

图 11-2　宏观绿色物流系统结构

消费的结果必然导致大量废弃物的产生，废弃物处理困难会引发社会资源的枯竭及自然环境的恶化。21 世纪的物流必须从系统构筑的角度，建立废弃物的回收再利用系统。企业不仅仅要考虑自身的物流效率，还必须与供应链上的其他关联者协同起来，从整个供应链的视野来组织物流，最终建立起包括生产商、批发商、零售商和消费者在内的生产—流通—消费—再利用的循环物流系统。”

六、绿色物流发展趋势

（一）绿色物流技术高速发展

绿色物流管理水平不断提高，绿色物流企业的技术装备达到相当高的水平，形成以信息技术为核心，以信息技术、运输技术、配送技术、装卸搬运技术、自动化仓储技术、库存控制技术、包装技术等专业技术为支撑的现代化物流装备技术格局。发展趋势表现为信息化、自动化、智能化和集成化。其中，高新技术在绿色物流业的应用与发展中表现尤为突出。

（二）专业绿色物流形成规模

专业绿色物流企业是伴随制造厂商经营取向的变革应运而生的。由于制作厂商为迎合消费者日益精益化、个性化、人性化的产品需求，而采取多品种、小批量的生产方式，因而高频度、小批量的配送需求也随之产生。目前，在美国、日本和欧洲等经济发达国家和地区，专业绿色物流服务已形成规模。

（三）共同配送成为主导

共同配送是经长期的发展和探索优化出的一种追求合理化配送的配送形式，也是美国、日本等一些发达国家采用较广泛、影响面较大的一种先进物流方式，它对提高物流效率、降低物流成本具有重要意义。

（四）绿色物流企业向集约化和协同化方向发展

这主要表现在两个方面：一是大力建设绿色物流园区；二是绿色物流企业兼并与合作。绿色物流园区是多种物流设施和不同类型的物流企业在空间上集中布局的场所，是具有一定规模和综合服务功能的物流集结点。绿色物流园区的建设有利于实现绿色物流企业的专业化和规模化，发挥它们的整体优势和互补优势。

总之，绿色物流是经济可持续发展的必然结果，对社会经济的发展和人类生活质量的提高具有重要意义。构筑绿色物流的发展体系，离不开政府、企业和消费者三方的共同努力。实施绿色物流体系势在必行，实现经济效益和社会效益、生态效益"三态合一"的三赢目标也必将成为物流的发展趋势。

前沿理论与技术

除上述涉及的绿色物流，还有一些常见的前沿理论热点，包括物流生态链、物流生态圈、生态物流系统等。

第二节 冷链物流

一、冷链物流的概念

我国国家标准《物流术语》(GB/T 18354—2006)将冷链定义为：为了保持新鲜食品及冷冻食品等的品质，使其在从生产到消费的过程中，始终处于低温状态的配有专门设备的物流网络。可见在我国，冷链具体来说是泛指易腐食品从产地收购或捕捞之后，在产品加工、储藏、运输、分销和零售，直到消费者手中的各个环节始终处于产品所必需的低温环境下，以保证食品质量安全，减少损耗，防止污染的特殊供应链系统。

二、冷链物流的构成

冷链是随着制冷技术的进步、物流的发展而兴起的，是以冷冻工艺学为基础、制冷技术为手段的低温物流过程。冷链物流流程构成如图 11-3 所示。

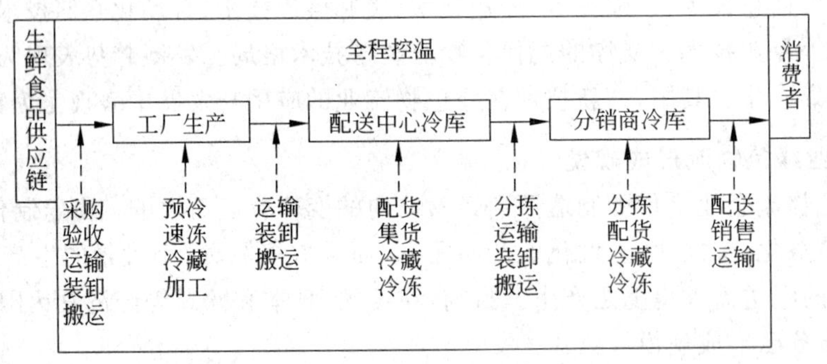

图 11-3 冷链物流流程

绝大多数的冷链物流由低温加工、低温储藏、冷藏运输及配送、低温销售四个环节构成。

（一）低温加工

低温加工包括肉禽类、鱼类和蛋类的冷却与冻结，以及在低温状态下的加工作业过程，果蔬的预冷、各种速冻食品和奶制品的低温加工等。在这个环节上主要涉及的冷链装备有冷却、冻结装置和速冻装置。

（二）低温储藏

低温储藏包括食品的冷却储藏和冻结储藏、水果蔬菜等食品的气调储藏等，保证食品在

储存和加工过程中的低温保鲜环境。在此环节主要涉及各类冷藏库(加工间)、冷藏柜、冻结柜及家用冰箱等。

(三) 冷藏运输及配送

冷藏运输及配送包括食品的中、长途运输及短途配送等物流环节的低温状态。它主要涉及铁路冷藏车、冷藏汽车、冷藏船、冷藏集装箱等低温运输工具。在冷藏运输过程中,温度波动是引起食品品质下降的主要原因之一,所以运输工具应具有良好的性能,在保持规定低温的同时,更要保持稳定的温度,长途运输中尤为重要。

(四) 低温销售

低温销售包括各项冷链食品进入批发零售环节的冷冻储藏和销售,它由生产厂家、批发商和零售商共同完成。随着大中城市各类连锁超市的快速发展,各类连锁超市正在成为冷冻食品的主要销售渠道,在这些零售终端中,大量使用了冷藏(冻)陈列柜和储藏库,由此逐渐成为完整的食品冷链中不可或缺的重要环节。

三、冷链物流的特点

由于冷链是以保证食品品质为目的,以保持低温环境为核心要求的供应链系统,所以它比一般常温物流系统的要求更高,也更加复杂。

1. 高成本性

冷链物流比常温物流的建设投资要大很多,其冷库的建设、冷藏车的购置、制冷设备的运转均需要较高的投入。

2. 时效性

易腐生鲜产品的不易储藏性,要求冷链物流必须具有一定的时效性,同时要求冷链各环节具有更高的组织协调性。

3. 复杂性

整个冷链物流过程中,冷链需要复杂的制冷技术、保温技术、产品制冷变化机理和温度控制及监控等技术的支撑。而且,由于不同的冷藏物品都有其对应的温度控制和储藏时间,这就更加增大了冷链物流的复杂程度。

四、冷链物流的适用范围

目前,冷链物流的适用范围分为三类。

(1) 初级农产品:如蔬菜、水果、肉、禽、蛋、水产品、花卉产品等。

(2) 加工后食用产品:如速冻食品,禽、肉、水产品等包装熟食,冰激凌和奶制品等。

(3) 特殊商品:如药品和疫苗等。

食品冷链是以保证易腐食品的品质为目的,以保持低温环境为核心要求的供应链系统,所以它比一般常温物流系统的要求更高、更复杂,建议投资也要大很多,是一个庞大的系统工程。

五、冷链物流业现状及发展趋势

(一) 世界冷链物流业现状及发展趋势

1. 冷链物流发展历程

冷链的起源要追溯至 19 世纪上半叶冷冻机的发明,随着电冰箱的出现,各种保鲜和冷冻农产品开始进入市场,进入消费者家庭。到20世纪30年代,欧洲和美国的食品冷链体系已经初步建立;40年代,欧洲的冷链在第二次世界大战中被摧毁,但战后又很快重建。现在欧美发达国家已形成了完整的食品冷链体系,英、美、日等国家易腐食品物流过程的冷藏率已达100%。

2. 世界冷链业发展现状及特点

随着技术的进步和社会需求的增长,冷链物流在发达国家得到了广泛应用。据资料显示,美国、日本等国家的冷链流通率达到95%,东欧国家达到50%左右。以蔬菜为例,为了保证质量和降低损耗,蔬菜采摘后的处理程序得到高度重视,一般程序为:采收和田间包装→预冷→清洗与杀菌→打蜡或薄膜包装→分级包装。所有蔬菜包装材料均印有蔬菜名称、等级、净重、农家姓名、地址、电话等,以保证信誉。蔬菜始终处于低温条件,形成一条完整的冷链,即田间采后预冷→冷库→冷藏车运输→批发站冷库→自选商场冷柜→消费者冰箱。由于处理及时得当,蔬菜在加工运输环节中的损耗率仅为1%~2%。食品在冷链系统中运行,保证了品质,减少了损耗,提高了产品附加值,产生了巨大的经济效益和社会效益。

综观世界冷链物流发展,主要呈现冷库数量持续增加、现代化程度较高、行业集中度不断提高等特点。

3. 世界冷链业发展的动力

刺激冷链业发展的原动力来源于以下几点。

(1) 人口增长。因为冷链最终的环节是人,是消费者,所以人口增长是刺激冷链消费的一个重要原因。

(2) 中产阶级人数和比例的增加,也就是消费者的消费层次的提高。发到国家冷链发展得好,是因为在发达国家,大部分中产阶级都愿意花更多的钱去买全程冷链的产品,注重食品的安全卫生、食品的保鲜度,随着中产阶级数量的增加,对冷链的需求量随之增加。

(3) 超市和快餐的投资。超市和快餐,比如麦当劳、肯德基等快餐店要求全程冷链,消费者到这些冷链发展较好的快餐店就餐,承担了一部分冷链的追加费用,这也是刺激冷链发展的一个重要原因。

(4) 国家给予企业发展冷链的政策和资金支持。各国政府从以往的食品安全问题中吸取教训,加强了食品安全的重视程度,制定冷链相关的发展规划,并大力推行冷链发展。

4. 世界冷链业发展趋势

未来,随着全球经济的发展,冷链市场将会出现以下趋势。

1) 冷链运输需求强劲

就全球来看,北美和欧洲是保鲜食品的最大市场,而南美洲、非洲和澳大利亚等南半球国家是北美及欧洲保鲜食品的最大供应基地。由于保鲜食品的运输需求增加,冷藏车、冷藏船等冷藏供应链的队伍将不断壮大。

2) 信息化趋势

随着科学技术的迅速发展,冷链信息化的发展必然是未来世界发展的趋势。目前,很多食品冷链普及的国家,已经广泛采用无线互联技术、条码技术、RFID检测技术、GIS以及在仓储、运输管理中基于互联网的移动通信技术等。为了更好地实施冷链服务能力,冷链公司将会更重视自身的信息化建设,以此来提高自身的竞争力。

3）冷链物流向系统化发展

为提高冷链效率和满足不同用户的需求，发达国家冷链物流企业已经由单环节的物流企业向跨行业、跨地域的一体化物流企业转变。

（二）中国冷链物流业现状及发展趋势

1. 中国冷链物流业发展现状及特点

我国冷链行业起步于20世纪50年代，目前肉类、农产品冷链流通率仅为15%，果蔬产品和水产品冷链流通率分别为5%和23%，与发达国家相比存在很大差距。

近年来我国冷链发展迅速，主要体现在以下方面：

1）冷链物流需求增幅加快

随着人民生活水平的提高以及生活节奏的加快，冷冻冷藏食品需求迅猛增长，食品冷链物流行业迎来了较大的发展空间，以肉制品、速冻食品、乳制品等为代表的冷链食品发展较快。2013年，蔬菜潜在冷链物流最大达14560.8亿元，占44.8%，其次是水产品潜在冷链物流总额达9714.6亿元，占29.9%。全国冷库总容量达2673万吨，7603万立方米。生鲜电商交易规模130亿元，同比增长221%，预计未来三年有7倍的增长空间。2014年，我国冷链物流需求规模预计1.05亿吨左右，增速在18%左右。《国家新型城镇化规划(2014—2020年)》中提出，未来将有25%的人生活在超过500万以上规模的特大城市中，将是农产品及冷链物流潜在的需求市场。

2）冷库、冷藏车等基础设施资源加速增长

2010年我国冷库库容800万吨，到2015年，将推动全社会通过改造、扩建和新建，增加冷库库容1000万吨，冷库库容年均增速20%；2010年我国冷藏车保有量为2万辆，到2015年，全国新增冷藏车4万辆，年均增速32%。我国计划到2015年建成一批效率高、规模大、技术新的跨区域冷链物流配送中心[①]。总体上，发达国家预冷保鲜率、冷藏运输率、冷藏保温汽车占货运汽车比率分别为80%～100%、80%～90%、1%～3%，而我国分别为30%、10%～20%、0.3%。我国蔬菜和水果等生鲜农产品采摘后变质的经济损失每年超过1000亿元。

3）冷链制度正在逐步完善

《物流业发展中长期规划(2014—2020年)》把农产品物流列为一项重点工程，提出：加强鲜活农产品冷链物流设施建设，支持“南菜北运”和大宗鲜活农产品产地预冷、初加工、冷藏保鲜、冷链运输等设施设备建设，形成重点品种农产品物流集散中心，提升批发市场等重要节点的冷链设施水平，完善冷链物流网络。《易腐食品机动车辆冷藏运输要求》、《水产品冷链物流服务规范》(GB/T 31080—2014)、《关于进一步促进冷链运输物流企业健康发展的指导》等一系列规章制度正式颁布；2010年7月，国家发改委出台《农产品冷链物流规划》。其中8项重点工程中有3项涉及冷藏车，提出到2015年，争取全社会新增冷藏运输车辆4万辆。2014年的一号文件也提出，要加快发展主产区大宗农产品现代化仓储物流设施，完善鲜活农产品冷链物流体系。农业部近日发布的《2014年国家深化农村改革、支持粮食生产、促进农民增收政策措施》，其中有4项政策涉及冷链物流。由此可见，中国冷链的制度完

---

① 数据来源：中国产业信息网，http://www.chyxx.com/industry/201306/211247.html。

善之路正在大步前进。2015 年，中央一号文件《关于加大改革创新力度加快农业现代化建设的若干意见》是自 2004 年以来连续第十二次聚焦“三农”，涉及冷链物流体系建设。国家层面上，到 2015 年，初步建成布局合理、设施先进、上下游衔接、功能完善、管理规范、标准健全的农产品冷链物流服务体系。果蔬、肉类、水产品冷链流通率分别提高到 20%、30%、36%以上，冷藏运输率分别提高到 30%、50%、65%左右，流通环节产品腐损率分别降至 15%、8%、10%以下；到 2016 年底，在重要农产品流通节点改造一批冷链物流设施，新建一批农产品冷链物流中心，在“南菜北运”重要农产品流通节点改造建设一批冷链物流设施。①

4）冷链物流信息技术开始发展

随着现代科技的不断发展，先进的信息技术也不断在我国的冷链物流产业中应用。例如，冷藏车载 GPS 定位系统是冷链信息技术的重要方面。利用多采点智能温度仪与冷藏车载 GPS 定位系统实现无缝对接，能够迅速准确地记录冷藏车厢内的多点温度，并借助 GPS 定位系统将温度数据传送到通信网络中。

基于 RFID 检测技术是冷链物流信息系统发展的趋势之一。利用 RFID 技术将温度变化记录在“带温度传感器的 RFID 标签”上，可对产品生鲜度、品质进行细致、实时的管理。另外，RFID 还可扩展为覆盖全冷链流程的冷链监测中心数据平台。企业或联盟成员通过口令获取相关数据，实现对冷链温度的全程、实时监控和预警，同时向消费者提供方便的查询手段，向社会公布产品的安全溯源信息。

2. 中国冷链物流行业发展存在的问题

1）完整的冷链体系尚未建成

根据有关资料，目前中国大约 85%的肉类、77%的水产品、95%的蔬菜水果基本上是常温运输销售，每年仅果品腐烂近 1200 万吨，蔬菜腐烂 1.3 亿吨，经济损失严重。就发达国家而言，加拿大已经形成完整的农产品冷链物流体系，蔬菜物流损耗仅为 5%。目前，中国的冷链体系的建立需要政府的大力支持。

2）冷链设施相对落后

近年来中国冷链基础设施正在迅速增长，但相对于中国庞大的人口基数，冷库及冷藏车等资源的人均占有量仍旧偏低，部分基础设施陈旧且分布不均，亟待升级改造。冷藏运输是冷链物流的重要环节，中国冷链物流主要集中在铁路和公路运输，截至 2011 年，全国共拥有 64.5 万辆铁路货车，冷藏车 6152 辆，占铁路货车总量不足 1%。公路冷藏车保有量在 5 万辆左右，仅占货运汽车的 0.3%。从运输情况看，受中国铁路资源等因素限制，铁路冷藏运输与公路冷藏运输难以协同，严重影响冷藏运输效率。

3）第三方物流比重低

由于受传统计划经济体制的影响，我国相当多企业仍保留着“大而全”、“小而全”的经营组织方式，从原材料采购到产品销售过程中的一系列物流活动主要依靠企业内部组织的自我服务完成，大量潜在的物流需求还不能转化为有效的市场需求。

目前，多数企业内部各种物流设施的保有率都比较高，成为企业经营资产中的一个重要组成部分。这种以自我服务为主的物流活动模式在很大程度上限制和延迟了工商企业对高效率的专业化、社会化物流服务需求的产生和发展，这也是当前制约我国物流产业快速发展

---

① 数据来源：http://www.askci.com/news/201405/22/221631539366.shtml。

的一个重要瓶颈。

4）员工素质不高

员工素质是决定公司发展速度的关键因素。现阶段，冷链物流公司的工作人员素质参差不齐，特别是一线工作人员缺少基本的专业培训，有的连基本的冷冻、冷藏知识都不懂。这严重影响了冷链物流企业的发展，也严重地影响了冷链企业所提供的冷链服务质量。

5）信息化技术的应用程度不高

冷链物流信息化是物流产业发展的一个重要趋势。由于历史的原因，中国物流业信息化技术的应用程度并不高，真正建立了自己的冷链物流信息系统的企业不多。

6）冷链企业经营规模小，管理水平不高

与国际知名的大公司相比，我国的冷链物流企业起步较晚，规模较小，公司品牌、运输网络等没有真正建立起来，很难形成规模效应。并且由于企业规模较小，有效的温度控制设施投入必然有限，高层次的冷藏物流供应链管理和操作人员流失严重，导致冷冻类产品在运输途中风险增加。

3. 中国冷链物流业发展趋势

1）冷链基础设施建设将进一步加快

国内冷链物流基础设施建设将快速发展，主要表现在冷库设施建设、冷库技术水平提高和冷藏车辆多元化发展等方面。

冷库的发展趋势主要表现在：一批符合地区经济发展需要的现代化冷藏库和冷链物流配送中心逐步建立，适合农户建造使用的微型冷库将快速发展，果品蔬菜恒温气调库迅速发展，低温库比例将进一步增加。从铁路冷藏运输车辆发展来看，铁路冷藏车将定位于深冷、高品质货物的中长途运输以及低附加值冷藏货物的长距离运输。

铁路冷藏运输工具将重点发展以下车型：能与客车连挂的适应城际间运输的快速冷藏车、能适应货物品类多样化及长距离运输的冷藏集装箱、能满足小批量货物运输的单节及小组份机冷车、气调保鲜车和适应大批量运输的冷藏集装箱等。

在公路冷藏保温车发展方面，未来冷藏车市场将进一步整合，出现两极分化的趋势：一种是小吨位、针对短途和小批量运输的，如超市冷饮、牛奶、冰激凌、冷藏药品等配送中心所使用的；另一种是大容量、大吨位的，主要满足长途运输的需要。

2）冷链物流将逐步实现封闭化运作

目前，冷链物流经常出现“断链”现象，影响了产品的质量和安全，大大增加了产品的损耗。另外，冷链物流缺乏应急处理措施，如曾经出现过因执法人员检查违章冷藏运输车辆时间过长而导致运输食品发生变质的情况。为防止上述情况的发生，需要将生产企业、冷链物流企业及政府监管部门捆绑在一起，实行封闭化运作；需要参与冷链物流运作的企业建立统一的规范和标准，建立基于物流信息技术的动态质量跟踪监测系统，建立完善的冷链质量信息发布和责任追究系统等。

3）冷链物流将得到整合，形成完整的系统

首先，加工配送中心建设将成为热点。以加工配送中心为核心，向冷冻冷藏供应链的上游延伸，使卖场、连锁超市、便利店等下游节点与供应链上游的沟通更加顺畅，使商品采购供应更有保障，有效防止供应链断档。

其次，共同配送成为趋势。共同配送指为提高物流效率，和许多企业一起进行配送的流通方式。共同配送可提高车辆装载运输效率，形成规模效应。共同配送是经过长期的发展和探索优化出的一种追求合理化的配送形式，也是美国、日本等一些发达国家采用较为广泛、影响面较大的一种先进的物流方式，它对提高物流运作效率、降低物流成本具有重要意义。

第三节 快递物流

一、快递的概念

快递又称速递(Express Service)是指按照发件人要求，在适当短的期限内，保证快件优质、高效、快速地从发件人运送到收件人的门到门服务。快递对象包括以处理文件、图纸、资料、贸易单证为主的函件快递和处理样品、社会活动礼品和家庭高档商品为主的包裹快递。快递为商务文件和包裹提供快捷、安全的“门到门”全程服务。快递企业收取发件人托运的快件后，利用多种快捷运输方式，按照发件人要求的时间将其运到指定的地点，送交指定的收件人，并要将运送过程的全部情况向有关人员提供，以方便实时信息查询服务。快递市场的兴起源于消费者对所寄递物品的安全快速到达存在强烈的要求，因此时效性和安全性是快递服务的两个重要因素。时效性取决于物流速度，与收件、派送、通关、国际运输等环节的工作流程与效率关系密切，尤其是运输工具的选择。快递行业的时效性，使得在正常工作流程情况下，货物到达时间与消费者期待的时间相比不会延误。安全性主要包括两个方面：一是快件本身的安全性，即快件本身是否会全部或部分丢失，是否会被损坏，信息是否被泄露。二是快件对社会的安全性，即快件是否会对国家、公民、企业及其他单位的安全和权利构成威胁。

二、快递的分类

(一) 根据寄递距离的远近及是否跨国境

可划分为国际快递、国内快递、同城快递。

(二) 根据托寄物内容的性质

可划分为信函类、商业文件类、包裹类三种。

(1) 信函类：指托寄物是具有个人现时通信内容的文件。根据《邮政法》的规定，所有信函类归属邮政专营的范围，私人及快递公司不允许经营。

(2) 商业文件：包括商业合同、工程图纸、照片、照相复印品、金融票据、有价证券(不包括各国货币和无记名支票)、证书、单据、报表及手稿文件等全部以印刷方式印制、复制的各种纸制制品。

(3) 包裹：指托寄物为所有适合于寄递的货物样品、馈赠礼品及其他物品等。

(三) 根据快递的服务形式

可划分为门(桌)到机场、门(桌)到门(桌)、专差。门(桌)到机场的快递服务是指寄件人电话通知快递公司，快递公司接到下单通知后上门取件，然后将所收到的快件集中到一起，根据其目的地分拣、整理、制单、报关后发往世界各地。到达目的地后，由快递公司通知收件人自己去机场办理通关手续并提取货物。采用这种方式的多是目的地海关当局有特殊规定的货物或物品。

门(桌)到门(桌)的服务形式是目前快递公司最常用的一种服务形式。首先,寄件人在需要寄快件时电话或传真通知快递公司,快递公司接到通知后派人上门取件,然后将所有收到的快件集中到一起,根据其目的地分拣、整理、制单、报关后发往世界各地。到达目的地后,再由当地的分公司办理清关、提货手续,并送到收件人手中。货件派送完毕,立即将有收件人签字的回执送回寄件人或向寄件人电告快件的签收时间及签收姓名等情况。在这期间,客户可以依靠快递公司的电脑网络对快件所处的位置进行查询,或通过快递公司的客户服务热线进行查询投诉;快件送达后,也可以及时通过电脑网络将信息反馈给寄件人。还有一种所谓专差快递方式,专差是指由快递公司指派专人到寄件人处收取快件,然后携带快件在最短时间内将快件直接送到收件人手中,快递的起源便是这种方式。专差的特点是最可靠,最安全,同时费用也最高。

三、快递物流的一般流程

快递物流指的是快递服务公司提供快速收寄、运输、配送有明确地址的快件,按交易双方规定的时限、地点,将商品完好的送至收件人要求的地点、并最终获得收件人亲笔签收的服务。

快递物流的流程主要包括快递公司接到网上或者电话下的订单,通过网点收寄、上门收寄等服务方式,对收到的包裹进行分类、封装,将包裹运输到物流中心,再次进行分拣,交给快递员进行配送,直至客户签收。快递物流的一般流程,如图 11-4 所示。

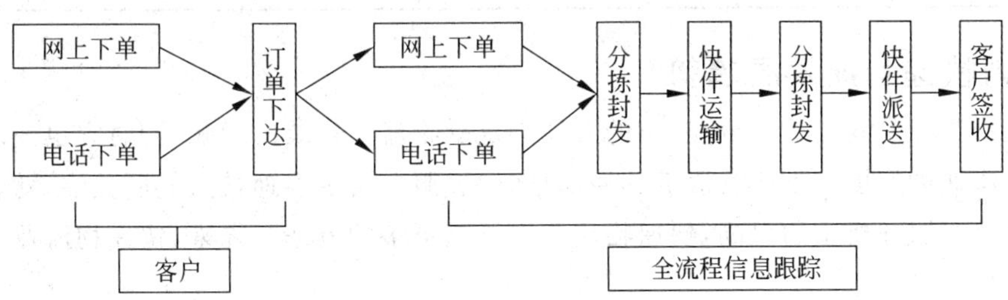

图 11-4 快递物流的一般流程

四、国内快递物流现状

中国的快递物流发展大致经历了三个阶段。

(1) 第一阶段:起步阶段,时间是从 20 世纪 70 年代至 90 年代。这一阶段的特点是:从国际快递业务开始起步,源于开放型经济的拉动,从无到有,取得了发展。

(2) 第二阶段:成长阶段,时间是从 20 世纪 90 年代至 21 世纪初。民营快递企业开始发展,呈现出多极化的格局,中国香港与内陆发达城市联系紧密,使得文件和货样在其间传递,快递公司在这种背景下应运而生。中国快递业务有了较快的发展,业务量急剧上升。

(3) 第三阶段:快速发展阶段,时间是从 21 世纪初至今。2014 年,我国快递业务量接近 140 亿件,业务收入超过 2040 亿元。由此,我国快递业务量超过美国,跃居全球第一大快件国。民营快递飞速发展,顺丰、申通、EMS、圆通、宅急送、FedEx、天天快递、UPS、天地华宇、韵达等成为 2014 年中国快递市场前 10 强。政府高度重视快递行业发展。国务院常务会议决定进一步开放国内快递市场、推动内外资公平有序竞争。李克强总理先后在西安顺丰速递和义乌中通速递调研。目前,民营快递企业业务量市场份额占全国 80%以上,为我国快递业的发展做出了巨大的贡献,也被李克强总理誉为中国经济的一匹“黑马”。

国内快递物流发展大事件如表 11-2 所示。

表 11-2 国内快递物流发展大事件

时　　间	事　　件
1979	日本海外新闻普及株式会社与中国对外贸易运输公司签订了第一个快件代理协议,中国的这家公司也成为国内第一家经营快递物流服务业务的企业
1980	中国邮政与新加坡邮政合作建立全球特快专递
1985	中国 EMS 诞生
1993—1998	全国进出口快件由 1993 年 669 万件上升为 1998 年的 1034 万件
20 世纪 90 年代	电子商务的浪潮受到全球的普遍关注,B2C、C2C 等形式的电子商务呈现井喷式的增长模式,对快递物流服务的需求大大增加。民营快递企业网络迅速发展,市场份额不断提升,顺丰、申通、圆通成为中国速递行业的品牌
2000	中外运空运发展有限公司在上海交易所成功上市,成为国内航空货运代理行业的第一家上市公司
2008	亚洲地区规模最大、技术装备先进的中国邮政航空速递物流集散中心在南京建成并且投入使用
21 世纪	国际快递企业逐步摆脱合资模式,成立独资企业,向国内快递市场扩张：TNT 收购华宇物流集团;FedEx 收购大田集团,获得大田集团所有的快递业务,UPS 在上海建立转运中心

五、国内快递物流发展趋势

快递物流业是物流业的分支,它的发展必定受物流业发展的影响,同时它也一定程度上丰富了物流业的发展。由于其服务的便捷性,快递服务将更多地被人们所关注,随着人们生活水平以及对服务要求的提高,快递物流业将承担更多的责任。未来,快递物流业主要有以下发展趋势。

(一) 服务功能多样化和整合化

现代社会要求实现最大可能的社会化分工,快递业者间的相互竞争更要求各企业提供最优良的服务手段和服务功能,以此为动力,快递服务一方面不断完善函件快递桌到桌服务水平和物品快递的门到门水平;另一方面,服务功能还呈现出向多样化、整合化发展的趋势。以快递运输方式为例,“三驾马车”齐驱趋势出现,铁路快递电商专列开通开始改变快递干线运输格局。

(二) 更完善的同步化交易

在传统的货运体系中,唯一的目标功能就是“运输”。这种独立运行的体制深深扎根于客户的业务过程中。之所以会是这样,在于以往的交易模式是信息交流、交易确认、发运货物到最后的货款回收,整个交易是分先后顺序的,运输只发生在其中一环中。如今,电子商务的产生,使得业务流程中的信息流动更加顺畅,缩短了物流业务的完成时间。而以后,随着电子商务平台的进一步完善,随着智能网络的开发,将更好地把整个交易的过程整合在一起。在实现物流、信息流与资金流“三流合一”基础上,形成相互牵动的价值链,也就实现了交易的同步化。

（三）提供更多的增值服务

提供快递增值服务，是指在实物配送中提供有意义的“增加价值”利益的过程。企业会尽可能站在消费者或者客户的角度上，提供给他们企业的定制化服务以及一些独特性服务。比如报关代理信息服务，货物随时追踪服务，先进的包裹管理服务，告状检验与设计服务等。随着信息技术水平以及网络平台的不断发展，快递物流行业将会发生一次又一次的深度变革，给消费者所带来的便捷程度将越来越高，它无疑将成为物流业中快速成长的生力军，同时也将对物流业快速而持续的发展做出不可磨灭的贡献。如快递“最后一百米”发展中呈现多样化的趋势，出现快递智能自助柜、便利店代理、社区物业代理、校区公共配送平台等新业态的加速推广和使用。

第四节　物流园区

一、物流园区的概念

我国国家标准《物流术语》（GB/T 18354—2006）将物流园区定义为：为了实现物流设施集约化和物流运作共同化，或者出于城市物流设施空间布局合理化的目的而在城市周边等区域，集中建设的物流设施群与众多物流业者在地域上的物理集结地。也就是说，物流园区是几种运输方式衔接形成的物流节点活动的空间集群，是多种现代物流设施设备和多家物流组织机构在空间上的集合，其目的是为了降低物流运作成本，提高和改善企业物流服务水平，促进城市经济的发展。

二、物流园区的类型

各国和地区物流园区的具体类型和分类标准不尽相同，没有统一的模式和标准。国内学者往往根据物流园区位置构成的不同，将物流园区分成集中型和非集中型两大类；根据物流园区发展的行业导向不同，将物流园区划分为专业型和综合性两大类；按服务对象和服务半径的不同，将物流园区的形式主要划分为国际型物流园区、区域型物流园区和市域配送型物流园区三类。本书从功能角度出发，将物流园区划分为四大类：运输枢纽型物流园区、存储配送型物流园区、流通加工型物流园区、综合型物流园区，如表 11-3 所示。

表 11-3　物流园区类型

类　型	概　　念	赢利模式	代表园区
运输枢纽型	指可实现运输方式转换（海—陆、空—陆、公路—铁路）的物流园区	利用地理优势，提供装卸、仓储加工、多式联运、货运中转、保税物流等增值服务	上海国际航空物流园区、上海洋山港物流园区、上海外高桥物流园区、天津港集装箱物流中心
存储配送型	指以大规模的仓库群为基础，以存储和配送功能为主的物流园区	以客户为载体，建立物流信息和交易中心，提供以仓储配送管理为主	芜湖物流基地、北京华通物流园区、重庆九九物流园区
流通加工型	指承担了一部分生产加工功能，实现了从厂商生产的标准产品部件到客户所需个性化产品转换衔接的物流园区	利用自身设施，建立专业化和品牌化的加工经营中心，提供增值服务	广东物资集团、深圳笋岗-清水河物流园区、宁波物资物流中心

续表

类　型	概　　念	赢利模式	代表园区
综合型	指同时具有以上几种功能，规模庞大、功能齐全的物流园区	通过建立货物信息交易中心，提供配送加工服务，发展物流服务获取各方面利润	深圳平湖物流基地、宝供苏州物流基地

三、物流园区的功能

物流园区的功能，主要表现在其对顾客提供的业务方面的基本功能和衍生出来的功能。

1. 业务服务功能

(1) 在运输与配送过程中的调配作用：对货物在运输和配送过程中提供一些辅助性的服务，如调度、装卸车等。

(2) 集中存储的功能：物流园区可以对顾客的货物进行集中储存保管，从而降低客户在仓储方面的成本，进而提高供应链管理的效率。

(3) 包装与流通加工功能：提供运输包装，贴签制作并粘贴条形码等。

(4) 多式联运：由于在物流园区是由多种方式的运输载体组成的，所以要积极发挥多种运输形式有效结合的方式，开展联合运输和中转等业务。

(5) 信息服务功能：物流园区由于它的规模大，设备配备齐全，所以吸引很多客户，因而信息量很大，再加上集成化管理，就能够为客户及时准确地提供各种信息服务。

(6) 中转改包装集散等功能：在货物进行中转的过程中，提供改包装或包装进行加工等服务，除此之外，还提供对货物拼装集装箱和分装整箱的服务。

(7) 综合功能：将以上不同的业务进行不同方式的组合，为客户提供服务。

2. 衍生功能

(1) 推动供应链的发展和升级。物流园区的集聚效应，将零散的资源进行优化整合，将企业供应链中的采购、销售、供应、会展、客户服务以及交易结算、物流、信息反馈等各项功能集中在一起，使得它提供的服务大大减少了供应链方面的成本，进而有助于企业的供应链方式更新和升级。例如集中存储等功能使得企业减少了仓库储存的成本，而集散等功能减少了企业在货物转运管理等方面的成本。因此，物流园区起到了周转中心、分拣中心、保管中心等的作用。

(2) 整合现有资源，实现社会资源的优化配置。从整合现有物流资源入手，建设物流园区，有利于促进现代物流业的形成和提高物流社会化程度，为企业优化物流系统，提供市场环境，在储存和运输两方面提供不同的服务使得资源得到优化配置。一方面，由于包装、保管、加工等作业的集中处理免去了很多企业分布完成造成的损坏和节约时间成本；另一方面，由于采用多式联运，减少了装卸的次数，有效地降低了相关费用。

(3) 改善城市生态环境和促进经济的协调发展。由于物流园区使得资源的有效配置得以实现，运输效率提高，能够在一定程度上解决交通、能源方面的问题，因此起到改善城市生态环境的作用。同时随着物流园区的建设与发展，使得地方经济和区域经济逐渐与世界接轨，提高区域国际竞争力，改善投资环境，吸引更多的投资和促进经济发展。

四、物流园区的规划

（一）物流园区的功能区域划分

由于物流园区的主要功能和服务对象的不同，从现实角度来讲，物流园区的功能区还没

有一个统一的划分标准。表 11-4 是国内外几个大型物流园区的功能区划分情况。

表 11-4　国内外大型物流园区功能区划分

物流园区名称	功能定位	功能区名称
大连物流园区	国际物流枢纽中心、商业中心、航运中心和信息中心集一身的国际物流中心，由保税区发展成更高一级的连接东北亚的自由贸易区	(1)集装箱转运区；(2)分拨配送区；(3)汽车保税区；(4)商品展示区；(5)临港加工区；(6)海铁联运内支线转运区；(7)商务办公区；(8)预留区
扬州港口物流园区	保税物流、港口中转、汽车工业金属板材加工业等相关产业配送物流和商贸市场物流	(1)国际中转区；(2)国际配送区；(3)国际采购区杂货仓储区；(4)查验区；(5)配货区；(6)发货区
浦东空港物流园区	保税、存储、贸易、运输、飞机维修、商务综合服务	(1)快递中心；(2)航空货运代理中心；(3)航空公司基地；(4)保税物流区；(5)国内货物存储、中转中心；(6)综合物流区；(7)飞机维修区；(8)贸易商务区；(9)生活配套区；(10)生产加工区
青岛前湾物流园区	集保税功能、集装箱中转功能和综合性商贸信息一体的东北亚地区的物流园区	(1)保税加工配送区；(2)物流储运区；(3)临港作业区；(4)高科技信息综合服务区；(5)特色物流区；(6)商品展示区；(7)口岸查验区
德国不莱梅物流园区	进出口货物的查验及保税，货物的转运，商品的展示等商务服务，外贸业务的支持。	(1)集装箱堆放地；(2)物流中心；(3)外贸区；(4)铁路仓储区；(5)冷藏仓库；(6)预留区；(7)综合服务区；(8)环保用地。

（二）物流园区规划的目标

综合物流的特点，物流园区的规划要满足以下目标。

(1) 符合物流货运操作的顺序，使得货物的进出有序，尽量避免重复作业。对于需加工的产品，尽量使得加工周期短，设备使用效率高。

(2) 优化货物的搬运费用，不仅节省了搬运支出，而且减少了搬运的次数，相对减少了搬运的强度。

(3) 组织结构的合理化，这一点可以引入 SLP 方法的思想，使相关联度大的功能区尽量能够进行作业之间的协调。

(4) 空间的合理利用。这一点主要是在各功能区面积一定的情况下，通过较优的布局方式来进行空间占地面积的优化。

(5) 尽量考虑进出物流园区货物的特点，使得物流操作成本较小。

(6) 满足园区内工作人员的基本需求，使得他们能够在一个干净便捷的环境中工作。

（三）物流园区规划的流程

一般来讲，综合不同的物流园区的类型和发展方向，对于一个物流园区的规划分为几个大的部分：①基础信息的采集、分析和整理；②初步拟定规划方案；③考虑综合因素，对规划方案的评价筛选；④执行规划方案，即主要分为准备阶段、规划阶段、评价阶段和执行阶段。具体流程如图 11-5 所示。

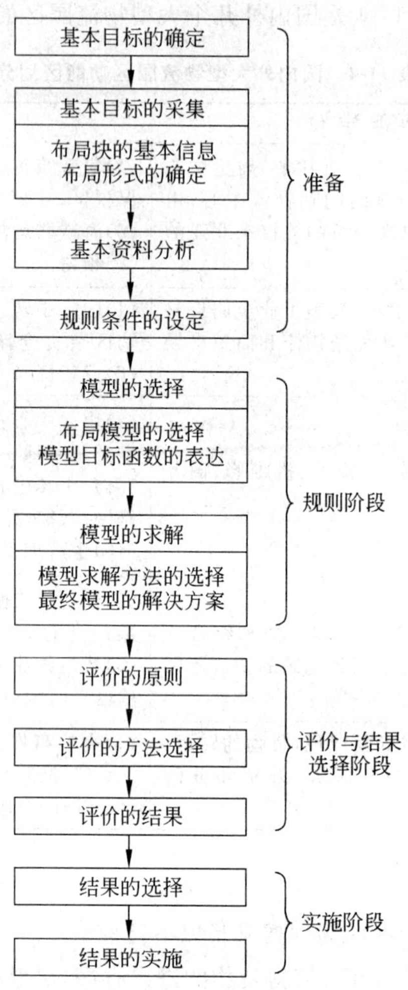

图 11-5 物流园区规划具体流程

五、物流园区的现状及趋势

（一）我国物流园区发展现状

根据《全国物流园区发展规划（2013—2020年）》，我国的物流园区最早于1998年在深圳出现。2009年《物流业调整和振兴规划》中提出，优化物流业发展的区域布局，将物流园区列入"九大重点工程"之一。2011年《国务院办公厅关于促进物流业健康发展政策措施的意见》（即"物流国九条"）又提出，科学制定物流园区发展规划，对纳入规划的物流园区用地给予重点保障。2015年，全国包括运营、在建和规划的各类物流园区共计1210家，比2006年的207家增长484%；与2008年的475家相比，增长155%；与2012年的754家相比，增长60%。

物流园区是现代物流业发展中出现的新型业态，是基础设施的重要组成部分，在提高物流的组织化水平和集约化程度，转变经济发展方式，促进经济发展和保障社会稳定等方面发挥着重要作用。

1. 地区分布

作为物流体系的重要节点和物流产业的聚集地，物流园区的规划建设与经济发展具有密切关系，在分布上呈现出一定的地域差别。沿海经济区的快速发展直接拉动了该地区对现代物流服务的内在需求，表现为物流基础设施建设相对发达、现代物流发展水平高、物流市场需求旺盛，物流园区建设和发展的内在需求迫切。这导致我国绝大部分的物流园区集中分布在沿海经济发达地区。而随着经济结构调整、产业转移的加快，中西部地区的物流园区项目也在快速增多。

2. 类型划分

根据不同分类标准，物流园区可分为不同类型。在《物流园区分类与基本要求》国家标准中，按照物流园区的依托对象进行划分，将物流园区分为货运服务型、生产服务型、商贸服务型、综合服务型四类。而如按依托的资源分类，还可以分为港口型、空港型、陆港型；如按服务区域划分，可分为国际物流园、区域物流园等等。如按是否享受保税政策划分，可分为保税物流园区和非保税物流园区。此外，近年来，钢铁物流园区、农产品物流园区、医药物流园区等专业型物流园区也在纷纷涌现。

3. 开发模式

从物流园区开发模式看，主要有以下三种形式。

(1) 政府规划，工业地产商主导模式。政府对物流园区进行统一规划，然后由工业地产商进行统一开发建设，建成后，物流企业通过租赁或出让的方式进入到物流园区，工业地产商负责园区的物业管理。

(2) 政府规划，企业主导模式。政府统筹安排物流园区用地，通过招商引资把企业吸引进来，企业征得土地后自行开发建设。

(3) 政府政策支持，主体企业引导模式。通过一个或几个在物流服务领域具有资金和技术等方面领先优势的大型企业牵头，在相关政策引导下进行物流园区的开发和建设。

4. 投融资模式

物流园区项目往往需要大量的资金投入，建设资金来源既有自有资金，也有银行贷款以及政策性扶持等等。而在投资主体方面，呈现多元化趋势，既有国有及国有控股企业、民营企业，也有外商投资企业。近年来，随着中国物流业兴起，尤其是各地出台了一系列扶持政策，使中外地产商相继进入开发建设物流园区项目，一些有实力的民间投资机构也将更多资金转入物流园区的建设。在具体的融资模式上，除企业自主融资外，政府投融资占有重要位置，如园区建设初期直接进行资金投入，后期在征地、减税和贷款等方面予以扶持。

5. 服务项目

从入驻物流园区的企业和实体看，物流企业和商贸流通企业较多；依次还有生产企业、货代企业、运输企业，以及银行、保险等服务机构。根据类型不同，园区所提供服务也有所不同，如货运服务型物流园区，主要以不同运输方式的转换、装卸、拼拆箱、货运代理、车辆停泊、货运中介服务等为主。而生产服务型物流园区，主要为制造型企业提供一体化物流服务，包括保管、装卸、分拣、配送、加工、组装、集散、信息服务、质押监管等服务，还有展示、结算等功能。

6. 赢利模式

国内物流园区的赢利方式主要包括：土地增值收入，从获得土地到开工建设再到正式运营，地价往往也会不断升值，从而使园区开发经营者从中获取巨大收益；出租或租赁收入，如仓库租赁费用、设备租赁费用、房屋租赁费用、停车场收费等；服务收入，包括信息服务、培训服务、中介服务、物业管理、咨询服务以及各类增值服务等。总体来看，虽然目前物流园区类型多样，但赢利模式较为单一，传统的基于出租或租赁的园区赢利模式还占主导地位。

（二）我国物流园区存在的问题

近年来，我国物流园区建设进程明显加快，物流园区在促进物流业乃至地方经济发展中的作用日益明显，但客观地说，物流园区的物流基础设施建设仍然明显滞后于市场需要，发展水平仍然偏低，许多投入使用的物流园区经营比较困难，利润水平不高。物流园区发展存在诸多问题和困惑。

1. 园区概念模糊

作为我国现代物流业发展的新型业态，物流园区常被人们从不同角度进行多种解释，物流园区、物流基地、物流中心、物流城等各种名称层出不穷。尽管相关标准中对物流园区进行了定义，但在实际规划建设过程中，人们对于“什么是物流园区”依然没有清晰和明确的认识。物流园区概念模糊，导致许多物流园区前期规划时，在建设规模、功能定位、发展目标等方面找不到方向，为以后的经营运作埋下隐患。

2. 统筹规划欠缺

由于缺乏从宏观上对物流园区进行整体规划，使许多物流园区在规划建设时，并没有考虑到当地经济总量、产业基础和市场需求等客观因素，一些地方在物流园区快速发展的同时，存在盲目发展、重复建设的问题。此外，由于大部分物流园区采取政府规划、企业主导的模式，导致各企业从自身利益出发，各自为政，因此园区整体布局比较混乱，经常与政府最初设想相差甚远。

3. 服务内容单一

国内许多物流园区差异化竞争不明显，其所提供的服务局限于库房货场出租和物流设备租赁，不能满足客户差异化的需求，不能对入驻园区企业的生产经营活动提供各种支持性配套服务，整个园区难以为高端客户提供高附加值的物流服务，导致物流园区招商不力、入驻不佳、客户留不住、效益不好。这背后隐藏的是物流园区的资源整合不够，运营能力不高，缺乏创新商业模式造成短板。

4. “痼疾”依然存在

物流园区在发展过程中，依然面临诸多制约发展的因素，如拿地难、融资难等老问题。用地问题，常会导致物流园区规划难以“落地”。一方面，由于用地指标限制，无法取得土地，不能满足银行贷款要求，进而导致项目引进的失败；另一方面，物流用地价格大大超过物流业的承受能力。此外，物流园区一般利润率较低，资金短缺严重，由于融资困难，也使物流园区建设和运营中承担着巨大的资金压力。

5. 投资建设“虚热”

物流园区投资主体日趋多元化，除传统的政府投资、物流企业投资外，地产商和民间投资都在积极进入，尤其一些商业地产商也纷纷涉足。多元化资本进入，为物流园区提供了充足的资金保障，但也难免会遭到“搞物流，还是搞地产”的质疑。事实上，许多物流园区确有“圈地”之嫌，这也是许多人将目前的“物流园区热潮”视为“虚热”的原因。

（三）我国物流园区发展趋势

当前，物流园区的规划、建设与运营在世界范围内的发展方兴未艾，是现代物流业发展的一个重要趋势。随着政府、行业协会的宏观调控和正确引导，以及物流园区自身的不断探索和努力，中国物流园区规划建设必将趋于理性化，步入健康发展阶段。

1. 规范化建设

物流园区规划建设正向二、三线城市延伸，城市化进程和产业转移带动物流格局改变，通过科学规划，可以避免同一地区出现多个类型相同、地理位置相近、服务类似的物流园区，从而避免无差异化竞争和重复建设的发生。现在各地出台的物流规划中都对物流园区进行了专门规划，而《全国物流园区发展规划》也正在加紧编制中，随着相关标准和考核评价体系的建立和完善，物流园区建设将逐步趋于理性化、科学化。

2. 专业化趋势

物流园区专业化发展的趋势将日益明显。在物流园区服务项目上，低端服务利润会越来越薄，而创新型业务、增值型服务以及适合客户需要的个性化服务将获得更大发展空间。因此，国内物流园区传统的出租或租赁赢利模式将逐渐被服务收入，特别是基于信息、咨询的增值服务所替代。同时，专业化物流的发展也会推动物流园区向专业领域渗透，物流园区专业化发展将会成为趋势，如制造、钢铁、化工等产业集聚区的物流园区将会依靠稳定的市场需求快速发展。此外，物流园区的基础设施、信息化建设等，在专业化方面也会有大的提升。

3. 协同式发展

物流园区与物流园区之间，并非是完全的竞争，也是合作协同的关系。处于不同城市的物流园区更应合作与联合，这是物流网络化运作的需要，也是双方合作共赢的基础。由于市场竞争日益激烈，企业面临着降低成本和提高运营效率的压力，在共同利益推动下，物流园区之间跨区域的合作已经开始形成，而信息系统和信息平台的建设也从另一方面使得物流园区跨区域合作成为可能。从实际情况来看，通过跨区域的合作，形成网络化运营，将可最大限度地发挥物流园区的服务功能。

4. 环保受重视

社会环保意识在不断增强，物流园区的投资建设将更加重视低碳节能与可持续发展。今后，随着相关部门会出台更多绿色物流政策和法规，物流园区在用地上将更多地采取集约高效的土地利用方式，对绿地率的控制将上升，这也是物流园区实现可持续发展最直接有效的方式之一。同时，在绿色物流技术的研究和应用上，将积极开发和推广绿色包装材料、重视基础设施的合理规划和整个园区环境的绿色环保等。

5. 引导式扶持

政府部门应做好科学规划，把好立项审批关，尤其要加强物流园区规划、立项的后评价工作，对于占用土地而又迟迟不开工的项目，要严肃处理。但园区运营管理也不能完全由政府主导，应积极支持企业进行市场化运作。同时，政府部门应该研究制定税收、用地、融资等各项优惠政策，简化行政监管和审批手续，加快制定国家或行业标准等等。总之，在物流园区发展中，政府部门发挥着重要作用，未来将会更加强化对物流园区建设的规范和引导作用。

第五节 物流标准化

一、物流标准化的概念

物流标准化是指在运输、配送、包装、装卸、保管、流通加工、资源回收及信息管理等环节中,对重复性事物和概念制定、发布和实施各类标准。

物流标准化分三个层次:一是从物流系统的整体出发,制定其各子系统的设施、设备、专用工具等的技术标准以及业务工作标准。二是按各子系统技术标准和业务工作标准的配合性,统一整个物流系统的标准。三是按物流系统与其他相关系统的配合性,谋求该大系统的标准统一。

以上三个层次的标准化是相互制约、相互关联的。

二、物流标准化的困难

物流从20世纪50年代发展至今,在标准化方面存在很大的困难和问题,原因如下。

(一)涉及面广

物流包含了从运输、保管到搬运、包装、信息处理等多方面的内容,因此要实现物流的标准化牵涉很多方面的问题。

(二)物流标准化系统后标准化系统

物流系统思想形成晚,各子系统已实现了各自的标准化,由于在不同国家、地区,不同行业之间已经有了存在多年的自身的经营标准,因此,连接这些方面的物流,等于要将这些标准统一起来,其存在的困难可想而知。

(三)要更高地体现兼顾性和经济性

物流实现其标准化,既要遵循其子系统各自标准化的一般规定,又要兼顾它们之间的衔接;制定物流标准时,要广泛征求各方面和各部门的意见和建议,将运输、装卸搬运、仓储、包装等环节的规范或标准集于一身;同时,制定出的物流标准要尽量减少各环节的物流成本,体现兼顾性和经济性,但做到这一点的制约因素较多。

(四)要有非常强的国际性

随着世界经济一体化的到来,物流涉及的必然是整个国际的流通。因此,实现物流的标准化,最终要实现国家物流的标准化。这往往关乎民族利益,难以协调。

三、物流标准化的意义

在发展物流技术、实施物流管理的工作中,物流标准化是基本环节。其意义和作用主要表现为以下几点。

(一)物流标准化是物流管理的重要手段

在进行系统管理时,系统的统一性、一致性、系统内部各环节的有机联系是系统能否生存的首要条件。保证统一性、一致性及各环节的有机联系,除了需要一个合适的体制架构,一个有效的指挥、决策、协调的机构和领导机制外,还需要有许多方法和手段来保证,标准化就是手段之一。方法和手段的健全与否又会反过来影响指挥能力及决策水平。例如,由于我国以前物资编码尚未实现标准化，各个领域分别制定了自己领域的统一物资编码，其结果就造成不同领域之间的情报不能有效传递，计算机难以联网，妨碍了物流系统管理的实施。又比如，我国铁道及交通两个部门集装箱未能实现统一标准，极大地阻碍了车船的广泛联运，妨碍了物流水平的提高。

（二）物流标准化对降低物流成本、提高效益有重大决定作用

标准化可以带来效益，这在生产技术领域早已被公认，在物流领域也不例外。实行标准化后，物流系统得以贯通，可以实现一站式的物流服务，由此物流速度加快，中间装卸、搬运、暂存费用降低，中间损失降低等为我们带来了良好的经济效益。例如，我国铁路、交通集装箱由于未实行统一标准，双方衔接时要增加一道装箱工作，为此每吨物资效益损失 1 元左右，相当于火车 30 千米以上的运费，在广泛采用集装箱运输，物资运量加大后，效益的损失更是巨大的。

（三）物流标准化是加快物流系统建设、迅速推行物流现代化管理的捷径

建立物流系统，实施物流管理，由于其涉及面广，难度非常大。在这种情况下，如果不推行标准化，就会走更多的弯路，减慢我国发展现代物流的进程。例如，我国平板玻璃的集装托盘、集装架在发展初期未能及时推行标准化，各部门、各企业都发展了自己的集装设备，一下子出现了几十种集装方式，使平板玻璃物流系统的建立出现了困难，极大地延缓了发展。

（四）物流标准化给物流系统与外界系统的连接创造了条件

物流系统不是孤立存在的。从流通领域看，上接生产系统，下接消费系统；从生产物流看，下面又接续不同工序。在物流全过程中，又和机械制造、土木工程、商流系统相交叉，彼此有许多节点。为了使物流系统与外界系统更好衔接，通过标准化简化和统一衔接点是非常重要的。

四、物流国家标准体系

2004 年全国物流标准化技术委员会和全国物流信息管理标准化技术委员会成立，这两个标准化技术委员会在国家标准化管理技术委员会的支持和指导下，制定了我国的物流国家标准体系表。随后，《全国物流标准 2005—2010 年发展规划》、《物流标准化中长期发展规划(2015—2020 年)》相继出台。

我国物流国家标准体系表在总体结构上尽量科学合理、层次分明，并尽量做到适合国内物流技术应用的需求。体系表采用树形结构，共分三到四层，层与层之间是包含与被包含的关系。体系表第一层为物流通用基础标准以及根据物流标准化对象的不同特性分成四个专业类别：物流技术标准、物流信息标准、物流管理标准和物流服务标准。图 11-6 所示为我国物流国家标准体系表框架。

（一）物流通用基础标准

物流通用基础标准层，主要包括物流术语、物流计量单位类标准、物流基础模数尺寸标准等。

物流术语标准确定了物流活动中的基本概念术语、物流作业术语、物流技术装备与设施术语、物流管理术语及其定义，适用于物流及相关领域的信息处理和信息交换，亦适用于相关的法规、文件。

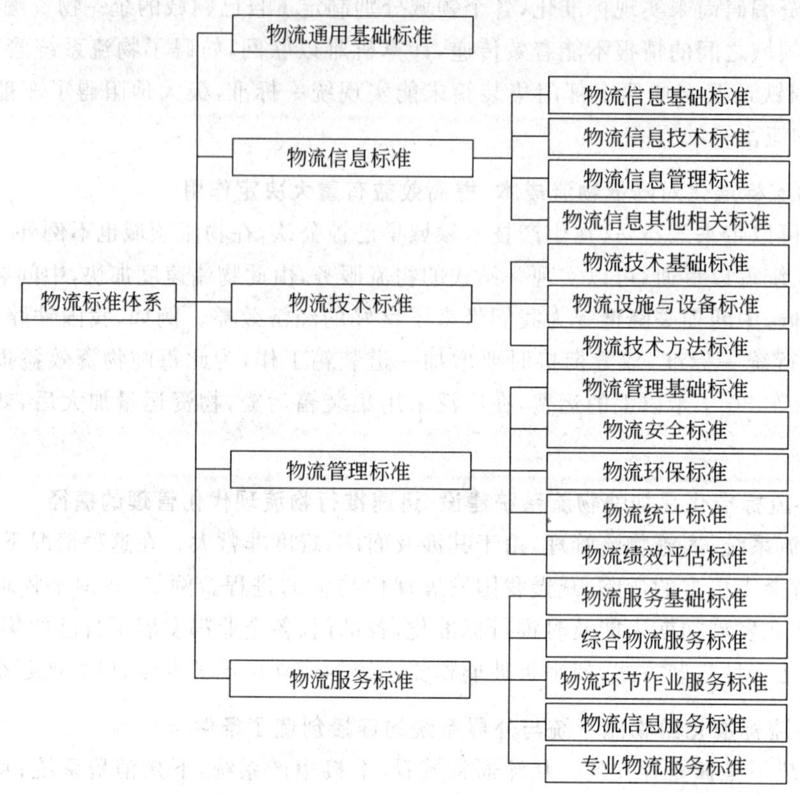

图 11-6　我国物流国家标准体系表框架

物流计量单位类标准是物流管理、物流统计及物流成本核算的基础。

物流模数(Logistics Modulus)是物流设施与设备的尺寸基准。物流基础模数尺寸的作用和建筑模数尺寸的作用大体相同。基础模数一旦确定,设备的制造、设施的建设、物流系统中各环节的配合协调、物流系统与其他系统的配合就有所依据。ISO 及欧洲各国目前基本认定 600mm×400mm 为基础模数尺寸。集装基础模数尺寸以 1200mm×1000mm 为主,1200mm×800mm 及 1100mm×1100mm 的模数尺寸也能见到。物流模数尺寸与集装箱数的配合关系如图 11-7 所示。

图 11-7　物流模数尺寸与集装箱数的关系

（二）物流信息标准

物流信息标准包括物流信息基础标准、物流信息技术标准、物流信息管理标准和物流信息其他相关标准。

1. 物流信息基础标准

物流信息基础标准是物流信息系统建设中通用的标准。

2. 物流信息技术标准

物流信息系统的建立，要在四个层次上进行标准化，即物理层、表示层、交换层和应用层。物理层的标准化是指物流设施和技术装备的标准化，是属于传统物流方面的标准化的范畴；而表示层、交换层和应用层的标准化是指物流信息表示、物流信息交换、物流信息应用方面的标准化，是属于物流信息标准化的范畴。

物流信息技术标准按表示、交换和应用三个层次来划分可分为物流信息分类编码标准、物流信息采集标准、物流信息交换标准和物流信息系统及信息平台标准。

3. 物流信息管理标准

当前，物流信息管理标准主要是针对物流信息服务、物流信息安全而制定的管理方面的标准。

4. 物流信息其他相关标准

信息技术是不断发展的，许多信息技术已经或将要在物流领域得到大力应用，如GIS、GPS技术等，应为这些领域的应用提供接口标准。

（三）物流技术标准

物流技术是指物流活动中所采用的自然科学与社会科学方面的理论、方法以及设施、设备、装置与工艺的总称。物流技术标准分为物流技术基础标准、物流设施与设备标准和物流技术方法标准。物流设施设备是物流活动中使用的各种设施、设备、工具等物资手段的总称，即所谓的“硬技术”；物流技术方法是自然科学与社会科学方面的理论、方法应用于物流领域所形成的各种方法、支撑技术、作业技能和流程等，即所谓的“软技术”。

1. 物流技术基础标准

物流技术基础标准包括物流技术术语标准以及物流设施设备与物流技术方法协同一致的技术要求。

2. 物流设施与设备标准

物流设施设备标准是整个物流系统运行的物资和技术标准。对于物流设施设备标准而言，可分为物流设施与设备基础标准、物流设施标准、集装化单元器具标准、物流设备标准。

3. 物流技术方法标准

由于物流是跨行业、跨专业、多门类的朝阳产业，其中的很多具体环节的作业技术都比较成熟，部分技术方法已经在各自领域里形成了固有的体系，而物流技术方法与这些领域的很多技术方法具有通用性。因此，物流技术方法标准是侧重体现现代物流整合、集成、协同、优化特点的新技术方法。

物流技术方法将标准体系的主要框架分为五个部分，即物流技术方法基础标准、物流综合技术方法标准、物流环节技术方法标准、物流增值业务作业技术标准和特定产品物流作业方法标准。

（四）物流管理标准

物流管理标准分为物流管理基础标准、物流安全标准、物流环保标准、物流统计标准、物流绩效评估标准五个部分。

1. 物流管理基础标准

物流管理基础标准主要包括物流管理术语标准、物流企业分类标准等。

2. 物流安全标准

物流安全标准包括物流安全基础标准、物流设施设备安全标准、物流作业安全标准、物流人员安全标准、危险品/特殊货物安全标准等。

3. 物流环保标准

物流环保标准包括物流环保基础标准、物流业务环保标准。前者主要是指物流环保术语标准；后者则包括运输环保标准、保管环保标准、装卸搬运环保标准、包装环保标准、流通加工环保标准、配送环保标准。

4. 物流统计标准

物流统计标准主要是指物流产业规模结构的统计标准。目前，国内没有物流产业规模结构统计的标准。物流产业规模结构统计标准需要制定农业物流产业规模结构统计标准、建筑业物流产业规模结构统计标准、加工制造业物流产业规模结构统计标准、交通运输业物流产业规模结构统计标准、商贸流通业物流产业规模结构统计标准、邮政业物流产业规模结构统计标准、军事物流产业规模结构统计标准。

5. 物流绩效评估标准

物流绩效评估标准包括物流绩效评估基础标准、物流成本评估标准、物流风险评估标准、物流效率评估标准、物流客户服务评估标准。

（五）物流服务标准

物流服务是指物流服务提供方为满足顾客的物流需求，借助于物流设施和设备以及一定的技术方法和手段，通过一系列物流管理和作业活动，作用于顾客的货物或物流系统，为顾客提供可以实现货物物理性的空间和时间转移、实现物流系统经济有效运行、使顾客获得商品可得性的活动过程。

物流服务标准可以分为物流服务基础标准、综合物流服务标准、物流环节作业服务标准、物流信息服务标准和专业物流服务标准。

五、我国物流标准化趋势

当前，随着国外公司大举进入国内市场，为掌握中国物流的自身命运，我国的标准化建设必须抓紧时间。未来，我国的物流标准化工作将呈现如下发展趋势：

（一）新兴的信息技术标准化工作将成为重中之重

物流信息采集技术是实现物流自动化的关键，它解决了物流信息进入物流信息管理系统的瓶颈问题。目前，物流管理过程中应用到的自动识别技术主要有条码技术和射频识别技术（RFID）。射频识别技术由于射频标签的成本较高，影响了在我国的应用。

当前，一种新的产品电子代码（EPC）技术通过互联网搭建了一个全球的、开放的供应链网络系统，可对实物供应链全过程实时跟踪和管理，以提高供应链的透明度，降低供应链成本，提高供应链效率、效益和安全保密性。EPC 技术是一个非常先进的、综合性的、复杂的、

全球性的、庞大的系统工程，它的应用可以引起物流过程的革命。

EPC系统不仅涉及RFID技术，而且还涉及全球统一编码技术、网络技术、通信技术、全球数据一致的协调和管理、全球统一的实时管理机制等。它将物流信息放在一种新型的低成本的射频识别标签上，每个标签包含唯一的产品电子代码，可以对所有实体对象提供唯一有效的标识。利用计算机自动地对物品的位置及其状态进行管理，并将信息充分应用于物流过程中，详细掌握从企业流向消费者的每一件商品的动态和流通过程，这样可以对具体产品在供应链上进行跟踪。

新型的产品电子标签在国外正由研究转向生产和应用，为了在我国推广该项技术，提高我国物流运作效率，现急需开展产品电子标签技术标准的研究与制定。

（二）全球电子商务主数据标准化成为物流信息标准化的重点

进行物流数据的一致性研究，为电子商务打下技术基础，是物流信息标准化的重点。因为，随着电子技术、网络技术的发展，全球经济、全球贸易以及电子商务已成为当今的发展趋势。贸易伙伴之间主数据是商务系统中最基本最重要的信息，在不同的经济体系中，全球产品与服务主数据能否共享和一致是提高电子商务效率和效益的关键。而电子商务与现代物流又是紧密联系的，针对当前严重影响现代物流建立与发展的物流数据一致性问题，急需开展这方面的标准化工作。

物流数据一致性标准的主要内容包括：全球统一的物流信息分类与编码体系；物流信息标识技术标准；物流业务模型优化标准；物流信息交换标准；现代物流信息维护与管理体系。

（三）急需制定物流基础标准、作业标准以及其他管理与服务标准

首先是物流基础标准急需制定，具体指计量单位标准和模数尺寸标准。物流专业计量单位标准，是物流作业定量化的基础，目前我国还没有制定出统一的标准。它的制定要在国家的统一计量标准的基础上，考虑到许多专业的计量问题和与国际计量标准的接轨问题。物流基础模数尺寸标准是物流系统中各种设施建设和设备制造的尺寸依据，在此基础上可以确定出集装箱基础模数尺寸，进而确定物流的模数体系。目前，我国尚未形成国家的统一标准。

当前，我国物流系统中已有的标准主要来自于各分系统的国家标准，而且现有标准多集中于技术方面，对于物流各分系统的作业标准涉及不多。作业标准主要是指对各项物流工作制定的统一要求和规范化规定，这方面的标准化也是近期物流标准化的重点。

由于管理和服务在现代经济中的重要地位，近期我们要积极地制定物流管理的相关标准，使管理标准化，并通过一流的服务来加强市场竞争力。由于人与自然存在矛盾，可持续发展成为世界经济发展的潮流，同样物流在发展过程中也要考虑到环境和资源问题，也要建立与之配套的标准。

就目前来说，还需要进一步加强对物流系统各环节标准和物流系统的配合性标准的研究。对于涉及安全和环境方面的标准，探讨是否制定为强制性标准，如清洁空气法、综合环境责任法。应支持行业协会对各种物流作业和服务制定相关的行业标准，例如物流从业人员资格标准等。物流企业准入没有标准，物流市场如何规范没有标准，物流立法更是没有提上议事日程，物流工具的标准等也应尽快建立起来。

实训项目

- 实训内容：物流园区发展介绍。
- 实训手段：视频观看、园区图片展示。
- 实训目的：了解物流园区的基本布局、相关功能及国内大型园区的具体建设进展。

练习题

一、不定项选择题

1. 下面(　　)不属于第三方冷链物流与常温物流管理的不同点。

   A. 冷链物流中心流程设计的首要考虑因素是时间
   B. 冷链物流中心的运作流程尽量短
   C. 冷链物流中心的作业应尽量集中
   D. 冷库霉菌污染的防治

2. 冷库选址的原则是(　　)。

   A. 区域位置、地形地质
   B. 水源和电源、区域环境
   C. 交通运输、劳动力情况
   D. 区域位置、地形地质、水源和电源、区域环境、交通运输、劳动力情况

3. 冷链物流的特点有(　　)。

   A. 系统性　　B. 协调性　　C. 全程温控　　D. 成本高昂

4. 冷链物流的经济社会意义是(　　)。

   A. 保障易腐食品安全,减少营养流失　　B. 解决产供销不一致的矛盾
   C. 减少食物腐烂损失造成的浪费　　D. 解决城市交通拥堵问题

5. 不是中国现代快递服务的发展历程是(　　)。

   A. 20 世纪 60 年代末至 70 年代初：萌芽阶段
   B. 20 世纪 70 年代末至 90 年代初：初步阶段
   C. 20 世纪 90 年代初至 21 世纪初：成长阶段
   D. 21 世纪初至今：快速发展阶段

6. 按照快递业务运行顺序,快递流程主要包括快件收寄、快件处理、快件运输和(　　)四大环节。

   A. 快件派送　　B. 快件捆扎　　C. 快件包装　　D. 快件分拣

7. 下列不属于快件信息录入要求的是(　　)。

   A. 真实性　　B. 及时性　　C. 有效性　　D. 完整性

二、简答题

1. 绿色物流的内涵是什么？请结合实际谈谈如何实现绿色物流。
2. 政府在物流园区建设或运营中的作用是什么？
3. 物流园区的效应及主要功能有哪些？

4. 目前我国冷链物流产业存在哪些问题?

5. 简述我国物流标准化体系。

本章参考文献

[1] 王长琼.面向可持续发展的绿色物流管理[J].科技进步与对策,2002，19(2)：12-13.

[2] 陈通,李思聪.中外农产品冷链物流体系比较[J].北京农学院学报,2007(3)：73-75.

[3] 叶海燕.我国农产品冷链物流现状分析及优化研究[J].商品储运与养护,2014(14)：38-42.

[4] 李志.我国快递行业物流标准化策略浅析[J].中国市场,2014(2)：23-24.

[5] 严石林,唐军荣.基于快递物流业态的盈利模式研究[J].物流工程与管理,2013(2)：33-36.

[6] 吴文征,鞠颂东.物流园区网络协同运作研究[J].北京交通大学学报：社会科学版,2013(2)：34-40.

[7] 芦阳.国外物流园区运营管理经验及借鉴[J].合作经济与科技,2013(10)：28-30.